야마자 엔지로山座円次郎와 일본의 독도침탈

야마자 엔지로[山座円次郎]와 일본의 독도침탈

황용섭 지음

景仁文化社

| 발간사 |

　지천명의 나이에 독도운동을 시작한 필자는 원래 행정학과 법학을 전공한 사회과학도였다. 그러나 평소의 소신과 기회가 맞물려 독도에 대한 인식 재고와 함께 독도운동에 전념하게 되었다. 그것은 그간 필자가 받은 과분했던 사랑의 빛을 조금이라도 갚는 길이라 생각했기 때문이다. 그렇게 활동한 지 2년 정도 지나면서 조금씩 갈증을 느끼기 시작했다. 한일 간의 독도문제가 독도분쟁으로만 치닫는 것으로는 해결은커녕 갈등만 증폭시킬 뿐이며, 종래 치명적인 충돌을 피할 수 없을 것이라고 판단했다. 한일 간의 노골적인 갈등구조는 1350년 이후부터 시작된 왜구의 발호를 비롯하여 임진왜란과 한국병탄 등 굵직한 사건들을 떠올리면 금방 알 수 있다.

　이런 마당에 독도와 관련하여 반일 구호만 외치면서 대립각을 세우는 것이 미래의 한일관계상 정립에 도움이 될 것인가에 대해 자성해 보았다. 먼저 독도침탈의 배경과 내용을 명확히 할 필요가 있었다. 그리하여 독도문제에 대하여 다시 육하원칙에 따라 재고한 결과 침탈의 주도자에 관한 부분이 가장 불투명한 것 같았다. 필자가 본 자료들 속에는 'WHO'의 문제에 대한 小考는 있으나 명확한 해답은 찾을 수가 없었다. 수많은 독도 관련 자료들이 있었음에도 지피(知彼)에 대한 것은 찾기 어려웠다. 누가 과연 독도를 어떻게 침탈했는지에 대한 의문이 점점 커져갔다.

　그러던 중 필자가 운영하는 독도평화33 카페에 공직에서 명퇴한 친구가 정보를 제공해준 덕분에 2012년 7월 중앙일보 예영준 기자가 쓴『독도실록』이란 책을 구하게 되었다. 이 책을 보고 쾌재를 불렀다. 늘 궁금해하던 차에 마침내 독도침탈에 관련한 사람들에 대한 책이 나온 것이다. 그 책을 통하여 필자의 궁금증이 더욱더 커져갔고, 독도탈취 관련자들과 주도자 및 이들을 둘러싼 세력들과 당시 일본의 대륙정책이 어떠한 것이었는지에 대해 파고들고 싶어졌다.

이를 위해 마침내 생계를 아내에게 맡기고 2014년 3월 강원대학교 사학과 박사과정에 진학했다. 기본 지식이 없는 상태에서의 독도운동은 필자에게 있어선 지피지기의 기본을 벗어나는 것 같아 견딜 수 없었던 것이다. 입학 면접 시에 독도 시민단체와 학계의 가교 역할을 하겠노라고 말씀드렸다. 평소 일본과 일본인에 대해 절대 무지였고, 동시에 다수의 한국인들이 가지고 있는 대일본 감정이 필자에게도 다름없는 정도에 불과했던 것이다. 그런 마음가짐과 자세로는 독도문제는 물론 바람직한 대일관계상 정립에도 하등 도움이 되지 않을 것이라는 생각에, 지피를 위해 한 번도 접해 본 적이 없는 일본어를 공부하기 시작했다. 박사 과정 중에 일본에서 7개월 동안 어학 공부를 위해 단기 유학을 하기도 했다. 그렇게 그간 품고 있었던 '독도침탈의 주도자가 누구인가'와 그를 둘러싼 '당시 일본제국의 대륙정책은 무엇이었는가'에 천착한 끝에 『야마자 엔지로[山座円次郎]를 통해 본 일본의 '大陸政策'과 獨島侵奪』이란 제목으로 2019년 2월에 문학박사 학위를 취득했다.

이제 바야흐로 독도 연구의 첫 문턱에 섰다. 독도는 단순히 강치잡이 어부의 어로활동을 위해 편입된 것이 아님은 물론, 러일전쟁 승리만을 목적으로 한 것도 아니었다. 일본의 야욕은 그를 훨씬 능가하고 있었다. 제국주의 일본이 지향하고 있는 대륙팽창의 거시적 틀을 이해하고, 그것이 오늘날 형식적 제국주의 시대가 무너진 자리에, 본질적 제국주의 양상이 존속하는 상황에서 향후 균형평화의 한일관계 정립을 위해 독도문제가 어떻게 대응되어야 하는지를 깊이 고민하게 되었다.

이 책은 앞서 언급한 박사학위 논문을 토대로 약간의 수정과 가필을 통해서 간행한 것이다. 논문을 쓸 때부터 앞서 언급한 문제의식과 향후 홍보 계획을 생각하며 출판과 영화 제작을 염두에 두고 작성한 것이었다.

본문의 구성은 총 6장으로 되어 있다. 서론에서는 필자가 이 연구를 하게 된 계기와 독도침탈 관련 선행연구 및 연구 방법과 문제제기를 거론하였다. 제2장에서는 메이지유신 이후 일본의 대륙침략정책 태동 배경, 일본의 대외 침략 지침인 主權線과 利益線 및 동 시기에 제국주의정책 주도자들을 간단히 검토하였다. 제3장에서는 야마자의 성장 과정과 사상, 그의 인적네트워크 및 그가 어떻게 하여 제국주의 외교관으로서 우익 세력들과 관계하였는지 등을 일본 우익의 효시라고 하는 겐요샤[玄洋社] 고찰을 통해서 검토하였다. 아울러 외교관이 된 후 펼친 그의 외교활동을 통해서 국권주의, 제국주의 외교관의 면모 및 그가 추구한 대륙정책의 본질을 검토하였다. 제4장에서는 영일동맹 체결을 위한 開戰外交 활동, 동맹 체결 후 러일의 대립 격화 과정 및 민간에서 고조되는 대러 개전여론의 확산 그리고 이 과정에서 民, 軍 주전파 및 정부와의 교량 역할을 하는 야마자의 개전활동 등을 살펴보았다. 제5장은 러일전쟁의 전개 과정과 전황 변화에 따른 독도의 전략적 가치 급부상 상황을 검토하였다. 아울러 메이지유신 이후 일본의 도서편입 사례를 검토한 후 야마자가 독도침탈에서 한 역할을 관련 어부와 관료들의 행적과 함께 추적해보았다. 제6장은 결론이다.

이 자리를 빌어 이제는 필자가 간직한 마음을 표현하고자 한다.

이 책의 시작은 두 가지 점에서 아주 오랜 시간에 걸쳐 이루어졌다고 할 수 있다. 하나는 인생 역전의 계기가 있었음이고, 다른 하나는 그에 대한 보은의 일환이다.

1986년 당시 대학원 석사과정을 졸업하고 조교로 근무하던 중 1987년 4월 20일 전신화상 60%의 사고가 있었다. 생사의 갈림길에서 의료진의 불가피한 포기에도 불기하고 끝내 희망의 끈을 놓지 않으셨던 부모님, 그 보모님에 의해 의사 선생님들이 다시 용기를 내어 필자를 살려냈다. 이후 필자는 부모님에 대한 속죄할 길 없는 불효와 많은 분들의 은덕에 대한 큰 빚을 갚기 위해 항시 채무감을 가지고 살아왔다. 퇴원 이후 장애 판정 받기를 한 사코 거부하던 필자는 결혼 후 할 수 없이 복합장애 3급의 판정을 받아야 했다. 이 역시 국가와 사회에 대한 큰 빚이다.

사고 이후 현실은 냉정하고 무거운 것이었다. 그리고 따뜻했다. 잃은 것보다 얻은 것이 훨씬 소중하다는 것에 감사했다. 그러나 마음 편히 자신을 놓아버릴 수 없는 상황에서 결혼을 하게 되었고, 그 큰 빚을 갚겠노라 쉼 없이 노력하려 했다. 그러다가 지천명에 문학의 길에 들어섰고, 동시에 독도와 인연이 되면서 부모님과 이웃 및 국가에 대한 채무를 조금이라도 갚을 수 있는 길이 이것이라고 확신하고 매달린 결과가 바로 이 책이다. 내용 면이나 과정에서 보면 턱 없이 부족하여 그저 부끄러울 뿐이다.

이 책이 나오기까지 실로 장구한 세월, 많은 분들의 숭고한 은혜가 있었다. 필자가 제2의 생명을 얻는데 큰 도움을 주신 작은아버님의 깊으신 사랑을 잊을 수가 없다. 생사의 기로에 선 응급상황에서 필자를 신속히 화상전문병원으로 후송한 권오광 친구, 퇴원과 재활 기간을 거친 후 찾아뵈었을 때 현실 직시와 정중동(靜中動)의 가르침을 주시며, 대학 입학부터 지금까지 마음의 큰 스승으로 계신 최규철 교수님, 못난 아우의 생명을 구하기 위하여 동분서주하신 형님 내외분, 공직에 근무하며 공사다망한 가운데도 구원의 손길을 흔쾌히 내밀어준 옥창렬·김주철 동문 그리고 필자가 잘 알고 있거나 혹은 잘 알지 못하는 가운데서도 많은 은덕을 베풀어주신 분들이 계셨다. 그 분들로부터 받은 큰 사랑의 빚을 결코 잊을 수가 없다. 그 사랑의 빚쟁이로서 국가와 사회를 통해 그 은혜를 갚을 것이라 다짐하며 이 자리를 빌어 삼가 심심한 감사의 말씀 올린다.

역사학도의 마음가짐을 일깨워주시고 논문 작성과 본서 간행의 처음부터 마지막까지 성심으로 지도해주신 손승철 교수님께 깊은 감사를 드린다. 아울러 늘 뒤에서 조용히 헤아려주신 유재춘 교수님과 본서의 내용이 충실할 수 있도록 세심하게 짚어주신 김수희 선생님과 김영수 선생님께도 감사를 표한다. 또한 황은영 선생님은 가사와 학사 및 박사학위논문 작성이라는 과중한 일에도 불구하고 대학원 졸업 동기로서 자상한 배려를 해주셨다. 그리고 거의 마지막 교정 부분에서 고민하고 있을 때 기꺼이 시간을 내주시고 정성스럽게 교정과 자문에 응해주신 이영선 시인님께도 심심한 감사의 말씀 드린다. 기억하고 싶은 인연이 있다. 필자가 일본 체류 시 시마네현 마츠에 역에서 만난 사카모토 사치요 씨는 국내에서는 도저히 구할 수 없었던 야마자 엔지로에 관한 귀한 책을 필자의 부탁으로 구입하여 전해준 적이 있다. 이 책의 시작 단계에서 받은 그녀의 도움을 잊지 않는다. 부족한 내용임에도 출판을 맡아 주신 경인문화사와 담당자님께도 감사의 말씀 드리고 싶다.

늦은 나이에 박사과정에 진학한 남편을 위해 묵묵히 가정과 학업을 뒷바라지 해줌은 물론, 바쁜 업무에도 불구하고 모든 교정을 두루 살펴준 착한 아내에게 형언키 어려운 감사를 느낀다. 그리고 언제나 듬직하고 성실히 군무에 충실한 장남 범구의 과묵한 응원과 매사 적극적이고 창조적인 차남 민구에게도 그 수고에 대해 이 아비가 고맙다는 말을 여기서 전한다.

끝으로 言文으로는 표현할 길 없는 죄인이었던 필자였다. 지금껏 쓰러지지 않도록 신앙처럼 지켜주신 부모님, 평생 갚지 못할 은혜와 불효에 대한 속죄를 드릴 수도 없는 하늘에 계신 부모님께 삼가 이 졸저를 제단에 바친다.

2020년 3월

황용섭 謹識

|차 례|

III. 일본의 大陸政策과 야마자 엔지로

IV. 러일전쟁 開戰과 야마자 엔지로

V. 러일전쟁 중 獨島侵奪과 야마자 엔지로

Ⅰ. 서 론

1. 연구의 배경과 문제 제기

1) 연구의 배경

독도는 제국주의 시대에 일본이 침탈한 우리의 영토다. 독도는 태평양전쟁 이후 한국 독립과 함께 마땅히 한국영토로 귀속되어야 하고, 역사적, 법적 사실도 충분하다고 한다.[1] 그런데 '왜 침탈하여 반환된 땅을 여전히 일본 영토라고 주장하는가' 하는 것이다. 대한민국 국민들 중에는 일본의 반복된 거짓 주장에 대해 아마도 저들이 무언가 근거가 있으니 저렇게 줄기차게 주장하고 있는 것이 아닐까 하는 사람들도 있다. 실제로 일본 교과서를 보면 '끊임없이 강한 끈기로 노력[주장]해야 한다' 라고 가르치고 있다.[2] 그 반사적 효과마저 나타나고 있는 실정이다. 그렇다면 그렇게 가르치는 사실이 명백한 근거가 있는 것인가를 더욱 정밀하게 검토해야 한다. 나아가 일본이 주장하는 소위 독도의 「편입」이나 「선점」이 과연 평화로운 법적 정당성을 갖는 상태에서 이루어진 것인가, 그것이 아니라면 '누가' '침탈'을 했는가 하는 것을 정확히 밝혀야 하는 것이다.

여기서 우리는 당시의 시대적 상황을 살펴보지 않을 수 없다. 당시는 힘, 즉 군사력이 강한 것이 미덕인 시대였다. 한마디로 帝國主義時代였다. 오

---

1) 이한기, 『韓國의 領土』, 서울대학교출판부, 1996, 18쪽.
2) 황용섭, 「일본 初·中學校 교과서 독도 관련 내용 비교 검토」, 『한일관계사연구』 제56집, 2017, 323쪽.

늘날과 같은 세계 보편적인 가치가 인정되는 시대가 아니라 군사력을 수반한 弱肉强食이 통용되던 시대였다. 독도는 바로 그러한 무력이 미덕이자 선인 시대에 약한 나라가 침탈당한 영토였다. 서구 제국주의의 탐욕을 본받은 일본은 그들의 우월적 지배 수단이 무엇인지를 신속히 파악, 열강들 앞에 무릎을 꿇고 굴욕을 감수한 채 악착같이 그들의 방식을 배웠다. 그리고 그렇게 습득된 기술을 바탕으로 힘을 키운 후 자신들이 보고 배운 그대로 자신들보다 약한 그리고 무지 속에서 여전히 깨어나지 못하는 나라들을 침략하기 시작한 것이다. 그 당시는 그것이 세계 보편적 질서로 서로 용납이 된 시대였다. 오히려 그런 모습을 지켜보며 자랑스러워하던 시대였던 것이다. 그런 광적인 제국주의 시대의 침략 영혼을 깨운 것은 아이러니하게도 인류가 발명한 원자폭탄이었다. 바야흐로 제국주의가 광기의 시대였음을 대재앙을 통해서 비로소 깨닫게 된 것이다.

그럼에도 불구하고 그간 帝國主義時代에 저지른 '폭력과 탐욕(violence and greed)에 의한 독도의 침탈'을 당시 제국주의를 변호하는 논리(無主地 先占)를 내세워 여전히 영유권 침해를 지속하고 있는 것이다. 여기서 우리가 해야 할 일은 바로 그러한 시대에 이루어진 일본의 대륙팽창 야욕, 소위 그들이 말하는 '大陸政策' 속에서 독도가 침탈되어 갔음을 정확히 거시적으로 밝혀놓는 일이다. 아울러 그 침탈행위를 한 당사자가 누구인지도 명확히 가려내야 한다. 일본이 자행한 침략의 절차적 과정이나 정당성 여부에 관한 논의는 이미 대일강화회담 전후로 수없이 이루어져 왔다. 따라서 그 전쟁(러일전쟁)은 이미 70여 년 전 카이로선언과 포츠담선언에 의해 '폭력과 탐욕'에 의한 것이라고 정의되었던 것이다. 그리고 대일평화조약(1951. 9.8.)에 의해 한국의 독립과 독도영유권이 '평화'조약의 취지에 맞게 한 번 더 확인된 것이다.[3]

---

3) 정태만, 「17세기 이후 독도에 대한 한국 및 주변국의 인식과 그 변화」, 박사학위논문, 단국대학교대학원, 2014, 170쪽.

이와 같은 상황에서 독도문제를 이야기할 때 우리가 가장 주의해야 하는 것은 '原始的 不當性'을 도외시하고 절차와 수단 그리고 소소한 사건들에 매달려 본질을 망각하는 일이다. 일본의 독도 재침탈 논리의 최종 목적은 우리가 가지고 있는 原始的 不當性과 原始的 不法性에 대한 논거를 봉쇄하려는 책략들이다. 일본이 논쟁거리로 들고 나오는 그 어떤 논리도 제국주의 정책의 실체 내지 본질을 거꾸로 돌릴 수는 없음에도 불구하고 우리들은 자신도 모르게 거기에 끌려가고 있는 것이 아닌지 재고할 필요가 있다.

카이로선언, 포츠담선언에서 비록 강대국들 간의 경쟁에 모두 참여했던 국가들이라 하더라도, 독일과 일본처럼 다른 나라들을 침략하여 도발한 국가들에 대해서 명백히 다음과 같은 행위를 제국주의의 악행으로 분명히 정의하였다. 즉 '일본은 폭력과 탐욕으로 약탈한 모든 영토로부터 축출되어야 한다(Japan will also be expelled from all other territories which she has taken by violence and greed)'[4] 라고 명시함으로써, 잘못을 인정하고 속죄할 수 있는 최소한의 길을 마련해 두었다.

하지만 일본이 이마저 거부하고 있는 것은 일본의 침략행위가 여전히 진행되고 있음을 의미한다. 즉 지금 일본이 하고 있는 행태(교과서 왜곡 등)는 미래의 폭력을 담보하는 재침략 행위이자 전쟁 준비이고, 우리의 방관은 독일 국민들의 무관심이 불러일으킨 유럽의 대재앙과 같다고 할 수 있다. 따라서 임란 이후 양국 간 誠信外交로써 평화 관계 유지 노력을 해 왔던 것처럼 관계 회복을 위해서라도 침략행위의 배경과 구체적 사실을 밝혀야 한다. 그것이 일본에게는 스스로 돌아볼 수 있는 명분을 제공하는 최선책으로, 우리에게는 일본의 침략 사실에 대한 명확한 인식과 침략행위에 대한 대응책이 되었으면 한다.

---

4) 카이로선언(1943.12.1.)의 내용 일부로 이것은 1945.7.26. 포츠담선언에서 그대로 재확인됨. 일본은 1945.9.2. 이를 수용하고 항복(김명기, 『독도의 영유권과 대일평화조약』, 우리영토, 2007, 319~322쪽).

2) 문제의 제기

지금까지 진행되어 온 독도침탈 관련 연구 경향을 보면, 대개 일본에 의한 독도'편입'이 어부 나카이 요자부로[中井養三郎, 1864~1934]의 청원에 따른 無主地先占의 성립 여부, 인접국 조선에 대한 통고의 부재 그리고 전쟁 중 탈취라는 점 등에 주로 초점을 맞추어 왔다. 즉 영토 편입의 합법성 문제와 정당성 여부 문제에 초점을 맞추어 전쟁 수행용 침탈이라는 미시적 접근이 주를 이루는 경향이었다. 무엇보다 時代的 背景이나 大陸侵略政策이라는 巨視的 背景을 도외시한 연구에 중점을 두어 본질이 왜곡되고, 일본의 미시적 문제 제기에 매몰되어 침략정책의 일환이라는 거시적 틀을 소홀히 하고 있는 것이 문제라 할 수 있다.[5] 여기서 필자는 독도침탈 문제를 거시적 틀로 묶을 수 있는 개념을 제시하고, 그 속에서 고찰하고자 한다.

따라서 독도침탈의 주도자가 과연 누구인가에 먼저 초점을 맞추어 역추적하기로 했다. 강치잡이 어부가 독도를 편입하려는 목적은 강치어업 독점권 확보인데, 과연 일본 정부가 어부의 어업권 확보를 위해 국가 흥망이 걸린 전쟁 중에 타국의 영토인 줄 인식하면서도 독도편입 알선을 위해 진력했을까 하는 것과 그 편입의 주도자는 실제로 누구였는가 그리고 독도'편입'은 일본의 帝國主義政策 집행 과정에서 도발한 '침략전쟁'에 의한 '탈취'행위였음에 주목했다. 즉 독도침탈은 요시다 쇼인의 조선침략론이 메이지유신과 더불어 정한론으로 발전, 이것이 일본의 대륙정책으로 수용되어 그 집행 과정에서 발생한 러일전쟁 중에 탈취한 침략행위였다는 것이다.

일본이 주장하는 독도 영유권 취득의 근거는 무주지를 법적 절차에 따라 '선점'했다는 것이다. 민간인 어부의 신청을 받아 검토한 결과 아무런 하자가 없었다는 것이다. 즉 러일전쟁과 무관한 선점에 의한 국제법상의 절차를

---

5) 최문형, 「일제의 외침야욕과 울릉도·독도 점취 : 발틱함대 내도에 대비한 망루 구축을 위하여」, 『獨島硏究』 제9호, 2010, 13~14쪽.

거친 편입이기에 카이로선언과 포츠담선언에서 말하는 '폭력'과 '탐욕'에 의한 탈취가 아니라는 논리다.6) 그러나 일본은 앞서도 보았지만 포츠담선 언을 무조건 수락함으로써 항복하였다. 따라서 전후 독도는 '폭력과 탐욕에 의해 약탈된 영토'로 반환된 것이다. 그럼에도 불구하고 이 규정을 피하려 고 독도편입을 러일전쟁과는 한사코 무관하다고 하는 것이다(독도편입 전 쟁무관설).

그렇다면 이 편입이 전쟁 행위의 일환이었음을 명백히 밝히면 그들의 논 리 근거는 무의미해진다. 그리고 그를 근거로 한 주장들은 허구의 가설들인 셈이다. 러일전쟁은 일본이 러시아에게 先制奇襲攻擊으로 도발한 전쟁이 다. 그 침략전쟁과 관련된 모든 조치는 필연적으로 '폭력'과 '탐욕'이 수반 될 수밖에 없는 것이다. 그런데 독도탈취와 러일전쟁과의 관련성을 지적하 는 연구는 많으나 어떤 사실이 어떻게 관련되는지 거시적으로 명백한 연관 성을 찾지 못하고, 아울러 침탈의 실질적 주도자가 누군지에 대한 구체적인 연구도 부족한 실정이다. 필자가 주목하는것은 바로 이런 부분들이다. 즉 독도침탈 과정에 일본 정부가 개입했다는 일반론적인 언급은 있으나 구체 적인 입증 과정의 부재로 일본이 독도'편입'은 전쟁과 무관하다는 주장을 굽히지 않고 있는 것으로 보인다. 우리가 제대로 증명을 하지 못하고 있다 는 반증이다.

또한 일본 학자들의 연구 중에도 독도편입이 러일전쟁 중에 편입되었다 고 하여 전쟁 관련성을 언급하는 학자들이 있다.7) 그러나 이것이 원시적 부당성을 입증하기 위한 것이 아니고, 한국의 영유권을 분명히 하는 것도 아닌 것이다. 역시 일본을 변호하는 논리를 구성하는 것은 아닌지 모호한

---

6) 카이로선언에서는 "일본은 폭력과 탐욕으로 탈취한 모든 영토로부터 축출되어야 한다"는 규정이 있고, 이를 확인한 포츠담 선언의 내용을 일본은 무조건 수용함으 로써 패전의 종지부를 찍었다.

7) 山邊健太郎, 梶村秀樹, 堀和生 著, 林英正 譯, 『獨島영유권의 日本側 주장을 반박한 일본인 논문집』, 경인문화사, 2003, 197~198쪽.

부분이 있다. 한편으로는 이것은 한국의 연구 방향을 호도하는 측면이 있다고 본다. 필자는 이것을 가장 큰 문제 중의 하나라고 판단하여 이를 검토해 보고자 한 것이다. 이것은 전쟁 전후에 근접한 상황만으로는 일본의 대륙침략정책의 전반적인 흐름을 파악할 수 없는 것이다. 이런 까닭으로 일본 당국의 일관된 '독도편입 전쟁무관설(獨島編入 戰爭無關說)'이 주장되고 있다고 본다.

2. 선행연구의 검토

한국에서 독도 영유권 문제가 부상한 것은 일본이 1952년부터 자국 영토라고 주장한 데서부터 비롯되었다. 당시 한국은 한창 전쟁 중이었고, 일본 어선들이 패전 후 식량 부족으로 연합국최고사령부(GHQ)가 설정한 맥아더 라인[8]을 자주 침범하여 한국 근해 어업자원을 크게 위협하였다.[9] 게다가 1951년 9월에 체결된 샌프란시스코 대일평화조약이 1952년 4월에 효력을 발생하게 되어 있어[10] 그 전에 일본에게 확실히 우리 정부의 입장을 명백히 하기 위한 조치로 1952년 1월 18일 「隣接海洋에 관한 主權에 대한 大統領宣言」(평화선)을 선포했던 것이다. 이 '平和線' 안에 독도가 포함되어 있었다.

이에 대해 10일 뒤 일본 정부가 독도는 한국영토가 아니라고 항의해 옴

---

8) 1946년 6월 22일 연합국최고사령관지령(SCAPIN) 제1033호에서 "일본의 어업 및 포경업이 인가된 구역"이 규정되었는데 이 선이 소위 '맥아더 라인'이다. 따라서 일본은 이 선 안에서만 조업할 수 있고, 독도 및 그 12해리 수역에 대한 접근이 엄금되었다(신용하, 『독도영유권의 진실 이해-16포인트와 150문답』, 서울대학교출판부, 2012, 46쪽).

9) 池鐵根, 『平和線』, 凡愚社, 1979.

10) 1952년 4월 28일 발효(김명기, 『독도의 영유권과 대일평화조약』, 우리영토, 2007, 23쪽).

으로써 한일간 독도문제가 발생된 것이다.11) 이후 수많은 연구가 이루어졌고, 2005년 3월 시마네현 조례로 제정한 '죽도12)의 날'로 커다란 쟁점이 되면서 민족적 분쟁으로까지 번져 오늘에 이르고 있다.

그 사이 실로 다양한 분야에서 연구가 이루어져 오고 있다. 영남대 독도연구소에서 분석한 자료가 『독도연구』 제3호13)에 실려 있다. 이에 따르면 1926년의 1건14)을 시작으로 하여 2006년까지 이루어진 「독도 관련 연구자료」로 741건에 이르렀다. 그 중 해방 이후 일본과 독도 논쟁이 발생하기 전인 1951년까지 4건이 있다. 무인도 답사기, 독도 폭격 사건(2), 독도 소속에 대한 것이 전부다. 그러다가 1953년부터 2005년 '죽도의 날' 소동 전인 2004년도까지의 연구 성과는 441건으로 꾸준히 관심이 증가되어 왔다.

그러나 2005년 민족 분쟁적 성격으로 비화하면서 2005년과 2006년 2년에 걸친 연구 자료가 무려 289건이나 되었다. 그리고 2018년 8월에 독도연구소 개소 10주년 기념 학술회의에서 역사, 지리, 국제법 분야로 나누어 최근의 연구 동향 및 성과를 분석15)하기도 했다. 이에 따라 필자는 '독도'에 관한 연구 성과 전체 흐름을 살펴보고 그 중 독도침탈 관련 연구 성과에 관심을 가지고 이를 위해 국회도서관과 국립중앙도서관 자료들을 검색하였다. 그 중 독도 관련 '연구 자료'가 풍부한 국회도서관을 검색16)해 본 결과 전체 5,912건이었다. 이 중 도서자료가 1,262건, 학위논문 217건, 학술 기사가 3,306건, 인터넷 자료가 508건이었다. 여기서 학위논문 217건 중 독도침탈과 관련한 것은 석사학위논문 1편이 전부였다.17) 그 외 독도침탈 관련

11) 신용하, 『한국과 일본의 독도 영유권 논쟁』, 한양대학교출판부, 2005, 15쪽.
12) 일본은 독도를 '竹島'라고 부른다.
13) 「독도 관련 연구 자료」, 『獨島硏究』, 제3호, 2007, 362~392쪽.
14) 이윤재, 「快傑 安龍福(結束): 鬱陵島의 外交紛爭」, 『東光』, 東光社, 1926.6.
15) 동북아역사재단, 『독도연구의 성과와 과제, 그리고 전망』, 2018.
16) 최근 검색은 2018.9.2.
17) 독도침탈을 다룬 학위논문은 국회도서관, 국립중앙도서관 모두 합쳐 석사학위논문 1편이 있었다(강민아, 「20세기 초 일본의 독도침탈 과정: 「竹島經營者中井養三郎氏

용어들로 독도강탈, 독도편입, 독도점취, 독도침략 등 관련 어휘들을 최대한 동원하여 검색한 결과 관련된 학술 기사는 중복을 제외하면 총 47건이었다. 이중 독도침탈 관련 논문은 20건[18])이었다.

이들 선행연구들을 보면 대개 앞서 문제 제기에서 보았듯이 침탈 과정의

立志傳」을 중심으로」, 석사학위논문, 한국교원대학교 대학원, 2010.)

18) 최문형, 「일제의 외침야욕과 울릉도·독도 점취 : 발틱함대 내도에 대비한 망루 구축을 위하여」, 『獨島研究』 제9호, 2010; 愼鏞廈, 「일제의 1904~5년 獨島 침탈시도와 그 批判」, 『한국독립운동사연구』 제11집, 1997; 愼鏞廈, 「朝鮮王朝의 獨島領有와 日本帝國主義의 獨島侵略 : 獨島領有에 대한 實證的 一研究」, 『한국독립운동사연구』 제3집, 1989; 신용하, 「대한제국의 독도영토 수호정책과 일제의 독도침탈정책」, 『獨島研究』 제18호, 2015; 최철영, 「러일전쟁과 일본의 대한제국 영토주권침탈」, 『獨島研究』 제18호, 2015; 김수희, 「黑龍會의 독도침탈 기도와 '양코도 발견' 기록의 재검토」, 『全北史學』 제41호, 2012; 김진홍, 「일본에 의한 독도침탈과정과 연합국에 의한 독도 분리과정에 관한 고찰」, 『독도논총』 제1권 제2호 통권 제2호, 2006; 김관원, 「1905년 일본제국의 독도편입 배경-야마자 엔지로와 보호국화정책을 중심으로-」, 『한일군사문화연구』 24, 2017; 이성환 「일본의 태정관지령과 독도편입에 대한 법제사적 검토」, 『國際法學會論叢』 제62권 제3호 통권 제146호, 2017; 허영란, 「1905년 '각의결정문' 및 '시마네현 고시 제40호'와 독도편입」, 『獨島研究』 제17호, 2014; 홍성근, 「'일본의 독도 영토편입 조치'의 법적 성격에 대한 고찰」, 『獨島研究 = The journal of Dokdo』 제23호, 2017; 김수희, 「독도는 무주지인가? : 1905년 일본의 죽도영토편입조치와 「무주지선점」설 비판」, 『日本文化研究』 제47집, 2013; 제성호, 「1905년 일본의 독도편입 증거에 대한 국제법적 분석」, 『中央法學』 제16권 제1호 통권 제51호, 2014; 김관원, 「1905년 독도편입 주장의 허구성에 관한 고찰: 일본의 정부견해와 연구동향 분석을 중심으로」, 『영토해양연구 = Territory and』 vol.6, 2013; 박배근, 「무주지 선점의 요건에 관한 1905년 전후의 학설」, 『영토해양연구 = Territory and seas. vol.6, 2013; 김화경, 「독도 강탈을 둘러싼 궤변의 허구성 : 죽도 문제 연구회의 메이지 시대 자료에 대한 연구를 중심으로」, 『獨島研究』 제4호, 2008; 김호동, 「독도와 울릉도를 둘러싼 러·일의 각축과 조선의 대응」, 『獨島研究』 제10호, 2011; 김화경, 「동해 해전과 독도의 전략적 가치 : 러일전쟁과 일본의 독도 강탈을 중심으로 한 고찰」, 『大丘史學』 제103집, 2011; 렴춘경, 「일본 반동들의 독도 강탈 행위와 그 부당성」, 『獨島研究』 제2호, 2006; 이정은, 「독도 강탈의 불법성」, 『독립기념관』 통권 제206호, 2005; 이상면, 「일본의 1905년 독도 영토 편입 행위 불법성」, 인터넷 자료, 독도학회, 2004.; 김영, 「일본의 독도침탈과 일본 식민관료의 역할」, 『日本語文學』 제72집, 2016.

불법성, 부당성 혹은 허구성을 다루는 것이 대부분이고,[19] 동시에 독도침탈 근접 범위에서 다루고 있어 시대적 배경이나 일본의 대외정책적 배경을 간 과한 미시적 연구가 주를 이루고 있다. 다만 최문형은 이 점을 지적하여 동 아시아를 둘러싼 국제 정세 속에서 고찰할 필요성을 강조하고 있다.[20] 아 울러 독도문제는 일본의 제국주의 침략 과정에서 비롯된 것이라고 개괄적 으로 지적하고 있으나[21] 실제로 행간을 채우는 연구는 드문 것 같다. 더욱 이 필자가 주목하는 독도침탈의 주도자 혹은 관련자, 즉 'WHO'의 문제를 직접 다루는 논문은 거의 없고, 김영의 논문[22]이 유일했다. 대개 침탈에 관 련된 공무원들을 거명하나 그 관련자들의 역할과 독도침탈과의 관련성은 일본 측 자료에서 언급하는 것을 그 범위 안에서만 소개 및 분석하고 있는 경향이다. 다만 김영의 논문은 독도침탈의 관련자들에 초점을 맞추어 주의 를 환기시킨 점에서 그 의의가 크다고 하겠다.

　아울러 독도편입 신청자인 나카이 요자부로의 행적을 분석한 김수희의 논문[23]에서는 강치잡이 어부 나카이가 단순한 일개 어부가 아님을 지적, 그가 독도는 한국령이라는 인식과 함께 어렵게 획득한 어업 독점권이 혹시 침해당할지도 모른다는 불안감으로 인해 그가 작성한 『事業經營槪要』에서 관련 공무원들의 실명을 기록했다는 지적은 나카이의 진술에 대한 신뢰도 를 높일 수 있어 의미 있는 분석으로 보인다. 석사학위논문의 경우 오쿠하 라 헤키운이 쓴 『竹島經營者中井養三郎立志傳』[24]을 중점 분석한 의의가 있다. 이 자료는 나카이가 직접 쓴 『事業經營槪要』에서 보여준 독도가 한 국령이라는 영유권 인식을 더욱 뒷받침한다는데 큰 의의가 있다.

---

19) 山邊健太郞, 梶村秀樹, 堀和生 著, 林英正 譯, 앞의 책, 6~7쪽.
20) 최문형, 앞의 논문, 13~14쪽.
21) 동북아역사재단, 앞의 책, 42쪽.
22) 김영, 「일본의 독도침탈과 일본 식민관료의 역할」, 『日本語文學』 제72집, 2016.
23) 김수희, 「나카이 요자부로[中井養三郞]와 독도 강점」, 『獨島硏究』 제17호, 2014.
24) 죽도경영자 나카이요자부로 입지전.

독도침탈에 관한 이러한 연구의 동향에 따라 필자는 '편입' 과정에서 등
장하는 농상무성, 해군성, 내무성 관료들이 모두 '외교상의 문제'로 편입 시
도를 포기한 시점에서 야마자 정무국장이 적극적으로 나카이를 사주하여
독도를 침탈한 점에 착안하여 그 배경을 파악하기로 한 것이다. 이에 따라
메이지유신 이후 일본의 대륙침략정책이라는 거시적 틀 속에서 그를 역추
적한 것이다.

이처럼 국내에서의 연구 불충분은 물론 야마자에 관한 자료는 거의 전무
하다고 할 수 있다. 일본에서도 역시 야마자에 관한 자료는 많지 않다. 일본
에서 야마자에 관해 처음으로 알려진 것은 『큐슈일보』 기자를 거쳐 후일
중의원 의원을 지낸 하세가와 타카시[長谷川峻][25]가 쓴 책이 시초였다. 그
가 저술한 최초의 야마자[山座] 전기라고 할 수 있는 『山座公使-大陸外交
の 先驅』(1938)[26]에서 그를 '대륙외교의 선구'라고 소개했다. 그리고 국제
법학자인 이치마타 마사오[一又正雄]는 자신이 1974년 편찬한 『山座円次
郎伝-明治時代における大陸政策の實行者』(야마자 엔지로전-메이지 시대 대
륙정책의 실행자)[27]에서 '외무성의 奇傑'이라고 했다. 그의 저서에서 외교
관으로서는 '그 이전에는 없었고, 그 이후에도 나오지 않을 인물'이라고 격
찬하고 있다.[28]

그럼에도 불구하고 야마자 엔지로(1866~1914)에 대한 일본에서의 연구나
조명은 그가 사망한 후 24년이 지난 후였다. 바로 앞에서 본 하세가와의 『山
座公使-大陸外交の 先驅』가 출간된 1938년이 처음이다. 최근 2016년에는
의학박사이자 저술가인 히구치 마사시[樋口正士]가 『후쿠오카가 낳은 硬骨
鬼才 외교관』이라는 책을 발간한 바 있으나[29] 앞의 책들과 목차 상 거의

---

25) 하세가와 타카시(1912~1990): 미야기현[宮城縣] 출신. 와세다대학 졸업. 신문기자,
　　정치가로 법무, 운수, 노동대신 및 중의원 의원을 역임.
26) 長谷川峻, 『山座公使-大陸外交の 先驅』, 育生社, 1938.
27) 一又正雄 編著, 『山座円次郎伝-明治時代における大陸政策の實行者』, 原書房, 1974.
28) 一又正雄 編著, 3쪽.

동일하다.

이렇듯 야마자에 대한 그의 사후 평가에 비해 조명을 받지 못한 데는 다음과 같은 이유들이 있다고 본다. 메이지 시대 일본의 외교사에서 대표적인 것은 청일전쟁 전후의 외교로서의 [무츠 외교(陸奧外交)]와 러일전쟁 전후의 [코무라 외교(小村外交)]를 꼽고 있다. 전자에 대해서는 이론이 없으나 후자의 경우는 재고가 필요하다고 이치마타는 지적하고 있다.

본문에서도 확인되겠지만 실제로 러일전쟁 전후에 코무라 외상의 수족으로 전전과 전후 공히 종횡무진으로 활약하였던 야마자는 정작 표면에 드러나지 않고, '코무라 외교'로만 불렸던 점과, 48세라는 젊은 나이에 최후의 임지인 중국에서 일찍 사망한 탓에 코무라가 일찍이 자기의 후임으로 여겼던[30] 야마자였지만 표면에서는 드러나지 못했던 것이 아닌가 한다. 그런 면에서 하세가와의 첫 저술 이후 아주 더디지만 당시의 외교사에서 야마자가 아주 조금씩 모습을 드러내고 있다.

한국의 입장에서 보면, 그가 19세기 말부터 20세기 초반 격변하는 동아시아 정세에서 일본의 한반도 및 대륙침략의 외교적 첨병으로서 핵심실무자인 정무국장이었고, 더구나 독도침탈의 주된 관계자이자 일본 우익의 효시라 할 수 있는 겐요사[玄洋社] 사원(회원)이었음[31]에도 주목이 거의 이루어지지 않고 있어 안타까움이 무척 컸다.

일본은 그렇다손 치더라도 그가 정무국장을 맡고 있던 때(1901.12~1908. 6)에 발생한 러일전쟁과 독도침탈은 물론 을사늑약을 비롯한 한반도 침략의 획기적 단서를 연 그에 대한 연구가 부족함을 알게 된 것은 늦었지만 다행이라 여긴다.

---

29) 樋口正士, 『福岡が生んだ硬骨鬼才外交官 山座圓次郎』, ッドタイム出版, 2016.
30) 長谷川峻, 『山座圓次郎-大陸外交の 先驅』, 時事新書, 1967. 152쪽.
31) 본고에서 그가 '玄洋社 社員'이었음을 이시타키가 쓴 책의 社員名簿를 통해 명백히 밝힌다(石瀧豊美, 『玄洋社-封印された實像-』, 海鳥社, 2010, 社員名簿 63쪽). 아울러 그의 형과 조카도 '玄洋社 社員'으로 등재되어 있음도 밝힌다.

하지만 야마자에 대한 자료는 한국은 물론 일본에서도 그리 많지 않다.[32] 야마자 자신이 코무라 외상처럼 외교관은 일기를 쓰지 말아야 한다는 신념을 가지고 있었고, 이를 자신의 고향 및 대학 후배이자 문하생인 훗날의 수상인 히로타 코키[廣田弘毅]에게도 외교관으로서는 하지 말아야 할 것으로 가르치기도 했다.[33] 이처럼 그 자신에 관한 기록이 없는 데다가 전후까지도 바로 주목받은 바도 없었기에 정통 전기서는 아직 없다고 할 수 있다.

따라서 야마자에 대해서는 코쿠류카이[黑龍會]에서 1933년, 1935년, 1936년에 각각 편찬한 『東亞先覺志士記伝 上, 中, 下』에 그 일부 내용이 있고,[34] 앞서 언급한 1938년 하세가와의 책이 있다. 이 책이 저술된 과정도 우연한 기회였다. 당시 큐슈일보 기자를 하고 있던 저자가 마침 후쿠오카 현청 농무과에 다니고 있던 야마자의 조카인 사부로[35]를 알게 되면서였다. 평소 무츠 외교와 코무라 외교를 좋아하고 있던 터에 고장 출신 인물들을 연재하고 있는 과정에서 야마자의 전기가 하나도 없는 것을 알고 본인이 나서서 쓰기로 한 것이 바로 『山座公使-大陸外交の 先驅』였다.[36] 이것이

---

32) 국회전자도서관이나 국립중앙도서관에서도 본고에서 참고하는 하세가와의 전기와 이치마타의 책도 없었으나(2018.3.22. 검색), 현재(2018.10.3.)는 국립중앙도서관에는 長谷川峻의 1938년 간행본인 『山座公使』가 있다. 필자가 일본에 가서 구한 책이기도 하다.
33) 服部龍三, 『廣田弘毅 ―「悲劇の宰相」の實像』, 中央新書, 2008, 28쪽.
34) 36년판은 구할 수 없어 필자는 1981년 복각판을 참고함(黑龍會 編, 『東亞先覺志士記伝 上, 中, 下』, 原書房, 1981. 특히 하권 열전 476쪽엔 야마자에 관한 내용이 정리되어 있다).
35) 야마자 사부로[山座三郎]: 야마자 엔지로의 조카로 겐요샤[玄洋社] 사원. 明道館員. 와세다대학(정경) 졸업. 후쿠오카현 遠賀지방 사무소장. 1895년 지쿠시군[筑紫郡] 야마구치 촌장. 1898년 지쿠시노시[筑紫野町] 교육장(石瀧 豊美, 『겐요샤[玄洋社]·封印された實像』 海鳥社, 2010. 명부 63쪽).
36) 長谷川峻, 『山座圓次郎-大陸外交の 先驅』, 時事新書, 1967. 4~5쪽; 長谷川峻, 『山座公使-大陸外交の 先驅』, 育生社, 1938.

최초이자 유일한 야마자에 관한 전기라 할 수 있다.

그런데 1967년 이 책은 출판사와 제목을 바꾸고 목차 정리만 다시 한 채 내용은 동일하게 다시 간행된 것이 『山座圓次郎-大陸外交の 先驅』다.[37] 덧붙이면 본고에서 야마자를 겐요샤[玄洋社] 사원으로 일관되게 기술한 것은 겐요샤[玄洋社]를 줄곧 연구해온 이시타키 토요미[石瀧豐美]의 책에 기록된 '玄洋社 社員明簿'에 의한 것임을 밝혀 둔다. 아울러 『東亞先覺志士記伝 下』의 열전에도 야마자는 겐요샤 사원으로 기술되어 있다. 특히 이시타키는 다수의 저술이 있지만 그 중에서도 玄洋社 관련 최초의 책인 1981년 『玄洋社 發掘』을 시작으로 1997년엔 『增補版 玄洋社 發掘』, 2010년엔 『玄洋社-封印された實像-』을 내놓은 겐요샤 전문가라 할 수 있다. 그는 후쿠오카 지방사연구회장(福岡地方史硏究會長)이기도 하다.

이렇듯 야마자에 관한 기록이나 자료의 부족을 보충하는 방법은 그가 맺고 있는 인맥들을 샅샅이 추적, 그가 속하거나 관련된 우익 단체들(玄洋社, 天佑俠, 黑龍會, 湖月會 등)을 종횡으로 분석하는 수밖에 없다. 또한 앞에서 언급한 책들 중 그 어떤 곳에도 그가 독도침탈과 관련되었다는 내용이 없다. 오로지 그가 강치잡이 어부 나카이 요자부로를 사주하여 독도를 침탈한 내용은 나카이가 직접 쓴 『事業經營槪要』와 그 나카이와 함께 독도가 '편입'되고 난 다음 해인 1906년 3월 시마네현에서 45명으로 구성한 '죽도 시찰단'의 일원으로 독도를 방문[38]했던 교육자이자 향토사가인 오쿠하라 헤키운[奧原碧雲][39]이란 사람이 나카이로부터 船上에서 들은 이야기를 바

---

37) 長谷川峻, 앞의 책, 1967.

38) 奧原碧 編著, 『竹島及鬱陵島』, ハーベスト出版, 2005(원판은 報光社, 1907), 99~114쪽. 이 책의 부록에 '竹島渡航日誌'가 있고. 이의 번역본은 오쿠하라 헤키운 저, 권오협 역주, 『竹島及鬱陵島 죽도 및 울릉도』, 한국학술정보(주), 2011, 223~249쪽에 있다.

39) 오쿠하라 헤키운(1873~1935): 시마네현 마츠에시 출신. 교육자, 향토사가, 시문가(詩文家). 제국주의 추종자. 시마네현 심상사범학교 졸업하고 심상소학교에서 교원생활 시작. 심상고등소학교 교장으로 취임. 본명은 오쿠하라 후쿠이치[奧原福市](奧

탕으로 쓴 『竹島經營者中井養三郎立志傳』에만 그 내용이 있을 뿐이다.

이에 따라 현재까지 독도침탈의 주도자에 관해 이루어진 연구가 고위 관리들이 나카이를 사주하여 편입원을 제출하게 하였다는 정도와 혹은 독도를 한국 땅으로 인식하고 있는 나카이를 기망하여 일본령으로 인식하게 한 수로부장의 결정적 역할에 의해 독도가 편입되었다고 하거나, 야마자가 좀 더 적극적으로 관여했다는 정도의 연구가 그 요지다. 즉 시대적, 정책적 배경이 도외시된 침탈 근접 시점에서 본 연구인 것이다. 이는 이들 자료들에 주로 의해서만 연구되어진 결과로 판단된다.

그러나 시마네[島根]대학의 나이토 세이츄[內藤正中] 교수는 이들 중에서 특히 야마자 엔지로 정무국장의 역할을 확실히 강조했다.[40] 아울러 그는 방송[41]에서도 야마자 엔지로에 의해서 독도가 일본 영토로 '편입'된 것이라는 점을 분명히 했다. 그럼에도 불구하고 야마자에 대한 정밀 연구가 진행된 바는 일본에서도 그 이상은 거론되지 않고, 한국에서도 구체적 연구가 없었다. 그러나 필자는 야마자 추적을 통하여 일본의 대륙침략정책 실체를 살펴보고 그 거시적 시스템 속에서 독도침탈의 주도자 및 주체를 검토하고자 했다. 이에 따라 독도문제를 六何原則에 따라 기본부터 접근하고자 했던 필자는 나이토 세이츄 교수의 인터뷰를 본 이후 야마자에 대한 자료들을 다방면으로 찾았으나 구하지 못해 몹시 안타까웠다. 지금도 그런 편이지만 국회도서관, 국립중앙도서관 등 어디에도 상기에서 언급한 책 일부 등 극소수가 있을 뿐이다.

그런데 2005년 시마네현에서 조례로 죽도의 날을 제정할 무렵 중앙일보 예영준 기자가 나이토 세이츄 교수를 찾아가 인터뷰하는 과정에서 독도편

原碧 編著, 『竹島及鬱陵島』, ハーベスト出版, 2005(원판은 報光社, 1907), 저자소개란 참조로 작성).

40) 內藤正中, 『竹島(鬱陵島)をめぐる日朝關係史』, 多賀出版社, 2005. 171~172쪽.

41) 《독도 바다사자-1부 리앙쿠르대왕의 비극》, TBC, 2006.10.27.

입과 관련하여 야마자 엔지로에 관한 상기의 이야기를 듣고 그를 탐구하여 2012년『독도실록』이란 책을 한국어판[42]) 및 일어판[43])으로 출판했다. 독도 침탈의 주도자(WHO)에 대하여 처음으로 밀착하여 접근하기 시작한 사람이 예영준 기자였다.[44]) 이에 필자는 그의 책을 통해 본격적인 연구의 필요성을 느껴, 본 연구를 시작했다. 이를 통해 독도는 일본의 말대로 어부의 '편입 신청'에 의한 단순한 편입이 아니라 메이지유신 이후 정한론에 기초한 대외침략정책의 집행과정에서 일본이 도발한 러일전쟁을 통하여 독도가 탈취된 것임을 상세히 규명해보고자 한 것이다. 그 중심에 당시 국권주의 공무원인 외무성 정무국장 야마자 엔지로가 있었음을 밝히고자 하는 것이다.

3. 연구의 범위와 본문 구성

본서는 앞서 제기한 미시적 접근으로서의 독도 연구에서 벗어나 당시 시대적 배경과 일본의 대륙침략정책의 태생적 배경 및 성격을 조망하고, 그 과정으로서의 러일전쟁 속에서 독도가 어떻게 탈취되어갔는가 하는 것과 그 침탈의 핵심 주도자는 누구였는가에 대한 연구가 주된 목적이다. 따라서 연구의 시대적 범위를 메이지유신[明治維新] 이후 러일전쟁 종전까지로 하였다. 독도침탈이 러일전쟁 최후의 해전을 앞둔 시점에서 이루어지는 점을 감안하여 설정하였다. 러일전쟁은 한국과 만주를 쟁탈 대상으로 일본이 도발한 명백한 침략전쟁이었다.[45]) 그러므로 침략전쟁과 관련된 모든 조치는 필연적으로 '폭력'과 '탐욕'이 수반될 수밖에 없는 것이다. 이 점을 분명히

---

42) 예영준,『독도실록 1905』, 책밭, 2012.
43) 芮榮俊著, 李晶玹 譯,『獨島實錄 1905』, Kindle版, 2012.
44) 이 자리를 빌어 예영준 기자에게 심심한 감사의 말씀을 드린다.
45) 최문형,「일제의 외침야욕과 울릉도·독도 점취 : 발틱함대 내도에 대비한 망루 구축을 위하여」,『獨島硏究』제9호, 2010, 14쪽.

인식할 필요가 있다.

본문의 구성은 총 6장으로 되어 있다. 제2장 '메이지 시대 일본의 大陸政策과 政策指標'에서는 메이지유신 이후 일본의 대륙침략정책의 태동 배경으로서의 정한론(征韓論)과 이를 계승한 야마가타 아리토모 수상이 제1회 제국의회에서 행한 시정방침연설에서 밝힌 「主權線」과 「利益線」이 바로 대륙정책의 지침으로서의 기능을 하고 있음을 살펴본다. 그리고 동 시기에 제국주의 침략정책주도자들의 면모를 3장 이하의 이해를 돕는 정도로 간단히 검토하고자 한다.

제3장 '일본의 大陸政策과 야마자 엔지로'에서는 메이지 시대 일본 대륙외교의 선구자 혹은 대륙정책의 실행자로 평가받는 야마자 엔지로에 대해 고찰한다. 야마자 사상의 형성기를 통하여 청소년기와 대학시절 및 그 시절의 인맥 등을 살펴봄으로써 우익 인물로 성장하는 과정을 살핀다. 이어서 대학 졸업 후 외무성에 입성, 정무국장이 되기 전까지의 외교활동을 검토한다. 그리고 제국주의 외교의 표본인 코무라=야마자 외교팀 구축 관계를 살펴보고, 이러한 활동의 저변이자 그의 평생을 좌우한 국가관 및 사상적 배경으로서의 겐요샤[玄洋社] 이념과 그의 대륙정책의 본질에 대해서 고찰한다.

제4장 '러일전쟁 開戰과 야마자 엔지로'에서는 정무국장으로 취임하자마자 영일동맹 체결을 위해 코무라 외상과 함께 펼친 開戰外交 활동과 동맹 체결 후 러일의 대립 격화 과정 및 민간에서 고조되는 대러 개전 여론의 확산 그리고 이 과정에서 民, 軍 주전파 및 정부와의 교량 역할을 하는 야마자의 맹렬한 조기 개전활동을 검토한다.

제5장은 '러일전쟁 중 獨島侵奪과 야마자 엔지로'에 관한 기술이다. 러일전쟁은 크게 諜報戰과 陸戰 및 海戰으로 구성된다. 절대적 열세에 있는 전력을 보완하기 위해 전쟁 개시 직전 참모본부의 비밀특명으로 개시된 '아카시 공작'을 비교적 상세히 고찰한다. 이 작전이 승리에 미치는 영향과 야마자와의 관계 등을 검토한다. 일본의 승리가 이 작전에 힘입은 바 크고 일

본의 승리는 독도침탈과 직결된다는 점에서 이 부분을 검토한 것이다. 이어서 러일전쟁 전황의 흐름에 따라 울릉도 및 독도의 전략적 가치가 급부상하고 있는 상황과 최후의 戰場이 울릉도, 독도의 근해였음을 확인한다. 그리고 메이지유신 이후 일본의 영토 편입 사례를 검토하고 그 중 중국의 釣魚島列島[일본명: 尖閣列島]의 편입 사례와 독도편입 과정의 비교를 통해서 독도의 침탈 상황을 분명히 한다. 마지막으로 이러한 독도침탈 과정에서 야마자 정무국장의 역할이 무엇이었는지를 관련 어부와 관료들의 행적들과 함께 살핀다.

제6장은 결론이다.

II. 메이지 시대 일본의 大陸政策과 政策指標

1. 大陸膨脹政策 胎動의 배경: 征韓論

1) 막말 요시다 쇼인에 의한 朝鮮侵略論의 부활

흔히 한국에서 소위 征韓論이라고 하면 막말 아베 신조 총리의 출신지이기도 한 야마구치현의 하기에서 태어난 요시다 쇼인[吉田松陰][1]을 들고 있다. 쇼인이야말로 정한론의 사상적 기초를 정립하여 그의 제자들인 야마가타 아리토모나 이토 히로부미 같은 제국주의자들을 통해 주변국에 대한 침략[2]을 주도하게 함으로써 그의 사상이 대륙침략정책의 사상적 배경을 제공

---

1) 요시다 쇼인[吉田松陰, 1830~1859]: 야마구치현 하기[萩] 출신. 병학자, 사상가, 교육자. 숙부인 병학자이자 교육자인 타마키 분노신[玉木文之進, 1810~1876]의 엄격한 교육을 받은 후 사쿠마 쇼잔[佐久間象山]에게 포술과 난학을 배움. 1854년 미국 군함으로 밀항 시도하였으나 거절되어 투옥됨. 이후 숙부가 개설한 사설학당인 쇼카손쥬쿠[松下村塾]를 이어받아 제자들을 교육, 막부 말기부터 메이지 시기까지 국가에서 중추적 활약을 한 인재들인 타카스기 신사쿠, 쿠사카 겐즈이, 이토 히로부미, 야마가타 아리토모 등의 제자를 배출(일본 국회도서관, 「近代日本人の肖像」등을 참조로 작성). 참고로 쇼카손쥬쿠 출신의 학생 총 92명의 명단은 김세진, 『요시다 쇼인[吉田松陰] 시대를 반역하다』, 호밀밭, 2018, 176~181쪽에 있다.

2) 정한논쟁이 있었던 다음 해인 1874년부터 일본은 대만 침략을 필두로 하여. 20년 후엔 중국을 기습공격하여 청일전쟁을 야기, 그리고 그 10년 후 다시 러시아를 기습공격으로 침략하였다. 쇼인의 정한 사상이 실천에 옮겨지고 있었던 것이다. 그가 세상을 떠난 지 채 20년도 되지 않아 급진적인 근대화의 성공을 거두기 시작함과 동시에 제국주의 정책으로 나아가고 있었던 것이다. 청일전쟁과 러일전쟁의 양 전쟁은 모두 조선이 그 戰場의 하나였다. 그것이 한반도의 불행을 가져온 원초적인 요인이며, 오늘날의 한반도 분단과 쇼인을 존경하는 아베 신조 정부의 對韓政策으

했다고 할 수 있다. 그의 제자들 면모는 이를 증명하고도 남는다. 한마디로 메이지유신 이후 일본의 대외정책, 즉 무력에 의한 침략을 수단으로 한 대류팽창정책3)은 요시다 쇼인의 사상과 이를 토대로 무장한 그의 제자들에 의해 수행되었다고 해도 과언이 아님은 주지의 사실이다. 대륙정책의 사상적 배경으로서 정한론을 검토하는 이유는 바로 여기에 있다.

한편 일본의 정한 사상은 고대로 거슬러 올라간다. 일본의 한반도 정복 야욕은 천황4)의 권위와 침략의 정당성 확보를 높이기 위한 설화인 진구황후[神功皇后]의 '三韓征伐說'이 정한론의 원형이라 한다. 神託을 받은 神功皇后가 신라를 침략하고 백제와 고구려까지 정벌했다5)는 허구의 신화이다. 즉 삼국이 일본에게 조공을 하고 종속관계가 되었다고 함으로써 침략의 정당성을 강조하고 있는 것이다.6) 이후 일본이 조선과 무력 충돌 등 갈등상태가 발생할 때마다 등장하여 일본인들을 통합하고 침략을 정당화하는 도구로 활용되었다. 그것은 1273년과 1281년 여몽 연합군에 의한 공격이 있었을 때도 그들은 카미카제[神風]로 적을 물리쳤다고 하는 데서도 알 수 있다. 또한 14세기 말과 15세기 초에 있었던 고려와 조선에 의한 대마도 정벌에 대한 저항도 삼한정벌설과 연결된다. 임진왜란 때도 역시 진구황후의 삼한정벌을 떠올리며 조선침략을 정당화했던 것이다. 이렇듯 일본은 국난을 겪을 때나 침략을 할 때 삼한정벌설을 역사적 사실로 둔갑시켜 침략을 정당화하고 있었던 것이다.7)

로 연결되고 있는 것이다.
3) 본서에서 '대륙정책' '대륙팽창' '대륙팽창정책' 등의 용어에는 한마디로 일본의 조선과 중국 '침략'을 의미한다고 보면 될 것이다. 아울러 '만주문제'나 '조선문제'라는 용어 역시 일본이 조선과 만주를 침략 내지 지배하는데 있어서 걸림돌이 되는 러시아를 전제로 하여 발생하는 문제로 보면 될 것이다.
4) 본서에서는 당시 '제국주의 시대'를 적극 대변하는 용어로 일왕 대신 '천황'이란 용어를 사용하기로 한다.
5) 이기용, 『정한론-아베, 우경화의 뿌리』, 살림, 2015, 10~12쪽.
6) 아기용, 위의 책, 12쪽.

그러나 임진왜란 이후 에도막부시대에는 조선을 침략 대상으로서가 아니라 문화와 학문의 선진국으로 여겨 교류의 대상으로 보면서 삼한정벌설에 기인한 침략 관점은 한동안 주춤했다. 당시 막부는 유학을 관학으로 삼고 通信使 문화에서도 보듯 유학의 종주국인 조선과 우호 관계를 유지했다. 비록 17세기 후반에 비주류 학자들을 중심으로 '조선멸시론'이 대두하면서 다시 삼한정벌설이 고개를 들긴 했으나 전체적으로는 에도막부시대에는 12회에 이르는 대일통신사의 교류 등을 통하여 양국 간 평화가 유지되었다.

하지만 18세기 말 일본의 인접 삼국(조선, 류큐, 하이국)과 새롭게 부상하고 있는 러시아의 침략을 크게 우려한 하야시 시헤이[林子平]8) 같은 비주류 학자들 사이에 일어났던 조선정벌설이나 屬國論 등의 흐름이 침략론으로 발전하게 된다. 이것이 결정적으로 막말 요시다 쇼인에 의해서 보다 체계화된 '征韓論'으로 발전하게 되었던 것이다. 1853년 페리 제독에 의한

---

7) 이기용, 위의 책, 13~21쪽.
8) 하야시 시헤이(1738~1793): 에도시대 후기의 경세론가로 지리학, 난학, 병학에서 탁월성을 보인 인물로 강한 개성 및 완고한 성격과 더불어 국수주의 사상의 소유자로 호전적이었다고 한다. 그는 센다이번 하급 관료인 오카무라 겐고[岡村源五]의 차남으로 태어났으나, 아버지의 실직으로 開業医인 숙부 하야시 쥬고[林從吾]의 양자가 된다. 그는 북으로는 마츠마에[松前: 홋카이도 지역]부터 남으로는 나가사키까지 전국을 두루 다니며, 도쿄와 나가사키에서 유학 등을 통해 당시로서는 글로벌한 안목과 학문적 지평을 넓혀갔다. 그는 특히 국방에 유념하여 인접 3국의 침략을 대비해야 함을 강조, 아울러 새롭게 극동에 등장한 러시아의 침략을 가장 우려했다고 한다. 18세기 유럽의 상황은 15세기 말부터 시작된 지리상 발견 이후 세계 구석구석을 탐험하며 식민지 쟁탈 경쟁을 벌이고 있던 시기라 그의 저서 『三國通覽圖說』(1785년)과 『海國兵談』(1791년)은 그러한 내용들을 반영하여 일본의 경각심을 일깨우고자 한 것이다. 『海國兵談』은 바다 방비의 필요성을 설명한 軍事書였다. 그리고 『三國通覽圖說』의 부속지도인 「三國接壤之圖」는 독도가 한반도와 같은 색으로 채색되어 있고, 아래에 '조선의 소유'로 표기되어 있다. 여기서 3국이란 조선, 류큐[琉球 오키나와열도], 하이국[蝦夷國, 아이누족의 북해도 이북 지역]을 말함(남영우, 「하야시 시헤이의 생애와 업적: 『삼국통람도설』과 부도의 독도를 중심으로」, 『영토해양연구』 Vol 11, 2016, 121~123, 151~152쪽).

강제 개항 요구를 받자 쇼인은 이
에 자극을 받고 천황을 받들어 서
양 세력을 물리치자는 尊王攘夷를
주창하며, 한편으로는 서구 열강의
압박에서 벗어나기 위한 탈출구로
조선과 아시아를 종속 대상으로 한
침략사상을 체계화시켰다.

〔요시다 쇼인〕

쇼인은 삼한정벌설을 필두로 호
조 도키무네[北條時宗]⁹⁾가 몽골을
물리치고, 도요토미 히데요시가 조
선을 정벌한 것이라며 임진왜란을
정당화하였다. 그리고 '조선은 과
거 일본의 신하였는데 거만해짐에 따라 다시 조선을 수복해야 한다'고 했
다. 나아가 '북쪽으로 만주를 취하고, 남쪽으로 대만과 필리핀 등을 우리 손
에 넣어 진취적인 기상을 드러내야 한다'고 가르쳤다. 또한 그는 다케시마
(당시는 울릉도) 개척론을 역설하면서 '조선과 만주로 진출할 때 다케시마
는 그 첫 발판'이라고까지 했다. 즉 삼한정벌설을 원점으로 한 朝鮮蔑視論
과 침략론이 집대성되어 '정한론'으로 체계화되고 있는 것이다.¹⁰⁾ 이는 당
시 일본의 강제 개항을 통해 서양 열강들에 의해 잃어버린 것들을 조선이
나 만주 등 아시아로부터 보상을 받으면 된다는 것이다. 바로 여기에서 메
이지 정부의 제국주의 대륙정책의 기본적인 정책 이념이 싹트고 있었던 것
이다. 이것이 植民地化論으로 이어지는 것이다. 이러한 침략 사상을 제자

---

9) 호죠 토키무네(1251~1284): 카마쿠라[鎌倉] 시대 중기의 무장, 정치가. 카마쿠라막
   부 제8대 집권. 몽골 제국의 2차례 침입을 물리친 사람으로 일본의 국난을 구한 영
   웅으로 꼽힘.
10) 이기용, 앞의 책, 22~29쪽.

들에게 확실히 심어준 쇼인은 30세의 나이로 막부 타도 운동에 깊이 연루
되어 메이지유신이 일어나기 9년 전인 1859년 10월 27일 사형되었다.

그러나 그는 자신의 이상을 실현할 많은 제자들을 그의 숙부가 만들고
자신이 이어받은 사립학당[私塾]인 쇼카손쥬쿠[松下村塾]11)에서 길러냈다.
松下村塾은 메이지 이후 정한론의 발상지이자 메이지유신의 고향이 되었
던 것이다. 그의 제자 중 정한론을 직접 실행에 옮긴 대표적인 인물들로 제
국주의 침략의 앞잡이들인 이토 히로부미와 야마가타 아리토모 등이다. 이
토는 러일전쟁 전까지 총 4회나 수상을 역임했으며, 육군의 아버지라 불리
는 야마가타는 총 2회의 수상을 역시 러일전쟁 전에 역임했다. 야마가타는
청일전쟁 때엔 제1군 사령관으로 조선에 주둔, 러일전쟁 때는 참모총장으로
서 전쟁을 지휘한 사람이다.12) 그는 많은 제국주의 침략 군인들을 길러내
어 군벌을 형성한 사람으로 일본 군부의 상징적인 인물이다. 삼국간섭
(1895.4)으로 대륙팽창정책의 방해자로 지목된 명성왕후를 시해할 때 육군
장교 8명이 참여했는데, 그 중 4명이 자신과 같은 야마구치현 출신13)이었
음을 볼 때 일본 군부의 조선침략주의가 야마가타를 구심점으로 하고 있음

11) 쇼카손쥬쿠(1842~1859): 야마구치현 하기시 소재의 사립학당[私塾]. 1842年 쇼인의
   숙부이자 쵸슈 번사(藩士)로 교육자, 병학자(兵學者)인 타마키 분노신[玉木文之進]
   이 개설하여 ‘松下村塾’라 명명함. 메이지 정부 정한론의 産室이라 할 수 있음. 소
   년 시절 쇼인도 여기서 공부. 藩校인 明倫館이 사족자제가 입학하는 반면, 여기는
   신분 차별 없이 학생을 받아들임. 1857년부터 당시 명륜관 사감[塾頭]을 맡고 있던
   쇼인이 이를 이어받아 교육함. 여기서 길러낸 제자들 중 막부 타도 등에 앞장선 타
   카스기 신사쿠[高杉晋作, 1839~1867] 등 유명한 사람들이 많으나, 특히 쇼인의 정
   한론을 실행에 옮겨 조선 침략에 앞장 선 사람들을 보면 대표적으로 공히 수상을
   몇 차례씩 역임한 이토 히로부미(4회)와 야마가타 아리토모(2회)가 있고, 쇼카손쥬
   쿠 출신은 아니나 藩校인 명륜관에서 쇼인에게 배운 제자로 메이지유신 3걸의 1인
   이자 메이지 정부에서 처음으로 정한론을 제기한 사람인 키도 타카요시가 있음(이
   현희 책 등을 참조로 작성).
12) 일본 국회도서관, 「近代日本人の肖像」.
13) 강창일, 『근대 일본의 조선침략과 대아시아주의: 우익 낭인의 행동과 사상을 중심
   으로』, 역사비평사, 2002, 136쪽.

을 충분히 엿볼 수 있다. 관계되는 곳에서 이토와 야마가타는 자주 거론될 것이다.

2) 메이지 신정부의 征韓論爭

메이지 신정부 수립 후 본격적으로 조선정벌에 대한 논의가 거론된 계기는 천황제 국가로서의 신정부 출범을 알리는 국서 전달 과정에서 발생했다. 일본이 보낸 통고문을 조선이 수령을 거부한 것에서부터 비롯되었다. 그것이 커다란 정쟁으로 부각된 것은 1873년이었다. 소위 '메이지 6년 정변'이라고 하는 것이 그것이다. 사건의 배경을 잠시 살펴보면 다음과 같다. 즉 도요토미 히데요시의 조선정벌을 위업이라고 배운 쇼인의 제자를 포함한 유신 정부의 각료들이 새 정부 출범을 조선에 알리겠다고 할 때부터였다. 가장 먼저 조선정벌을 언급한 사람은 쇼인의 제자로 메이지유신 3걸의 한 사람인 키도 타카요시[木戸孝允][14]였다. 일본은 1868년 3월 23일 조선 정부에 왕정복고를 통보한 일이 있었다.[15]

이에 조선은 그들의 통보를 종래의 외교 격식을 무시한 것으로 무례하다고 간주하여 이를 공인하지 않았다. 이렇게 되자 일본은 거듭 사절을 보내

---

14) 키도 타카요시(1833~1877): 쵸슈번(야마구치현 하기시) 출신. 정치가. 메이지유신 3걸의 1인. 요시다 쇼인의 제자. 공무합체파에 반대하고 존왕양이 운동에 분주. 번의 여론을 막부 토벌로 견인. 1866년 카고시마번과의 사이에 '삿쵸[薩長]동맹(1866)' 체결에 기여. 신정부에 참여하여 판적봉환(1869~1870, 근대 일본의 중앙집권 정책 중 하나로서 다이묘들의 토지와 백성을 메이지 천황에게 반환한 것)의 실현에 진력. 1871년 이와쿠라 사절단에 부사로서 참가. 이후 문부경, 내무경, 지방관회의 의장, 내각 고문 등을 역임. 입헌제의 점진적 수립을 주창(일본 국회도서관, 「近代日本人の肖像」을 참조로 작성). 키도가 정한론의 기수로 조선 침략을 선도하긴 했으나 1873년 '정한논쟁'에서는 사이고 다카모리 등의 강경파의 주장에 대해 오쿠보 토시미치와 함께 반대하는 온건론자였다. 즉 그는 조선정벌의 원칙엔 찬성하나 아직은 때가 아니라는 입장이었다. 키도, 오쿠보, 사이고가 메이지유신의 3걸이다.
15) 이현희, 『정한론 배경과 영향』, 한국기술정보(주), 2006, 176쪽.

게 되었던 바, 이 과정에서 키도 타카요시가 1868년 12월 14일 당시 신정부
의 실세였던 이와쿠라 토모미[岩倉具視][16]에게 '사절을 조선에 보내어 무
례를 묻고 만약 (거듭) 그들이 불복할 때는 조선을 공격하여야 한다'고 했
던 것이다.[17] 즉 메이지 신정부가 수립되자마자 삼한정벌설과 도요토미의
조선정벌로 연결된 쇼인의 조선침략론이 신정부 정책으로 바로 논의되기
시작한 것이다. 그것도 쇼인의 제자에 의해 비롯된 것이었다. 키도는 쇼인
이 처형을 당한 후 이토 등과 함께 시신을 수습하여 매장할 정도로[18] 쇼인
을 흠모하고 있었던 사람이다. 그런 그가 쇼인의 가르침을 실천에 옮기고
있는 것이다. 메이지 정부 출범의 성격을 단적으로 대변하고 있는 대목이
다. 한마디로 신정부의 메시지는 조선의 왕은 천황에 대해 신하의 예를 갖
추라는 것이었다.

이후 일본의 사절이 계속 거부되자 그간의 대마도를 통한 교섭을 중단하
고, 신정부에서는 1869년 12월에 외무성 外務大錄 사다 하쿠보[佐田白
芽][19]와 수행원 모리야마 시게루[森山茂][20] 등을 파견, 그들이 함께 도쿄를

---

16) 이와쿠라 토모미(1825~1883): 교토 출신. 일본의 公家, 정치가. 유신 10걸의 한 명.
   신정부 우대신 역임. 이와쿠라 사절단을 이끌고 특명전권대사로 미국과 유럽을 1
   년 10개월 간 시찰하고 돌아옴. 귀국 후 정한논쟁에서 오쿠보 토시미치 등과 사이
   고 다카모리의 강경 정한론에 반대하여 사이고 세력들이 사퇴.
17) 이기용, 앞의 책, 36쪽; 保坂祐二(호사카 유지), 「吉田松陰의 朝鮮侵略論에서 본 明
   治新政府의 초기 對韓政策」, 『韓日關係史硏究』 제10집, 1999, 189쪽.
18) 保坂祐二, 앞의 논문, 188~199쪽.
19) 사다 하쿠보(1833~1907): 현재의 후쿠오카현 쿠루메시 출신. 에도시대 후기의 쿠루
   메번사(久留米藩士), 에도 초기의 외교관. 정한론자.
20) 모리야마 시게루(1842~1919): 나라현 출신. 외교관, 정치가. 귀족원 의원, 토야마현
   [富山縣] 지사 역임. 메이지 2년인 1869년 7월 외무성 창립에 따라 外務少錄에 임명
   되어 1870년부터 조선과의 교섭을 위해 왕래, 1872년 폐번치현으로 조선과의 교섭
   창구가 대마번에서 외무성으로 이관되면서 다시 조선과 협의했으나 거듭 실패.
   1873년 배외정책으로 일관한 대원군이 물러간 후 1874년 다시 교섭 재개, 이후
   1875년 9월 운요호 사건으로 12월부터 조일수호조약 체결 협상을 위해 쿠로다 키
   요타카[黑田淸隆]의 수행원으로 참가, 메이지 신정부 시작부터 조선과의 수호조약

출발, 이듬해 1월 대마도를 거쳐 2월 22일 부산에 도착, 조선의 실상을 파악하게 했다. 그리고 1870년 4월에 사다 하쿠보가 귀국하여 제출한 보고서가 바로 『朝鮮國交際始末內探書』였는데, 이것은 일본이 독도의 영유권에 대한 과거의 인식이 어떠했는지를 보여주는 매우 중요한 사료다.[21]

여기에 따르면, 「울릉도(죽도)와 독도(송도)가 조선의 부속령」으로 되어 있어 일본 정부의 외무성[22]과 태정관이 영유권의 소재가 조선임을 명백히 인지[23]하고 있었다는 것을 알 수 있다.[24] 한편 그는 그간 조선에서 벌인 협상 내용에 대해서는 다음과 같이 보고했다. 즉 그는 조선의 대응에 분개하여 '조선과 관계를 맺는 것은 불가능하다'는 결론을 내리고 『征韓建白書』[25]

체결까지 협상에 종사함.

21) 신용하, 『독도영유의 진실 이해: 16포인트 150문답』, 서울대학교출판문화원, 2012, 179쪽; 신용하, 『獨島領有權 資料의 探究 2』, 독도연구보전협회, 1999, 235~239쪽.

22) 외무성 창립은 1869년 7월임.

23) 메이지유신 당시 최고국가기관이었던 태정관이 독도는 울릉도의 속도로서 조선의 영토로 확실히 하였음을 상세 분석한 책(정태만, 『태정관 지령문이 밝혀주는 독도의 진실』, 조선뉴스프레스, 2012)이 있다. 또한 오카다 타카시[岡田卓己]도 태정관 지령은 역사가 한일 양국민에게 남긴 훌륭한 선물이라고 하면서 '죽도외 일도'에서 일도는 오늘날의 독도라고 하였다(岡田卓己, 「1877年 太政官指令 日本海內 竹島外 一島ヲ 版図外ト定ム」解說」, 『獨島硏究』 제12호, 2014, 199~203쪽). 그런데 여기서 '판도 외 1도'가 독도라고는 인정한다 하더라도 그것이 한국령임을 분명히 하지 않고 있다는 이유로 조선의 영유권 근거가 되지 못한다는 궁색한 변명을 하고 있다.

24) 이때 나온 보고서가 정부에 보고되었을 때 이에 대해 메이지 정부도 부정하지 않았다(금병동 저, 최혜주 역, 『일본인의 조선관: 일본인 57인의 시선, 그 빛과 그림자』, 논형, 2008, 60쪽).

25) '건백서는 신하가 그 의견을 주인에게 개진한 문서로, 言上書라고도 한다. 후세의 상신서(上申書)와 같다. 에도시대 중기, 정치와 경제 개혁의 의견을 막부와 번에 상정(上呈)한 建言書를 말한다. 메이지 정부에 의해 제도화되어 국가의 정책결정과정에 국민이 그 의견을 말하여 참여할 수 있는 제도적 수단이라 할 수 있다. 건백서의 제도화 이후 1868년부터 1890년까지 정부에 접수된 건백서는 3,000여 통에 이른다고 한다. 그 중에서 1868년부터 1882년 사이에 '조선을 대상으로 한 건백서'가 총 39건에 이르고, 여기에 '征韓'을 다루는 건백서들이 포함되어 있다(大辭林 第三版の解說; 裵漢哲, 『"征韓" 관련 建白書를 통해 본 明治 초기 대외정책의 公論 형성』,

를 통해 '반드시 조선을 정벌하지 않으면 천황의 위엄이 서지 않는다'고 히데요시의 조선침략과 같은 정벌을 다시 하자는 '조선출병론'을 펼친 것이다. 이후도 계속 조선과의 교섭에 난항을 거듭하는 상황에서 한일관계의 악화와 더불어 사다 하쿠보의 주장은 조야에 커다란 영향을 미쳤다.26) 정한론에 있어서 비록 메이지 초기 정부의 실권자인 키도 타카요시가 먼저 정한론을 주창했지만 그것은 집권층에 머물던 정도였으나, 실제로 정한론을 풀뿌리, 소위 민중들 속으로 널리 비등하게 한 사람은 바로 사다 하쿠보였던 것이다.27)

이렇게 하여 쵸슈 출신 쇼인의 제자인 키도 타카요시에 의한 征韓論 제창과 외무성 실무자인 사다 하쿠보에 의해 그것이 널리 확산됨으로써 에도 시대 이후 조선과의 평화 무드는 메이지 초기부터 심한 균열을 일으키고 있었다. 훗날 이토가 사망한 후 한국병탄이 이루어지자 히데요시가 못다 이룬 꿈을 이루었다고 언론에서 삽화로 크게 보도된 적도 있다.

한편 일본 국내 상황이 이렇게 전개되고 있는 가운데서 이와쿠라 토모미를 정사(특명전권대사), 오쿠보 토시미치, 키도 타카요시, 이토 히로부미 등을 부사(특명전권부사)로, 정부 고관 50여명을 포함한 100명 이상으로 구성된 소위 '이와쿠라 사절단'이 1871년 12월 20일부터 1873년 9월 13일까지 약 1년 10개월 동안 미국과 유럽 여러 나라들을 시찰하고 있었다.28) 그리고 정부 내 남은 사람들이 '留守政府'(이하 '잔류정부'라 한다)를 이끌고 있던 것이다.

그런데 사다 하쿠보가 귀국한 후에도 일본은 계속 조선과 교섭을 벌였으나 강력한 쇄국정책을 일관하고 있던 조선 정부는 시종일관 거부, 심지어

석사학위논문, 서강대학교대학원, 2015, 14~33 및 47쪽).

26) 이기용, 앞의 책, 38~39쪽.

27) 금병동 저, 최혜주 역, 앞의 책, 57쪽.

28) 구메 구니타케 저, 정선태 역, 『특명전권대사 미국회람실기 5 - 유럽대륙(하) 및 귀향 일정』, 소명출판, 2011, 11 및 419쪽.

부산에서는 排日 바람이 거세게 일고 있었다. 마침내 1873년 6월 초량 왜
관에 있던 모리야마 시게루가 귀국하여 그간의 사정을 외무성에 보고 하였
다. 여기서 일본의 잔류정부는 이 사태를 각의에 붙이게 된 것이다. 태정대
신 산죠 사네토미[三條實美][29)는 '거류민 보호를 위해 약간의 육군과 군함
몇 척을 보내고 그 위에 사절을 파견하여 公理公道로써 기필코 담판하게
할 생각'이라고 했다.30) '거류민 보호'를 침략의 구실로 삼고자 하는 것이
다. 이리하여 1873년 6월 12일 각의에서부터 조선과의 교섭을 둘러싸고 잔
류정부 내에서 정한논쟁(征韓論爭)이 본격적으로 부각된 것이다.31)

각의에서 논의된 핵심은 이타가키 타이스케가 주장한 즉시 파병이냐, 아
니면 사이고 다카모리[西鄕隆盛]32)가 주장한 즉시 파병은 불가하고 자신을

---

29) 산죠 사네토미(1837~1891): 교토 출신. 존왕양이파 조정(공가)의 중심인물, 구 다이
묘, 정치가로 메이지 정부의 최고 수뇌 인물의 1인. 원훈. 왕정복고 후 신정부의 의
정(議定), 우대신(右大臣)을 역임. 태정대신(1871년~1885)에 취임, 태정관 제도 폐지
때(1885)까지 역임. 내각제도 창설(1885년) 후는 내대신과 임시총리를 겸임. 귀족원
의원. 공작(일본 국회도서관, 「近代日本人の肖像」).
30) 이현희, 『정한론 배경과 영향』, 한국기술정보(주), 2006, 176~177쪽.
31) 일반적으로 일컫는 '정한론' 내지 '정한논쟁'이란 바로 1873년 6월에서 10월 사이
에 벌어진 메이지 신정부 각료들 사이의 논쟁으로 일본에서는 '메이지 6년 정변'이
라고 한다.
32) 사이고 다카모리(1828~1877.9.24.): 카고시마현(사츠마번) 출신. 메이지유신의 지도
자(유신 3걸의 1인). 정치가, 대표적 정한론자. 일본 대륙정책의 선구자로 일컬어지
기도 함. 카고시마 번주 시마즈 나리아키라에 발탁되다. 안세이 대옥과 나리아키라
의 죽음을 계기로 (물에) 투신자살을 도모. 그 뒤 공무합체를 목표로 시마즈 히사
미츠 밑에서 활약하나, 히사미츠와 충돌하고 유배. 소환 후 제1차 쵸슈 토벌에서는
막부 측의 참모로서 활약. 이후 막부 토벌(討幕)로 방향을 바꾸었고, 사카모토 료마
의 중개로 쵸슈의 키도 타카요시와 삿쵸연합(薩長連合, 1866)을 맺음. 카츠 카이슈
와 함께 에도성 무혈 입성을 실현하고 왕정복고의 쿠데타를 성공시킴. 신정부 내에
서 참의로 유신개혁을 단행. 1873년 정한론에 패한 후 하야. 1877년 고향의 개인
학교 학생에게 재촉을 받고 거병(西南戰爭)하지만, 정부군에게 패배하고 자결. 유신
3걸의 한 명인 오쿠보 토시미치와는 같은 고향 친구 사이이나 정한론에서 대립. 시
이고가 죽은 후 이듬해 오쿠보는 암살됨(일본 국회도서관, 「近代日本人の肖像」등).

대사로 파견하여 교섭을 선행하고, 그 교섭이 성사되지 않을 때 무력으로 해결하느냐 하는 것이었다. 즉 사이고의 이야기는 외교상 형식을 갖추어 적절한 구실을 만들어 침략하자는 것이다. 결국 침략 원칙은 동일하다는 전제 위에서 회의 결과는 일단 사이고의 제안대로 먼저 자신이 사절로 가는 것으로 결정되었다.

그러나 천황이 아직 이와쿠라의 구미사절단이 도착 전이라는 이유를 들어 시기상조로 거절되었다. 그리고 동년 9월 13일 사절단 귀국 후 태정대신 산죠를 포함한 10명의 각료가 전원 참석한 전체 각의가 10월 14일과 15일에 걸쳐 행해졌다. 이와쿠라, 키도, 이토 등이 정부를 비운 사이에 벌어진 일로 권력 내부의 파벌 싸움도 더욱 커졌다. 이즈음 조야에서도 정한 문제를 두고 강경과 온건으로 날카롭게 대립하고 있었다.

이런 분위기 속에서 개최된 각의에서 강경 정한론자인 사이고와 온건 정한론자인 오쿠보 토시미치[大久保利通][33]의 격론이 벌어졌다. 오쿠보는 征韓 자체를 반대하는 것은 아니다. 다만 일본이 당면한 내부 문제와 중국, 러시아와의 관계가 좋지 않은 대외문제를 거론하며 국력이 미비한 상태에서의 전쟁은 불가하다는 입장이었다. 오쿠보 측은 이러한 전략적 판단과 사이고 측에 대한 정치적 불만 등으로 내치 우선을 명분으로 강하게 반대, 조선정벌은 일단 연기할 것을 주장했다.

---

33) 오쿠보 토시미치(1830~1878): 카고시마현(사츠마번) 출신. 메이지유신의 지도자(유신 3걸의 1인). 사츠마 번주 시마즈 히사미츠 아래에서 공무합체운동(公武合体運動)을 추진. 이윽고 막부 타도(土幕)로 전환, 삿쵸[薩長]동맹을 성립시키는 한편, 이와쿠라 토모미 등과 관계를 맺고 1867년 12월 사이고와 함께 왕정복고의 쿠데타를 감행. 판적봉환과 폐번치현을 추진하고 신정부의 기초를 닦음. 참의, 대장경을 거처 메이지 4년(1871) 특명전권부사로 이와쿠라 사절단에 수행. 귀국 후 내치 우선을 주장하며 정한파 참의들을 하야시키는 동시에 참의 겸 내무경으로 정권을 장악. 지조 개정, 식산흥업의 추진 등 중요 시책을 실행. 세이난전쟁[西南戰爭]까지 각지의 서족반란을 진압했지만 1878년 사족에게 암살됨(일본 국회도서관, 「近代日本人の肖像」 등).

그러나 각의에서는 사이고를 사절로 파견하기로 정해졌다. 하지만 천황
이 최종적으로 다시 연기를 결정함으로써 찬성을 주장한 사이고를 포함한
다섯 참의들은 결국 사퇴를 했다. 아무튼 이 논쟁은 유신 이후 권력자들 간
각종 정책에 대한 대립으로 형성된 파벌, 즉 이와쿠라 토모미, 오쿠보 토시
미치 등 이와쿠라 사절단의 주류파와 사이고 다카모리와 이타가키 타이스
케[板垣退助][34] 등의 잔류정부파[留守政府派] 등 당시 지배세력 간의 권력
다툼의 성격도 내포된 것이었다. 이상이 소위 '정한논쟁'이라고 하는 것의
개요다.[35]

여기서 우리가 파악할 수 있는 것은 일본은 유신 초기부터 그들 정부의
대외정책 방향이 히데요시의 침략정책을 계승하고 있다는 것과 그들의 상
대는 조선을 필두로 중국과 러시아였다는 것이다. 즉 그들은 조선의 독립과
근대화라는 명분으로 조선을 침략하여 자신들의 지배하에 두려고 했다. 그
러기 위해서는 조선의 종주국 중국을 몰아내야 하고, 나아가 한반도를 완전
독점 지배하는데 방해가 될 러시아로 하여금 만주를 넘보게 해서는 안 된
다는 기본적인 대륙정책 노선을 형성해 가고 있었던 것이다.

이러한 정한논쟁은 결국 '조선정벌'이라는 공통의 목표엔 공히 찬성하는
기본 방향 하에 이를 수행하기 위한 수단과 방법에서 차이가 있었을 뿐이
었다. 즉 사이고 측의 정한논쟁 패배는 조선정벌 자체가 폐기된 것이 아니
라 연기되었을 뿐이다. 침략의 목표는 동일하나 아직 그를 수행하기 위한

---

34) 이타가키 타이스케(1837~1919): 코치현 출신. 무사, 정치가. 유신의 원훈. 백작. 막
부 타도에 가담. 메이지유신 이후 코치번 대참사로 번의 정치 개혁을 실시. 1871년
폐번치현을 단행. 이와쿠라 사절단이 파견된 후 참의로 남아서 留守政府[잔류정부]
를 맡지만, 征韓論이 받아들여지지 않자 1873년에 하야. 이듬해 함께 물러난 죽마
고우인 고토 쇼지로[後藤象二郞] 등과 「민선의원 설립 건백서」를 정부에 제출. 애
국공당과 입지사를 설립, 자유민권운동에 앞장. 1881년 자유당 총리에 취임. 후에
제2차 이토 내각 제1차 오쿠마 내각의 내상을 역임(일본 국회도서관, 「近代日本人
の肖像」).
35) 이현희, 앞의 책, 175~183쪽.

국력 등 여건 미성숙이라는 점에 대한 각 파벌의 인식 차이가 있었으며, 천황의 최종 결정 또한 시기상조라 하여 언제든지 때가 되면 '조선은 정벌한다'는 확고한 정책 지침이 수립되었다는 점이 정한논쟁을 살펴보는 의의라 하겠다. 한반도 병탄과 독도의 운명은 반막부 쿠데타 무사들에 의한 메이지 폭력 정부 출범과 동시에 시작된 것이다.

정한논쟁에서 패한 다섯 참의는 모두 사퇴하고 각각 고향으로 돌아갔다. 사이고를 추종하는 많은 세력들도 정부에서 사직하고 혹은 군인을 그만두고 사이고의 뒤를 따라 낙향했다. 이후 이들은 거국적인 사족반란과 자유민권운동을 전개하며 일본 정치의 또 다른 국면을 전개하는데 앞장선다. 이와 관련하여서는 관계 부분에서 후술한다.

그리고 이와쿠라 토모미, 오쿠보 토시미치 등 내치 우선파는 앞서 보았듯이 대외침략정책 자체를 포기한 것이 아니었음은 바로 이듬해인 1874년 5월 오쿠보 토시미치가 주도한 신정부 최초의 해외 파병인 臺灣侵略[36]을 통해서 확인되었다. 이것은 메이지유신 이후 일본의 최초 대외정벌이었다. 즉 신정부는 富國强兵의 과업을 위태롭게 할지도 모르는 대외정벌을 피하려고 하지만 일본의 국익을 위해서는 무력시위도 할 수 있다는 교묘한 외교방책을 취한 것[37]이다. 비록 琉球人 피살 문제를 구실로 하여 대만을 침략한 것이나 그 실질은 차제에 대만을 점령하여 국내 불평 세력들의 관심을 外征에 돌리고자 하는[38] 정치적 계산과 장차 일본의 장기적인 팽창정책의 목표를 자신들의 역량에 맞추어 그 침략 대상과 수위를 조절하는 것임을 분명히 하는 사건이었다고 할 수 있다.

---

36) 이 사건은 메이지 초기 정부의 대륙정책, 즉 일본의 대외팽창을 엿볼 수 있는 상징적 사건이다. 실제로 정한논쟁에서 당장의 조선정벌을 반대한 오쿠보 토시미치가 조선보다는 공략하기 쉬운 타이완 공격을 추진한 것은 이 정부의 대외정책 성격을 충분히 알 수 있다. 메이지 신정부의 최초 해외 파병이 바로 타이완 침략이다.

37) 피터 두으스 著, 金容德 譯, 『日本近代史』, 지식산업사, 1983, 134쪽.

38) 申基碩, 『新稿 東洋史』, 탐구당, 1977, 87~88쪽.

일본 내의 학자들에 따라서는 이 침략이 메이지 초기 일본의 '대륙정책'
에 포함되는지에 대한 논의가 있다 하더라도 정한 사상을 배경으로 한 메
이지 정부의 이웃 나라에 대한 침략론은 현실화된 것이다.[39] 대만 침략에
바로 이어서 1875년 강화도에서 운요호 사건을 일으켜 조선을 무력으로 강
제 개항하게 한 것을 보더라도 그들의 대외정책의 방향과 성격을 충분히
알 수 있다.[40] 메이지 정부의 정한론은 바로 제국주의를 천명하는 시발점
인 것이다.

2. 大陸政策의 政策指標

1) 대륙팽창정책의 수용 과정

메이지유신 이후 일본의 대외침략의 서막은 앞서 본 1874년의 대만 침략
을 필두로 시작되었다. 이어서 1875년 조선의 강화도를 침략하여 이듬해 무

---

39) 일본에서도 정한논쟁 후 불과 반년 만에 오쿠보 토시미치가 주도한 타이완 침략을
    지적하면서 이는 사이고 등 정한파의 전철을 밟은 것과 같다고 지적하기도 했으며,
    이와 비슷한 주장이 적지 않다. 또한 오쿠보가 실시한 이 타이완 침략은 불만사족
    에 대한 대책의 일환이고, 타이완에 대한 식민지화 의도가 있었다고 지적하는 견해
    도 있다(오비나타 스미오[大日方純夫] 저, 홍미화 역, 「근대 일본 '대륙정책'의 구조
    -타이완 출병 문제를 중심으로-」, 『동북아역사논총』 제32호, 2011, 144~145쪽.
40) 참고로 아베 신조 수상이 가장 존경하는 인물은 요시다 쇼인(이태진, 「요시다 쇼인
    [吉田松陰]과 도쿠토미 소호[德富蘇峰]: 근대 일본 한국 침략의 사상적 基底」, 『韓國
    史論』 제60집, 2014, 55쪽)이며, 쇼인의 제자인 타카스기 신사쿠, 외조부인 전 수상
    기시 노부스케 등 우익 인사들을 존경하고 있다. 모두가 야마구치현 출신이고, 쇼
    인과 타카스기는 같은 동네인 하기 출신이다. 이토 역시 쇼인의 제자로 하기 출신
    인맥이다. 야마가타 아리토모, 독도침탈 내각인 제1차 카츠라 내각의 카츠라 수상
    역시 하기 출신으로 조선 침략의 핵심인물들 다수가 야마구치현 하기 출신들이다.
    막말 이후 하기는 정한론의 발흥지라 할 수 있다.

력에 의한 강제 개항의 목표를 달성했다. 정한논쟁으로 시작한 것이 일단 이렇게 마무리된 것이다. 결국 조선은 대원군이 물러가고 고종의 親政體制에서 일본의 무력 앞에 무릎을 꿇은 것이다. 이것이 조선 침략의 시발이었다.

당시 일본은 각지에서 사족반란이 일어나고 급기야 1877년엔 불만사족의 상징적 대표라 할 수 있는 사이고 다카모리에 의한 세이난전쟁[西南戰爭](1877)으로 사족 계급의 몰락을 가져왔다. 이어서 급진 개혁을 주도했던 사이고와 동향 출신의 친구이자 동지로 활약했으나 정한논쟁에서 격심한 대립을 보였던 오쿠보 토시미치도 사이고가 자결한 1년 뒤에 불만사족들에 의해 무참히 암살(1878.5)[41]당했다. 그리고 오쿠보의 뒤를 이어 마침내 신정부 내 工部 각료로 있었던 이토 히로부미가 메이지 정부의 실세로 부상했다.

그는 오쿠보와 달리 속도를 조정하여 정책을 펼쳐 갔다. 그러나 정한논쟁에서 보았듯이 속도를 조절하는 것일 뿐 정한이 중지된 것이 아니라 바야흐로 치밀하게 착착 진행되는 단계로 접어든 것이다. 일본이 조선을 침략하기 위해서는 무엇보다 자국의 경제력과 그를 바탕으로 한 군사력(富國强兵)이 뒷받침되어야 하는 것이다. 조선을 침략하여 지배하려면 그 첫 조건으로 중국을 물리쳐야 하고, 나아가 열강들의 간섭 또한 배제해야만 하는 것이다. 특히 러시아의 극동정책은 일본의 궁극적인 목표인 조선의 단독 지배 및 만주 진출에 가장 큰 걸림돌이 될 것은 자명한 일이다. 그러기 위해서는 일본은 더 확실한 힘이 필요했던 것이다. 이런 상황에서 세이난전쟁[西南戰爭] 이후 패배한 사족들이 새로운 정치운동을 전개하며 재야세력을 형성하게 된 것이다. 이른바 낭인그룹들이 이들이다. 이들이 다양한 형태의 정치결사들을 형성하였는데 그 중 대표적인 것이 후쿠오카 반란사족들이

---

41) 이 사건은 1878년 5월 14일, 6명의 불만사족들에 의해 도쿄 치요다구에서 아침 출근길에 발생한 것으로, 이들은 사이고 다카모리의 정한론을 따르는 자들이 중심이었다. 이를 「紀尾井坂事件」「大久保利通暗殺事件」이라고 한다.

결성한 겐요샤[玄洋社]였다. 이는 태평양전쟁 패전 후에야 연합국최고사령부(GHQ)에 의해 강제 해체될 정도로 악명 높은 극우단체였다(관련 내용들은 3장에서 상술).

이들의 태생적 성격은 강경 정한론자들이 낙향하여 사족반란을 주도하였는데 거기에 참가하였다가 패배한 사람들이 결성한 것이라는 점에서 알 수 있다. 이러한 반란에 호응하였던 사족들은 그대로 정한론을 계승하고 있었고, 겐요샤[玄洋社] 역시 정한론을 계승한 사람들이 조직한 것이었다. 이들 반란 사족 중심의 겐요샤[玄洋社] 및 각종 정치결사체들이 자유민권을 부르짖으며 1880년대 전후로 전국을 반정부운동으로 흔들었다. 그리고 특히 겐요샤를 중심으로 국회개설운동 등이 거세게 일어났다. 집권자인 이토는 국민들의 이러한 여론을 반영하여 국회를 개설하기로 하고 심복인 후쿠오카 출신인 카네코 겐타로 자작 등과 헌법 제정에 착수했다.

한편 조선의 강제 개항에 성공한 일본은 경제력과 군사력의 신장 속도에 맞추어 조선에 대한 간섭과 침략을 본격화하기 시작했다. 그들의 숙원인 征韓을 향한 움직임을 추진한 것이다. 1882년 7월 임오군란이 일어났을 때나 1884년 12월 갑신정변이 일어났을 때도 아직은 중국을 맞상대하기는 어렵다는 걸 깨달았다. 이에 따라 일본은 임오군란이 일어난 다음해 軍部는 마침내 청국을 조선에서 몰아내기 위한 준비에 착수했다. 그것이 바로 '대청군비 10개년(1883~1892) 계획'이었다.[42] 일본은 한반도에서 청국과의 一戰을 이미 각오하고 있었고, 청국은 일본의 대륙팽창정책 추진의 첫 장애물인 것이다. 청국은 일본의 팽창을 막기 위해 미국, 프랑스, 유럽 여러 나라들과 조선이 통상을 하도록 알선하였다.

이에 조선은 임오군란 발생 2개월 전에 미국과 맺은 통상조약을 필두로 영국, 독일, 러시아(1884년), 이탈리아, 프랑스(1886) 등등 많은 나라들과 조약을 체결했다.[43] 이렇듯 일본은 중국으로부터 심한 견제를 받고 있었던

---

42) 小村道彦, 『日本の大陸政策 1895~1914-桂太郎と後藤新平-』, 南窓社, 1996, 20쪽.

것이다. 따라서 김옥균 등 갑신정변 세력들에게도 결국은 큰 힘이 되어주지 못하고 기껏해야 정변 주도 세력들을 일본으로 피신시킬 정도에 그칠 수밖에 없는 국력이었던 것이다.

그런데 여기에 일본을 더욱 분발시키는 사건이 발생했다. 당시 조선문제를 둘러싸고 러시아와 대립하고 있던 청국이 북양함대를 러시아의 남하에 대한 시위로 원산에 파견한 적이 있었는데, 귀로에 보급을 위해 나가사키에 들른 적이 있었다. 여기서 북양함대의 위용을 믿고 청국 수병들이 나가사키 시내에서 난동을 부려 일본 경찰까지 사망케 하는 등 큰 사건으로 비화한 적이 있다(1886.8). 이것은 그렇지 않아도 일본이 중국에 의해 조선 진출이 방해를 받고 있는 터에 일본 국민의 민심을 크게 자극했다.

이에 그간 자유민권운동 등으로 반정부활동을 하던 후쿠오카의 겐요샤나 쿠마모토 국권당[熊本國權党] 같은 국권주의단체 등이 정부의 대외정책에 옹호하는 방향으로 돌아서면서 비로소 일본은 정부와 민간 재야세력들이 '일본'이란 천황 중심의 국민국가를 위해 한 목소리를 내기 시작했다. 그들의 목표는 '조선에서 청국을 완전히 몰아내는 것'으로 스스로 한반도 침략의 첨병으로 나선 것이었다. 이제 남은 것은 유신 이후 근대화를 통한 경제력과 군사력 증진을 바탕으로 헌법 제정을 마무리하고, 천황과 정부 그리고 일본 국민들이 하나의 목표로 매진하여 대일본제국의 굴기(崛起)를 위한 힘찬 재도약을 행하는 것이었다. 즉 자국 내의 모든 불만세력들에게도 하나의 공통목표가 주어진 것이다. 그간 내재하였던 정치적 불만 세력들을 대륙팽창으로의 전환을 통하여 통합되어 갔던 것이다.

2) 政策指標로서의 主權線과 利益線

이런 배경 하에서 이를 위한 공식적 국가의 최종적인 정책지표가 필요했

---

43) 이기백, 『韓國史新論』, 一潮閣, 1990, 359쪽.

던 것이다. 메이지 3걸들인 키도 타카요시(1833~1877), 사이고 타카모리(1828~1877), 오쿠보 토시미치(1830~1878)가 차례로 사망함으로써 급진 개혁과 반발 세력들과의 투쟁은 막을 내렸다. 사이고를 중심으로 한 막부 최후의 대규모 사족반란인 세이난전쟁[西南戰爭]을 기점으로 사족들의 몰락과 새로운 정치 변화를 보이며 일본은 변증법적 흐름 속에서 하나로 통합되어 갔다. 즉 내부의 갈등 속에서도 그들은 적극적 근대화를 통한 일본의 부국강병의 목표에서는 흔들림 없는 전진을 계속했다.

이렇게 하여 유신 1세대들이 떠난 자리에 그들과 함께 했던 유신의 원훈인 이토 히로부미가 권력의 전면에 부상하면서 같은 쇼인의 제자였던 야마가타 아리토모 역시 정계의 핵심인물로 부상했다. 이들이 모두 초기 유신의 과두정치를 좌지우지했던 사람들로서 이토는 안중근에 의해 암살(1909.10. 26.)될 때까지, 야마가타는 1922년 사망할 때까지 막강한 정치적 영향력을 발휘했던 것이다.

두 사람의 정치적 성향을 대별하면 야마가타가 무력을 앞세운 강경파라고 하면, 이토는 외교를 앞세운 온건주의자라고 할 수 있다. 이들은 이후 정책마다 대립하지만 일본의 국익을 위한 침략의 최종 결론에서는 천황을 정점으로 통합되어 갔음을 여러 곳에서 알 수 있다. 청일전쟁이나 러일전쟁의 개전에 대응해서도 두 사람은 한결같이 결론에서는 한 방향이었다.

이토는 사족반란에서 패배한 사람들로 조직된 정치결사들인 겐요샤 등 자유민권운동 세력들의 강력한 국회개설운동을 수용하여 국회개설을 약속, 헌법제정 작업에 착수하면서 '대일본제국'의 기틀 마련에 진력했다. 이토는 그간 책임정치 구현이 미비했던 태정관 제도를 1895년 12월 22일에 폐지, 보다 근대적인 책임정치 구현이 가능한 내각제도(內閣制度)를 출범시켰다.[44] 태정관 제도에서는 태정대신과 좌우대신이 천황을 보필할 책임이 있었다. 그런데 參議나 卿은 3대신을 보좌할 뿐 책임은 없었다. 따라서 정책

---

44) 박경희 엮음, 『연표와 사진으로 보는 일본사』, 일빛, 2001, 402쪽.

의 집행과 책임을 일치시킬 필요가 있어 이토가 보다 근대적인 내각제도를 도입한 것이다.

초대 내각 총리대신에 이토, 내무대신에는 야마가타가 취임하였다.45) 이토는 총리에서 물러난 후 헌법제정 작업을 계속 추진하여 수상 재임 시 신설한 추밀원46)의 의장을 맡아 헌법을 심의하여 1889년 2월 11일 마침내 소위 '메이지헌법'이라고 하는 '대일본제국헌법'(이하 '제국헌법'이라 함)을 공포함으로써 일본은 제국주의로의 도약을 위한 확고한 틀을 마련했다. 이러한 체제 하에서 3대 총리(1889.12.24.~1891.5.6)로 취임한 사람이 바로 강경한 제국주의자인 군인 정치가 야마가타 아리토모였다.

이제 남은 것은 헌법의 시행과 약속한 국회개설이었다. 1890년 7월 일본 최초의 중의원 의원 총선거47)를 통해 의회가 구성되고, 10월 30일에는 천황에 의해 국민의 교육 방침을 '忠君愛國'으로 하는 '교육칙어(教育勅語)'가 공포되어, 1882년 제정된 '군인칙유(軍人勅諭)'와 함께 皇國化教育의 확고한 지침을 마련하였다. 11월 29일부터 제국헌법이 시행되고 그 날 최초의 제국의회가 개회되었다.

그간 일본은 메이지유신 이후 22년간 역사상 유례가 없었던 사회대변혁을 추진해왔다. '富國强兵' '文明開化' '殖産興業'의 기치 아래 국민국가로의 도약을 위해 수많은 내부 갈등을 극복해 가면서 쉼 없이 달려왔다. 그것은 근대화를 향한 위로부터의 사회 대개혁이었던 것이다. 이러한 바탕 위에서 12월 6일 第1會 帝國議會「施政方針演說」에서 야마가타 수상은 향후 일본의 나아갈 길인 대외정책, 즉 대륙침략정책의 지침을 다음과 같이 천명

---

45) 제1차 이토 내각: 1885.12.22.~1888.4.30.

46) 추밀원(樞密院): 천황의 자문기관으로 1888년 4월에 헌법 초안 심의를 하기 위해 창설, 1889년 헌법이 제정 공포되면서 제56조에 의해 헌법기관으로서 천황의 자문에 응하여 중요한 국무를 심의하는 기능을 맡음. 헌법 문제도 다루었기 때문에 "헌법의 파수꾼"이라고도 불림. 약칭 추부(樞府). 의장은 추상(樞相)이라고 함.

47) 당시 유권자는 국민의 약 1%에 지나지 않았다(박경희 엮음, 앞의 책, 405쪽).

했다. 국가 독립을 위한 자위의 방법으로 두 가지를 들면서, 그 첫째로 '主
權線을 수호'할 것, 둘째로 '利益線을 보호'할 것을 언급했다. 주권선은 국
가의 강역, 즉 일본을 의미하고, 이익선은 주권선의 안위에 밀접하게 관계
가 있는 구역이라고 정의했다. 이것은 조선을 의미하는 것이었다. 일국의
독립을 유지하기 위해서는 독립 주권선 守禦로서는 결코 충분하다고 할 수
없으므로 반드시 또 이익선을 보호해야 한다고 강조하고 육해군 예산에 거
대한 금액을 할애할 것을 주장하였다.[48]

메이지 신정부에서 초대 육군경(1873~1878)을 역임한 야마가타는 내무대
신을 맡고 있던 1888년 1월에 제출한 「軍事意見書」에서도 군비확장을 주
장했다. 즉 러시아와 영국이 서로 동아시아에서 알력이 생긴 가운데 러시아
의 시베리아 철도 부설로 일본의 안위가 위협받음을 지적, 조선이 그 충돌
지점으로 부각됨에 주목하고, 따라서 외교정책상 군비를 완비해야 함이 최
대 급선무라고 건의한 것이다.[49] 야마가타는 이미 신정부 초기부터 일본의
군제개혁을 비롯한 군사력 강화에 앞장서 왔던 사람이다. 그런 그가 수상이
되어 최초의 제국의회 연설에서 일본의 확고한 안위를 위한 이익선 확보를
외친 것은 향후 일본의 대외정책 지침을 명백히 천명한 것이다.

일본은 서구 근대 헌법에서는 찾아보기 힘든 특이한 입헌국가 체제를 출
범시켰다. 메이지헌법 상의 천황이 입헌군주인지 절대군주였는지 혹은 당
시의 일본 국가 체제가 입헌체제로 볼 것인지 아니면 천황절대주의 체제인
지는 여전히 해결되고 있지 않다. 이 제국헌법은 흠정헌법으로 천황에 대한
신성불가침(제3조)을 비롯한 군주주권과 군통수권 등의 천황 대권을 헌법
제1장에서 규정하고 있다. 반면에 국가의 안녕질서를 해치지 못하는 범위
안에서의 신민의 권리를 아울러 규정하는 묘한 헌정체제를 구성한 것이다.
즉 주권은 어디까지나 천황에게 있고, 신민의 권리는 천황의 은혜에 의해

---

48) 大山梓 編, 『山縣有朋意見書』, 原書房, 1966. 201~204쪽.
49) 앞의 책, 174~185쪽.

하사된 것이라는 것이다.[50]

　더욱이 육해군 통수권(제11조)은 물론 육해군 편제권 및 상비군의 수를 정할 권한(제12조)까지 천황에게 부여하고 있다. 곧 제국주의를 법적으로 뒷받침하는 헌법이었던 것이다. 이것은 당시 일본이 국내외적으로 처한 현실을 반영한 이토의 작품이었다. 이는 근대 서구식 민주헌법의 전면 수용이 아니라 專制君主制를 채택하면서 대권을 천황에게 부여하고 있는 전근대적인 측면과, 동시에 그 구조 속에서 臣民[51]의 권리가 보장되는 근대적 측면이 혼합된 특이한 헌정체제였던 것이다. 이 제국헌법이 제정되기 전에 이미 軍人勅諭(1882)가 제정, 헌법 제정 이후 그 시행 직전인 1890년 10월에 천황에 의해 교육칙어가 발포되어 모든 신민들은 천황에 대한 충성을 강요받게 되었다. 이러한 시스템이 모두 갖추어진 상태에서 야마가타의 대륙팽창정책의 지표가 천명되었던 것이다.

　이후 일본은 청일전쟁을 거쳐 중국을 한반도에서 몰아냈다. 그러나 일본의 북진을 우려한 러시아, 독일, 프랑스에 의한 삼국간섭(1895)으로 요동에서 물러난 일본은 모든 역량을 총동원하여 러시아를 한반도에서 완전히 축출하기 위한 정책으로 매진해 나갔다. 결국 일본의 도발로 벌어진 러일전쟁에서 일본이 승리함으로써 러시아를 축출하고 반드시 확보해야 했던 이익선인 조선을 병탄하기에 이르렀다. 메이지 초기에 공론화된 정한론이 대륙팽창정책의 사상적 배경이 되었고, 이를 야마가타와 이토, 카츠라 수상, 코무라 외상과 야마자 외교팀 등에 의해 보호국화를 거쳐 한일강제병합으로 실현되었던 것이다. 그 과정에서 독도가 침탈된 것이다.

---

50) 방광석, 「'제국헌법'과 明治天皇」, 『일본역사연구』 제26집, 2007, 105~125쪽.
51) 헌법 조문에서 국민이라 표현하지 않고 '신민'으로 표현하고 있다.

3. 帝國主義政策의 主導者들

메이지 시대 제국주의정책을 주도한 대표적인 사람들로 청일전쟁과 러일전쟁을 통하여 영토 야욕을 노골화한 야마가타 아리토모[山縣有朋, 1838~1922], 이토 히로부미[伊藤博文, 1841~1909], 카츠라 타로[桂太郎, 1848~1913]를 들 수 있다. 이들은 모두 征韓論의 발상지이자 메이지유신의 고향이라고 불리는 야마구치현 하기[山口縣萩] 출신이다. 하기는 일본 우익 사상의 원조라 할 수 있는 요시다 쇼인의 고향이자 그의 문하에서 제국주의 침략자들을 길러낸 松下村塾이 있던 곳이다. 그 대표적인 인물이 바로 야마가타와 이토다.

그리고 앞서도 보았지만 메이지 신정부 수립 이후 가장 먼저 征韓을 외친 사람 역시 쇼인의 제자이자 유신 3걸의 한 사람인 키도 타카요시였다. 이렇듯 하기는 메이지 시대 한국을 침략한 원적지라 할 수 있는 곳이다. 그리고 이들보다 후에 태어나 쇼인의 문하로 들어갈 수는 없었으나 야마가타의 보살핌 아래 군인으로 승승장구한 카츠라 타로 역시 하기 출신이다. 이들 세 사람은 각각 야마가타가 수상을 2회, 이토는 4회, 카츠라는 3회를 역임할 정도로 일본에서는 최고 권력을 가진 사람들이었다.

야마가타가 무력을 앞세운 대외침략을 추구했다면, 이토는 외교를 앞세운 대륙팽창주의자로 공히 문과 무를 대표하는 제국주의자들이다. 카츠라는 이들 아래에서 조선에서 러시아를 몰아내고 마침내 한국병탄을 강행한 제국주의자였다. 메이지유신 이후 패전까지 일본의 원로는 총 9명이었는데 이 중 위의 3인이 모두 원로였던 것은 이를 잘 대변하고 있다. 이하에선 이들에 대해 간단히 살펴봄으로써 3장 이하에서 전개되는 사항들에 대한 이해의 뒷받침으로 삼고자 한다.

1) 요시다 쇼인의 제자 야마가타와 이토

야마가타 아리토모는 1838년 야마구치현 하기에서 출생했다. 아버지는 최하급무사 이하인 낮은 신분이었다. 이 점은 이토와 비슷하다. 비록 낮은 신분 출신이었지만 창술로 몸을 일으켜 소년시절부터 창술에 힘썼다. 1858년 요시다 쇼인의 제자로 이토보다 1년 늦게 쇼카손쥬쿠에 들어갔다. 하지만 그가 입학한 지 몇 달이 되지 않아 쇼인이 구금되는 바람에 교육받은 기간이 길지 않았다.[52] 그러나 그는 쇼인에게서 큰 영향을 받았다고 평생 이야기했다고 한다. 비록 짧은 기간이었지만 타고난 무인이었던 그는 조선, 만주, 중국 등으로 일본이 진출해야 한다는 쇼인의 가르침에 큰 영향을 받

았던 것이다. 그의 대륙침략사상은 여기서부터 비롯되었다고 해야 한다. 그가 쇼인의 제자가 되었을 때의 나이가 20세였다.

쇼카손쥬쿠는 藩校인 明倫館과는 달리 신분의 고하를 막론하고 입교를 허용하였기 때문에 이토와 야마가타 같은 낮은 신분의 사람들이 입학할 수 있었던 것이다. 1863년 같은 쇼인의 제자였던 타카스기 신사쿠[高杉晋作][53]의 기병대 창설

〔야마가타 아리토모〕

---

52) 그는 1858년 9월에 쇼카손쥬쿠에 입숙하였는데, 쇼인이 그 해 12월에 투옥됨으로써 약 3개월 정도 교육을 받았다(김세진, 앞의 책, 181과 226쪽 참조).

53) 타카스기 신사쿠(1839~1867): 야마구치현 하기 출신으로 상급무사 집안. 쵸슈번사. 존왕양이 지사. 요시다 쇼인의 제자(쇼카손쥬쿠). 기병대 등 창설. 쵸슈번을 土幕 방향으로 이끌다. 1863년에는 미국, 프랑스 2개국이 시모노세키의 칸몬해협에 들어와 포격, 이어서 1864년 역시 칸몬해협에서 벌어진 미국, 영국, 프랑스, 폴란드 등

과 함께 여기에 참가하여 무예나 병법의 소양을 살려서 두각을 나타냈다. 상급무사인 타카스기는 신분에 얽매이지 않고 유능한 인재를 등용하였기에 낮은 신분이었던 이토와 야마가타 등을 세상에 나오게 했다. 1866년 막부군에 의한 쵸슈 정벌에서 타카스기와 함께 참전하여 막부 종말의 결정적 계기로 이끄는데 기여했다. 이어서 보신전쟁에도 참전하였다. 나아가 메이지 유신에 공을 세우고 1869년 유럽으로 가서 각국의 군사제도를 시찰하였다. 그 후에는 유신 10걸의 한 사람인 오무라 마스지로[大村益次郎][54]의 실질적인 후계자로서 사이고 다카모리의 협조를 받아 군제 개혁을 단행, 징병제를 도입(1873)하고 1873년 6월 육군경이 되었다. 참모본부를 설치하고 군인칙유의 제정에도 관여하는 등 軍政家로서의 수완을 발휘했다.

1877년 세이난전쟁에서는 參軍으로서 관군의 사실상 총지휘를 맡아 사이고에게 자결을 권하는 서한을 보내기도 했다. 1883년부터 내무경에 취임하여 1885년 12월 내각제도가 설치될 때까지 지방행정제도를 개편했다. 내각제도 개설 후 이토 내각이 들어서고 여기에서 초대 내무대신을 맡았다. 이토가 물러가고 뒤를 이어 1889년 총리대신으로 취임(제1차 야마가타 내각), 이듬해 12월 앞서 보았듯이 시정연설에서 「주권선」과 「이익선」을 제시하며 군사 예산의 확대가 필요하다고 역설한 것이다. 그의 대륙침략방침이 구체적 실행단계로 들어가게 된 것이다.

그는 수상을 역임하고서도 청일전쟁에서는 56세의 나이에도 불구하고 제1군 사령관으로서 조선에 와서 작전을 지휘했다. 러일전쟁에서는 참모총장

4개국 연합함대에게 패전 후에 협상을 맡음. 이때 이토가 통역. 1866년 막부군이 쵸슈번을 공격했을 때 시모노세키에서 격퇴함. 이것이 막부 종말의 결정타. 이듬해 大政奉還이 있었다. 이토 히로부미도 쇼인의 제자로 신사쿠의 부하. 이토보다 2살 위다.

54) 오무라 마스지로(1824~1869): 야마구치현 야마구치시 출신. 막말의 의사, 서양학자, 병학자. 유신 10걸의 1인. 야스쿠니 신사 입구 앞에 서 있는 동상의 인물. 사실상 일본 육군의 창시자(건설자).

으로서 도쿄에서 전쟁을 총지휘했다. 이를 보더라도 러시아 응징 정책을 그가 얼마나 중요시 여겼는가는 짐작하고도 남는다. 그는 청일전쟁 전에 일찍이 釣魚島列島(일본 명칭은 尖閣列島)에 대한 탐욕을 보인 예도 있었는데 독도침탈 부분에서 후술한다. 그의 이러한 영토 야욕은 「軍備擴充意見書」(1895.4.15.)[55]에서 보듯이 이익선으로서의 조선에 머무는 것이 아니라 그 이익선을 확장하여 동양의 패자가 되어야 하다고 역설하였다.[56]

일본이 만주를 차지한 후 중국 본토를 침략함은 그의 이러한 영토 야욕과 함께 그를 추종한 군국주의 군인들에 의해 실행되었던 것이다. 그는 평생 수상 2회, 원로, 추밀원의장 3회, 참모총장, 원수 육군 대장, 육군대신 등을 두루 역임하였다. 일본 국군의 아버지, 일본 육군의 아버지 등으로 불린 강경한 무력주의를 앞세운 제국주의자였다. 그리고 그는 일본 군벌의 시조

〔이토 히로부미〕

로도 불리며, 그가 쌓아올린 군부와 정관계의 폭넓은 인맥을 「야마가타係」혹은 「야마가타閥」 등으로 부른다. 대표적인 야마가타계로 육군 출신은 고향 후배인 카츠라 타로와 같은 야마구치 출신으로 무단통치를 행한 초대 조선총독 테라우치 마사타케가 있고, 관료 출신으로는 독도침탈 당시의 농상무성 대신이었던 키요우라 케이고,[57] 히라타 토스케[平田東助][58] 등이 있

---

55) 大山梓 編, 앞의 책, 228~231쪽.
56) 다케노 아키라 편저, 오전환·이정환 옮김, 『그때 그 일본인들』, 한길사, 2006, 47~48쪽.
57) 독도침탈 부분에서 나카이 요자부로가 농상무성의 마키 수산국장을 찾아갔을 당시의 농상무성 대신이 바로 키요우라이다. 관계 부분에서 다시 후술한다.
58) 히라타 토스케[平田東助 1849~1925]: 야마가타현, 관료, 정치가. 야마가타계 관료의

다.59) 이를 통해 막강한 정치적 영향력을 행사했던 철저한 제국주의자였다.

이토 히로부미에 대해서 간략히 알아보자. 이토는 일본에서는 근대화의 아버지로 칭송받는 인물이나 한국에선 소위 '원흉'으로 불리는 사람이다. 이토 히로부미는 1841년 야마구치현 히카리시에서 농민의 아들로 태어났다. 아버지 하야시 쥬조는 평민이었는데 번의 창고 관리인인 이토 성을 가진 하급무사의 양자로 입양60)된 것을 계기로 이토 성을 갖게 된다. 17세 때 쇼카손쥬쿠에 들어가61) 쇼인의 제자로서 교육을 받았다. 그러나 이듬해 쇼인이 옥중에서 처형을 당하자 제자인 이토와 키도 타카요시 등 4명이 그의 유해를 거두어 매장하기도 했다.62)

1863년 이노우에 카오루[井上馨]63) 등 쵸슈 5인방이 영국으로 밀항 유학

유력자. 제1차 카츠라 내각의 농상무상. 하이델베르크대학에서 일본인 최초 박사학위 취득(일본 국회도서관, 「近代日本人の肖像」).

59) 일본 국회 도서관, 「近代日本人の肖像」.

60) 이토의 출생지는 하기가 아니라 지금의 야마구치현 히카리시이나 5세에 아버지가 하기로 떠나고 8세에 어머니와 함께 하기로 갔기 때문에 하기 출신으로 묶어서 분류한 것이다(이종각, 『원흉과 원훈의 두 얼굴 이토 히로부미』, 동아일보사, 2010, 386쪽.

61) 김세진, 『요시다 쇼인[吉田松陰] 시대를 반역하다』, 호밀밭, 2018, 178쪽의 쇼카손쥬쿠 학생 명단 참조.

62) 김세진, 앞의 책, 88쪽.

63) 이노우에 카오루[井上馨, 1836~1915]: 야마구치현 야마구치시(현재) 출신. 정치가, 후작, 원로. 번교인 明倫館에서 수학(쇼카손쥬쿠[松下村塾]엔 입학한 적 없다. 이노우에를 요시다 쇼인의 제자로 기술하는 것은 잘못이다). 존왕양이 운동에 이토 등과 함께 참여. 이토 히로부미와는 오랜 친구 사이로 1863년 이토 등 소위 '쵸슈5걸'로 불리는 사람들과 밀항으로 영국 유학하였으나 조기 귀국. 메이지유신 후 키도 타카요시의 도움으로 대장성에 들어가 후일 참의 겸 공부경, 외무경 등을 역임. 1876년 정사인 쿠로다 키요타카[黑田淸隆, 후일 수상과 추밀원 의장 등을 역임]와 함께 부사로 내한(來韓), 2월에 조일수호조규를 체결. 제1, 2, 3차 이토 내각에서 각각 외상, 내상, 장상 등 요직을 두루 역임. 1882년 임오군란, 1884년 갑신정변, 1895년 갑오개혁과 명성왕후 시해 사건 등 한일 외교의 중요 현안에 깊이 개입한 인물. 만년에 정재계에 막강한 영향력 행사, 1911년 5월 유신사료편찬회 총재에 임명(일본 국회도서관, 「近代日本人の肖像」 등을 참조로 작성).

을 감행하기도 했으나 고향으로부터 서양 군함들의 침입 소식을 듣고 이노우에와 함께 6개월여 만에 조기 귀국했다. 그리하여 그는 역시 쇼인의 제자들이었던 키도 타카요시와 타카스기 신사쿠 등과 함께 존왕양이 운동을 펼치며 쵸수번의 권력을 장악하고 번의 방침을 막부 타도로 통일하는데 기여했다.

1868년 메이지 신정부에서 외국 사무관으로 각국의 공사를 회견하여 신정부의 대외창구역을 맡아 일했다. 1871년 이와쿠라 사절단의 특명전권부사로서 참가하여 오쿠보 토시미치의 신뢰를 얻는다. 정한논쟁에서 오쿠보 측으로 살아남아 내치 우선의 오쿠보 정책을 보좌하였다. 세이난전쟁 이듬해인 1878년 오쿠보가 암살당한 후 오쿠보의 뒤를 이어 내무경으로 정부의 중심적 위치를 확보했다.

1882년 일본이 입헌체제를 갖출 필요가 있다는 평소의 생각을 실천에 옮기기 위해 헌법제도를 연구하러 유럽으로 가서 1년 이상을 연구하고 이듬해 귀국했다. 1885년 12월 종래의 태정관제를 폐지하고 보다 근대적인 내각제도를 창설, 초대 내각의 총리대신으로 취임하여 일본의 기틀을 다지는데 진력했다. 그의 지도에 의해 제국헌법이 제정되었다(1889.2.11.). 이 헌법은 일본이 향후 제국주의로 나아갈 수 있는 길을 열어놓은 것임은 앞에서 살펴보았다.

그는 한평생 초대 수상을 포함한 수상 4회, 원로, 초대 추밀원의장을 포함한 추밀원의장 4회, 귀족원의장, 초대 조선통감 등을 두루 역임한 명실상부한 일본의 최고 권력자이자 제국주의 침략자였다.[64] 그가 사망하기 전에 이루어진 조선에 대한 모든 침략행위는 그의 승인 하에 이루어졌을 것임은 자명한 일이다.

---

64) 일본 국회도서관, 「近代日本人の肖像」; 이종각 앞의 책. 386~388쪽.

2) 「독도침탈내각」의 카츠라 수상

카츠라 타로는 1848년 하기의 번듯한 상급무사 집안에서 태어났다. 친가와 외가 모두 좋은 가문이었다. 아버지 카츠라 요이치우에몽[桂與一右衛門]은 번의 무사였다(150석). 외삼촌 나카타니 쇼스케[中谷正亮][65]는 존왕양이 활동가로 쇼카손쥬쿠의 후원자이자 쇼인의 제자이기도 했다. 그는 키도 타카요시와도 친했다. 카츠라는 쇼카손쥬쿠에 입문하지 않았지만 그것은 요시다 쇼인이 처형되었을 때 겨우 만 11세였기 때문이다. 하지만 그는 외삼촌의 영향과 출신 고장 및 후일 야마가타의 사람이 된 것으로 보아 일찍부터 쇼인의 사상에 젖어왔음을 알 수 있다. 그는 일본의 내전인 제2차 쵸슈 정벌과 보신전쟁에 참전하여 軍功을 세우기도 했다.

메이지유신 후 카츠라는 1871년 8월 독일로 유학을 갔다. 그러나 자비로 갔기 때문에 마침 이와쿠라 사절단의 부사로 유럽에 와 있던 키도 타카요시가 외삼촌인 나카타니와 친분이 있어 그에게 관비유학으로 전환해 줄 것을 부탁했으나 뜻을 이루지 못하고 1873년 10월 귀국했다. 귀국 후 키도가 당시 육군경이었던 야마가타에게 소개를 하여 육군에 입문, 대위

〔카츠라 타로〕

---

65) 나카타니 쇼스케(1828~1862): 야마구치현 하기 출신. 막말의 무사(하기번사). 존왕양이 운동에 참여. 카츠라 타로의 외삼촌. 1851년 요시다 쇼인[吉田松陰]과 함께 에도에 유학. 훗날의 전국 존왕양이 운동의 선구자인 쿠사카 겐즈이, 타카스기 신사쿠 등 많은 학생들을 쇼카손쥬쿠로 인도. 쇼카손쥬쿠의 후원자이자 쇼인의 제자로 최고 연장자(デジタル版 日本人名大辭典＋Plusの解說; 김세진, 앞의 책, 176쪽).

로 임명되었다. 이때부터 고향 대선배인 야마가타의 보살핌을 받게 된다.

이후에는 그는 순조롭게 승진을 거듭했다. 이노우에 카오루와는 의리의 부자 관계로 알려져 있다.66) 청일전쟁에서는 나고야의 제3사단장으로서 출정했다. 이후 대만총독을 역임했다. 그리고 의화단 사건 후 이토 내각이 물러나고 대러 개전 대비 내각으로서 제1차 카츠라 내각이 구성되어 야마가타로부터 자문을 받으며 영일동맹을 체결하고 러일전쟁을 승리로 이끌었다. 그의 내각은 야마가타계의 사람들로 채워진 대륙팽창 및 독도침탈내각이었던 것이다.

그는 정한론을 계승한 야마가타의 후계자로서 야마가타의 대륙침략정책을 철저히 수행한 사람이 되었던 것이다. 그는 을사늑약을 강제하고 이어서 한일강제병합을 추진한 병합 3인방67)의 1인이자 메이지 육군 삼총사68)의 1인으로 평가되는 제국주의자였다. 그는 평생 수상 3회, 원로, 육군 대장, 육상 4회, 정치가, 내대신 등을 역임했다.

이상에서 메이지 시대 권력의 정점에 있던 3인의 대표적인 제국주의자들을 간략히 살펴보았다. 이하에서는 그들이 추구한 대륙팽창정책의 집행세력들과 그 침략행위들에 대해 야마자 엔지로를 중심으로 하여 하나씩 고찰해 나가고자 한다.

---

66) 이노우에가 카츠타 타로를 총리로 추천하기도 했다.
67) 한국병탄 3인방은 하야시 곤스케 주한공사, 코무라 쥬타로 외상, 카츠라 타로 수상이다.
68) 카와카미 소로쿠, 코다마 겐타로, 카츠라 타로.

〈그림 1〉 야마구치현 하기 출신의 제국주의자들

- 상단 좌측의 동그라미: 메이지 신정부 최초로 征韓을 제기한 키도 타카요시
- 상단 우측 동그라미: 야마가타 아리토모
- 하단 좌측 동그라미: 카츠라 타로
- 하단 우측 동그라미: 이토 히로부미

III. 일본의 大陸政策과 야마자 엔지로

1. 야마자 思想의 形成期

1) 성장과 환경

〔야마자 엔지로〕

야마자 엔지로[山座円次郎]는 메이지 유신 2년 전인 1866년 10월 26일 쿠로다 번의 최하급 무사[足輕]인 야마자 쇼고[山座省吾]와 어머니 히사의 차남으로 후쿠오카 지교[地行]에서 태어났다.[1] 야먀자가 출생한 지교는 겐요샤[玄洋社] 초대 사장인 히라오카 코타로가 출생한 곳이며, 훗날 한반도와 대륙 침략의 선발대로서 暗躍하는 코쿠류카이[黑龍會]의 창립자인 우치다 료헤이도 바로 여기 출신이다. 그

는 히라오카의 조카이기도 하다. 일본 우익의 시조로 평가되는 겐요샤[玄洋社]와 그 국제행동조직인 코쿠류카이[黑龍會]가 지교[地行] 출신의 사람들에 의해 결성 내지 창립되었다는 점에서 일본 우익 창설의 상징적인 지역이라 할 수 있다. 야마자가 이들과 깊이 관계됨은 물론이다. 그의 출생지가 지교라는 점은 그의 일생을 대변하는 듯하다. 상세한 것은 후술한다.

---

1) 長谷川峻, 14쪽.

야마자가 태어난 당시의 일본은 미국의 페리제독 함대에 의한 강제 개항
을 시작으로 일본 내부의 혼란과 갈등 및 변화의 회오리바람이 일본 전역
을 휩쓸고 있던 때였다. 개국파와 존왕양이파 등의 대립으로 정치, 경제 등
사회 혼란이 가중되어 공포와 불안이 상존하던 시대였다. 이미 몰락 지경에
이른 다수의 사무라이 계급들은 가난과 절망에 허덕이고, 더구나 야마자家
처럼 최하급 무사들의 생활은 더없이 궁핍했다. 이러한 환경에서 훗날 독도
침탈의 주역으로서 그리고 '대륙정책의 집행자'로서 주중공사로 만 48세에
생을 마감한 야마자는 위로 형과 누나에 이어 셋째 아이로 태어난 것이다.
아버지 쇼고는 폐번치현(廢藩置縣, 1871)과 동시에 藩政廳(지금의 후쿠오
카 현청) 司民局 權少屬2)이라는 직함[肩書]의 사령장을 받는 말단 공무원
이 되었다.3) 그것으로는 야마자를 충분히 교육시킬 수 있는 형편이 결코
아니었던 것이다.

홍미로운 것은, 바로 이 해에 시마네현에서는 후일 야마자와 대학예비문
과 도쿄제국대학 법대 동기로 훗날 수상을 역임한 와카츠키 레이지로[若槻
禮次郎, 1866~1949]4)가 최하급무사의 아들로 태어났던 것이다(야마자의 대
학시절에서 기술). 독도와 관련하여 또 한 명 언급할 사람이 있다. 러일전쟁
당시 동해해전(일본해해전)을 승리로 이끈 연합함대 작전참모 아키야마 사
네유키[秋山眞之, 훗날 해군 중장]가 문무의 고장인 시코쿠[四國]의 마츠야
마[松山]5)에서 하급무사의 5남으로 메이지유신의 해(1868년)에 태어났다.6)
야마자와 아키야마는 후일 도쿄의 대학예비문에서 같이 수학한 후 헤어져

---

2) 1869년(明治2年) 7月 制定된 太政官制Ⅱ에 의하면, 지방의 경우 최하위 등급이 16
   등급이고, 바로 위 15등급이 權少屬이다(明治初年の職官表: http://sirakawa.b.la9.jp/
   Coin/J069.htm).
3) 長谷川峻, 14쪽.
4) 와카츠키 레이지로(1866~1949): 시마네현 출신. 관료, 정치가, 수상을 2회 역임(일
   본 국회도서관, 「近代日本人の肖像」: http://www.ndl.go.jp/portrait/contents/index.html).
5) 현재의 에히메현[愛媛縣] 마츠야마시.
6) 田中宏巳, 『秋山眞之』, 吉川弘文館, 2014, 1~4쪽.

러일전쟁을 앞두고 외무성 관료 및 육해군 소장파 중심의 개전파 모임인 코게츠카이[湖月會]에서 같이 활동하는 친구로 공히 전쟁 승리를 위해 열정적으로 매진한다(후술). 조금 덧붙이면, 사네유키의 형은 기병대의 아버지로 불리며, 러일전쟁 후는 조선주차군사령관을 역임한 아키야마 요시후루[秋山好古][7] 대장이다. 형제가 공히 수재이자 러일전쟁에서 한 명은 바다에서, 한 명은 육지에서 크게 활약한다.

그리고 야마자 다음으로 막내이자 여동생인 이크가 태어난 것이다(2남 2녀). 누이 이크는 뒷날 요시오카 연대장으로 유명해진 요시오카 토모요시[吉岡友愛][8]의 부인이다. 요시오카는 야마자의 어린 시절부터 절친한 친구로 러일전쟁 때 봉천회전에서 부하들과 함께 전멸한다. 누나 츠네는 후에 나고야家로 시집을 가고, 형 류타로[龍太郎]는 후쿠오카 세무서에서 공무원으로 일했다.[9] 조카 사부로와 마찬가지로 형[10]도 겐요샤[玄洋社] 사원이었다. 야마자와 그의 형 및 조카 모두 겐요샤 사상을 추종하는 집안이다.

야마자의 유소년기에는 난폭자, 도저히 감당할 수 없는 사람으로 통상 여겨질 정도였다고 한다. 장난꾸러기 소년시대의 친구들이라고 하면 야스코치 부쥬로[安河內武十郎](전 후쿠오카시 산업과장), 아카시 타지로[明石東次郎],[11] 육군 소장, 화약의 권위], 시노하라 토라키치[篠原虎吉], 타츠사

---

7) 아키야마 요시후루[秋山好古, 1859~1930]: 에히메현 마츠야마시[愛媛縣松山市] 출신. 육군사관학교 졸업. 육군대학을 거쳐, 1887년 프랑스에 유학. 청일, 러일전쟁에서는 기병부대 지휘관으로 활약. 러일전쟁 후 기병감, 근위사단장, 조선주차군사령관 등을 역임(앞의 책, 38쪽; 일본 국회도서관, 「近代日本人の肖像」).

8) 요시오카 토모요시[吉岡友愛, 1862~1905]: 후쿠오카현 출신. 군인. 러일전쟁으로 처음 뤼순 공위군에 소속, 여순 함락 후에는 보병 33 연대장으로 싸우다. 봉천회전에서 러시아군을 퇴각시켰지만 역습으로 1905년 3월 7일 전사. 44세. 육군 대령. 육군대학교 졸업(デジタル版 日本人名大辭典＋Plusの解說).

9) 長谷川峻, 13쪽.

10) 야마자 류타로[山座 龍太郎]: 겐요샤[玄洋社] 사원(石瀧豊美, 『玄洋社・封印された實像』 海鳥社, 2010, 社員名簿 63쪽).

11) 아카시 모토지로 대장의 조카.

부로[辰三郎] 형제, 니시카와 토라지로[西川虎次郎,12) 육군 중장]가 있다. 니시카와는 후일 러일 개전파 모임인 코게츠카이[湖月會]에서도 야마자에게 힘을 실어준다.

친구 중에서도 특히 요시오카 토모요시[吉岡友愛]와는 항상 동반으로, '엔지로 있는 곳에 요시오카 있는 격'으로 두 사람의 장난 합작은 아마도 나쁜 짓 같은 장난이 많이 발생하는 후쿠하쿠[福博]13)에서나 무리 중에서도 손꼽혔다고 한다. 야마자의 호방하고 걸걸한 성격은 타고난 천성에다가 이러한 친구들과의 교제에서 형성되었다고 볼 수 있다.14) 이들 친구들의 면면을 보면, 당시 가난한 사족의 자제들이 열정과 재능이 있어도 경제적 사정으로 과거 한국의 근대화 시기처럼 사관학교나 공무원을 지향한 것과 대동소이한 모습을 보이고 있다.

특히 야마자의 어린 시절 친구들 중엔 군인의 길을 택한 이들이 눈에 뜨인다. 그 중 가장 친한 친구이자 후일 매제가 되는 요시오카를 비롯한 모두 세 명이 군인(육군)의 길을 택했다. 또한 친구 아카시 타지로는 그의 삼촌이 육군 대장을 역임한 아카시 모토지로[明石元二郞, 1864~1919]로 야마자의 고향 선배이자 두 살 위로 후일 친구처럼 가까이 지내며 매우 밀접한 관계를 맺는다. 모토지로는 러일전쟁 직전부터 러시아 내부 교란을 획책한 소위 '아카시 공작'이라는 비밀작전을 수행하여 전쟁을 승리로 이끈 유명한 스파이였다(후술). 이러한 친구들과의 인연은 훗날 러일전쟁 개전 전후의 야마자의 활동에서 개전 여론의 확산과 전쟁 개시 후 군부의 동향 등 정보 교류 등에서도 기여한다.

---

12) 니시카와 토라지로[西川虎次郎 1867~1944]: 육군 중장. 야마자와 동향 출신으로 어린 시절부터 친구. 湖月會 회원. 러일전쟁에서 대본영 병참감부 참모(大本營兵站監部參謀)가 되어 1905년 1월 압록강군 참모로 출정. 또 요동 병참감부 참모장을 역임. 1918년7월 제13사단장으로 시베리아 출병에 참전.
13) 후쿠오카시 중심부라 할 수 있다.
14) 長谷川峻, 앞의 책, 14쪽.

이렇듯 어린 시절부터 군부 내의 인적 네트워크가 형성될 수 있는 기반이 갖추어짐으로써 외무성 정무국장으로서 러일전쟁 개전과 승리를 향한 야마자의 강렬한 대륙팽창의 꿈은 바닥에서부터 서서히 그 틀을 마련하고 있었던 셈이다.

한편 이런 개구쟁이임에도 학업 방면은 그와 달랐다. 야마자는 어려서 아라츠 가쿠샤[津學舍]에 들어가 한서(漢籍)를 닦고,[15] 지교소학[地行小學]에 다녔다. 그 위에 다시 후지쿠모칸[藤雲館]에서 공부했다.[16] 후지쿠모칸은 쿠로다家의 원조 하에 수업 연한 3개년으로 縣民의 자녀들에게 법률과 영문학을 교수하는 전문학교였다. 야마자는 여기서 영어와 법률 등 근대 학문을 배우게 되는 것이다. 즉 유소년기에 한학과 서양 학문을 두루 접하면서 성장한 것이다. 지교소학이나 후지쿠모칸에서도 그는 발군의 성적이었다. 한문과 작문은 특히 뛰어났다.[17]

그런데 후지쿠모칸[藤雲館]은 국권주의 단체인 겐요샤[玄洋社]의 전신인 코요샤[向陽社]가 만든 코요기쥬쿠[向陽義塾]의 후신으로 치쿠젠 지역(후쿠오카)의 우익 인사들이 주축이 되어 만든(즉 쿠로다家의 후원) 사립학교다. 이를 미루어 볼 때 야마자는 일찍부터 지역 특성이 뚜렷한 겐요샤[玄洋社] 사상을 배경으로 한 교육을 받으며 성장했다. 그의 형과 조카까지 겐요샤[玄洋社] 사원이었음은 앞에서 언급한 바 있다. 야마자 사상의 성립 과정을 엿볼 수 있는 부분이다(玄洋社 사상 등은 후술).

1877년 사이고 다카모리를 정점으로 메이지 신정부의 서구화를 향한 전제정치에 불만을 품은 사족들이 중심이 되어 일어난 세이난전쟁[西南戰爭]이 발발했다. 이 전쟁에서 젊은이들의 희망이라 할 수 있는 후쿠오카의 청년 오치[越智], 무라카미[村上] 등이 쓰러지자 그들은 살기가 충만했다. 게

---

15) 黑龍會 編, 『東亞先覺志士記伝 下』, 原書房, 1981, 458쪽.
16) 長谷川峻, 앞의 책, 15쪽.
17) 長谷川峻, 위의 책, 15쪽.

다가 민권의 목소리가 일어나기 시작하여 관리의 횡포를 강력 비난하는 등 혼란한 사회 분위기가 가중되고 있었다.[18] 이러한 분위기 속에서 점점 청년자제들 간에 정치열이 고취되고 있던 시대라 地行의 가난한 土族 집단의 자제들은 마침내 자신들의 이러한 울분을 달래며 의기투합할 일종의 정치적 결사체인 닷소샤[達聰社]를 만들었다.

여기에는 야마자처럼 겐요샤 사원[19]으로서 훗날 대륙에 뜻을 두어 청일, 러일전쟁 시 민간인 통역으로 전쟁 수행을 돕고, 대륙낭인으로서 활동하는 오우치 겐자부로[大內源三郎][20] 와 키야마 센[木山遷], 마에다 이소[前田磯], 야스코치 부쥬로[安河內武十郎], 야마자 엔지로, 요시오카 토모요시 등 여러 명의 소년들[21]로 이루어져 있다. 그들은 키야마[木山]의 외딴집을 빌려 항상 여기서 집회하고서는 눈동냥으로 배운 연설과 토론을 한 후, 개구쟁이 소년들이 양산박을 흉내 내며 세상을 분풀이하는 장난질을 하고 있었다. 그러나 그들이 선정하는 주제는 막연한 장난만은 아닌 사회, 정치적으로 민감한 부분들도 있었다. 예를 들면, '토론보다 실행' '게으른 무사' '나라의 큰일을 남의 일 같이 보는 바보' 등등이었다. 특히 그들은 당시 후쿠오카의 열혈 지사라 할 수 있는 히라노 지로[平野次郎][22]를 존경하고 있

---

18) 長谷川峻, 앞의 책, 150쪽.
19) 야마자가 겐요샤[玄洋社] 사원이었음을 확실히 기록하고 있는 자료로 본고가 인용하고 있는 것은 黑龍會 編, 『東亞先覺志士記伝 下』의 열전, 原書房, 1981, 468쪽과 겐요샤[玄洋社] 전문가인 石瀧豐美의 『玄洋社-封印された實像-』, 海鳥社, 2010. 겐요샤[玄洋社] 社員明簿 63쪽으로 여기에는 그의 형과 조카의 이름도 있다.
20) 오우치 기에이(1857?~1905, 49세 졸): 후쿠오카 출신. 겐요샤[玄洋社] 사원. 대륙낭인. '오우치 겐자부로'라고도 한다. 청일, 러일전쟁 때 통역. 야마자와는 어릴 때부터 達聰社를 통해서 그리고 겐요샤[玄洋社] 사원으로서도 친구이자 동지적 인물. 또한 또래들의 형 노릇을 하면서 야마자에게도 많은 영향을 주었을 것이다. 야마자보다 9년 연상(石瀧豐美, 『玄洋社-封印された實像-』, 海鳥社, 2010. 人名索引 26쪽; 一又正雄 編著, 32쪽); 黑龍會 編, 『東亞先覺志士記伝 下, 列傳』, 原書房, 1981, 144쪽)
21) 하세가와는 그의 책에서 동료들을 15인이라고 했다(長谷川峻, 20쪽).
22) 히라노 쿠니오미(1828~1864): 후쿠오카 출신. 六角獄舍에 연루되어 1864년 교토 대

었다.[23)

여기서 이들이 존경하고 있던 히라노 지로에 대해 살펴볼 필요가 있다. 그는 야마자의 사상 형성을 검증해 보는 데 있어 중요한 인물로 보인다. 결국 이 사람은 후일 겐요샤의 거두 토야마 미츠루의 사상이 야마자에게 전달되는 중간 매개자 역할 기능을 한다. 즉 야마자와 토야마 둘 다 이 사람을 존경하는 것이다.

히라노 지로는 통칭이고, 정식 이름은 히라노 쿠니오미다. 그는 야마자가 태어나기 2년 전(1864년)에 이들과 같은 고향인 지교[地行]에서 최하급 무사의 차남으로 태어났다. 한학과 국학을 배우고, 洋夷派로 국수주의적 정치사상을 가진 자들 사이에서 명성 높은 지사로 土幕論者였다. 강경한 성격으로 일찍이 尙古主義(일본 본래의 옛 제도를 존중하는 사상)에 경도되어 국수주의적 정치사상을 담은 『尊攘英斷錄』을 쓰기도 했다.

겐요샤[玄洋社] 거두 토야마 미츠루가 일생 동안 가장 존경한 두 사람이 있는데 그 한 사람이 바로 히라노 쿠니오미이고, 다른 한 사람은 사이고 다카모리라고 한다. 히라노 쿠니오미는 토야마가 지향했던 삶의 방식을 보여준 사람이었던 것이다.[24) 국권주의, 아시아주의, 우익 사상의 거두인 겐요샤[玄洋社]의 토야마가 평생 존경했던 사람이 히라노였다면 그는 당시 적어도 후쿠오카 지역의 애국 청년들에겐 영웅이었을 것이다. 탓소샤[達聰社]의 장난꾸러기 열혈아들이 그를 존경하고 있었다는 것은 바로 야마자의 인생철학에 커다란 받침돌 역할을 하였을 것으로 생각된다. 야마자가 겐요샤[玄洋社] 사람들과 끝까지 함께 하는 배경이 여기에 있다. 야마자가 일찍 사망(만 48세, 1914년)한 후 토야마가 그 애석함을 토로하는 추모담[25)을 남긴 것도 같은 맥락이다.

화재로 치안 혼란을 틈타 미결인 채 참수.

23) 長谷川峻, 16쪽.
24) 永畑道子, 『凜=近代日本の女魁·高場亂』, 藤原書店, 2017, 95쪽.
25) 長谷川峻, 152쪽.

2) 도쿄제국대학 진학과 인적 네트워크

이렇듯 공부면 공부, 장난이면 장난, 그 어느 것에도 열정적으로 임했던 소년 야마자였다. 게다가 겐요샤 정신을 바탕으로 한 열렬한 향토교육을 받으면서 성장해감에 따라 당시 뜻 있는 청년들이 그러했듯이 야마자도 그간 자주 듣고 있었던 도쿄 유학을 꿈꾸고 있었다.26) 그 당시 후쿠오카에는 사범(학교)과 중학만 창설되었기에 좀 더 높은 학문을 하고자 한다면 도쿄에 가지 않으면 안 되었다. 공부는 하고 싶고, 돈은 없는 형편이라 어떻게든 방법을 찾아야 했다. 궁핍한 사족 자제는 많은지라 순사나 학교 선생이 되어 급료 중 얼마를 저축하여 도쿄에 갈 찬스를 노리지만 결국 시골에 묻혀 사는 사람도 많은 것이다.

야마자 소년은 번민했다. 집은 가난한 사족, 가족은 많고, 학문은 하고 싶지만 도저히 유학의 학비가 나오리라 생각할 수 없었다. 어떻게 하면 가난한 이 형편에서 유학을 갈 수 있을 것인가에 골몰하던 차에 마침내 그 꿈을 행동으로 옮길 기회가 왔다.27) 때마침 다자이후쵸[太宰府町]28)의 오노 류스케[小野隆助,29) 훗날의 카나가와현30) 지사]가 고급관리로 출세하여 묘소

---

26) 이즈음 앞서 언급한 시코쿠 마츠야마의 아키야마 사네유키도 형 요시후루가 육군 사관학교에 재학 중에 동생을 도쿄로 불러 유학길에 나서게 된다.

27) 長谷川峻, 15~16쪽.

28) 다자이후[太宰府]: 옛날 치쿠젠[筑前](현재의 福岡縣의 북서부) 지방에 설치되었던 관청으로 九州, 壹岐, 對馬를 관할하고 외적을 막으며, 외교에도 관계하였던 것으로 이 관청이 설치된 마을이 다자이후 쵸. 지금은 太宰府市.

29) 오노 류-스케[小野隆助, 1839-1923]: 후쿠오카현 출신. 막말에서 메이지까지 무사, 정치가. 겐요샤[玄洋社] 사원. 막말의 근황가인 마키야스오미[眞木保臣]의 조카. 마키 외삼촌은 야마자를 포함한 탓소샤[達聰社] 친구들이 존경했던 히라노 쿠니오미와 교류한 절개 높은 존왕양이파 무사. 한학과 존왕사상을 닦다. 다자이후 테만구[太宰府天滿宮] 신관(神官), 츠쿠시[筑紫](큐슈의 옛 이름)중학교 교장, 제17은행 이사(第十七銀行取締役), 筑前共愛公衆會 회장. 1890년 중의원 의원 당선. 겐요샤[玄洋社] 거두 토야마 미츠루는 그를 '치쿠젠의 사이고'라고 높이 평가함(石瀧豐美,

참배를 위해 금의환향했다는 소문이 후쿠오카까지 널리 퍼졌다. 야마자는 곧바로 행동에 옮겼다. 가족에게도 알리지 않고 몰래 집을 빠져나와 다자이 후로 오노 류스케를 찾아갔다.[31] 이 부분은 오노가 야마자 사망 후 추모 담[32]을 남겼는데, 그에 따르면 대강 이렇다.

  그 당시 겐요사[玄洋社]의 후지시마 이치조[藤島一造][33]가 사감을 하고 있었는데, 그가 특히 야마자에게 완전히 매료되어 자기에게 야마자를 도쿄로 데려가 달라고 부탁한 것이 애초 도쿄 유학의 서막이었다고 한다. 후지시마의 소개로 처음 자신을 찾아왔던 당시의 야마자의 도깨비 같은 모습을 보면, 마침 그때가 장마 무렵으로 몸에는 짧아서 다리가 다 나오는 비백(飛白) 무늬가 있는 감색 옷감의 홑옷을 걸치고, 간장을 졸인 듯한 한 폭으로 된 허리띠를 매고, 내리 퍼붓는 빗속을 맨발인 채로 후쿠오카에서 5리(약 20km) 남짓의 거리를 걸어서 다자이후[太宰府]까지 찾아왔다는 것, 도중에 대충 마련한 우산은 찢어진 채 쓰고 왔다고 하는 무심한 태도, 나막신은 대나무 껍질의 끈이 도중에 끊어져 버렸기 때문에 버리고 왔다는 것[34] 등이 예사롭지가 않았다. 이렇게 찾아온 야마자가 집 현관에 버티고 앉아 유학을 간청하는 모습을 보니, 학생들 중에서도 성적이 우수하고, 특히 한자 소양이 있으며, 대충 평판도 좋고, 많은 사람의 기대가 있다는 소개도 있었을 뿐

『玄洋社-封印された實像-』, 海鳥社, 2010. 겐요사[玄洋社] 명부 30쪽 등을 참조로 작성).

30) 카나가와현[神奈川縣]은 일본 칸토 지방 남서부에 위치하며 도쿄토 남쪽에 인접하는 현. 현청 소재지는 요코하마시[橫浜市].

31) 長谷川峻, 19쪽.

32) 長谷川峻, 151-179쪽.

33) 후지시마 이치조[藤島一造, 1857-1891]: 겐요사[玄洋社] 사원, 여성 유학자이자 의사인 타카바 오사무[高場亂]가 세운 코요쥬쿠[高場塾] 출신으로 토야마 미츠루 등 초기 겐요사[玄洋社] 사원들은 여기 출신들이 주축이다(石瀧豊美, 『玄洋社-封印された實像-』, 海鳥社, 2010, 社員明簿 56쪽; 永畑 道子, 『凜=近代日本の女魁・高場亂』, 藤原書店, 2017, 84-86쪽.

34) 長谷川峻, 169; 一又正雄, 7-8쪽을 참조로 작성.

아니라, 도쿄에 가고 싶다고 말하는 열망이 미간에 넘치고 있는 것이다. 오노 역시 그 열의에 매료되어 몇 가지 다짐의 말을 한 후 데리고 갈 것을 허락했다.35)

다자이후에서 후쿠오카까지의 귀로는 너무 기뻐서 마치 다리가 떠 있는 것 같고, 하늘을 나는 것 같은 기분으로 집에 돌아와 아버지, 형과 누이에게 「도쿄 유학 모험의 전말」을 보고했다. 마침내 이룬 숙원인 도쿄 유학을 누구보다도 기뻐해 주었던 것은 탓소사[達聰社] 동료들이었다.36) 그들에겐 결코 남의 일이 아니었다. 비록 그들이 짓궂은 장난을 서슴지 않았다 하더라도 가슴 속엔 끓어오르는 자신과 일본의 미래에 대한 열망이 있었던 것이다. 당시 일본의 불평사족 자제들의 공통된 열망이었을 것이다. 그들은 간절한 축하와 앞날의 광명을 기원하는 한시(漢詩)37)를 지어주면서 미래의 풍운아 야마자를 위해 진심으로 쾌재를 부르며 함께 기뻐했다. 그들이 베풀어준 축하연은 야마자에게는 다시 한번 고향의 정과 의리를 가슴에 확실히 각인시키며 꾸러기 시대의 작별을 고하는 뜻깊은 시간이 되었을 것이다. 훗날 고향의 사투리를 비웃는 학생에게 아무 말 없이 주먹을 날리는 일이나, 친구들 중 요시오카에게 도쿄 유학의 길을 열어주는 일, 외교관이 되어 고향에 오면 향당(鄕黨) 사람들에게 소식을 전해주는 것 등은 야마자가 고향에 대한 깊은 애정과 우정을 항상 소중히 하고 있었던 방증이 될 것이다. 결국 요시오카는 매제가 되어 야마자의 가족으로 평생을 함께 하게 된다.

여기서 잠시 짚고 넘어갈 것이 있다. 처음 오노 류스케에게 야마자를 도쿄에 데려가 달라고 부탁한 사람이 앞에서 언급한 후지시마 이치조[藤島一造]로 야마자가 다니던 학교의 사감이자 겐요샤[玄洋社] 사원이고, 그를 도쿄로 데려가 준 오노 류스케 역시 겐요샤[玄洋社] 사원이다. 그는 일찍이

---

35) 長谷川峻, 19쪽.
36) 위의 책, 20쪽.
37) 지금도 야마자家에 남아 있다고 한다.

한학과 존왕사상을 닦고, 다자이후 테만구[太宰府天滿宮] 신관(神官) 및 중의원 의원을 역임한 지역의 명망가이다. 그리고 앞에서 야마자의 가족을 거론할 때 그의 형과 조카도 겐요샤[玄洋社] 사원임을 검토했다.

야마자가 다닌 후지쿠모칸은 玄洋社 계열의 교육기관이며, 그의 가족과 그가 학망(鶴望)하던 도쿄 유학의 꿈을 이루게 해 준 사람들도 겐요샤[玄洋社] 소속의 사람들이다. 이런 배경을 가진 야마자가 청일전쟁 이후 더욱 적극적으로 제국주의 물결에 휩쓸려가는 일본의 대륙침략 과정에서 국권주의를 표방하는 겐요샤[玄洋社] 사상이 대륙을 향한 그의 지침이 되었을 것임은 충분히 엿볼 수 있다.

겐요샤의 대륙정책 관련 내용은 뒤에서 살펴보겠지만 여기서 잠시 야마자의 평생을 엿볼 수 있는 한 대목을 소개한다. 야마자(1866~1914.5)가 사망 후 일생 동안 가까웠던 사람들이 추모담을 남겼는데 하세가와 책 부록에 실려 있다. 그 추모의 글을 쓴 사람들의 면모를 보면 다음과 같다. 겐요샤[玄洋社]의 거두로 야마자에게 일생 동안 내내 큰 영향을 미친 토야마 미츠루, 야마자가 매우 아끼는 고향후배이자 대학후배이며 자신의 문하인 首相을 역임한 히로타 코키[廣田弘毅, 1878~1948], 도쿄 유학 초기에 신세를 졌던 테라오家의 '7박사'의 한 사람이자 겐요샤의 주변 인물로 야마자와 뜻이 통하던 동지였던 테라오 토루[寺尾亨, 1859~1925] 박사, 대학예비문과 대학에서 함께 공부했던 친한 친구인 국수주의 정치가 오가와 헤이키치[小川平吉, 1870~1942], 제8대 겐요샤[玄洋社] 사장인 미와 사쿠지로[美和作次郎, 1866?~1943], 고향 사람인 오쿠마 아사지로[大熊淺次郎], 도쿄 유학을 알선한 고향선배이자 겐요샤 사원인 오노 류스케 등이다. 추모담을 남긴 사람들 7명 중 5명이 겐요샤[玄洋社] 사원이거나 주변인물들이다. 오가와는 비록 후쿠오카 출신은 아니어서 같은 겐요샤 사원은 아니지만 도쿄 시절부터 평생 친구이자 사상적 동지로, 당시 대표적인 국가주의 정치인이었다.[38] 이러

---

38) 長谷川峻, 151~179쪽; 石瀧豐美, 『玄洋社-封印された實像-』, 海鳥社, 2010, 겐요샤

한 인적 관계를 통해서도 야마자의 사상과 국가관 및 정치철학을 충분히 엿볼 수 있으며, 그의 대륙침략정책과 독도침탈은 그 속에서 태동되었던 것이다. 후술하는 러일전쟁 개전 전후 그의 활동을 보면 보다 확연해질 것이다.

오노를 따라 상경한 것은 1883년 10월 야마자의 나이 17세 때였다. 오노는 동향 친척에 해당하는 테라오 히사시[寺尾壽]39)에게 서생으로 들어가게 하고 근무처인 후쿠시마현으로 돌아갔다. 테라오 히사시는 바로 도쿄제대를 나와 관비로 프랑스 유학을 다녀온 후 문부성 어용궤(御用掛)40)로서 도쿄이과대학에 근무하고 있었다(이학박사, 도쿄이과대학 교수, 도쿄천문대장).

그런데 이 테라오家에는 장차 야마자와 밀접한 관련을 맺는 동생 테라오 토루41)가 있는데, 도쿄제국대학에서 일본인으로서 최초로 국제법 강좌를 담당한 사람42)으로 대러 조기 개전론을 펼친 유명한 도쿄대 '7박사'의 한 사람이다. 야마자의 고향 선배이자 스승이기도 한 토루는 겐요샤의 社員明簿에는 없으나 겐요샤[玄洋社]의 주변인물로 분류될 정도로 겐요샤와는 밀접한 관계를 가진다. 이들 형제들 둘 다 겐요샤 社員明簿에 등록은 되어 있지 않으나 공히 학자적 영역에서 겐요샤의 취지에 동조하고 있고, 특히 동생 테라오 토루는 아시아주의자로 분류되어 매우 적극적으로 가담하고 있다. 이런 점에서 야마자와는 대러 개전 활동을 함께 하며 평생지기로 야마자가 죽은 후 토루는 추모담까지 남기고 있음은 앞서 보았다. 이에 관해서는 관계 부분에서 좀 더 기술한다. 이렇듯 상경하여 첫 인연을 맺은 테라오

[玄洋社] 社員明簿 참조..

39) 테라오 히사시(1855~1923): 후쿠오카현 출신. 천문학자로 근대 일본 천문학의 기초를 다짐. 도쿄제국대학 교수. 일본천문학회 창립 및 초대 사장. 청소년 시절 카네코 겐타로와 함께 "동쪽 테라오 서쪽의 카네코"로 불릴 만큼 수재. 도쿄제국대학 졸업, 그의 아우가 테라오 토루임(하세가와의 책 등을 참조로 작성).

40) 어용궤(御用掛, 고요우가카리): 궁내성 등의 명을 받아 용무를 담당하는 직. 혹은 그 직을 담당하는 사람.

41) 테라오 토루는 뒤에서 러일전쟁 개전 운동과 관련하여 다시 언급된다.

42) 一又正雄 編著, 7쪽.

家는 야마자의 일생에 중요한 길잡이 역할을 하게 된다.

야마자의 학교 관계를 살펴보기로 한다. 상경 후 그는 공립학교, 대학예
비문 및 도쿄제국대학을 다녔다. 먼저 共立學校로 통학했다(1884년). 공립
학교에서는 타카하시 코레키요[高橋是淸,43) 훗날 대장상, 수상]와 칸다 나
이부[神田乃武, 남작, 영어 교육으로 유명]에게서 교육을 받았다. 같이 수학
한 사람들로는 후쿠하라 료지로[福原鐐二郎, 훗날 귀족원 원장과 제국미술
원 원장], 미즈노 렌타로[水野錬太郎,44) 훗날 문상, 내상]와 하가 야이치[芳
賀矢一, 훗날 문학박사, 국문학자], 나카가와 코쥬로[中川小十郎, 귀족원 의
원], 시라니 다케시[白仁武, 훗날 日本郵船社長] 등이 동급생이었다. 또
1889년 대학예비문에서는 미즈노와 와카츠키 레이지로[若槻礼次郎,45) 훗
날 수상], 아다치 미네이치로[安達峰一郎, 훗날 대사, 상설국제사법재판소
소장], 아라이 켄타로[荒井賢太郎, 훗날 상공농림상], 오다 요로즈[職田万,
도쿄제국대학 교수, 상설국제사법재판소 재판관], 오가와 헤이키치[小川平
吉, 후의 철도상]. 나츠메 소세키[夏目漱石,46) 훗날 소설가] 등이 같은 학년

---

43) 타카하시 코레키요(1854~1936): 도쿄토 출신, 미국 유학파. 교육자, 관료, 정치가(수
   상). 자작. 일본 은행 총재와 대장대신을 5차례 역임한 재정금융 전문 관료. 러일전
   쟁의 외채 모집에 수완을 발휘. 1921년 수상이 됨. 대장대신 시절 군사비 억제 방
   침을 밝히고, 군부와 대립하여 2.26사건(1936)에서 암살당함. 제자로는 야마자 엔지
   로, 러일전쟁 당시 동해해전(일본해해전)을 승리로 이끈 작전참모 아키야마 사네유
   키, 하이쿠의 대가 마사오카 시키 등. 아키야마는 야마자와 같은 코게츠카이[湖月
   會] 회원으로 개전을 위해 적극 활동(일본 국회도서관, 「近代日本人の肖像」 등을
   참조로 작성).

44) 미즈노 렌타로(1868~1949): 아키타현 출신. 정치가, 관료. 법학박사. 문부대신(1회)
   과 내무대신(4회)을 역임. 사이토 총독 밑에서 정무총감(1919. 8.~1922.6) 역임. A급
   전범 혐의자에 지정되기도 했으나 삭제(일본 국회도서관, 「近代日本人の肖像」).

45) 와카츠키 레이지로(1866~1949): 시마네현 출신. 도쿄제국대학 졸업 후 대장성에 입
   성. 관료, 정치가, 귀족원 의원, 수상(2회로 1926, 1931) 내무대신(2회), 대장대신(2
   회), 척무대신 등 역임.(長谷川峻, 101쪽; 일본 국회도서관, 「近代日本人の肖像」).
   야마자와 동갑이며 법대 동기동창.

46) 나츠메 소세키(1867~1916): 도쿄토 출신, 소설가, 문학자, 근대 일본의 대표 작가.

이었다. 야마자의 성적은 우수하고 항상 상위였다.47)

이상에서 언급된 인물들의 면면을 보면 이들이 바로 메이지, 타이쇼 시대를 움직인 쟁쟁한 사람들이었음을 알 수 있다. 이들은 모두 야마자가 상경한 이후 맺어진 인맥들이라 할 수 있다.

여기서 야마자와 교우들 간의 관계를 조금 더 근접하여 살펴볼 필요가 있다. 그것은 대학 졸업 후 야마자가 대륙정책을 집행하는 과정에서, 어떤 친구가 그에게 도움을 주거나 줄 수 있었을까를 살피기 위한 것이다. 그것은 독도의 운명과도 관계가 있다 할 것이다. 상기의 동기들 중에는 공립학교부터 대학예비문과 대학까지 모두 함께 다닌 사람은 미즈노 렌타로, 후쿠하라 료지로다. 둘 다 학교생활 면에서 보면 가장 오래도록 야마자와 함께하였고(약 9년간), 도쿄제국대학 법과대학까지 같이 졸업한 사이이긴 하나 고향도 다르고 나이로 보면 야마자보다 두 살씩 아래다. 세 사람 모두 官界로 진출하나 후쿠하라의 경우는 내무, 문부성 관료로 진출, 후일 정치에 입문하여 귀족원 의원을 역임하는 등 야마자와는 가는 길이 다르나 국가 위기 시 조력자가 될 수 있음은 당연하다.

반면 미즈노는 좀 더 각별한 듯 보인다. 그는 전형적인 관료 정치가로 대학 졸업 후 문부성 관료로 출발하여 주로 내무관료로 문부대신을 한 차례, 내무대신을 무려 네 차례나 역임하기도 한다. 테라우치 내각에서 내무대신 재임 중 '쌀 소동(1918.7.22~9.12)' 발생 시 군대를 동원하여 민중을 탄압하기도 했다. 조선총독부 정무총감을 지냈고, 후일에는 정계로 나아가기도 한다. 그와 관련해서 기억할 만한 것은 관동대지진(關東大震災: 1923.9.1.) 발생 시 미즈노는 내무대신으로 당시 경보국장 고토 후미오[後藤文夫]48)와

도쿄제국대학 영문과 졸업. 졸업 후 영국 유학.『나는 고양이로소이다』로 문단에 등장. 본명은 나츠메 킨노스케[夏目金之助](일본 국회도서관,「近代日本人の肖像」).

47) 一又正雄 編著, 7쪽; 長谷川峻, 21쪽.

48) 고토 후미오(1884~1980): 오이타현 오이타시[大分縣大分市] 출신. 경찰관. 관료 정치가. "천황 폐하의 경찰관"을 자칭.

[미즈노 렌타로]

경시총감 아카이케 아츠시[赤池濃][49] 등 세 명의 치안 트리오가 외적의 침입이나 내란이 아닌 지진임에도 조선인 폭동이라는 이유를 들어 군대 동원을 전제로 하는 계엄령을 선포[50]하게 하여 조선인을 학살하게 한 장본인이기도 하다. 미즈노는 특히 조선과 많이 관계되는 사람이었다. 그는 전문 내무관료로 일본의 내정과 조선에 대해서도 타의 추종을 불허할 만큼 전문가다. 국정과 관련한 조언은 야마자가 미즈노와 상의하였을 것임은 자명하다. 미즈노는 후일 야마자 사후 3주기 추도식에도 카토 외상, 야마자 최초의 부산 영사관 상사였던 무로타와 함께 참석할 정도로 야마자와 친한 사이였다. 야마자보다 35년이나 더 살았다.

그리고 이들 외에 대학예비문을 나와 법대를 같이 진학한 친구들은 와카츠키 레이지로, 아다치 미네이치로, 오다 요로즈, 오가와 헤이키치, 나츠메 소세키 등이 있다. 또한 하세가와나 이치마타의 책에서는 소개되지 않은 공립학교와 대학예비문 동기로 야마자의 출생 부분에서 잠시 소개한 훗날의 해군 중장 아키야마 사네유키와 그와 같은 고향의 죽마고우인 일본 하이쿠(일본 고유의 短詩)의 혁신자로 유명한 시인인 마사오카 시키[正岡子規][51]

---

49) 아카이케 아츠시(1879~1945): 나가노현. 도쿄제국대학 법과대학 졸업. 내무 관료, 정치가, 시즈오카현 지사, 경시총감(2회), 귀족원 의원. 조선총독부 내무국장과 경무국장 역임. 1923년 칸토대지진 때 경시총감. 반유대주의자.
50) 금병동 저, 최혜주 역,『일본인의 조선관 : 일본인 57인의 시선, 그 빛과 그림자』, 논형, 2008, 236쪽.
51)

도 있다.

앞에서도 잠시 언급했지만 아키
야마 사네유키는 야마자와 같이
공립학교와 대학예비문까지는 함
께 다녔으나 가정 형편상 해군사
관학교를 지망하여 군인의 길로
나아갔다. 하지만 훗날 야마자와
같이 開戰派 군인 및 외무성 관리
들의 모임인 코게츠카이[湖月會]
에서 개전 촉구를 위한 활동을 함
께 하고, 종래 러일전쟁에서 동해

〔아키야마 사네유키〕

해전의 영웅이 되었다. 그는 전쟁 시 토고 제독의 작전참모로 울릉도와 독
도의 전략적 중요성을 누구보다 잘 알 수 있었을 것이며, 독도가 문제로 부
상했을 때 야마자와 서로 깊이 상론하였음은 명약관화한 일이다(湖月會 장
교들에 관해서는 후술). 독도침탈 면에서 야마자와 관련되는 가장 중요한
인물 중 한 사람이라 생각한다. 애초 그는 집안 형편상 도쿄 유학을 갈 상
황은 아니었으나 친구 마사오카 시키가 1883년 도쿄로 유학을 가는 바람에
자극을 받아 가슴앓이를 하던 차에 육군사관학교에 다니던 형(훗날의 육군
대장 아키야마 요시후루)이 아버지에게 편지를 하여 유학의 길이 열렸던 것
이다. 그러나 실은 사네유키가 형에게 먼저 편지를 써서 그렇게 하도록 형

---

51) 마사오카 시키[正岡子規, 1867~190]: 에히메현[愛媛縣] 마츠오카 출신. 시인, 문학자
　　(일본 국어학 연구), 신문기자. 제국대학 철학과를 입학하였으나 이듬해 국문과로
　　전과. 하이쿠(일본 고유의 短詩)의 혁신 운동을 전개. 신체시, 소설, 평론, 수필을 위
　　시해 많은 저작을 남겼으며, 일본 근대 문학에 지대한 영향을 줌. 메이지 시대를
　　대표할 전형이 될 만한 특징이 있는 문학가 중 한 사람. 나츠메 소세키의 하숙집에
　　서 함께 기거하며 하이쿠 모임을 열기도 하면서 특히 일본의 하이쿠 세계에 큰 영
　　향을 남김(일본 국회도서관, 「近代日本人の肖像」).

[와카츠키 레이지로]

에게 간청했다고 한다.[52]

한편 법대 동기들 중 오롯이 학자의 길을 택한 오다 요로즈를 제외한 와카츠키 레이지로와 오가와 헤이키치는 각각 좀 더 자세히 들여다 볼 필요가 있다. 먼저 와카츠키를 검토해 보기로 한다. 그의 출신지는 독도를 편입한 시마네현이다. 그도 야마자와 같은 하급무사 집안의 출신이며, 야마자와 동갑으로 둘 다 차남이라는 여러 공통점이 있다. 그런 점이 훗날 공히 관계로 진출하였으나 각자 서로 다른 부서 소속임에도 줄곧 친하게 지낸 고리가 되었을 것이다.

집안 형편은 와카츠키가 훨씬 어려웠다. 그의 어머니는 그가 3살 때 급사했다. 학비 조달이 불가능해 다니던 중학교를 그만 두고 임시 대용교사를 하기도 했다. 결국 1883년 관비로 다닐 수 있는 육군사관학교에 응시하였으나 신체검사에서 불합격을 했다. 포기하지 않고 이듬해 역시 관비로 다닐 수 있는 司法省 法學校에 응시하려고 했으나 시험장인 도쿄로 갈 여비가 없자 사정을 헤아린 삼촌의 도움으로 마침내 1884년 18세의 나이로 상경했다. 이후 야마자와 같이 대학예비문과 법대를 다녔다.

1892년 7월 제국대학 법과를 98점 5라는 경이적인 성적으로 수석 졸업을 했다. 그는 법학교에서나 제국대학에서도 항상 수석을 놓치지 않는 수재였다. 졸업 후 대장성으로 진출하여 대장사무차관을 거쳐 대장대신(2회), 내무대신(2회), 총리대신(2회) 등을 두루 역임했다. 대장관료로서 稅政에 밝았다(대장성 근무 시절 대학 강사로 세법과 민법 강의).[53] 따라서 러일전쟁을

---

52) 田中宏巳,『秋山眞之』, 吉川弘文館, 2014, 20~21쪽.

앞두고 전비와 관련한 재정상황을 야마자에게 조언해 줄 수 있을 뿐 아니라 시마네현 출신이므로 상대적으로 오키섬과 독도와의 관계 등에서도 다른 사람들보다 훨씬 잘 알 수 있고, 대장성 관리로 시마네현 관계자들은 물론 집안사람들 등을 통해서도 자세한 자문을 구할 수 있는 위치에 있는 친구인 셈이다. 러시아와의 개전 이후 변화하는 전황 속에서 누구보다 분주했을 야마자에게 있어 울릉도, 독도가 전략상 절체절명의 一戰을 위한 요충지로 부각되었을 때 와카츠키가 떠올랐을 것임은 당연한 일이라 하겠다.

대학 동기들 중 특히 야마자와 사상 면에서 거의 한 방향으로 걸었던 친구라고 한다면 오가와 헤이키치54)를 들 수 있다. 그는 변호사이자 정치가로 중의원 10선의 경력을 가진 국수주의자였다. 러일전쟁 전후로 야마자와 함께 동기들 중 가장 자주 거론되며 야마자 사후에도 추모담을 남기는 친구임은 앞서 보았다. 겐요사[玄洋社]의 해외공작 단체라 할 수 있는 우치다 료헤이의 코쿠류카이[黑龍會] 활동에도 참여하고, 의회 내 對露 개전파의 급선봉55)에 선 사람으로 야마자는 누구보다 이 친구의 응원에 고무되었을 것이다. 후일 러일전쟁 강화회담을 위해 渡美하는 야마자를 환송하며 부두에까지 나와서 각별히 당부하는 모습은 그가 야마자 못지않게 러시아와의 一戰에 심혈을 기울이고 있었음을 볼 때 여러모로 야마자와는 대륙팽창의 뜻을 같이하며 전쟁 승리를 위해 머리를 맞대는 커다란 우군이었을 것이다. 당시 그는 중의원 의원 신분이었다.

---

53) 일본 국회도서관, 「近代日本人の肖像」 등을 참조로 작성.

54) 오가와 헤이키치[小川平吉, 1870~1942]: 나가노현, 정치가로 중의원 의원(10회), 철도대신, 사법대신, 國勢院(일본 정부의 중추적 통계기관) 총재 역임. 1901년 국권주의자, 아시아주의자로 불리는 코노에 아츠마로를 따라 베이징 동아동문서원 창립에 참여. 1905년 9월 러일전쟁 강화 때에는 "싸움에 이기면서 굴욕적 강화를 이루다니 왠일이냐"라며 히비야[日比] 화공 사건을 일으킴. 치안유지법 제정에 참가. 우익 언론인 신문 『일본』을 창간하고 국수주의를 제창(일본 국회도서관, 「近代日本人の肖像」).

55) 일본 국회도서관, 「近代日本人の肖像」.

[오가와 헤이키치]

또한 그는 한일강제병합에도 깊이 관여하였음을 보여주는 예가 있다. '중의원 의원 오가와 헤이키치가 일진회 회장 이용구에게 보낸 전보가 오늘 14일(1909년 12월) 도달했다'는 統監府文書의 기록이 있는데, 전보의 내용에는 "우리 5천만 동포는 貴會의 합방문제에는 동의하므로 반대자가 있더라도 이에 굴하지 말고 더욱 분려(奮勵)하시길"56) 이라고 하여 이용구가 추진하는 병합에 대해 반대자들을 무시하고 강하게 추진하라는 격려의 내용이 담겨 있는 것이다. 이렇듯 오가와는 줄곧 한반도와 대륙팽창에 대해 열성적으로 앞장서는 우익 인사로 야마자와는 평생 동지로 가는 친구다.

학창시절의 인연들 중 마지막으로 아라이 켄타로를 검토하고자 한다. 아라이 역시 법대 동기로 와카츠키처럼 1892년 졸업 후 바로 대장성에 입성할 만큼 수재로 학창시절 수석을 다투었다고 한다. 후일 정계로 나가 농상무대신, 조선총독부 탁지부대신 등을 역임했다. 그런데 그는 대장성에 입성하여 주계국장(主計局長)57) 등 대장성의 요직을 역임한다. 앞서 본 와카츠키도 대장성에 들어가 후일 대장대신을 2차례나 역임함에 비해 아라이는 그와 같은 경력은 없으나 대장성의 주계국이란 요직에 있었기에 두 사람 모두 외무성의 야마자와 교류하며 서로 정보를 교환할 기회가 적지 않았을

---

56) 統監府文書 8권, 「代議士 小川平吉이 一進會長 李容九에게 보낸 合併 격려 전보 件」, 1909.12.14.

57) 주계국은 국가 예산 편성, 결산의 작성, 회계제도의 기획 입안을 주요 업무로 하고 있는 기관.

것이다. 특히나 청일전쟁과 러일전쟁 사이 및 러일전쟁 기간 동안 전비 조
달 등과 관련된 상황은 야마자가 이 친구들을 통해 정보를 획득하여 외교
적 입장에서 새롭게 분석하였을 가능성이 크다.

더욱이 러일전쟁 개전 후 여순 점령(203고지 등)을 위한 전투에서 고전
에 고전을 거듭한 군부는 전비 부족에 허덕이며 장기전에 대한 우려가 漸
增하고 있었다. 야마자의 공립학교 재학 시절 스승이었던 타카하시 코레키
요는 당시 일본은행 부총재로 전비 마련을 위해 해외로 나가 동분서주하며
활약한 결과 간신히 독일 출신 유대계 미국인인 제이콥 쉬프로부터 자금을
조달[58]하기도 했지만 전비 마련은 일본으로선 매우 심각한 난제 중 난제였
던 것이다. 이러한 상황들은 바로 대장성 주계국장 등 요직을 맡은 아라이
나 와카츠키 등에게 도움을 청해 보다 신속하고 정확하게 파악해야 하는
것은 정무국장으로서의 야마자에게는 아마도 당연한 일이었을 것이다. 오
로지 러시아와의 개전과 승리를 통해서만이 대륙팽창의 마지막 방해물인
러시아를 제거하고 그의 야심찬 대륙의 꿈을 이룰 수 있는 초석을 놓는 길
이기에 주저할 틈이 없는 야마자였던 것이다.

이상에서 학창시절에 만난 친구 등 인연들에 대해 알아보았다. 살펴 본
바와 같이 이들은 학계, 법조계, 정계, 관계, 군부, 문학계 등 메이지 시대에
서 쇼와 초기까지 일본의 근대를 장식하는 걸출한 인물들이다.

그러나 지금까지 살펴 본 그의 인맥은 주로 어린 시절과 학창시절 만난
사람들이었다. 대학 졸업과 함께 외무성 입성 후 만나게 되는 허다한 당대
의 인물들이 그를 기다리고 있다.

---

58) 러일전쟁 시 일본을 지원한 유대계 미국인 제이콥 헨리 쉬프(Jacob Heinrich Schiff,
1847~1920)는 은행가이자 사업가로 일본은행 부총재였던 다카하시 코레키요의 요
청에 따라 일본의 전쟁 국채(war bond)를 구입한 공으로 훗날 메이지 천황으로부터
최고훈장인 훈1등 육일대수장을 받았다. 제이콥은 일본을 지원한 이유를 '러시아의
반유대주의, 유대인 박해(포그롬)에 대한 보복'이었다고 후일 친분을 맺은 다카하
시에게 말했다고 한다. 그는 회고록으로 『Our Journey to Japan』을 남기고 있다.

2. 야마자의 外交活動

1) 한반도 침략의 제1보: 京釜鐵道路線 비밀측량

아무래도 자신의 성격이나 신념에 부합하는 방면은 대륙, 즉 중국이나 조선 같다고 생각되었다.59) 일찍부터 겐요샤[玄洋社] 교육을 받아온 것은 물론 그간 겐요샤 거두 토야마 등을 비롯 향토 출신의 뛰어난 선배들을 통해서도 일본을 둘러싼 동아시아 정세, 일본의 미래 등등에 대해서 고견을 듣고 토론도 하고 있었던 터였다. 대학시절 세계사에 관심을 가지고 야학에서 세계사 강의도 하던 그였다. 야마자의 성정으로 보아 그의 이러한 만남과 교류는 활발하였을 것임은 미루어 알 수 있다.

이리하여 마침내 그의 진로를 결정함에 있어 고향 사람들은 그에게 큰 힘이 되어 주었다. 하버드 대학을 나와 이토 히로부미의 측근으로 맹활약을 하고 있던 고향 선배인 카네코 겐타로[金子堅太郎,60) 백작, 추밀고문관]와 역시 하버드 법대 출신이며 당시 외무성 초대 정무국장이던 쿠리노 신이치로[栗野愼一郎,61) 자작, 추밀고문관]의 소개장을 가지고 부산 총영사로 부

---

59) 長谷川峻, 32쪽.
60) 카네코 켄타로(1853~1942): 후쿠오카현 출신, 관료, 정치인, 백작, 추밀고문관. 농상무대신, 사법대신 역임. 하버드대학에서 법학 공부, 이토 히로부미의 측근으로서, 이토 미요지[伊東巳代治], 이노우에 코와시[井上毅] 등과 함께 일본 제국헌법의 기초에 참가. 또 왕실 전범 등의 여러 법전을 정비. 러일전쟁 때 미국에 파견되어 외교 공작(당시 미국 대통령 시어도어 루즈벨트는 대학 동창). 코무라 외상과는 하버드 동창으로 동숙하며 공부하기도 한 사이로 두 사람은 야마자의 든든한 응원군임 (일본 국회도서관, 「近代日本人の肖像」 등을 참조로 작성).
61) 쿠리노 신이치로(1852~1937): 후쿠오카현. 외교관, 자작, 추밀고문관. 1875년 미국 하버드대에 유학하여 이 때 같은 고향 사람인 카네코 겐타로 및 코무라 쥬타로와 동문 수학, 같은 보스턴에 있는 매사추세츠 공과대학에서 공부하고 있었던 단 타쿠마(미츠이 재벌의 총수)와도 친분을 쌓음. 무츠 외상의 비서관을 거쳐 조사국장, 1891년 초대 정무국장 및 조사국장 겸임을 1892년 9월까지 역임, 무츠 무네미츠가

임하게 되는 무로타 요시아야[室田義文,(62) 미토63)의 호걸로 귀족원 의원]
를 만났다. 그 소개장에는 무로타의 증언에 따르면, '유망한 서생이 있으니
만나 보라'는 이야기가 담겨 있었다.64) 이렇듯 그에게는 외교관으로서의 첫
행보에 쟁쟁한 사람들의 응원과 촉망이 모아지고 있었던 것이다.

당시 큐슈 지역의 경우는 다른 어느 곳에서도 볼 수 없는 후배나 후학들
에 대한 선배들의 사랑이 각별한 지역이었다. 향토의 선배가 후배를 보살펴
주는 것, 어떠한 것이라도 이 사람이라고 생각하는 사람을 유망하다고 보면
고향 출신자와 자신의 신뢰관계에 비추어 타향 사람에게 소개하는 것은 당
연한 것으로 여김에 그 으뜸가는 것이 큐슈인, 특히 후쿠오카인의 특색이라
한다.65)

무로타 요시아야는 당시 조선문제로 일본과 중국이 대립하여 점점 어려
운 현안으로 되고 있는 大任을 안고 부임하는 참이었다. 청년시대 존왕양이
파였던 타케다 코운사이[武田耕雲齋] 등과 천하의 형세를 논하며 몹시 분
주했던 메이지유신의 산 증인이자 호걸로 알려진 무로타는 야마자를 만나
서 부산에 데려갈 것을 승낙한다.

그러나 야마자는 졸업과 동시에 곧장 부산으로 가지 않고 그간 고향의
어머니께 다하지 못한 효도를 잠시라도 하고 가겠다고 무로타에게 양해를
구하고 흔쾌히 승낙을 받았다.66) 방학 중이라도 제대로 다녀가지 못한 것

외상이 되자 1894년 미국 주재 특명전권공사로 부임. 1901년 러시아 주재 특명전
권공사로 러일전쟁 전의 대러 협상에 노력. 러일전쟁 시 선전포고를 전달. 1906년
초대 프랑스 주재 특명전권대사.(일본 국회도서관,「近代日本人の肖像」및 하세가
와 책 등을 참조로 작성).

62) 무로타 요시아야(1847~1938): 외교관. 이바라키현[茨城縣] 미토시 출신. 정치가, 귀
족원 의원. 실업가. 이토 히로부미가 외무성 입성을 알선, 특명전권공사 역임. 1909
년 10월 26일 이토 히로부미를 수행 중 하얼빈 역에서 이토의 암살 사건을 조우(하
세가와 책 등을 참조로 작성).

63) 미토시는 이바라키현[茨城縣] 중부에 위치하며, 현청 소재지로, 간토평야에 속함.

64) 長谷川峻, 32쪽.

65) 一又正雄 編著, 8쪽.

이 마음에 걸렸던 것이다. 후쿠오카에 돌아가서 어머니를 봉양하던 중 고향
의 대선배이자 사상적 스승이며 경제적 후원자인 겐요샤[玄洋社] 초대 사
장인 히라오카 코타로의 집을 방문하여 부산의 무로타 총영사의 부하로 가
게 되었다고 보고하자 히라오카 왈, "무로타라면 나도 잘 알고 있네. 그 남
자는 근성은 호걸이지만 복장에 관한 것은 까다롭지" 라며 흔쾌히 자신의
옷을 나누어 주었다.[67]

이렇듯 야마자는 고향 선배들로부터 여러 방면에서 아낌없는 후의를 입
고 있을 만큼 장래가 촉망되는 인재였던 것이다. 후쿠오카 선배들과 후배의
끈끈한 정을 다시금 엿볼 수 있는 대목이다. 이것은 향후 야마자가 추구한
대륙정책의 첫걸음에서부터 겐요샤의 대륙정책과 그 맥을 같이 하고 있었
음을 보여주는 상징적인 일화라고 하겠다. 야마자의 대륙침략정책에 겐요
샤와 그 행동 조직이라 할 수 있는 코쿠류카이[黑龍會]는 든든한 인맥군이
자 거대한 버팀목으로 일생 함께 하게 된다. 이리하여 야마자는 대학을 졸
업한 후 그간 미루어 두었던 고향에서의 일을 모두 마무리하고 10월 부산
에서 외교관으로서의 첫발을 내디뎠다(26세).[68]

부산 부임 후 야마자를 기다리는 첫 임무가 있었다. 당시 무로타 총영사
는 당장 추진해야 할 일[69]이 있었다. 이 일을 통해서 자신이 직접 야마자의
재능과 신념을 확인하고 싶었던 것이다. 이에 무로타는 야마자를 향해서
"야마자 군, 군은 대학에서 세계 역사를 공부, 외교관을 지망하여 이런 변
방인 조선에 찾아온 것인데, 군은 조선에서 무엇을 하려고 하는가?" 야마자
는 일찍부터 겐요샤[玄洋社] 사상으로 교육받은 사람답게 거침없이 답변한
다. "일본의 발전을 위해서 어디까지나 조선의 독립이 필요하다. 조선이 지
금과 같이 중국의 앞잡이로 일본의 안위를 위협하여서는 동양평화를 바랄

---

66) 長谷川峻, 33쪽.
67) 長谷川峻, 34쪽.
68) 一又正雄 編著, 226쪽.
69) 카와카미 소로쿠[川上操六]로부터 받은 경부선 철도 노선 비밀측량 건.

수 없다. 이것은 개인적으로나 공무원으로서도 반드시 노력할 생각이다. 또
하나, 조선을 개발하는 데는 어떻게든 부산에서 경성까지 철도를 부설하지
않으면 안 된다. 이것도 다른 나라의 일이므로 용이한 것은 아니지만 조사
라도 할 수 있다면 해두고 싶다. 이것을 위해 한 목숨 바쳐도 상관없다"고
했다.[70] 그는 일본의 발전과 동양평화의 확립을 목표로 두고, 그를 달성하
기 위해 조선의 독립, 즉 청국 간섭으로부터의 배제를 첫째로 꼽았다. 그리
고 그 독립을 위해서는 조선의 개발이 필요하고, 개발을 위해선 철도부설이
가장 시급하다고 한 것이다. 그것은 모두 일본의 국익(일본의 발전)을 위한
것임을 분명히 밝힌 것이다. 이에 무로타는 강한 결심에 차 있는 야마자에
게 매료되었다. 무로타는 겐요샤 사상(국권주의)으로 완전 무장된 야마자를
알 리가 없었다.

당시 조선을 청국의 앞잡이로 보는 낭인 무리들이 조선의 독립을 기도하
고 있었던 때에, 젊은 야마자가 조선의 독립과 게다가 부산과 경성 간 철도
를 일본의 손으로 부설하기 위해 한 목숨을 기꺼이 버리겠다고 하니 반하
지 않는 것이 이상할 정도였다.[71] 그도 그럴 것이 무로타는 이미 메이지 육
군 삼총사의 한 사람으로 강경파인 카와카미 소로쿠[川上操六][72] 참모차장

---

70) 長谷川峻, 36쪽.
71) 長谷川峻, 36쪽.
72) 카와카미 소로쿠(1848~1899: 카고시마현 출신. 육군 대장. 첩보전 전문가. 보신전쟁
[戊辰戰爭, 1868~1869]과 세이난전쟁[西南戰爭, 1877]에 종군. 청일전쟁 개전 주장.
겐요샤[玄洋社]와 교류. 1884년 오야마 이와오[大山巖]를 수행하여 유럽 각국의 병
제를 시찰. 귀국 후 1885년 참모본부 차장. 1887년 다시 유럽에 유학하면서 독일에
서 병학을 배움. 1888년 귀국 후 참모차장. 1893년 최초 설치된 대본영에서 육군
신임참모 및 병참총감으로 청과의 개전을 강력 주장, 겐요샤[玄洋社]의 히라오카
코타로와 동양의 경륜을 논하여 깊이 黙契, 히라오카는 토야마 미츠루, 마토노 한
스케 등과 모의하여 스즈키 텐간, 오자키 쇼오키치, 우치다 료헤이 등 대륙낭인들
을 도와 텐유쿄[天佑俠]를 조직하게 하여 한국으로 들어가 활동하게 함(청과의 전
쟁 구실 만들기). 청일전쟁에서 작전을 지도. 1898년 참모총장에 취임. 그 해 육군
대장. 육군의 병제 개혁을 하고, 근대적인 전략 도입에 기여(일본 국회「近代日本人

과 경부철도에 관해 이야기가 오고 갔던 것이다.

일본에서 경부철도 부설 구상은 1880년대부터였다. 參謀本部는 조선침략을 대비해 군사밀정을 파견하여 조선의 곳곳을 극비리에 조사한 것이다. 조야(朝野)에서는 대륙침략의 방편으로서 일본의 힘으로 경부철도 부설 의견이 대두되었다. 그러다 경부철도 부설론은 1890년대 들어와서 한층 더 구체화 되었다. 이에 카와카미 소로쿠가 1892년 '군대 군수품 수송을 위해 반드시 일본의 손으로 京釜 간 철도를 부설해야 한다'고 피력하여 외무성을 통하여 무로타 총영사에게 경부철도 노선 예정지에 대한 답사를 명령했던 것이다.[73]

이러한 구상은 제국주의 원훈인 야마가타 아리토모가 '철도부설은 우리나라의 장래 주권에 깊이 관련되므로 시급히 착수하길 희망'한다[74]고 한 것에서도 일본의 야욕을 알 수 있다. 이와 같은 상황 속에서 이를 실행할 때를 기다리고 있던 차에 야마자가 부임해 왔으니 아주 시기적절한 타이밍이었다. 무로타는 이 일을 염두에 두고 야마자에게 이런 테스트를 한 것이다. 그런데 뜻밖에도 기대 이상으로 그의 대륙정책에 대한 열정과 신념이 확고한 것에 놀라서 당장 그 일을 서두르게 된 것이다. 야마자 역시 대학시절 잘 알고 지낸 겐요샤[玄洋社] 거두인 토야마나 스기야마 시게마루[杉山茂丸], 히라오카 선배 등 겐요샤 사람들과의 교류를 통해서 대륙팽창의 구상과 더불어 철도의 필요성 등은 이미 인지하고 있었기에 무로타의 질문에 이러한 답변을 할 수 있었던 것이다.

그런데 문제는 앞서 참모본부에서 극비로 조선을 조사하였듯이 조선엔 절대 비밀로 해야 하는 불법행위인 터라 어떻게 남의 나라 땅을 마음대로 측량할 수 있는가 하는 것이었다. 군사밀정들이 비밀리에 정보를 수집하는

の肖像; 『東亞先覺志士記伝 下』, 721쪽 등을 참조로 작성).

73) 정재정, 『일제침략과 한국철도』, 서울대학교출판부, 1999, 34~35쪽.

74) 위의 책, 37쪽.

것과 달리 측량은 말뚝을 꽂고 깃발로 표시하는 등 누가 보아도 알 수밖에 없는 공개된 작업일 수밖에 없다. 무로타는 이 문제에 대해 야마자에게 좋은 묘안이 없는지 물었다. 야마자는 한 가지 계책을 생각해냈다.

이에 따라 야마자는 먼저 무로타에게 '부산에서 서울까지 한 번 여행하고 싶다'고 하여 조선 정부로부터 허가를 받으라고 했던 것[75]이다. 이것은 朝日 간 여행에 관한 규정을 염두에 둔 발상이었다. 그는 대학예비문에서 법대를 지망하여 4년간 영어로 수업을 받았으며, 이후 법대 진학 후에도 4년간 영어로 법학 공부를 하면서 국내법은 물론 국제법까지 공부한 사람으로 소위 '리갈 마인드(regal mind)'가 확실히 형성된 사람이다. 그런 그가 무로타의 고민을 듣자마자 떠오른 것이 있었던 것이다. 조선 정부를 합리적으로 속일 수 있는 계책을 찾으려면 법적 근거를 마련해두자는 차원에서 무로타로 하여금 조선 정부로부터 먼저 합법적인 허가를 받으라고 주문한 것이다. 1882년 8월 20일에 체결된 朝日修好條規續約 제2관에는 '일본 외교관(영사, 공사)과 그 수행원까지 조선의 내지 "여행"을 허가한다'[76]라고 하여 외교관과 그 수행원의 조선 여행에 대한 특권 규정이 있었던 것이다. 야마자는 이 규정을 알고 있었다. 그가 가장 먼저 조선 정부의 허가를 얻는 것을 우선 조건으로 한 까닭은 만일의 경우까지 예상한 주문이다. 이것은 훗날 그가 독도를 편입할 때도 마찬가지다. 일단 시작은 법적 테두리 안에서 하고, 문제가 생기면 외교적 혹은 정치적으로 추인하거나 법적 논리로 응대할 생각이었을 것이다.

그런데 문제는 여행을 목적으로 허가를 얻었는데 그것만으로 측량을 할 수 있겠는가가 문제였다. 야마자는 우선 합법적 장치 마련을 전제한 후 그제야 진짜 계책을 내놓는다. 단순 여행이 아니라 '사냥' 여행이라는 것이다.[77] 그 목적은 일본과 같은 섬나라와 달리 조선은 대륙 땅이므로 종류가

---

75) 長谷川峻, 37쪽.
76) 동북역사재단 독도연구소, 『근대 한국 조약 자료집』, 2009, 11쪽.

다른 鳥獸가 매우 많아 그것을 잡아서 일본의 박물관에 표본으로 보내는 것으로 했다.[78] 나아가 사냥여행이라고 하면 당연히 엽총이 수반될 것이고, 총소리가 나면 조선 사람들이 몰려들 것이다. 그럴 경우 안전상의 문제가 있으니 그들의 안전을 보장하기 위해서라도 조선 정부가 사냥을 하는 지역에는 사람들이 접근하지 못하도록 통제해 달라는 계책이다. 무로타가 듣기에 기막힌 묘안이었다. 즉 이것은 야마자가 제시한 '합법을 가장한 절묘한 속임수'인 것이다.

이에 이러한 여행을 허가해달라고 조선 정부(예조)에 신청을 했다. 조선 정부는 이들의 속셈을 알아차리기는커녕 오히려 여행 중에 처처에서 총을 쏘고, 그 총을 쏘는 곳에 붉은 깃발을 꽂아 그 근방에 가까이 가지 말도록 하라고 명령까지 내려주었다.[79] 따라서 참모본부에서 파견한 참모본부 위원[80]과 그간 체신성 철도국과 여러 차례 협의하여 측량기사 코노 켄지[河野賢次]를 데려와 드디어 사냥을 가장한 군, 관, 민 합동의 경부철도 노선 측량팀이 꾸려진 것이다. 이렇게 해서 그 계략 전술은 멋지게 성공하여 부산에서 경성까지 약 386km의 철도 노선 측량답사를 2개월 만에[81] 마친 것

---

77) 長谷川峻, 37쪽.

78) 長谷川峻, 38쪽. 이와 관련해서는 박홍수의 『달리는 기차에서 본 세계』, 후마니타스, 2015, 207쪽의 「조선을 차지하려면 철도를 장악해야 한다」는 제목 하에 『韓國鐵道史』를 인용하여 그 목적을 "새들 중 몇 종을 포획해 미국의 스미소니언박물관에 기증해 조선의 새를 조류 연구자들과 전 세계의 사람들에게 알리는 일이다"라고 쓰고 있다. 또 정재정, 『일제침략과 한국철도』, 51쪽에서도 역시 스미소니온 박물관에 제출하기로 약정한 조류 표본 채취 작업으로 위장했다고 한다. 하지만 長谷川峻 씨는 그의 책이 출간되는 해인 1938년에 무로타가 사망하는 해이므로 아직 무로타가 생존 시 그가 말한 直話를 인용하여 기록한다고 하고 있으므로 본고에서는 당시 직접 측량 작업에 참여한 무로타의 직접 증언에 무게를 두고자 한다.

79) 長谷川峻, 37~38쪽.

80) 정재정, 앞의 책, 35쪽.

81) 박홍수의 『달리는 기차에서 본 세계』, 307쪽. 당시는 영등포에서 초량으로, 현재는 서울역에서 부산역까지 441.7km.

이다.

측량을 마친 후 야마자와·세가와[瀨川], 카와카미 타츠지로[川上辰次] 등 세 사람이 한 방에 틀어박혀 노선도 3통을 베껴 작성했다.82) 이렇듯 야마자는 전 과정을 철저히 첩보작전을 수행하듯 비밀리에 한 것이다. 이것 자체가 이미 침략이고, 더 큰 침략을 위한 준비 과정이었다. 위기의 상황에서 독도를 몰래 불법 침탈하는 것은 이에 비하면 일본의 국운을 건 마지막 전투를 위한 것이었으니 얼마나 절실하고 신중하게 접근했을까를 엿보게 하는 대목이다.

이렇게 해서 제작된 지도를 외무대신에게 한 통, 참모본부에 한 통, 당대의 대실업가인 이토 히로부미의 친구 시부사와 에이이치[澁澤榮一]83) 남작에게 한 통을 보냈다.84) 민간인인 시부사와에게 보낸 것은 다음과 같은 이유다. 그는 이미 일본에서 철도 사업을 운영한 적이 있는 사람일 뿐 아니라 政商資本家로 장차 그가 경부철도를 완성하게 되는 '경부철도주식회사' 사장이다. 즉 경부철도는 정치계, 군부, 경제계가 하나로 뭉쳐서 만들어낸 조선 및 대륙침략을 위한 간선이었던 것이다.

아무튼 야마자팀에 의한 이 측량도를 기초로 이후 대규모적인 현장답사만 4차례나 더 실시85)한 후 노선도가 완성된다. 이리하여 1901년 8월 영등

---

82) 長谷川峻, 38쪽.
83) 시부사와 에이이치(1840~1931): 사이타마현 출신. 도쿠가와 요시노부의 가신과 막부의 신하. 신정부 관료, 실업가. 자작(실업가로 자작은 드문 일). 약 2년간 유럽 시찰(1867~1868). 경인철도 부설 및 경부선 철도(1901.6 경부철도주식회사 사장에 취임) 부설. 일본 제1의 제지회사인 오지[王子]제지, 일본우선회사(日本郵船社), 오사카방적, 도쿄가스, 지치부철도, 京阪電氣鐵道, 도쿄증권거래소, 기린맥주, 삿포로맥주, 등등 500개 이상 기업의 창립과 발전에 크게 기여. 『논어』를 德育의 본보기로 삼고 "도덕과 경제 합일설"을 주창하여 단순한 사적인 영리추구 차원이 아니라 국가경제라는 공적인 차원에서 일본 근대 실업계의 방향을 선도함. 은퇴 후에도 사회 공공사업과 국제 친선에 주력.(일본 국회도서관, 「近代日本人の肖像; 시부사와 에이이치 저, 노만수 역, 『논어와 주판』, 페이퍼로드, 2009, 서평).
84) 長谷川峻, 38쪽.

포와 초량에서 각각 기공식을 거행, 공사 진행 중 러일전쟁이 발발하여 공사에 박차를 가하여 전쟁이 끝나기 전에 서둘러 완성, 결국 러일전쟁 승리에 크게 기여하게 된다. 1880년대부터 시작된 京釜鐵道論은 그 첫 측량답사를 한 야마자팀에 의해 실행에 옮겨지기 시작하여 시부사와 에이이치에 의해 완성된다. 이것이 러일전쟁 승리에 크게 기여함으로써 대륙철도로의 확장 및 그 출발선이 된 것이다. 즉 본격적인 대륙침략의 그 첫머리에 바로 야마자가 있었던 것이다. 대륙의 관문인 부산에서의 대륙침략을 향한 그의 첫 데뷔는 이렇게 성공적으로 마무리된 것이다(1893년).

2) 낭인들과의 교류 및 후원

당시 부산이라는 곳은 말하자면 일본의 전선 거점(前線據點)으로 이미 동학당과 제휴를 하고 있던 스즈키 텐간[鈴木天眼,86) 국수주의 계열의 기자로 명성왕후 시해에 가담, 중의원 의원], 우치다 료헤이[內田良平,87) 겐요샤 사원, 黑龍會 창립자], 아키야마 사다스케[秋山定輔, 도쿄제국대학졸업, 중의원 의원] 등의 소위 대륙파 낭인들이 여기에 근거를 두고 있었다. 이것은 우치다 료헤이의 숙부인 히라오카 코타로가 처음 청국 진출을 노렸지만, 비록 노쇠하다고 할 수 있는 청국이라도 대국인지라 "指導"할 처지가

---

85) 정재정, 앞의 책, 51쪽.
86) 스즈키 텐간(1867~1926): 후쿠시마현 출신. 저널리스트, 중의원 의원. 국수주의계열 기자로 명성, 우익 계열의 『二六新報』 主筆, 텐유쿄[天佑俠] 결성에 참가하여 동학농민운동 지원 활동. 1902년 『동양해맞이신문』을 창간하고 사장이 됨. 적극적 대륙진출 주장으로 러일전쟁 개전론에 힘을 실음. 이들 모두 야마자와 같은 또래임(世界大百科事典 第2版의 解說 등을 참조로 작성).
87) 우치다 료헤이(1874~1937): 후쿠오카 지교[地行] 출신으로 야마자와 동향. 겐요샤[玄洋社] 사원으로 1901년 코쿠류카이[黑龍會] 창립(1901). 대륙낭인. 국가주의자, 우익운동가, 아시아주의자, 대일본생산당 총재. 아버지는 우치다 료고로, 아버지의 동생이 히라오카 코타로(초대 玄洋社 사장)로 아버지, 삼촌 본인 등 모두 겐요샤[玄洋社] 사원(石瀧豐美, 『玄洋社-封印された實像-』,玄洋社 社員明簿 등을 참조로 작성).

아닌 걸 깨닫고, 朝鮮第一主義로 하여 1891년에 부산으로 가서, 그 후 여기에 겐요사[玄洋社]의 젊은이들을 심어두고 있었기 때문이다.

주한일본공사와 수상을 역임한 하라 타카시[原敬][88]는 1892년 10월 3일의 일기에서 "부산에 있어서 일본인은 대략 6천으로 완전히 일본 시가를 이루어" 라고 기록하고, 같은 해 10월 현재 재조선 거주 일본인 수를 서울 719명, 부산 5,347명, 인천 2,549명, 원산 764명, 합계 9,379명이라고 기록했다고 한다.[89]

총독부의 한국 내 일본인의 거주 현황 자료를 보면, 1881년에는 3,500명에 육박했고(3,417명), 임오군란과 갑신정변 후인 1885년에는 4,521명으로 늘어났으나 1,886년부터는 중국 세력이 커지면서 일본인이 1,000명 이하로 급격히 줄어들었다. 그러다 1889년부터 급격히 증가하더니 1892년에는 하라 타카시의 지적대로 9,000명이 넘었다(9,137명).[90] 총독부와 하라의 기록에 약간 차이가 있으나 부산은 조선 초기부터 왜인들의 내왕과 거주가 있었던 곳이라 1876년 이후 개항된 3개항 중 부산이 대륙의 관문인 만큼 여전히 압도적으로 많은 것이다. 물밀 듯 밀려오는 일본 상품과 온갖 종류의 상인들을 비롯한 다양한 직업을 가진 사람들, 그 틈에 끼어 조선과 대륙을 침략하려는 玄洋社 사람들 등 민간 낭인들이 득실거리게 된 것이다.

이렇게 몰려온 낭인들은 각각 나름의 이유로 부산으로 들어왔지만 시간이 지날수록 각지에서 흩어져 들어왔더라도 일본인 거류지에서는 서로 만나게 되어 있는 것이다. 게다가 그들은 대개 대륙에 뜻을 두고 있는 것은

---

88) 하라 타카시[原敬, 1856~1921]: 이와테현 출신. 수상. 언론인, 오사카마이니치신문사 사장, 외무성 차관 역임, 정치인, 수상. 평민재상으로 불리며 일기가 유명. 이토의 입헌정우회 참여, 입헌정우회의 실력자, 제3대 입헌정우회장. 1921년 도쿄역에서 우익 청년인 나카오카 콘이치[中岡艮一] 습격을 받고 살해(일본 국회도서관, 「近代日本人の肖像」 참조로 작성).

89) 一又正雄 編著, 10쪽.

90) 李鉉淙, 『韓國 開港場 研究』, 일조각, 1975, 175쪽.

마찬가지다. 그들을 조선으로 향하게 한 것은 다름 아니라 壬午軍亂과 甲
申政變으로 일본의 민심이 자극받으면서 별도로 연락을 주고받음도 없이
이심전심으로 하나둘씩 자발적으로 조선으로 들어오던 것이 점차 그 수가
늘어나게 된 것이다. 이렇게 하여 서로 유유상종하여 1893년 8월에 만들어
진 것이 '부산 양산박'이다.91) 이 양산박이 후일 동학봉기 때 삼남에서 활
약하는 텐유쿄[天佑俠]의 기초를 이루는 것이다.

  그러나 이들 무리들은 시간이 지나면서 생활고에 허덕이게 된다. 당시
부산에 있던 일본인이 조선인에게 대출하고 있는 돈이 백 수십만 엔에 이
르고 있었는데 그 중 영사관에 지불 청구의 소(訴)가 제기되어 있는 것이
70만 엔을 초과하고 있었다. 이리하여 차제에 법률 지식이 있는 일본인이
해결의 임무를 맡을 것을 희망하는 상황이었던 것이다.92) 그렇지 않아도
생활고에 시달리던 양산박 동지들이 회의를 한 결과 대학에서 법학을 전공
한 오자키 쇼오키치[大崎正吉,93) 天佑俠 단원, 명성왕후 시해에 가담]가 동
지들을 돕는 차원에서 법률사무소를 열기로 한 것이다. 이 법률사무소는 이
들의 起臥寢食의 合宿所로, 대륙 경영의 웅지를 논하는 討論場으로, 풍운
이 휘몰아치면 궐기94)하기 위한 待期場 등으로 활용되었다. 상호는 '오자

---

91) 黑龍會 編, 『東亞先覺志士記伝 上』, 原書房, 1981, 147쪽.

92) 『東亞先覺志士記伝 上』, 153쪽.

93) 오자키 쇼오키치(1865~?): 미야기현[宮城縣] 센다이 출신. 도쿄법학교(법정대학의
    전신) 졸업. 대륙낭인. 텐유쿄[天佑俠] 무리 중 오자키와 타케다 한시 두 사람이 명
    성왕후 시해에 가담함(강창일, 『근대 일본의 조선침략과 대아시아주의: 우익 낭인
    의 행동과 사상을 중심으로』, 역사비평사, 2002, 65쪽 및 135쪽: 黑龍會 編, 『東亞
    先覺志士記伝 上』, 原書房, 1981, 148쪽).

94) 겐요샤[玄洋社]의 지도자인 토야마 미츠루, 히라오카 코타로, 마토노 한스케 등은
    당시 한반도에서의 정세 변화를 육군 참모차장 카와카미 소로쿠 등을 통해서 잘
    알고 있었으며, 이런 상황들을 젊은 겐요샤[玄洋社] 사원들이 숙지한 후 조선으로
    넘어와 대기하고 있던 것이다. 그들은 텐유쿄[天佑俠]에 섞이어 동학농민운동을 이
    용하여 청국과의 개전 단서를 만들고, 나아가 텐유쿄[天佑俠]에 단원으로 활동하던
    오자키와 타케다 한시는 명성왕후 시해까지 가담하게 된다.

키 법률사무소'(부산시 용두동)였다.[95] 여기로 오자키 외에 먼저 오자키와
같은 센다이 출신인 치바 큐노스케[千葉久之助],[96] 후쿠오카의 혼마 큐스
케[本間九介,[97] 1893~1894년 조선을 정탐하여 귀국 후 신문 연재 및 『朝鮮
雜記』를 발간], 역시 후쿠오카 출신의 타케다 한시[武田範之,[98] 승려, 명성
왕후 시해에 가담] 등이 당장 그 동안 머물고 있던 有馬旅館[99]에서 숙소를
옮겨왔던 것이다.

　여기서 다케다 한시란 인물을 잠시 살펴보고자 한다. 그는 후쿠오카현
쿠루메[久留米] 출신으로 니가타현 에치고[越後]에 있는 켄쇼지[顯聖寺]의
학승이었는데(훗날 주지), 일찍이 뜻을 조선에 품고 1891년 조선으로 와서
조선의 관리 李周會와 교제하였다. 이주회(李周會)[100]의 유배지인 전남 금
오도로 가서 어업을 시도하다가 실패하여 부산으로 흘러 들어와 있었던 것
이다. 동학농민운동이 일어나자 겐요샤[玄洋社]의 마토노 한스케[的野半
介],[101] 우치다 료헤이 등이 청일전쟁 개전의 단서를 만들고자 조직한 텐유

95) 『東亞先覺志士記伝 上』, 147 및 154쪽.
96) 치바 큐노스케(1864~?): 미야기현 센다이 출신으로 오자키 쇼오키치와 동향으로
　　대륙낭인. 전 육군특무조장. 타케다 한시, 오자키 등과 같이 1893년 8월에 부산으
　　로 와서 有馬旅館(일본인 有馬鹿之助가 경영하는 辯天町 소재)에 투숙(강창일, 『근
　　대 일본의 조선침략과 대아시아주의: 우익 낭인의 행동과 사상을 중심으로』, 역사
　　비평사, 2002, 65쪽: 『東亞先覺志士記伝 上』, 148쪽).
97) 혼마 큐스케(1869~1919): 조선전문가. 『二六新報』 특파원. 텐유쿄[天佑俠], 코쿠류
　　카이[黑龍會] 회원. 대륙 경영의 뜻을 품고 부산으로 와서 양산박의 일원이 됨, 조
　　선 정탐. 통감부 및 총독부 관리(혼마 규스케 저, 최혜주 역주『조선잡기』, 김영
　　사, 2008, 6쪽; 『東亞先覺志士記伝 上』, 147쪽).
98) 타케다 한시(1864~1911): 후쿠오카현 쿠루메 출신. 승려, 켄쇼지[顯聖寺, 조동종]
　　주지. 대륙낭인.
99) 유마여관은 일본에서 건너온 낭인 무리들이 머물던 숙소.
100) 이주회(1843~1895.12): 경기도 광주 출신, 대원군의 심복으로서 군부대신서리를
　　　역임한 사람으로 명성왕후 시해 시 군부협판임에도 가담한 죄로 교수형에 처해짐
　　　(반민족문제연구소 엮음, 『친일파 99인-1』, 돌베개, 2009, 187~190쪽).
101) 마토노 한스케(1858~1917): 후쿠오카현. 겐요샤[玄洋社] 사원. 중의원 의원. 큐슈
　　　일보 社主, 門司新報 사장. 1894년 동학농민운동 때 타케다 한시, 우치다 료헤이

쿄[天佑俠] 단원으로도 활동하였다. 그리고 1895년 10월 8일 명성왕후 시해에도 가담하였다. 이주회는 군부협판임에도 적극 가담한 죄로 사형을 당했다. 이후 타케다는 조선에서 일본 불교를 전파[102]하고 한일병합에도 적극 활동하였다.[103]

이를 보면 양산박의 법률사무소에서 함께 기거했던 사람들 네 명(초기) 중 두 명(오자키와 타케다)이 명성왕후 시해에 가담한 것임을 알 수 있다. 모두 야마자가 잘 알고 있던 사람들이다. 앞서 언급한 '풍운이 몰아치면'이란 이런 상황을 말하는 것이다. 이를 통해 이 사람들의 정체를 알고도 남는다 하겠다.

그런데 오자키가 부산에 온 것은 본인의 자발적 의사가 아니라 먼저 조선의 내지여행을 한 카나자와[金澤][104] 사람인 요시쿠라 오세이[吉創汪聖, 대륙낭인][105]의 권유에 의해[106] 앞서 본 치바와 함께 1893년 8월에 세 사

　　등이 청일전쟁 개전 단서를 열기 위해 만든 텐유쿄[天佑俠]에 가담(가장 연장자로 텐유쿄[天佑俠]의 장을 맡음(石瀧豐美, 『玄洋社-封印された實像-』, 海鳥社, 2010, 社員明簿 58쪽; 『東亞先覺志士記伝 下』, 491쪽 등을 참조로 작성).

102) 崔柄憲, 「일제의 침략과 불교: 일본 曹洞宗의 武田範之와 圓宗」, 『한국사연구』 114, 2001.

103) 『亞先覺志士記傳 上』, 150~151쪽; 石瀧豐美의 앞의 책, 社員明簿 58쪽; 20世紀日本人名事典の解說 참조로 작성.

104) 카나자와시는 이시카와현의 거의 중앙에 위치한 이시카와현의 현청 소재지. 옛 이시카와군 및 가호쿠군. 1996년 4월 1일, 중핵시로 지정.

105) 요시쿠라 오세이(1868~?): 카나가와현. 도쿄법학원 출신으로 대류낭인. 오자키 쇼오키치와 법학원 동기로 친구. 요시쿠라의 영향으로 오자키와 치바 큐노스케 등 세 사람이 각각 1893년 8월 부산에 와서 부산 양산박 결성에 참여. 하지만 이 요시쿠라는 이들보다 먼저 朝鮮內地 여행을 한 바 있고, 그때 동상이 걸려 양발 엄지발가락을 절단하였지만 아버지를 설득(오자키의 협조)하여 다시 이들과 부산으로 오게 됨. 텐유쿄[天佑俠]에 참가(강창일, 『근대 일본의 조선침략과 대아시아주의: 우익 낭인의 행동과 사상을 중심으로』, 역사비평사, 2002, 63쪽; 『東亞先覺志士記伝 上』, 147~148).

106) 『東亞先覺志士記伝 上』, 148쪽.

람이 왔던 것이다. 그리하여 그들은 공히 부산 양산박 결성에 참여한 것이다. 그런 오자키가 동지들의 생계에 보탬이 되고자 사무소를 개설하고, 텐유쿄[天佑俠]에 가담한 후 동학운동에 개입하여 청일전쟁의 단서를 여는데 기여했다. 이렇듯 그는 일본 군부의 조선침략 선발대 역할을 할 뿐만 아니라 나아가 명성왕후 시해에 가담하기까지 하는 만행을 저지르고 있다.

명성왕후 시해에 가담한 일본인(56명)[107]은 화족, 육군 장교(8명), 외무성 사람들(외교관, 순사), 조선 관리, 기자, 낭인 등등 다양한 직업군의 사람들이었는데, 그들 중 낭인은 총 37명으로 큐슈지역 출신이 다수로 그 중 구마모토가 21명, 후쿠오카 출신은 4명으로 오자키와 타케다 그리고 겐요샤 사원으로 토우 카츠아키[藤勝顯][108]와 츠키나리 히카루[月成光][109] 두 사람인 것이다.[110] 즉 겐요샤가 이 사건에 깊이 개입하고 있음을 알 수 있다.[111] 그리고 텐유쿄와 겐요샤는 모두 야마자와 깊은 관계가 있으나 야마자가 명성왕후 시해 사건과 직접 관련되는 사항은 찾지 못하고 있다. 다만 야마자가 깊이 관여하고 있는 겐요샤의 사원들 및 친하게 교류하며 후원하던 텐유쿄 사람들이 가담한 것과 야마자가 한국(인천)에 있을 때 발생한 사건이라는 점에서 전혀 무관하다고는 할 수 없을 듯하다.[112] 겐요샤의 성격을 더

---

107) 강창일, 앞의 책, 134~137쪽.

108) 토우 카츠아키(1859~1916) : 후쿠오카 출신. 겐요샤 사원. 타카바쥬쿠[高場塾] 출신으로 타카바 오사무의 제자. 후쿠오카의 변에 참가(징역 2년). 1895년 민비 시해에 가담石瀧豊美, 『玄洋社-封印された實像-』, 海鳥社, 2010, 社員名簿 46쪽).

109) 츠키나리 히카루[月成光] 혹은 카지카와 히카루[梶川光, 1852~1900]: 후쿠오카 출신, 겐요샤 사원. 타카바쥬쿠[高場塾] 출신으로 타카바 오사무의 제자. 1895년 민비 시해에 가담(石瀧豊美, 『玄洋社-封印された實像-』, 海鳥社, 2010, 社員名簿 30쪽).

110) 겐요샤 사원으로 명성왕후 시해에 가담한 두 사람은 모두 타카바 오사무[高場亂]의 제자들이란 점을 눈여겨 볼 필요가 있다. 타카바 오사무와 그녀가 세운 교육기관인 타카바쥬쿠는 뒤에서 언급된다.

111) 이 부분은 앞으로의 연구 과제로 남겨 둔다.

112) 이 사건은 행동대인 낭인들을 제외하면 외무성과 육군 군부가 주도한 것이므로 조직적 기획 하에 이루어진 것임을 상기할 필요가 있다. 김문자의 책에 의하면 대

욱 분명히 인식할 수 있는 대목이다.

아무튼 이렇게 해서 법률사무소가 개설되자 야마자와 같은 후쿠오카현 사람이라는 情意로 서로 친밀했던 타케다 한시로부터 그 소식을 전해들은 야마자는 오자키를 방문했다.[113] 이 사무소는 소위 빚을 독촉해서 받아내는 말하자면 '채권추심사무소' 같은 것이다. 따라서 당연히 일본인과 조선인 사이에 분쟁이 발생할 소지가 큰 것이다. 하여 야마자는 조선인과의 금전대차 상의 해결에 관한 절차 등에 대하여 오자키의 의견을 듣고 여러 가지 주의를 주었다.

또한 당시 부산경찰서장은 다름 아닌 야마자와 같은 고향 사람이자 겐요샤[玄洋社] 동지인 우츠미 시게오[內海重男][114]였다. 우츠미도 일찍이 대륙에 뜻을 둔 사람으로 둘 다 지교[地行]가 고향이지만 어린 시절을 함께 보낸 것은 아니었으나 나이도 한 살 차이이고, 그 포부와 사상은 야마자와 거의 같은 것이었다. 19세의 나이에 세이난전쟁[西南戰爭]에서 사이고軍으로 가담하여 패전 후 징역을 살고, 토야마와 만나 겐요샤[玄洋社] 활동을 하였다면 야마자 못지않은 대륙 웅비의 뜻을 가진 낭인 그룹에 속한다고 할 수 있다. 그런 사람들끼리 일본도 아닌 먼 타국의 부산이란 곳에서 만났으니

본영 육군중장 카와카미 참모차장과 미우라 공사가 전신 교환을 주고받고 있다. 미우라는 외상의 지휘를 받아야 함에도 대본영으로 직접 자신에게 군대 지휘권을 요청하고 있는 점 등은 카와카미 등 대본영이 깊이 관여하고 있음을 알 수 있다 (김문자, 『명성왕후 시해와 일본인』, 태학사, 2011, 149~158쪽). 이 역시 매우 중요한 연구 과제다.

113) 『東亞先覺志士記伝 上』, 153~154쪽.
114) 우츠미 시게오(1859~1910): 후쿠오카 지교 출신(야마자와 동향), 겐요샤[玄洋社] 사원. 부산경찰서장. 1882년 아오모리현 사범학교 교원, 이후 간수장 등을 거쳐 1893년 부산경찰서장이 됨. 청일전쟁 때는 경찰서장으로 일본군에 기여하여 훈장을 받기도 함. 다년간 해외 주재 경찰관으로 조선문제, 중국문제에 신경을 쏟고, 그 정신에 이르러서는 비록 공무원 신분이지만 처음 발심처럼 지사임에 어긋남이 없었다고 함(黑龍會 編, 『東亞先覺志士記伝 下』, 原書房, 1981, 401~402; 石瀧豐美, 『玄洋社-封印された實像-』, 海鳥社, 2010, 社員明簿 25쪽).

그 반가움과 호쾌한 통정이 남달랐을 것이다. 두 사람은 공히 공무원이나 그
들의 뜻과 다르지 않은 양산박의 낭인들을 흔쾌히 돕기로 한 것이다.

그러나 이와 달리 무로타 총영사는 오자키의 법률사무소를 좋아하지 않
았다. 그럼에도 불구하고 야마자는 시종일관 그들의 행동을 적극적으로 후
원했다. 여기에 야마자 외교정책의 특성이 있다고 할 수 있다. 무로타는 우
익 낭인들의 소굴이라 할 수 있는 법률사무소에 야마자가 왕래하는 것을
못마땅하게 여겼다. 야마자는 자신 역시 겐요샤 사원 출신일 뿐 아니라 출
생지부터 교육과 사상, 인맥 등 그 중심에는 항상 겐요샤가 있었다. 일반적
인 외교관과 달리 그는 국권을 최우선으로 하는 대륙팽창정책을 위해 외무
성에 입성한 사람으로 무로타가 보기에는 분명 균형을 잃은 행보였다.

그러나 그것이 야마자 외교활동의 특징인 것이다. 그는 낭인들의 행동이
국익을 위한 행동이라면 동지적 차원에서 상대국의 국권 침해 여부에 아랑
곳하지 않는 제국주의 외교정책 수행자였던 것이다. 그런 점에서 낭인들과
는 동지적 관계를 유지하고 있는 것이다. 이것이 야마자 외교에 흐르는 특
성이라고 할 수 있다. 그리하여 그는 이토에 의해 외무성에 입성한 무로타
의 제지에도 불구하고 야마자는 시종일관 그들과 교류하며 그들이 하는 일
을 적극적으로 후원했던 것이다. 이런 행보는 그가 정무국장이 된 이후에는
보다 비중 있고 무겁게 교류함을 알 수 있다.

야마자는 또 자신과 친한 겐요샤[玄洋社]의 야마사키 코자부로[山崎羔三
郎,115) 대륙낭인, 청일전쟁 시 스파이 혐의로 중국에 의해 처형]로부터 듣
고 찾아온 쿠주 요시히사[葛生能久,116) 우익의 중진, 훗날 黑龍會 회장]를

---

115) 야마사키 코자부로(1864~1894): 후쿠오카 출신. 겐요샤[玄洋社] 사원, 대륙낭인.
   도쿄로 유학하여 영어를 공부. 漢口樂善堂, 청일무역연구소 설립에 참여. 청일전
   쟁에서 육군 통역관이 되었고, 특별 비밀 첩보임무에서 賊情 정찰 중 청국병에게
   체포 1894년 10월 31일 처형(『東亞先覺志士記伝 下』, 148쪽; 『玄洋社-封印された
   實像-』, 社員明簿 63쪽 참조로 작성). 러일전쟁 관련 영화 '203고지' 첫 장면은 그
   의 처형으로 시작된다.

오자키에게 소개하고 있다.[117) 쿠주는 그의 형 겐타쿠[玄晫,118) 언론인, 겐
요샤 사원]가 김옥균과 친교가 있던 터라 동아문제에 흥미를 가지고 오이
켄타로[大井憲太郎][119)의 문하에 들어가 후쿠오카에 체재 중 겐요샤[玄洋
社]에 출입하여 오자키와 서로 알게 된 것이었다.

이렇듯 야마자는 낭인들과의 교류를 늘 함께 한다. 이와 관련하여 『매일
신보』 1944년 7월 2일자 기사 '韓末國事에 登場한 人物'이란 제목 하에 두
명의 외교관이 소개되고 있는데, 그 중 야마자에 관해서는 "장쾌 활달한 큐
슈인의 장점을 가지고 있으며, 그의 붕우는 官場보다도 낭인군에 많고, 그
의 功業은 官文紙보다 民間紙에 많다"[120)고 되어 있다. 이미 앞에서도 보
았지만 야마자의 인적 교류의 특성이자 그의 대륙정책 성격을 잘 대변해

---

116) 쿠주 요시히사 혹은 슈스케[葛生能世 혹은 葛生修亮, 1874~1958]: 치바현[千葉縣]
　　출신. 코쿠류카이[黑龍會] 주간. 우익으로 쇼와 우익의 중진, 토야마 미츠루의 오
　　른팔로 불림. 우치다 료헤이와 같이 활동하며 일본생산당 결성에도 우치다와 같
　　이 참여. 1901년 우치다의 코쿠류카이[黑龍會] 결성에도 참여. 1937년 우치다가
　　사망하자 최후의 회장(주간)이 되었다. 패전 후 A급 전범으로 기소되었으나 석방.
117) 야마자는 자기와 친한 야마사키의 소개가 있었을 뿐 아니라 그의 형인 쿠주 겐타
　　쿠도 자기와 같은 겐요샤 사원인 관계로 영사관으로 찾아온 동생 쿠주를 옛 친구
　　를 맞이하듯 환대해 주었다. 그리고 그날 밤 그를 관사에서 묵게 하고 자기를 찾
　　아온 동지들에게 소개하고 다음날 오자키에게 소개하게 한 것이다(『東亞先覺志士
　　記伝 上』, 157쪽). 이렇듯 그는 조선문제와 대륙에 뜻을 둔 사람들에겐 공사 구별
　　에 구애받지 않고 지극히 호의적으로 대했다.
118) 쿠주 겐타쿠[葛生玄晫, 훗날 東介, 1864~1926]: 치바현 출신. 언론인, 겐요샤[玄洋
　　社] 사원. 치바현립의학교 중퇴, 국학을 공부, 『總房共立新聞』『東海新聞』의 각 주
　　필 역임, 김옥균과 함께 조선문제에 힘씀. 코쿠류카이[黑龍會] 멤버인 쿠주 요시히
　　사의 형으로 형제가 모두 코쿠류카이[黑龍會] 창립 및 활동. 일본국방의사회 및
　　후쿠오카해군협회 창립(20世紀日本人名事典의 解說; 石瀧豐美, 『玄洋社-封印された實像-』의 社員明簿 33쪽).
119) 오이 켄타로(1843~1922): 오이타현[大分縣] 출신. 정치가. 난학, 화학, 프랑스학을
　　배움. 프랑스의 법률서를 많이 번역. 자유민권운동의 이론가로서 급진파를 지도,
　　동양자유당을 결성하고 대외강경론을 주장했고, 노동문제, 소작문제 등에도 주력
　　(일본 국회도서관, 「近代日本人の肖像」).
120) 『매일신보』, 1944. 韓末國事에 登場한 人物, 7월 2일, 4면.

준다 하겠다. 덧붙여 야마자를 높이 평가하며 이 기사를 쓴 사람은 다름 아닌 명성왕후 시해에 가담한 쿠마모토 출신 낭인인 당시『한성신보』기자였던 키쿠치 켄죠[菊池謙讓][121]로 후일 조선의 역사를 유린한 인물로 악명이 높다.

3) 상해, 한국, 런던 근무 후 한국 재근무

1892년 10월 임시직원으로 부산총영사관에 부임했던 야마자는 서기생을 거쳐 1893년 9월 18일 영사관보에 임명되어 상해 근무를 명받았다. 부산을 출발(11.14), 시모노세키를 경유하여 상해 총영사관에 부임한 것이 그해 11월 22일이었다.[122] 부산에 있을 동안 양산박과의 직접적인 교류와 지원은 더 이상 불가능했으나 그들과의 연결은 그 후에도 계속된다. 상해에서 야마자의 행적에 대한 기록은 별다른 것이 없다.

여기서 당시 조선과 일본의 상황을 잠시 살펴보면, 조선에서는 1894년 2월 전봉준에 의한 고부민란이 발생, 그것을 계기로 대규모의 동학농민운동이 확산될 조짐이 무르익어 가고 있었다. 일본은 앞서 살펴보았듯이 야마자 팀에 의한 경부철도 부설을 위한 1차 측량작업과 더불어 일본 내에선 청과의 전쟁을 착착 준비하며 결정적인 계기를 찾고 있던 상황이었다.

이러한 시기에 야마자는 상해에서 중대한 사건과 직면하게 된다. 바로 1894년 3월 28일 발생한 김옥균 암살 사건과 조우하게 되는 것이다. 김옥균은 갑신정변 후 일본으로 망명하여 초기에는 나름 보호받았으나 朝日 간의 관계와 장차 대륙침략 노선에 방해물이 될 것으로 본 일본 정부에 의해 오

---

121) 키쿠치 켄죠(1870~1953): 쿠마모토 출신. 낭인. 신문기자. 재야 사학자. 1893년 조선으로 와서 한성신보 기자로 명성왕후 시해에 가담, 일본 패망과 함께 귀국. 조선사 유린으로 악명을 떨친 인물(강창일, 136쪽; 허지연,『한국사를 유린하다』, 서해문집, 2015, 4~7쪽).

122) 一又正雄 編著, 226~227쪽.

가사와라제도와 홋카이도로 추방(1886~1890)되는 등 버림받아 오갈 데가 없는 처지에 놓이게 되었다. 궁리 끝에 이홍장(李鴻章)의 동생에 의해 이홍장과의 만남이 알선되어 최후로 망명을 결심한 곳이 중국이었다. 이런 사실을 알게 된 고종과 명성왕후 일파는 프랑스 유학생 출신인 자객 홍종우를 보내 김옥균을 상해로 유인하여 살해한 사건이다.

이 사건이 발생하자 일본 언론을 비롯한 지식인들 등 일본이 요란하게 조선 정부의 야만성을 비난하며 일본 국민의 대중국 분노를 자극했다. 이 사건의 배후로 중국을 지목한[123] 일본은 앞서 언급했듯이 중국 침략을 위한 적당한 시기와 구실을 꾸준히 찾고 있었던 중이었다. 이미 1886년 8월 당시 아시아 최강인 정여창의 북양함대가 나가사키항에 입항, 청국 수병의 무단 상륙에 의한 싸움, 노상 방뇨, 물건 강탈, 부녀자 희롱 등 난동과 행패가 극심해지자 마침내 경찰관 및 낭인과 민간인까지 가세해 많은 사상자가 발생하는 대사건이 발생한 일이 있었다.[124] 그렇지 않아도 갑신정변에서 일본이 패퇴당하여 조선에서의 세력이 약화되는 등 대중국 민심이 좋지 않은 시점에 이 사건은 결국 중국에 대한 적개심이 노골화된 바 있다. 심지어 이 사건은 그간 民權論을 부르짖고 있던 토야마의 겐요샤가 國權論으로 전환하는 계기가 되었다는 것은 앞에서 보았다.

이런 마당에 김옥균 암살 사건이 터지자 일본 정부나 군부는 이를 適期로 판단, 적절히 정치적으로 이용할 필요가 있었던 것이다. 이리하여 처음에는 김옥균 측에서는 시신을 당연히 일본으로 가져가려 했으나 상해 총영사관에서는 김옥균의 시신을 일본으로 가져갈 수 없다고 강력하게 거부했다.[125] 청나라 정부는 홍종우의 범행을 조사한 후 조선인 상호간의 문제라

---

123) 『東亞先覺志士記伝 上』, 162쪽. 고종이 이홍장과 모의했다는 내용. 여기에 대해 조, 중, 일 3국 합작설도 있다(안승일, 『김옥균과 젊은 그들의 모험』, 연암서가, 2012, 224~226쪽 참조).
124) 나가사키 사건 혹은 나가사키 청나라 수병 사건(長崎淸國水兵事件)이라고도 불린다.
125) 金振九, 「金玉均 先生의 죽든 날, 三月 二十八日의 上海」, 『별건곤』 제5호, 1927년

고[126] 하여 그의 시신과 홍종우를 중국 군함으로 조선에 인계하였다. 조선에서는 김옥균을 다시 능지처참으로 다스렸다.

이렇게 일본이 공식적으로 시신 거부를 하였음에도 일본의 언론 등은 사건 보도를 대대적으로 다루면서 조선으로 시신이 옮겨진 것과 김옥균이 다시 능지처참을 당하여 무참하게 처리된 과정에 대해 자신들에 대한 직접적 모욕이라며 국민을 호도하였다. 김옥균에 대한 추도식을 대대적으로 거행하는 등 일본 열도는 중국과 조선을 맹비난했다. 김옥균을 이용가치가 없다고 판단한 일본 정부였다. 그런 일본이 이 사건을 이용하여 자신들이 준비하고 있는 대륙침략의 빌미로 삼으려는 분위기 조성을 획책하고 있었던 것이다. 시신을 일본으로 가져가겠다고 하는 외교적 마찰을 피하는 한편, 자국 국민을 선동함으로써 대륙팽창정책(조선과 중국 침략)의 실행을 위한 국민 단결을 이끌어내는 이중적 태도를 취한 셈이다.

당시 중국행을 위험하다고 경고했으나 호랑이굴로 가야 한다는 김옥균을 배웅했던 토야마와 그의 겐요샤[玄洋社] 사람들은 더욱 크게 분노하였다. 심지어 양산박과 텐유쿄[天佑俠]의 일원이자 야마자와 잘 아는 쿠주 마사요시는 효수된 김옥균의 목을 탈취할 계획까지 세우기도 했다.[127]

이렇듯 일본은 이중적 태도를 연출하여 대중국 적개심을 더욱 부추겼다. 결국 이 사건이 동학농민운동과 더불어 청일전쟁으로 가는 길잡이가 되고 있는 것이다. 이 가운데에 야마자가 있었음은 물론이다. 당시 총영사는 오코시[大越正德]였지만, 야마자는 거의 부영사의 일을 하고 있었기에 사건이 마무리된 후 야마자가 취한 조치는 대단히 적절했다고 하는 이유로, 외무성

3월 1일.

126) 이렇게 청국이 입장을 바꾼 것은 그 사이 김옥균이 일본에 망명해 있던 터이므로 당연히 일본과 상의한 결과일 것이다. 그리고 이홍장이 조선 정부와 이 문제에 대해 내통하고 있었으므로 조선에 협조하는 차원으로 변경되었을 가능성과, 일본의 입장이 맞물려 외교적 막후 접촉으로 결정된 것이라고 추정해본다.

127) 『東亞先覺志士記伝 上』, 162쪽.

에서도 '장래가 유망한 사람'으로 평가[128]한 것을 보더라도 충분히 짐작할 수 있다.

야마자는 김옥균 사건이 마무리되고, 그해 8월 약 9개월 만에 다시 부산으로 오게 되었다.[129] 이때는 동학운동이 삼남으로 번져 광범위하게 확산되고 있던 시점이다. 이미 6월에 청군과 일본군이 조선으로 출병한 기회를 틈타 7월 23일 일본군은 한성과 경복궁을 점령 후 기습공격(7.25)으로 청일전쟁을 도발하였던 것이다(선전포고는 8월 1일). 이후 韓日攻守同盟(8.26)을 체결하여 청국군을 조선국 밖으로 퇴진시키고 일본 군대의 진퇴와 그 양식 준비 등에 반드시 조선국이 협력해야 한다고 하였다.[130]

이렇듯 조선에서 전개되고 있는 청일전쟁 상황에서 하세가와는 '그 당시 치쿠젠[築前] 지사가 결성한 텐유쿄[天佑俠]가 활약하는 터이라 야마자가 몰래 연락을 취하고 서로 통하여 한패가 되었다고 하나 그 주변의 기록은 별로 명료하지 않다'[131] 라고 하고 있다. 하지만 이치마타는 '야마자가 부산 시절에 동향의 사람들과 왕래하며 양산박을 후원하고 있던 것은 앞에서 상술한 대로이지만, 재차 부산에 왔던 시점에서는 이미 결성되었던 텐유쿄[天佑俠]는 부산을 출발하여 동학당을 만나 관군과 전투를 하고 있었기에 그 결성에 참여할 여지는 없었다'고 한다.[132]

그러나 비록 야마자가 상해에 있었다고 하더라도 당시 부산에서 친하게 지내던 고향 사람인 타케다 한시나 부산경찰서장이던 우츠미와 서신 교류 등 연락이 없었다고 단정하긴 어렵다. 그리고 텐유쿄를 통한 청일 개전의

---

128) 長谷川峻, 39쪽.
129) 長谷川峻, 205쪽.
130) 1894년 8월 26일 한일양국맹약(한일공수동맹)을 체결하여 조선국의 자주 독립을 공고히 하고 한일 양국의 이익 도모를 목적으로 한다는 명목으로 체결되었다(동북역사재단 독도연구소, 『근대 한국 조약 자료집』, 2009, 16쪽).
131) 長谷川峻, 40쪽.
132) 一又正雄 編著, 11~12쪽.

단서 만들기 작전은 겐요샤[玄洋社] 지도자들이나 참모차장인 카와카미 소
로쿠 라인을 통해서 야마자는 상황 파악을 하고 있었다고 보아야 한다. 하
세가와 의견처럼 텐유쿄와 한패가 되었다는 것이 중요한 것이 아니라 그들
을 뒤에서 후원하는 지위에 있었다는 것이 중요하다. 즉 텐유쿄는 일본의
대륙팽창정책을 돕는 행동대 역할을 한 것이고, 야마자는 그 정책의 입안과
집행의 라인에 있는 사람인 것이다. 타케다는 이후 야마자와 연결이 지속되
고 있는 우치다 료헤이 등과 함께 텐유쿄에 가담하여 동학운동에 관여하고
있었고, 그러한 사정들에 대해 야마자는 잘 알고 있었을 것이다. 야마자 자
신이 겐요샤의 지도부와 상시 연락은 하고 있는 터이다. 뒤에서 살펴보겠지
만 텐유쿄[天佑俠] 단원인 요시쿠라가 체포되었을 때 야마자가 적극적으로
돕는 것을 보면, 이치마타의 견해에는 찬동하기 어렵다. 공간적인 거리가
야마자의 신념을 막을 수는 없었을 것이란 측면에서도 하세가와의 견해가
일응 타당하나 한패로서의 움직임보다는 후견적 입장에서 적극적으로 지원
하고 있었다고 본다.

　여하튼 야마자는 부산에 다시 부임한 후 조선 사정을 시찰할 것을 명받
는다. 그는 진주 관아를 찾아가 지금이 공수동맹에 의한 적국 청나라와 전
쟁을 치르고 있는 시점임을 상기시키고, 아울러 관리의 잘못된 관행을 나무
라며 전쟁 승리를 위한 독려를 하고 있다.[133] 이 전쟁의 승리야 말로 오랫
동안 조선을 지배하고 있는 청국을 한반도에서 물리침으로써 그가 부임 초
기 무로타 총영사에게 자신이 조선에서 하고 싶다고 말한 조선의 독립, 즉
'일본의 오랜 宿願인 대륙침략의 발판을 만들기 위한 작업'을 충실히 하고
있었던 것이다.

　야마자가 다시 부산에 왔을 때는 청일전쟁이 한창이었고, 양산박의 사람
들은 텐유쿄[天佑俠][134]란 이름으로 조직화되어 동학농민봉기에 가담하였

---

133) 長谷川峻, 41~42쪽.
134) 텐유쿄[天佑俠]란 조직의 명칭은 이들이 순창을 방문했을 때 격문 기초와 함께 그

다가 전쟁 발발 후 자체 소멸된 때였다.

텐유쿄[天佑俠]는 1894년 동학농민전쟁이 발발하자 부산에 거주하던 양 산박 무리들인 타나카 지로[田中侍郞], 요시쿠라 오세이, 타케다 한시, 오자 키 쇼오키치 등 9명과 『二六新報)』(니로쿠신보) 주필인 스즈키 텐간, 겐요 샤의 우치다 료헤이와 오하라 기코[大原義剛][135] 등 일본 국내의 아시아주 의자들 혹은 대륙낭인들로 총 14명이 참여(15명설 [136])도 있다)하여 결성, 청일전쟁의 戰端을 열기 위해 동학당 합류를 목표로 6월 27일에 부산(오자 키의 사무소)을 출발했다.[137]

여기서 이렇게 움직이게 된 내막을 겐요샤[玄洋社] 사람들과 관련하여 잠시 소개한다. 甲申政變 실패 후 김옥균이 일본으로 망명하였으나 1886년 8월 오가사와라섬으로 추방[138]되자 겐요샤 사원인 마토노 한스케는 훗날 오쿠마 외상을 폭탄 테러(1889.10)한 겐요샤 동지 쿠루시마와 함께 오가사 와라로 김옥균을 찾아간다. 거기서 그는 김옥균과 肝膽相照할 정도로 친한 사이가 되어 朝鮮扶植의 계책을 논하기도 했다.[139]

그런 김옥균이 암살되자 마토노는 扶韓討淸의 의견으로 도쿄와 후쿠오

이름을 정했다. 따라서 부산을 출발할 때 혹은 그 이전에 미리 조직 명칭이 정해진 것이 아니다. 즉 특수 목적을 위해 급조된 것이다(『東亞先覺志士記伝 上』, 207쪽).

135) 오하라 기코 혹은 토모키치[大原義剛, 혹은 友吉, 1865~1945]: 후쿠오카시 출신. 정치인, 중의원 의원, 국가주의자, 큐슈일보 사장. 겐요샤[玄洋社] 유도장인 明道 館員, 양명학 공부, 1892년 게이오기쥬쿠[慶應義塾] 졸업. 겐요샤 결성에 참여, 우 치다와 함께 텐유쿄[天佑俠] 결성에도 참가(石瀧豐美, 『玄洋社-封印された實像-』, 海島社, 2010, 社員明簿 288쪽 등을 참조로 작성.

136) 玄洋社史編纂會, 『玄洋社社史』, 葦書房有限會社, 1992, 440~441쪽. 무리들 중 가장 나이가 많다는 이유로 田中侍郞이 長이 되었다. 이때 우치다 료헤이는 18세였다.

137) 玄洋社史編纂會, 위의 책, 449~450쪽; 『東亞先覺志士記伝 上』, 185~186쪽.

138) 안승일, 앞의 책, 182~188.쪽.

139) 朝鮮獨立党の志士金玉均が失脚して我が國に亡命し來るや、之を追ふて來島恒喜 と共に小笠原島に至り、玉均と肝胆相照らして朝鮮扶植の計を策し(『東亞先覺志 士記伝 下』, 491쪽).

카를 오가며 분위기 환기를 위해 동
분서주하던 차에 당시 무츠[140] 외상
을 찾아가 청국 토벌군을 일으키자고
제의했으나 거절당한다. 무츠는 이토
내각의 외상인 터라 본인의 속마음
(실제는 개전파)이 이토와 다르다 하
더라도 민간 낭인 앞에서 속내를 비
칠 수는 없었다. 대신 무츠는 카와카
미 소로쿠 참모차장을 만나도록 소개
장을 써 주었다.

〔카와카미 소로쿠〕

　이를 가지고 그는 겐요샤[玄洋社]
동지들을 대표하여 카와카미를 만나
자신의 의견을 말하자, 무츠와 달리 카와카미는 평소 야마자를 비롯한 겐요샤
사람들에 대해 호감을 갖고 교류하고 있던 터라 그 취지를 경청한 후 속내를
내비친다. 그는 이토가 전쟁은 생각지도 않고 있는데, 후쿠오카 겐요샤는
쟁쟁한 遠征党이라고 듣고 있다며, "만약 한반도로 건너가 불을 붙여주는
자가 있다면 우리는 本務에 따라 불을 끄는 역할을 기꺼이 맡겠다"고 한
것이다.[141] 카와카미는 조선반도를 야마가타가 말한 '이익선'에서 한 걸음

---

140) 무츠 무네미츠[陸奧宗光, 1844~1897]: 와카야마현 출신. 외교관, 정치가. 1863년
　카츠 카이슈의 고베 해군훈련소에 입소, 1867년에는 사카모토 료마의 카이엔타이
　[海援隊]에 참가하는 등 시종 사카모토와 행동을 함께 함. 청일전쟁 개전파, 외무
　대신(제2차 이토 내각)으로 청일전쟁 개전 전후 탁월한 외교로 평가되어 「무츠
　외교」로 대표(대청 강경노선, 청일전쟁 개전으로 이끌고 강화와 삼국간섭을 처
　리). 이는 러일전쟁 시의 「코무라 외교 혹은 코무라 = 야마자 외교」와 대비된다.
　명성왕후 시해도 이토가 수상, 무츠가 외상 재임(1892.8~1896.5)시 발생한 사건
　(일본 국회도서관, 「近代日本人の肖像」).
141) 明治二十七年、金玉均が上海に於て暗殺に遭ひ、朴泳孝が刺客の狙ふ所となつた
　当時、彼は多年心血を灑げる朝鮮問題の爲めに蹶起し、扶韓討淸の意見を提げて

더 나아가 일본에게 있어 '생명선'이라고 인식[142]하고 있는 사람이었다.[143]

이렇게 되자, 나가사키 사건 및 김옥균의 암살, 동학봉기와 카와카미 참모차장에 의한 군부의 약속 등으로 준비는 다 갖추어진 것이었다. 겐요샤[玄洋社] 지도부의 적극적인 지원과 젊은 겐요샤 사원들 및 부산 梁山泊 사람들이 모여 마침내 청일 개전의 단서를 열기 위한 특수 목적의 텐유쿄[天佑俠]가 급조된 것이다. 그들이 동학군을 돕는 모양새를 보인 것의 궁극적 목표는 청과의 전쟁을 도발하여 한반도를 장악하는 것이었음은 재언을 요하지 않는다.

이렇게 하여 그들은 동학군의 본진인 순창으로 가서 자신들의 격문 12개

東都福岡の間を往來し、同志と共に輿論の喚起に努むる所あり、一日同志を代表して外相陸奧宗光を訪ひ、淸國膺懲の師を起さんことを熱心に說いた。陸奧は之を書生論なりとて排斥して肯かず。的野また之を駁し、兩々相持して讓らず。陸奧は遂に『戰爭が出來るかどうか、川上參謀次長の所へ行つて聞け』とて紹介狀を與へて川上操六を訪はしめた。彼れ乃ち轉じて川上次長を訪ひ、同じく對支開戰の止むべからざるを說くや、川上はその所說を傾聽した後、徐ろに曰く。『貴下の言ふ所は眞に理を盡せるも、伊藤首相を以てしては開戰は思ひも寄らず。されど福岡玄洋社は錚々たる遠征黨の淵叢と聞き及んでゐるが、若し韓半島に渡つて火の手を揚げる者あらば、吾等は本務に從つて火消し役を引受くるに躊躇せず』と、頗る意味深長の言を以てした。この一語を得て的野は直ちに同志と謀り、決死の志士を糾合して間もなく朝鮮に向はせたが、此志士の一團こそ鈴木天眼、內田良平等十有余名の天佑俠と称する志士の仲間で、彼等の朝鮮に於ける活動はやがて日淸開戰の有力なる動因の一つとなつたのである(『東亞先覺志士記伝 下』, 491~492쪽.

142) 淸水克之, 『豪快痛快 世界の歷史を変えた日本人―明石元二郎の生涯』, 櫻の花, 2009. 31쪽.

143) 카와카미의 이러한 조선관이 청일전쟁은 물론 명성왕후 시해와 대러 개전, 대륙침략을 위한 대첩보전 전개 등 그의 대륙침략 행보의 全方位에 걸치고 있다. 그의 사후 러일전쟁에서 러시아 교란의 대첩보전 전개로 러일전쟁 승리의 결정적 역할을 한 사람인 아카시 모토지로 역시 그가 키운 사람이었다. 카와카미를 추적하면 일본 육군의 조선침략 실체를 파악할 수 있는 커다란 단서가 열릴 것으로 보인다. 필히 심층 연구가 필요한 부분으로 사료된다.

조를 낭독하며, '동학의 대도와 그 뜻에 감동하여 죽음을 무릅쓰고 海山萬里를 개의치 않고 부모의 나라이자 同祖同根의 나라인 조선의 존망을 그냥 좌시할 수 없어 찾아왔노라'고 한 뒤, '타락한 민씨 정권과 그 배후인 청국을 물리쳐야 한다'고 선동하였다. 동학군의 환호 속에서 전봉준과 필담으로써 자신들의 결기를 알리는[144] 기만을 연출했다. 그들의 속내는 곧 드러났다. 청일 양군의 전투가 벌어지자 텐유쿄[天佑俠]는 일본군과 합류를 결정하고 대부분은 일본 군대의 정보원으로 활동하여 한국에 남았으며, 밀명을 받고 온 겐요샤[玄洋社]의 우치다 료헤이와 오하라 기코는 그간의 상황 보고를 위해, 『二六新報』의 주필인 스즈키 텐간은 언론에 알리기 위해 각각 일본으로 돌아갔다.[145] 이렇게 하여 그들은 자연 소멸했다. 그 뒤 그들의 상당수는 일본의 한반도 침략정책의 첨병 역할을 하거나 한일강제병합에도 적극 활동하기도 한다. 오자키 쇼오키치와 요시쿠라 오세이는 명성왕후 시해에 가담하고, 우치다 료헤이는 코쿠류카이[黑龍會]를 조직하여 한일병탄에도 적극 관여한다. 이 코쿠류카이에 혼마 큐스케도 함께 활동한다.

하세가와나 이치마타는 야마자 텐유쿄[天佑俠] 결성에 가담했다는 자료는 둘 다 제시하지 못하고 있으나, 이치마타는 『東亞先覺志士記伝』 상권에서 야마자가 텐유쿄[天佑俠]와 관련된 내용은 소개하고 있다.

이하에서는 야마자가 텐유쿄[天佑俠]를 어떻게 도왔는지에 대해 살펴본다. 텐유쿄[天佑俠] 무리들은 부산의 오자키 법률사무소에 모여 호남 방면으로 가서 동학당에 가담하기로 결정, 그 전에 먼저 무장을 하기로 했다. 두가지 안이 나왔는데, 하나는 영사관 무기 탈취이고, 다른 하나는 창원 금광의 다이너마이트 탈취였다. 먼저 부산 영사관 총기 탈취 계획을 시도했으나 경비견에 의해 발각되어 실패하고 이를 단념, 이후 11명의 동지가 일본인 마키 父子가 운영하는 창원 금광의 다이너마이트 강탈 계획을 실행에 옮겨

---

144) 『東亞先覺志士記伝 上』, 211~215쪽.
145) 한상일, 『아시아 연대와 일본제국주의-대륙낭인과 대륙팽창-』, 오름, 2002, 91쪽.

성공했다.146)

이 사건 이후 이들은 관헌의 추적을 받아 쫓기는 몸이 되었다. 그러다가 무리 중 유독 단독 행동을 하여 빈축을 사던 요시쿠라 오세이가 헌병대에 체포, 부산으로 압송되어 영사관 옥에 갇혔다.147) 영사관보인 야마자는 양산박이나 텐유쿄[天佑俠]148)와 같은 사람들과는 동지적 관계이고, 그 중에는 절친한 사람들도 있던 터임은 앞에서 보았다. 야마자는 취조관으로서 요시쿠라를 의당 흉기휴대(권총)와 포박 및 협박을 수단으로 한 特殊强盜罪로 물어야 하는 것임을 너무나 잘 알면서도 오히려 피해자인 마키 켄죠[牧健三] 父子를 타일러 증언을 피고인에게 유리하도록 이끌어 결국 무죄 판결을 받게 했다.

이 판결로 인해 나머지 일당들 모두 법망에서 자유롭게 되었음은 물론이다.149) 이들의 행위는 분명히 범죄임에도 공무원이자 법대 출신인 야마자는 자신의 개인적 신념에 따른 판단으로 무죄 방면케 한 것이다. 이는 이들의 행위를 범죄로 판단한 것이 아니라 대륙정책, 즉 일본의 대륙침략이라는 거시적 국가 이익을 앞세워 법치를 외면한 것이다. 바로 이런 부분이 야마자의 정체성을 대변한다고 하겠다. 야마자의 입장에서는 이들로 하여금 법의 심판을 받게 하는 것이 아니라 오히려 상을 주고 싶었을 것이다. 그는 이미 겐요샤 지도부의 뜻이 자신과 카와카미의 그것과 일치함을 잘 알고 있는 것이다. 따라서 그들은 범죄자이기는커녕 대일본제국의 공로자들이었던 것이다. 그가 이 사건을 처리한 태도는 이러한 관점에 기초한 것이었으

---

146) 『東亞先覺志士記伝 上』, 185~187, 193~194쪽.
147) 『東亞先覺志士記伝 上』, 294쪽.
148) 텐유쿄[天佑俠]에는 야마자와 같은 겐요샤[玄洋社] 사원도 포함되어 있다. 우치다 료헤이와 오하라 기코가 그들이다. 야마자가 부산으로 부임할 때 그에게 최신 양복을 선물한 사람이 우치다의 삼촌인 히라오카 코타로로 겐요샤[玄洋社] 초대 사장이다. 야마자에게 겐요샤 사상을 전수하고 평생 스승이자 후원자며 고향 선배였다.
149) 『東亞先覺志士記伝 上』, 295쪽.

며, 앞서 본 비밀측량 건이나 앞으로 보게 될 독도침탈의 책략이나 모두 같은 맥락에 있는 것이다.

야마자는 청일전쟁 강화조약이 체결(시모노세키조약, 1895.4.17.)된 이후 5월 17일 인천 근무를 명받고, 5월 24일 인천으로 부임한다.[150] 당시 인천의 영사는 친다 스테미[珍田捨己][151]였다. 친다는 야마자가 죽을 때까지 그 인연을 이어간다. 그는 야마자의 장례식에 추도문을 읽기도 했다. 야마자는 그와 만난 상사와의 인연은 대개 이렇듯 돈독한 모습을 보여준다. 야마자의 업무 처리 능력이나 대인관계의 일면을 엿볼 수 있는 부분이다.

그러나 인천에서 근무한 지 얼마 되지 않아 비보를 받게 된다. 고향에서 어머니 위독의 전갈이 온 것이다. 외교관으로 근무한 지 만 3년이 채 안 되어 접한 비보다. 7월 29일 인천을 출발하여 도착 전에 어머니는 8월 1일 사망하였다. 그리고 9월 3일 다시 인천으로 돌아왔다.[152] 이어서 10월 10일 귀국 명령[153]을 받아 놓고 있던 상황이었다. 다만 귀국 전에 경성 출장을 명받았는데 바로 이때 그의 평생 콤비인 코무라 쥬타로[小村寿太郎][154]와 각별한 인연을 맺게 된다. 조선에서는 10월 8일 명성왕후 시해 사건이 발생

---

150) 一又正雄 編著, 227쪽.
151) 친다 스테미[珍田捨巳, 1857~1929]: 아오모리현 출신. 외교관. 백작, 시종장, 추밀고문관. 외무차관, 개신교 목사(감리 교회). 미국 유학 후 외무성 입성. 코무라 외상 시절 초대 차관, 야마자가 인천에서 근무 시 그의 상사로 인천 영사였음(1895). 후에 궁에 들어가 히로히토 황태자를 교육하고 천황이 된 후 시종장에 취임, 시종장 재임 중 뇌일혈로 사망(일본 국회도서관, 「近代日本人の肖像」 등을 참조로 작성).
152) 一又正雄 編著, 227쪽.
153) 상동.
154) 코무라 쥬타로[小村寿太郎, 1855~1911]: 미야자키현 출신, 외교관. 1875년에 문부성 제1회 유학생으로 선발되어 하버드대학에 입학. 귀국 후, 사법성에 출사하여 일본 대심원 판사를 거쳐서 1888년 외무성 번역국장으로 부임. 청일전쟁에서는 정무국장. 그 뒤 외교차관, 주미, 주러, 주청공사를 역임. 1901년에는 제1차 카츠라 내각의 외상으로 취임. 러일 강화조약을 체결. 1906년 추밀고문관, 그 해 주영대사, 1908년 제2차 카츠라 내각의 외상에 연임. 조선강제합병에 주도적으로 관여, 병합 3인방의 1인(일본 국회도서관, 「近代日本人の肖像」).

(음력 8월 20일)했다. 앞서도 잠시 보았지만 이 사건과 야마자와의 관련 기록은 현재까지 밝혀진 바 없다. 그가 잘 아는 텐유쿄 단원 두 명과 겐요샤 사원 두 명이 가담하여 구속된 사실은 있다. 그 외 야마자와 직접 연결된 부분은 없었다. 그는 인천 영사관에 있었고, 당시 그의 행적은 실의에 빠져 있었다는 내용이 그 대강이다.

그러나 이 사건은 야마자에게 일대 전환점이 되었다. 다름 아니라 청일전쟁 때 그 명성을 떨친 소위 「무츠 외교」에 필적하는 러일전쟁 전후의 「코무라 외교」 내지는 「코무라=야마자 외교」의 시발점이 되는 계기가 된 것이다. 곧 귀국을 해야 하는 야마자에게 임무가 주어진 것이다. 사건 당시 조선 백성들의 높은 원성은 물론 각국 외교사절로부터도 비난받던 미우라 고로[三浦梧樓]155) 공사(육군 중장)가 경질되고 그 후임으로 본청 정무국장이었던 코무라가 주한변리공사로156) 부임하게 되어 인천에 도착한 것이다. 코무라를 인천에서 경성까지 열차로 수행하는 동안 야마자는 전부터 품고 있던 대륙에 대한 의견을 기탄없이 피력했다.157) 앞에서도 잠시 언급한 바 있지만 야마자를 부산 영사관 총영사 무로타에게 소개한 사람이 다름 아닌 카네코 백작으로 코무라와는 하버드 시절 동숙하며 지내기도 한 사이다. 코무라는 본성 정무국장으로 있으면서 카네코와 만났다면 야마자에 관한 이야기도 주고받았을 것이다.

따라서 이 기차 안에서의 만남을 통해서 야마자의 대륙에 대한 열망과 식견은 남달리 코무라의 마음을 움직였을 것이다. 코무라 역시 야마자처럼

---

155) 미우라 고로[三浦 梧樓, 1847~1926]: 야마구치현 하기 출신. 육군 중장, 정치가. 자작. 명성왕후 시해 주도자. 1884년 오야마 이와오를 수행하여 유럽 각국의 병제를 시찰. 1888년 메이지유신 세력과 대립하고 예편. 귀족원 의원. 1895년 조선 주재 특명전권공사로 취임(일본 국회도서관, 「近代日本人の肖像」).

156) 재임기간은 1895년 10월 17일부터 1896년 6월 11일까지임. 그 사이 변리공사 및 특명전권공사 역임(한철호, 「개화기(1880~1906) 역대 주한 일본공사의 경력과 한국 인식」, 『韓國思想史學』 제25집, 2005, 311쪽).

157) 長谷川峻, 44쪽.

대륙팽창에 대한 꿈을 깊이 간직한 제국주의 외교관이다. 그는 야마자를 자신의 후임으로 생각했다고 한 적도 있었음은 언급한 바 있다. 코무라가 야마자와 짝을 이루어 일본의 정치외교 부분, 즉 대륙침략정책에서 척척 손발을 맞추어가는 걸 보면 이 날의 면접을 통하여 코무라는 야마자에게 깊이 매료되었음을 알 수 있다. 이 접촉이 훗날 코무라＝야마자 라인의 계기로 되었던 것이다.

이로써 야마자는 부산에서 경부철도 노선 비밀측량 건으로 무로타 영사의 테스트 합격, 상해에서 김옥균 사건의 처리에 의한 외무성의 높은 평판, 청일전쟁의 승리에서 얻은 자신감, 인천 경성 간 열차 안에서 코무라의 시험 통과 등의 경험을 쌓고 일본으로 귀국하였다. 귀국 후 어머니 일로 착잡한 심경이었을 야마자에게 기쁜 소식이 전해졌다. 그것은 주영공사관 3등 서기관으로서 런던 주재를 명하는 임명장이었다. 부산에서 시작하여 만 3년 남짓 동아시아의 공기를 경험한 야마자가 세계 외교의 중심이자 세계 번영의 중심인 런던에 서기관으로서 부임하게 된 것이다.[158)

이리하여 야마자는 1896년 2월 런던에 부임[159)하여 미츠비시 재벌의 사위이자 후일 수상을 역임하는 카토 타카아키[可藤高明][160) 공사 아래에서 일하게 되었다.[161) 카토는 야마자의 대학 직계 선배로 런던에서의 인연으로 각별히 야마자를 신뢰하게 된다. 훗날 수상을 역임한 히로타 코키[廣田弘毅][162)는 영국 공사관에서의 야마자의 업무 태도 일면을 이렇게 전하고

---

158) 長谷川峻, 44쪽.
159) 一又正雄 編著, 227쪽.
160) 카토 타카아키[加藤高明, 1860~1926]: 아이치현 출신. 외교관(외무장관 3회), 수상, 야마자의 대학 직계 선배. 도쿄대학 법학부를 수석으로 졸업하고 미츠비시에 입사. 1886년 이와사키 야타로(岩崎弥太郎, 미츠비시 재벌의 창시자)의 장녀와 결혼. 1916년 헌정회 총재가 된다. 1924년 총리에 취임. 이듬해 보통선거법, 치안유지법, 일소기본조약을 성립시켰다(일본 국회도서관, 「近代日本人の肖像」).
161) 一又正雄 編著, 13쪽.
162) 히로타 코키[廣田弘毅, 1878~1948]: 후쿠오카현 출신. 외교관(외상 2회), 수상. 야

있다.

그에 따르면, 히로타가 1909년 8월에 런던에 도착[163]하여 가장 먼저 알고 싶었던 것은 야마자가 인천에서 서기관으로 런던에 부임한 이후의 업적이었다고 한다. 야마자는 그가 각별히 존경하는 선배이자 스승이다.[164] 당시 야마자는 공사관 회계원이었는데 서고를 뒤져 그 회계보고서를 찾아보았더니 지극히 상세하게 정리되어 있었던 것이다. 평소의 매우 호방한 성품인 야마자가 이렇듯 섬세하고 치밀한 측면을 가지고 있음에 새삼 놀라게 된 것이다.[165] 그의 업무 태도는 이렇게 빈틈없이 주도면밀했던 것이다.

우리는 앞에서도 야마자의 학창시절과 조선에서의 여러 일들을 통해서 그가 업무에 대해서는 매우 신중하게 접근하고 있음을 보았다. 그의 이러한 태도는 "외교관은 일기를 쓰지 말아야 한다"고 하거나, "외교관은 겉으로 드러나듯이 일을 해서는 안 되고, 소리 없이 일을 처리하는 것이 외교관의 임무다"[166] 라며 히로타를 일깨운 것에서도 알 수 있다. 스파이 교육을 연상케 한다. 후일 독도를 몰래 편입하고서 그 사실을 전쟁이 끝나고 나서 이

마자의 고향 후배로 대학 후배이자 외무성 후배, 야마자와 겐요샤[玄洋社]가 키운 인물. 어려서 겐요샤[玄洋社]가 세운 무도장인 明道館에서 수련하고, 겐요샤 초대 사장인 히라오카 코타로의 학비 지원으로 도쿄 유학. 상경 후 겐요샤의 지도자인 토야마 미츠루와 스기야마 시게마루 등의 지도를 받고, 우치다 료헤이 소개로 유도장인 講道館에 다님. 야마자 엔지로가 대학 때부터 돌봄. 외무관시험 수석 합격 후 외무성 입성 야마자의 지도를 받음. 이후 야마자가 죽을 때까지 각별한 관계 유지. 1936년 3월 2.26사건 후 개각에서 총리에 취임. 전후 A급 전범이 된 극동국 제군사재판에서 문관으로선 유일하게 사형(일본 국회도서관, 「近代日本人の肖像」; 服部龍三, 『廣田弘毅―「悲劇の宰相」の實像』, 中央新書, 2008, 15 및 17~19쪽).
163) 服部龍三, 『廣田弘毅―「悲劇の宰相」の實像』, 中央新書, 2008, 27쪽.
164) 야마자 문하의 3총사로 고향 후배이자 대학후배인 히로타 코키(1878~1948), 역시 대학후배이자 히로타의 외무성 동기인 요시다 시게루[吉田茂, 1878~1967]로 그는 외상(5회), 수상(5회) 등을 역임. 그리고 돗토리현 출신의 외교관 오타 타메키치[太田爲吉, 1880~1956]가 있다.
165) 長谷川峻, 46쪽.
166) 服部龍三, 28쪽.

듬해까지 우리 정부에 숨긴 행위나 부산 영사관에서의 비밀측량 등은 모두
이러한 업무 태도에서 기인하는 것이다.

이렇듯 치밀한 업무 태도는 자연히 야마자에 대한 카토 공사의 절대적
신임의 기초가 되었음은 물론, 그 당시 공사가 도쿄에 보낸 주요한 보고서
속에는 야마자의 손으로 완성된 것이 적지 않았다. 그 중에서도 특히 '英日
同盟의 가능성에 관한 意見書'는 훗날 그 체결의 기초가 되었던 것으로[167]
야마자가 정무국장이 된 후 동 조약의 체결을 실현시킴으로써 이 의견서는
결정적인 동맹의 토대가 된 것이다.

야마자는 1899년 3월 15일, 3년간의 영국 근무를 마치고 세기적 전환기
에 일본으로 귀국했다.[168] 냉엄한 세계무대에서의 3년간 경험은 세계 속에
서 일본이 나아갈 길에 대한 많은 생각을 하게 했을 것이다. 제국주의 국가
들이 중국 대륙을 호시탐탐 노리고 있고, 러시아는 시베리아 철도 공사와
함께 극동정책을 가속화하고 있었다. 일본은 청과의 전쟁을 승리로 이끈 후
삼국간섭에 의한 굴욕으로 러시아에 대한 위기와 적개심이 어느 때보다 고
조되고 있었다. 청일전쟁을 통하여 일본의 근대화 노력에 대한 1차 평가는
나름 성공적이었으나 이미 대륙침략에 발을 담근 이상 러시아와의 충돌은
피할 수 없는 상황이었다. 야마자가 꿈꾸는 대륙정책 앞에는 러시아라는 거
대한 곰을 제거할 수밖에 없는 커다란 숙제가 놓여 있는 것이었다.

1899년 3월 31일 야마자는 다시 조선 근무를 명받았다.[169] 외교관 생활
을 시작하자마자 해외로 돌다가 어느덧 6년의 세월이 흘러 그 사이 결혼이
늦어졌다. 와세다의 오쿠마 시게노부[大隈重信, 수상을 2회 역임] 후작의
오른팔이며, 오쿠마 내각[170]의 법제국 장관인 코무치 토모츠네[神鞭知

---

167) 長谷川峻, 46쪽.
168) 一又正雄 編著, 229쪽.
169) 상동.
170) 일본 역사상 최초의 정당내각으로 기존의 초연내각에 의한 藩閥政治에 대한 반발
로 등장. 제1차 오쿠마 내각이 이에 해당하고 존속기간은 1898.6.~1898.11.

常]171)는 1만 평의 대저택을 짓고 정계에 웅비하여 씩씩한 면이 있는 호걸이었다. 야마자는 히라오카 코타로 부부의 중매에 의해 코무치의 장녀 賤香과 결혼했다(5.1) 그때 야마자의 나의 33세, 부인은 21세였다.172) 야마자는 5월 26일 한국영사관에 부임173)하였다. 공사는 카토 마스오[加藤增雄]174)였으나 6월 1일 하야시 곤스케[林權助,175) 강제병합 3인방의 1인]로 바뀌었고, 그 해 잠시 귀국하여 12월 야마자는 부인을 대동하여 영사 겸 1등 서기관으로서 서울로 돌아왔다.176)

마침내 우려하던 일이 중국에서 터졌다. 2차례의 아편전쟁과 서양열강의 침투, 청일전쟁에서의 패배, 청조의 만연한 부패 등에 불만을 품은 중국 민중은 반외세와 반기독교를 외치며 항거하기 시작했다. 폭풍의 20세기를 예

---

171) 코무치 토모츠네[神鞭知常, 1848~1905.6]: 교토 출신. 야마자 장인. 관료 및 정치가로 법제국 장관을 역임, 중의원 의원(7회). 대일본협회, 국민동맹회, 대러동지회 등의 (우익)조직 결성에 참여. 대러동지회는 코노에 아츠마로가 결성하고 병중이라 그 대리로 코무치가 위원장으로 주도하면서 대러 개전 활동에 적극적으로 임함으로써 사위 야마자에게 큰 힘을 실어줌.

172) 長谷川峻, 49쪽.

173) 一又正雄 編著, 229쪽: 金源模 編著, 『近代韓國外交史年表』, 檀大出版部, 1984, 170쪽과 264쪽.

174) 카토 마스오[加藤增雄, 1853~1922]: 미에현 출신. 외교관. 부산 영사관 영사로 야마자가 부산에 있을 때의 상사. 대한제국 때 주한일본공사를 지내며 러시아 공사관에 있던 고종의 환궁을 주장. 경부철도부설권 획득에 주력, 항구의 개항 등을 요구하여 허락받음. 한국 정부의 궁내부 고문으로 임명되어 한국과 일본의 의사소통 역할을 함.

175) 하야시 곤스케[林權助, 1860~1939]: 후쿠시마현[福島縣] 출신. 도쿄제대 졸업, 메이지, 타이쇼시대의 외교관, 남작. 주영대사, 추밀고문관. 1899년 외무성 통상국장, 주한공사(1899.6~1906.2) 역임. 對韓, 對露 강경 외교를 추진하고 그 후 한일병탄의 발판을 마련, 즉 러일전쟁 중에는 한국 정부를 윽박질러 한일의정서를 조인, 이어 제1차 한일협약, 제2차 한일협약 모두 그의 주도하에 체결. 카츠라 타로, 코무라 쥬타로와 함께 「병합 3인방」으로 평가, 그 공적으로 남작에 봉해짐(한철호, 「개화기(1880~1906) 역대 주한 일본공사의 경력과 한국 인식」, 『韓國思想史學』 제25집, 2005, 2005. 331쪽).

176) 一又正雄 編著, 15 및 229쪽; 한철호, 위의 논문, 311쪽.

고하듯 의화단 사건이 北京에서 터진 것이다(1900). 의화단이 北京을 포위
하자 일본을 포함한 8개국이 거류민 보호를 명분으로 공동출병을 한 것이
다. 이 사건이 일본과 러시아의 갈등을 더욱더 악화시키는 계기가 된다. 이
때 야마자가 형 류타로에게 보낸 편지에서 당시 상황을 분석한 내용을 보면,
'성가신 일은 항상 한국과 청국에 있고, 열강 간의 대충돌이 야기될 것'이라
는 것이었다.177) 야마자는 이 사건이 국제분쟁으로 확대될 것이라고 분명히
인식, 러시아의 남하정책[南下政策] 가속화에 따른 충돌은 불가피할 것이라
고 파악하고 있는 것이다. 한반도는 그 폭풍의 소용돌이 속으로 휘말려 들고
있었다.

3. 야마자 大陸政策의 본질

1) 코무라=야마자 외교팀 구축

야마자는 한국 근무를 마치고 1901년 3월 1일 귀국했다.178) 그리고 그해
6월 2일 카츠라 타로는 현역 육군 대장의 신분을 가지고 수상이 되어 제1
차 카츠라 내각(1901.6.2~1906.1.7.)을 수립,179) 친구인 코무라를 외무대신
으로 기용했다(47세). 의화단 사건이 일단락된 이후 일본 정계나 군부 등에
서 가장 중요한 문제로 떠오른 것은 향후 '러시아와 싸우게 되는가의 여부
와 싸운다면 누구에게 총리의 중임을 맡길 것인가'였다. 이에 따라 대부분
야마가타방[山縣閥] 관료로 채워진 것이 제1차 카츠라 내각이었던 것이다.
이리하여 이 내각은 '제이류 내각'이라는 야유를 받기도 했다.

---

177) 長谷川峻, 51~52쪽.
178) 一又正雄 編著, 229쪽.
179) 카츠라는 수상 취임과 동시에 예비역이 될 것이었지만, 천황의 의향에 따라 현역
　　신분을 유지했다. 이 내각의 성격을 반증하는 대목이다.

그러나 코무라는 친구들의 만류에도 불구하고 '임기의 장단을 떠나서 본인이 해야 할 일이 있다'며 강한 의지를 표명하고 취임한 것이다. 이렇게 하여 코무라는 장차 대러 충돌이 예상되는 중대한 동아시아 정세에서 일본이 처한 난국을 헤쳐 나갈 파트너로 35세의 야마자를 파격적으로 정무국장 직무대리로 발탁, 12월에는 정무국장으로 임명하였다.[180] 제1차 카츠라 내각은 영일동맹을 체결한 러일전쟁내각이자, 「독도침탈내각」이며, 乙巳勒約을 강행한 내각이다. 일본을 제국주의 세계무대로 확실히 올려놓은 침략내각이라 할 수 있다.

코무라는 인천에서 경성까지 열차 안에서의 감동을 잊지 않고 있었던 것이다. 비록 하버드 동창인 카네코 겐타로 백작이나 다른 사람들을 통해 이야기는 듣고 있었겠지만 야마자와의 직접 면담을 통하여 코무라 자신의 外交觀을 거의 그대로 인식하고 있는 야마자가 전환기의 일본 외교를 위한 적임자로 마음에 두고 있었던 것이다. 그것이 바로 야마자를 정무국장으로 발탁한 이유였을 것이다. 이 침략내각이 끝날 때까지 두 사람은 함께 한다.

당시의 관제로 보면 대신 밑에 차관 그리고 그 바로 밑에 정무와 통상의 2국장제로 야마자의 지위는 예전과는 사뭇 달라졌다. 이제는 바로 정책결정자 라인에서 소통이 이루어지게 된 것이다.[181] 바야흐로 자신이 꿈꾸는 대륙정책 혹은 겐요사[玄洋社] 정신을 일본의 대륙정책으로 상정하여 추진할 수 있는 위치에 이른 것이다. 영국 공사관 근무 시절 카토 타카아키 공사 아래에서 처음으로 영일동맹에 관한 의견서를 제출 한 바, 이제 그것을 실행에 옮길 수 있게 되었다. 게다가 자신을 신뢰하고 상호 기맥이 상통하는 상관의 발탁이므로 명실공히 대륙을 향한 자신의 뜻을 펼칠 수 있게 되었다. 코무라는 이미 한국, 미국, 러시아, 중국 등에서 공사를 역임하면서 일본과 밀접한 주요 국가의 외교를 두루 경험한 베테랑 외교관이었다. 야마자

---

180) 一又正雄 編著, 299쪽.
181) 一又正雄 編著, 16쪽.

는 세계외교의 중심인 영국에서의 3년간 경험으로 세계 속에서의 일본 외교를 파악하고 있었다. 이러한 인적 배경과 극동의 긴장이 고조되어 가는 와중에 제국주의 외교관들인 코무라＝야마자 대륙침략 외교 라인이 탄생한 것이다.

그때의 차관은 야마자의 인천 근무 시절 그의 상사였던 친다 스테미[珍田捨己], 통상국장은 명성왕후 시해에도 가담한 스기무라 후카시[杉村濬][182]였다. 그리고 그를 보좌하던 사람으로 참사관 사카타 쥬지로[坂田重次郎],[183] 야마자와 같이 코게츠카이[湖月會] 회원으로 개전 독려에 참여하는 혼다 구마다로[本多熊太郎],[184] 겸임참사관으로 한일강제병합 당시 정무국장이었던 쿠라치 테츠키치[倉知鐵吉] 등이 있었다.[185]

이들 중 사카타 쥬지로는 시마네현 출신으로 야마자와 같이 러일 개전파 모임인 코게츠카이[湖月會] 회원으로 개전 활동에 주력하고, 러일전쟁 시 야마자 국장을 적극 보좌한다. 더욱이 그는 출신지가 시마네현인 탓에 향후

---

182) 스기무라 후카시(1848~1906): 이와테현[岩手縣] 출신. 外交官. 대만 출병(1874)에 참가 후 『요코하마마이니치신문』의 기자를 거쳐 외무성 입성, 경성 공사관 서기관으로 근무, 청일전쟁 때는 개화파를 지원, 갑오개혁의 실현에 깊숙이 관여, 명성왕후 시해에 가담. 1899년 통상국장으로 해외 이민을 계획, 1904년 브라질 공사. 1906년 임지에서 병사. 저작에 「在韓苦心錄」이 있음. 이 책은 한상일 역·해설, 『서울에 남겨둔 꿈』, 건국대학교출판부, 1995년 발행본에 이노우에 가쿠고로의 『漢陽之殘夢』, 사쿠라이 군노스케의 『朝鮮時事』와 함께 번역(デジタル版 日本人名大辭典+Plusの解説; 朝日日本歷史人物事典の解説).

183) 사카타 쥬지로(?~1919: 시마네현 출신. 외교관. 외무성 통상국장과 스페인 특명전권공사. 코게츠카이[湖月會] 회원으로 야마자와 개전 활동에 함께 함(デジタル版 日本人名大辭典＋Plusの解説 등을 참조로 작성).

184) 혼다 구마타로(1874~1948): 와카야마현(和歌山縣) 출신. 외교관, 코무라 쥬타로 외상의 비서관, 야마자 부하. 코게츠카이[湖月會] 회원으로 야마자와 개전 활동에 함께 함. 스위스 공사, 오스트리아 공사를 거쳐서 1926년 독일 대사에서 퇴임. 강경외교 평론가로 활동. 1944년 도조 내각의 외교 고문, A급 전범으로 수감되었다가 병으로 석방(デジタル版日本人名大辭典＋Plusの解説).

185) 一又正雄 編著, 16쪽.

독도가 러일전쟁 최후의 해전을 앞두고 중요 의제로 부상했을 때 누구보다 야마자의 상담자 내지 적극적인 조력자 역할을 하였을 것으로 추정된다. 또한 사카타는 1898년 영사관보 시절 미국에서 야마자의 친구이자 러일전쟁시 수석 작전참모로서 동해해전(일본해해전)의 영웅으로 알려진 아키야마 사네유키[秋山眞之]와 친교를 맺어 그 인연으로 코게츠카이[湖月會] 활동도 같이 함으로써 야마자의 대륙정책을 크게 돕고 있다.186) 여기서 시마네현과 관련하여 앞서 언급한 야마자의 친구이자 후일 수상을 역임하는 와카츠키 레이지로도 역시 시마네현 출신임을 상기해두고자 한다.

아울러 그는 1906년 1월 카츠라 내각이 물러나고 들어온 사이온지[西園寺] 내각에서는 그의 상사이자 그를 신뢰해오던 카토 타카아키[加藤高明] 외상과 하야시 타다스[林董]187) 등 兩 외무대신의 아래에서도 계속해서 정무국장으로서 戰後의 중요한 외교 안건들을 처리했다. 그의 재임시절 乙巳勒約과 韓日新協約(丁未七條約)이 강요되었다. 1908년 6월 주영대사관 참사관으로 전출할 때까지 재임, 실로 약 6년 반을 일본 외교의 중추적 역할을 담당했던 것이다.188) 이 정무국장 시절에 독도가 그에 의해 침탈되었던 것이다.

여기서 향후 야마자 대륙정책의 성격을 좀 더 명확히 이해하기 위해서 그를 발탁한 코무라 외상에 대해서 검토해 볼 필요가 있다. 아울러 야마자 자신의 대륙정책 원점이라고 할 수 있는 겐요샤[玄洋社] 사상을 알아보는 것도 향후 그의 행보를 이해하는데 매우 중요한 밑거름이 될 것이다. 먼저

---

186) デジタル版日本人名大辞典＋Plusの解説.
187) 하야시 타다스(1850~1913): 치바현 출신. 외교관. 자작. 주러공사, 주영공사로 영일동맹 체결에 주력(주영공사). 1891년 외무차관. 외상(제1차 사이온지 내각 1906~1908). 이와쿠라 사절단에 참여하여 이토와 알게 됨. 카가와현[香川縣] 및 효고현[兵庫縣] 지사 역임. 청일전쟁의 처리와 삼국간섭의 대응에 주력, 5월에 청나라에 특명전권공사로 부임(일본 국회도서관, 「近代日本人の肖像」 참조로 작성). 『하야시 다다스 비밀회고록』을 남기고 있다.
188) 一又正雄 編著, 16쪽.

코무라에 대해서 검토한다.

2) 코무라 외교의 성격: 對外强硬論

앞에서도 잠깐 살펴본 바 있지만, 일본 외교사에서 메이지 시대 일본 외교를 대표하여 소위 '무츠 외교'와 '코무라 외교'를 들고 있다. 무츠가 일본을 아시아의 최강으로 끌어올렸다고 한다면, 코무라는 아시아를 넘어 세계 무대로 나아가게 한 인물로 꼽힌다. 즉 열강들 속에서 일본 제국주의 외교를 펼친 사람이다. 이러한 의미에서 日本 外交史史上 가장 큰 족적을 남긴 외교관의 한 사람이라고 해도 과언이 아니라는 것[189]이 그에 대한 평가다.

코무라는 1855년 현재의 미야자키현 니치난시[宮崎縣日南市]에서 10월 26일 장남으로 태어났다. 우연인지 야마자도 10월 26일 태어났다. 소년시절 특히 조모 態子의 각별히 따뜻한 훈육을 받은[190] 그는 藩校인 振德堂에서 배운 후 번의 추천을 받아 貢進生[191]으로서 대학 미나미 학교[南校][192]에 진학한다. 1875년에 문부성 제1회 유학생으로 선발되어 하버드 대학에 입학, 귀국 후 司法省 관료로서 출발[193]하여 약 3년을 근무 후 1884년 갑신정변의 해에 외무성으로 들어왔다. 코무라가 외무성에 들어온 당시는 로쿠메이칸[鹿鳴館]시대[194]로 당시 일본 외교의 가장 큰 문제는 조약개정문제

---

189) 佐道明廣, 小宮一夫, 服部龍二 編, 『近代日本外交史』, 吉川弘文官, 2009, 144쪽.

190) 外務省 編, 『小村外交史』. 原書房, 3~4쪽.

191) 공진생이란, 1870년에 각 번으로부터의 추천을 받아 대학 남교에 입학한 학생을 말한다.

192) 大學 南校의 기원은 도쿠가와 막부의 蕃書調書이다. 蕃書調書는 후에 洋書調書로 칭하고, 다시 開成所로 바뀌어 유신에 즈음하여 조정이 이를 거두어 들여 재흥하여 1869년 대학 남교로 개칭되었다(外務省 編, 『小村外交史』. 原書房, 1966, 12쪽. 이것이 東京大學의 전신이다.

193) 일본 국회도서관, 「近代日本人の肖像」.

194) 로쿠메이칸[鹿鳴館]은 국빈이나 외국의 외교관을 접대하기 위한 사교장으로 메이지 정부가 세운 곳이다. 로쿠 메이칸을 중심으로 한 외교정책을 '로쿠메이칸 외

〔코무라 쥬타로〕

와 조선문제였다. 조선문제로 임오군란과 갑신정변으로 일본은 좌절을 맛보았다. 이후 청일전쟁까지 10년간 일본의 외교는 부진했다.[195] 이러한 시기에 코무라가 1893년 10월 무츠 외상에 의해 중국 근무를 명받게 된다.

그는 청일전쟁 전은 청국과의 교섭을 맡고, 전쟁 중에는 야마가타 아리토모 제1군 사령관의 밑에서 점령지의 민정청장관으로서 안동현에서 근무했다. 이때 제3사단장으로 출정 중인 카츠라 타로와 알게 되었다.[196]

코무라는 1894년 12월에 무츠로부터 청일 개전 전과 개전 후의 수완을 인정받아 정무국장에 임명[197]되었다. 이때부터 코무라의 진가와 함께 그의 외교적 색채가 뚜렷해졌다. 즉 주변국에 대한 강경외교 노선이었던 것이다.

이러한 과정에서 三國干涉(1895)이 발생하였고, 그로 인한 타격을 만회하고자 일본은 명성왕후 시해라는 만행을 저질렀다. 코무라는 이의 뒤처리를 위해 주한변리공사(駐韓辨理公使)로 부임(1895.10)한 것이 그의 한국행 첫발이었으며, 그 첫 행보에 야마자를 만나 장차 그의 파트너로 마음속에 담아 두었던 것은 앞에서 보았다. 이리하여 청일전쟁 내각인 제2차 이토 내각(1892.8~ 1896.8)에서 무츠 외상을 보필, 대청 개전의 급선봉으로서 진력

교'라 하고, 1883년부터 1887년까지의 시기가 이른바 '로쿠메이칸 시대'이다. 당시의 극단으로 치달은 서구화 정책을 상징하는 존재이기도 했다. 로쿠메이칸 건축을 주도한 사람은 이노우에 카오루였다.

195) 岡田幹彦, 『小村壽太郎』, 展轉社, 2011, 25~26쪽.
196) 佐道明廣, 小宮一夫, 服部龍二 編, 앞의 책, 145쪽.
197) 外務省 編, 위의 책, 954쪽.

하여 전쟁 승리를 통하여 조선의 독립, 즉 일본의 침략 출구를 열어놓는데 성공했던 것이다. 이후 외무차관을 거쳐 주미공사, 주러공사, 주중공사로 일본에 있어 중요한 국가들에서의 근무를 경험했다.[198]

여기서 잠시 코무라 외교의 성격 내지 코무라 사상을 엿볼 수 있는 대목이 있어 소개한다. 초기 이토 내각에서 이노우에 외상이 조약개정을 들고 나왔을 때 외무성의 관료로서는 반란이지만 코무라는 당시 일반 국민들이 민족적 자존심을 자극한 조약개정(治外法權의 철폐 대신 재판소에 외국인 재판관을 둔다는 내용)에 강하게 반대한 일이 있었다.[199] 또 1891년 5월 11일 오츠[大津]의 비와호[琵琶湖][200]를 관광하고 귀로에 오른 러시아의 황태자 니콜라이를 테러한 '오츠사건[大津事件]'이 있었다.[201] 이 사건은 러시아의 침략 위협이 공공연하게 만연한 일본 사회의 공포와 분노를 반영한 사건으로, 순사 츠다 산조[津田三藏][202]가 니콜라이의 두부에 칼을 내리쳐 중상을 입힌 테러사건이다. 이 사건이 러시아에 미친 영향이 지대하였음은 말할 필요도 없다. 당시 일본은 러시아의 보복을 우려하여 범인을 사형시켜야 한다는 목소리가 높았으나 코무라는 법적으로 사형에 해당하지는 않는다 하여 무기징역으로 처단한 것이다. 외교관이지만 코무라는 법률가이기도 했던 것이다.[203] 이것 역시 그의 정체성을 엿보게 하는 부분이다.

코무라가 외무성으로 와서 오래도록 번역국에 있다가 北京으로 보내기로 한 것은 무츠 외상으로 청일전쟁 발발 전인 1893년 10월이었음은 앞서

---

198) 佐道明廣, 小宮一夫, 服部龍二. 編, 앞의 책, 145쪽.
199) 岡田幹彦, 앞의 책, 29~30쪽.
200) 시가현[滋賀縣] 중앙의 호수. 일본 최대의 호수.
201) 岡田幹彦, 위의 책, 31쪽. 현재 비와호가 있는 도시의 지명이 오츠시[大津市]이다. 오츠사건이라 함은 그 지명을 딴 것이다.
202) 츠다 산조(1855~1891.9): 도쿄토 타이토쿠[東京都台東區] 출신. 일본 육군 보병 중사, 시가현 경찰부 순사. 그의 아버지도 과거 칼부림 사건으로 감봉 처분 받은 적 있음. 무기징역형을 받고 홋카이도에 수감되었으나 그 해 9월 30일 폐렴으로 옥사.
203) 岡田幹彦, 31쪽.

보았다. 당시 북경공사는 조선공사 오토리[204]가 겸하게 되면서 경성에 상주하게 되어 北京이 비어 있었던 것이다. 北京行을 희망한 코무라로서는 깊은 생각이 있었다. 코무라는 조선문제의 중요성을 누구보다도 깊게 인식한 외교가였다. 征韓論으로 정부가 분열하여 세이난전쟁[西南戰爭]을 초래, 그 전쟁에서 정한론의 계승자인 恩師 오구라 쇼헤이[小倉處平][205]를 잃었던 경험은 코무라의 外交觀과 대외경륜을 이루는 사상적 기초가 되었을 것이다.[206] 스승 오구라는 유럽 유학을 다녀온 동서양 학문을 두루 섭렵한 사람으로 그의 지도 이념은 세계 웅비를 목표로 하는 것이었다. 그는 코무라의 앞날을 위해 많은 애를 쓴 사람으로 사이고軍에 가담하여 패한 후 자결한 바 있다. 존경하는 은사의 죽음을 통해 정세의 흐름을 가슴에 담고 있던 코무라는 조선문제의 최종적 해결은 청과의 전쟁 외에는 없다고 생각하고 있었다.

청은 아편전쟁과 애로우호 전쟁에 패하여 반식민지 상태로 전락했음에도 불구하고 미몽에서 깨어나지 않았다. 강대한 서양 제국에는 굴복하지만 아시아의 약소국에는 중화사상을 치켜세우고 여전히 조선을 속국으로 보면서

---

204) 오토리 케이스케(大鳥圭介,1833~1911): 효고현[兵庫縣] 출신. 정한론의 계승자. 막부 대신, 군인, 관료, 외교관, 남작. 1889년 주중특명전권공사로 1893년 7월 조선공사도 겸임하게 되어 같은 해 6월에 조선에 부임. 동학농민운동 당시 군대를 이끌고 경복궁을 침입, 이로 인해 청일전쟁이 발생. 1894년 10월 11일에는 공사에서 해임.
205) 오구라 쇼헤이(1845~1877): 미야자키현 니치난시[宮崎縣日南市] 출신. 막말-메이지 시대 무사, 관료. 그는 전통 학문과 서양 학문을 두루 배움. 에도로 가서 유학자인 야스이 솟켄[安井息軒, 에도시대 유학의 집대성이라고 불림]의 문하생으로 공부, 여기서 한 살 연상인 무츠 무네마츠와 같이 수학함. 학생들을 가르쳤는데 지도 이념은 넓은 세계로 눈을 돌릴 필요성을 설파. 영국과 프랑스로 유학하여 정치학과 경제학 공부, 유학 중 정한론이 결렬된 것을 알고 급거 귀국하여(1873년) 이듬해 메이지 정부에 대한 사족반란의 하나인 사가의 난[佐賀の亂]에 연루되어 투옥, 출옥 후 대장성에 출사. 1877년 세이난전쟁[西南戰爭]에서 사이고軍에 가담하여 기병대 군감으로 분투하다 패하자 자결(デジタル版日本人名大辭典＋Plusの解説; レポート·小倉處平~西南戰爭人物伝(2)/ http://nanjaroka.jp/siseki/_deta/ogurasyohei.html).
206) 岡田幹彦, 43쪽.

일본을 계속 멸시했다. 따라서 아무래도 청과의 일전을 하지 않으면 안 된다고 믿고 있었던 것이다.207) 코무라는 이 생각을 솔직히 무츠에게 표명했다. 무츠는 코무라의 외교 수완을 테스트하기 위해서라도 코무라의 北京行을 승인했던 것이다. 이리하여 1893년 11월 코무라는 北京公使館 1등 서기관에 임명되어 임시대리공사가 되었다. 이때가 39세이다.208)

코무라는 대청 개전의 급선봉으로서 진력, 무츠에게 수완을 인정받아 정무국장이 된209) 지 6년 후인 1901년 9월 21일에 외상으로 취임210)했다. 코무라 외상은 카츠라와 둘도 없는 친구로 카츠라와 코무라도 내각의 콤비라 할 수 있다. 둘 다 한일강제병합 3인방으로 하야시 곤스케 주한공사와 더불어 공히 조선침략의 최선봉에 서 있다. 카츠라는 1848년생으로 1855년생인 코무라보다 7살이나 연상이나 청일전쟁 시기에 인연이 된 후 정치적 이념 등이 서로 상통하여 각각 수상과 외상으로 영일동맹 체결과 러일전쟁 수행은 물론 그 이후 1908~1911년의 제2차 카츠라 내각211)에서도 코무라는 외상을 역임하게 된다.

코무라는 정치적으로 보면 한마디로 야마가타係에 속하는 것이다. 청일전쟁 때 코무라는 제1군 사령관인 야마가타 아리토모 아래에서 安東縣212) 민정청 장관으로 근무할 때 제3사단장인 카츠라 타로를 알게 되었음은 앞에서 보았다. 이 인연으로 후일 그는 카츠라 내각 제1기와 2기에서 외상을 맡아 한국 지배와 만주의 권익 확보를 위해 함께 진력했던 것이다. 야마가

---

207) 이러한 흐름은 앞서 본 겐요샤 사람들의 생각이나 야마자와 카와카미 소로쿠 참모차장이나 나가사키 수병사건 등을 통해서 對中國 굴욕감과 분노에 휩싸인 당시 일본 민중 등이나 모두 공유하고 있는 것이었다. 문제는 시기와 개전 단서일 뿐이었다.

208) 岡田幹彦, 43~44, 265쪽; 外務省 編, 앞의 책, 953쪽.

209) 岡田幹彦, 『小村壽太郎』, 展轉社, 2011, 265쪽.

210) 外務省 編, 위의 책, 957쪽.

211) 1908.7.14.~1911.8.31.(御廚貴 編, 『歷代首相物語』, 新書館, 2013, 38쪽).

212) 江蘇省漣水縣にかつて存在した縣(장쑤성 롄수이현에 과거 존재한 현.

타는 수상이 된 후 제1회 帝國議會에서 국방예산 증강을 주장하면서 '主權
線''과 '利益線'으로 자신의 신조를 피력한 바 있었다.

야마가타는 일본의 이익선을 한반도에 자리 매김함으로써 군비 확장의
필요성을 논한 것이다. 즉 일본에 상존하는 청국과 러시아의 위협에 대처하
기 위해서는 조선을 주목해야 한다는 논리다. 이에 따라 결국 청일전쟁과
러일전쟁을 거치면서 일본이 제국주의 대열에 확실히 동참하였다. 나아가
이 지침은 이후 제1차 대전을 거쳐 1930년대 접어들어 극단적 군국주의화
를 불러왔으며, 일본 패망의 씨앗이 되었던 것이다. 이러한 제국주의자를
추종하며 동행하던 카츠라와 코무라였다. 이 삼자의 인적 관계는 바로 야마
자에 대해서도, 또 뒤에서 언급될 겐요샤의 숨은 실력자 스기야마 시게마루
[杉山茂丸]213)에 대해서도 동일한 의미가 있다. 이는 훗날의 러일전쟁 전후
의 외교에 있어서 확실히 나타나는 것이다. 야마자 자신이 '야마가타家에
자주 출입하고 있었다'고 토야마 미츠루가 술회하기도 했다.214)

따라서 코무라, 카츠라, 야마자는 모두 야마가타의 사람으로 그들의 관계
는 開戰外交에 있어서도 역시 한 목소리를 내는 것이다. 이런 점이 영국과
의 동맹 체결에 반대함은 물론 대러 개전에도 반대하는 이토나 이노우에와
는 다른 것이다. 야마자는 야마가타에 은의를 입은 야마가타係로서 야마가
타家를 자주 방문하였다는 것과 코무라와 카츠라 내각에서 콤비를 이룸으
로써 이들은 모두 '개전내각' 혹은 '전쟁내각'의 중추적 역할을 하는 일원
인 것이다. 청일전쟁 당시 야마가타는 제1군 사령관으로 직접 조선으로 건
너와 참전한 바 있으며, 코무라는 일찍이 對淸開戰論을 주장한 사람으로
전쟁 당시 무츠 외상을 보필했다. 이런 배경으로 그 기조는 그대로 러일전

---

213) 스기야마 시게마루[杉山茂丸, 1864~1935]: 후쿠오카현 후쿠오카시 출신. 겐요샤[玄
洋社] 사원. 메이지 시기부터 쇼와 초기까지의 일본 정계의 실력자와 관계를 맺어
정치, 경제, 외교, 내정 등에 다양한 헌책(獻策)을 펼친 막후 실력자. 특히 군부와
도 친밀히 접촉.
214) 一又正雄 編著, 17쪽.

쟁으로 연결되는 것이다.

외무성에 들어와 번역국에 있던 코무라가 두드러지게 눈에 뜨인 것은 아니었는데 그를 눈여겨 본 사람은 바로 무츠 외상이었다. 근대 일본의 2대 외교가로 청일전쟁의 무츠와 러일전쟁의 코무라를 꼽는다고 했다. 그 무츠가 코무라를 전면으로 부상시킨 사람이다. 코무라를 키워준 스승 오구라는 무츠와 동문수학한 사이다. 오구라는 일찍부터 비범한 재능을 가진 아이라고 생각하여 코무라에게 번(藩)에 새로운 제도를 만들게 하면서까지 여러 차례 코무라의 앞길에 다리를 놓아 주었다. 아마도 무츠는 이런 연유로 코무라에 대해 오구라로부터 이미 듣고 알고 있었던 터라 그를 눈여겨보고 駐中臨時代理公使나 정무국장으로 발탁했을 것이다. 야마자가 고향선배들로부터 지극한 보살핌을 받은 것과 유사하다. 그 무츠에 의해 코무라는 근대 일본 외교를 대표하는 두 사람의 대표자 중 한 사람이 된 것이다. 즉 코무라 뒤에는 스승 오구라 쇼헤이와 무츠 외상이 있었던 것이다. 야마자의 경우는 겐요샤 사람들과 코무라가 있었던 것이다. 그 두 사람은 공히 對外強硬論者로서 그들 앞에 바로 강성 제국주의자 야마가타 아리토모가 있었다.

코무라에게 있어서는 필생의 과제가 조선문제였다. 말하자면 조선과 중국이다. 코무라는 일찍이 對靑開戰論을 주장하였고, 의화단 사건을 계기로 그는 러시아와의 一戰은 피할 수 없다고 보았다. 그것은 결국 한국 지배에 대한 그의 강한 집념과 만주로의 권익 확대에 대한 일본의 야욕이 자리하고 있었다. 그의 외교철학은 외교적 교섭이 불가하면 침략을 수단으로 해서라도 목적 당성을 성취해야한다는 對外強硬論이다. 그가 당시 이러한 급박한 국제정세에서 우익 외교관 야마자를 자신의 파트너로 발탁한 배경도 여기에 있는 것이다.

3) 야마자 大陸政策의 사상적 기초

야마자에게 있어 겐요샤는 일생을 같이 한 동반자라고 할 수 있다. 이하에서는 야마자가 평생 추구한 대륙정책, 즉 대륙침략의 사상적 배경인 겐요샤[玄洋社]에 대해 알아보고자 한다. 그는 이 겐요샤를 통해서 수많은 인적 네트워크가 형성되며, 그 네트워크를 통해서 공무원이면서도 민간에 더 많은 인맥을 두고 있었음은 앞서 잠시 언급한 바 있다. 후쿠오카의 겐요샤는 그의 태생적 한계 영역이라 할 수 있다. 겐요샤의 최대 사장(회장) 히라오카 코타로가 야마자가 태어난 지교였음도 앞에서 보았다.

겐요샤[玄洋社] 그 자체는 1881년 2월에 설립된 정치결사로 우익의 시초[草分]라 한다.[215] 하지만 그 前史는 유신 직후로 소급한다. 유신의 정치개혁에 의해 메이지 신정부의 개설자인 샷쵸도히[薩長土肥][216]의 사람들이 번영을 거듭하던 그늘에는 廢藩置縣(1871)이나 징병제의 실시(1872) 등으로 직업을 잃고, 帶刀를 빼앗기고(廢刀令, 1876.3) 그날그날의 곤궁한 생활을 겪는 각 藩士가 전국에 50만에서 60만, 그 가족을 포함하면 300만을 넘었다. 52만 석의 큰 번(大藩)이었던 후쿠오카藩도[217] 예외가 아니었다. 바로 이러한 상황에서 征韓論을 그 사상적 기반으로 하여[218] 후쿠오카藩에 속했던 불만사족들이 만든 것이 겐요샤인 것이다.

마을 주민들에게도 호되게 책망당하고 있었던 그들 불만번사들은 신정부

---

215) 服部龍三, 『廣田弘毅-「悲劇の宰相」の實像』, 中央新書, 2008, 15쪽.
216) 샷쵸도히는 에도시대 말기에 세력이 있는 큰 번(雄藩)으로 불리며, 메이지유신을 추진하고 메이지 정부의 주요 관직에 인력을 공급한 사츠마번, 쵸슈번, 토사번, 히젠번 등 4번의 총칭. 그 주요 인물들은 "원훈" "메이지의 원훈" "유신의 원훈"으로 불렸다. 신정부와 초기의 내각은 주로 이들이 장악했다. 지금으로 보면 대개 카고시마현, 야마구치현, 코치현, 사가현 등에 해당.
217) 一又正雄 編著, 18쪽.
218) 趙恒來, 「日本 國粹主義團體 玄洋社의 韓國侵略行跡」, 『韓日關係史硏究』 제1집, 1993, 149쪽.

에 대한 반감으로 藩閥政府 打倒를 외치며 각지에서 사족반란을 일으켰다. 이 반란 중에 후쿠오카 번사들이 요시다 쇼인의 고향인 야마구치현 하기에서 일어난 하기의 난[萩の乱][219)에 가담하거나, 이듬해인 1877년 사이고 다카모리를 중심으로 대규모이자 최후의 반란인 세이난전쟁[西南戰爭]에 참여하였다. 이는 1873년 征韓論爭에서 패한 유신 3걸의 한 사람인 사이고 타카모리가 고향 카고시마로 내려와 후학 교육에 힘쓰면서 불만사족들의 결합 구심체가 되어 쿠마모토현, 미야자키현, 오이타현, 카고시마현 등에서 봉기한 신정부와의 전쟁이었다. 후쿠오카 藩士들도 여기에 호응하여 후쿠오카에서 난을 일으켰다(후쿠오카의 변).220) 이 난에 가담하였던 후쿠오카 불만사족들 중심으로 몇 단계를 거쳐 겐요샤를 결성하게 된다.

『玄洋社社史』(605쪽 이하)에 의하면221) 당시 후쿠오카 번사의 인물은 크게 세 부류로 나누고 있다. 재자파(才子派), 호걸파, 중간파가 그것이다.222) 재자파는 번의 명에 의해서 나가사키[長崎]와 에도[江戸]로 유학하여 신지식을 기른 사람들로 카네코 겐타로[金子堅太郞, 훗날 법상, 추밀고문관, 백작], 쿠리노 신이치로[栗野愼一郞, 훗날 주러공사, 자작], 당 타쿠마[團琢磨,223) 미츠비시의 총지배인], 이노우에 테지로[井上哲次郞, 철학계의 태두], 마츠시타 나오요시[松下直美, 조선총독부 재판소 판사], 츠루하라 사

---

219) 하기의 난(1876.10.28.~12.8): 메이지 정부 초기 일어난 사족반란 중 하나.

220) 후쿠오카의 변[福岡の変]: 1877년 3월 27일 발생한 후쿠오카번의 사족반란. 반정부 폭동. 그 해 세이난전쟁을 일으킨 카고시마 사족에 호응하여 궐기했지만 진압되었다. 후쿠오카의 난이라고도 함.

221) 『玄洋社社史』, 605~606쪽.

222) 『玄洋社社史』에는 중간파로 별도로 분류하고 있지는 않으나 一又正雄 책 19쪽에는 재자파(才子派)와 호걸파의 양자적 성격을 갖는 사람을 중간파로 분류하고 있다. 필자도 중간파로 보아 무리가 없다고 본다.

223) 당 타쿠마(1858~1932): 후쿠오카현 출신. 실업가(탄광 재벌), 미츠이 재벌의 총수, 남작. 공학박사. 1932년 우익 단체 혈맹단원에게 암살(일본 국회도서관, 「近代日本人の肖像」).

다키치[鶴原定吉, 통감부 초대 총무장관], 테라다 사카에[寺田榮,224) 하토
야마 아이치로 수상의 장인, 겐요샤 사원] 등이 속한다. 이 중에서 카네코와
쿠리노는 야마자가 부산 총영사관에 부임할 수 있도록 무로타 총영사에게
소개장을 써 준 선배들임은 앞에서 보았다.

　호걸파는 그 다수가 후쿠오카에 있으며(인력거꾼, 농부, 마구 제조자 등
으로 몰락), 야마자의 어릴 적 탓소샤[達聰社] 친구들과 토야마가 평생 존
경하던 勤王家인 히라노 쿠니오미와 메이지 시대 여걸 유학자인 타카바 오
사무[高場乱] 그리고 타카바의 제자들인 하코다 로쿠스케[箱田六輔,225) 겐
요샤 4대 사장], 신토 키헤이타[進藤喜平太,226) 겐요샤 2대 및 5대 사장],
토야마 미츠루[頭山滿, 겐요샤의 거두], 미야가와 타이치로[宮川太一郎,227)

---

224) 테라다 사카에(1859~1926): 후쿠오카현 출신. 1882년 메이지 법률학교 졸업. 겐요
　　샤 사원. 관료, 법관, 정치가, 중의원 서기관장, 귀족원 의원. 하토야마 이이치로
　　[鳩山威一郎] 수상의 장인. 1877년 사족반란인 '후쿠오카의 변'에 참여(石瀧豐美,
　　앞의 책, 社員明簿 46쪽).
225) 하코다 로쿠스케(1850~1888): 치쿠젠국 후쿠오카 출생. 정치운동가, 민권운동가.
　　겐요샤 4대 사장.
226) 신토 키헤이타[進藤喜平太, 1851~1925]: 후쿠오카현 출신. 메이지, 타이쇼 시대의
　　국가주의자, 겐요샤[玄洋社] 2대 및 5대 사장. 정치가, 중의원 의원. 후쿠오카 藩校
　　인 文武館에 입학, 그 후 타카바 오사무[高場乱]의 코시쥬쿠[興志塾]에서 공부.
　　1875년 政治結社「矯志社」를 결성, 대부분 타카바의 제자들인 히로타 코타로[平岡
　　浩太郎], 토야마 미츠루, 미야가와 타이치로, 아베 타케사부로[阿部武三郎, 3대
　　玄洋社 사장], 츠키나리 모토오[月成元雄] 및 후에 하코다 로쿠스케[箱田六輔, 겐
　　요샤 3걸의 1인], 나라하라 이타루도 참가. 1876년 하기의 난에 연좌되어 체포,
　　함께 출옥한 같은 타카바 오사무의 제자인 토야마 등과 코요샤[向陽社]를 결성
　　(1878), 이것이 후에 겐요샤[玄洋社]가 됨(1881)(石瀧豐美, 위의 책, 社員明簿 38쪽;
　　デジタル版 日本人名大辭典+Plusの解說; 世界大百科事典 第2版の解說; 20世紀日
　　本人名事典の解說).
227) 미야가와 타이치로[宮川太一郎, 1848~1920]: 후쿠오카 출신. 겐요샤 사원. 타카바
　　오사무의 제자(高場塾 출신). 무도가(검술 달인). 1876년의 야마구치현에서 발생한
　　하기의 난에 호응하여 체포 투옥(石瀧豐美, 위의 책, 社員明簿 59;『玄洋社社史』,
　　605쪽).

무도의 달인], 나라하라 이타루[奈良原至]228) 등이 있다. 혹은 세이난전쟁
[西南戰爭]을 일으킨 카고시마 사족에게 호응하여 후쿠오카의 변(福岡の
変)을 일으키고 사형 당한 오치 히코시로[越智彦四郎], 타케베 코시로[武部
小四郎],229) 카토 카타타케시[加藤堅武],230) 히사미츠 진타로[久光忍太
郎]231) 등도 있다. 또한 타카바 오사무의 제자들로 조약개정을 추진하던 오
쿠마 외상을 습격한 쿠루시마 츠네키[來島恒喜],232) 겐요샤 초대 사장인 히

228) 나라하라 이타루[奈良原至, 1857~1917]: 후쿠오카현 출신. 겐요샤 사원. 치쿠젠 共
愛會常務員. 제후들의 자제 교육기관(藩校)인 文武館에서 배우고, 후에 타카바 오
사무[高場乱]의 코시쥬쿠[興志塾]에 입학. 1875년 타케베 코시로[武部小四郎]의 矯
志社 결성에 참가. 堅志社를 결성(社長에 하코다 로쿠스케). 1876년 야마구치현에
서 발생한 사족반란인 하기의 난에 호응하여 토야마 미츠루, 신토 키페이타, 하코
다 로쿠스케[箱田六輔] 등과 참가한 혐의로 투옥. 이 때문에 이들은 이듬해 일어
난 세이난전쟁[西南戰爭] 에 참여하지 못한 탓에 목숨을 건졌고, 그것이 겐요샤
설립을 가능케 한 계기가 됨. 이후 민권운동에 참여(石瀧豊美, 『玄洋社-封印され
た實像-』, 海鳥社, 2010, 社員明簿 5쪽; 『玄洋社社史』, 605쪽 등을 참조로 작성).
229) 타케베 코시로[武部小四郎 1846~1877]: 후쿠오카현 출신. 막말 후쿠오카 번사. 자
유민권운동가. 藩校인 修猷館 및 타카바 오사무[高場乱]의 제자.
230) 카토 카타타케시[加藤堅武, ?~1877]: 후쿠오카현 출신. 1877년 3월 27일 후쿠오카
의 난[변]에 참가하여 주모자의 한 사람으로 참형.『玄洋社社史』에서 호걸파로 분
류됨. 같이 참여했다가 역시 주모자로 참형당한 타케베 코시로[武部小四郎]와는
고종사촌 사이. 그의 아버지 카토 시쇼[加藤司書]는 후쿠오카번의 家老로 친쿠젠
근왕파의 중심인물로 倒幕運動에 힘쓰다 36세에 처형. 둘 다 치쿠젠 사무라이의
지도자로 아들은 메이지 신정부 반대, 아버지도 反幕府로 공히 반정부 활동을 하
다가 처형. 치쿠젠의 인물로 남음(『玄洋社社史』, 605쪽 등을 참조로 작성).
231) 히사미츠 진타로[久光忍太郎, 1852~1877]: 후쿠오카 출신. 메이지 시대 치쿠젠 후
쿠오카 번사. 1877년 세이난전쟁[西南戰爭]에 호응하여 일어난 후쿠오카의 변에
참가하여 패한 후 참수됨(デジタル版 日本人名大辭典＋Plusの解說).
232) 쿠루시마 츠네키[來島恒喜, 1860~1889]: 후쿠오카 출신. 치쿠젠 共愛公衆會 회원,
겐요샤 사원. 정치운동가. 타카바 오사무의 제자. 후쿠오카의 정치결사인 堅志社
에 참가. 1886년 오가사와라제도에 유배 중인 김옥균을 위문하기 위해 겐요샤의
마토노 한스케 등과 건너가서 깊이 친교를 맺고 조선의 정치 개혁에 대해서 논함.
여론의 강한 반대를 무릅쓰고 조약개정을 추진하던 당시 외상 오쿠마 시게노부를
암살하려고 폭탄 투척(1889.10.18.)했으나 우측 다리 절단 중상으로 실패하고 본

라오카 코타로도 여기에 속한다.

상기 양자의 성격을 겸비한다고 할 수 있는 중간파에는 야마자가 1883년 상경하여 첫 인연이 된 테라오家의 형제들로서 학자들인 테라오 히사시와 테라오 토루 및 본서의 주인공 야마자 엔지로 등이 거론된다. 테라오 형제는 둘 다 도쿄제국대학 교수로 겐요샤 회원은 아니나 우익 활동에 기여하는 사람들이다. 보다 적극적이며 겐요샤의 주변인물로 거론되는 동생 토루에 대해서는 뒤에서 다시 언급된다.

그리고 겐요샤는 물론 야마자와 관련하여 매우 중요한 또 한 사람이 있다. 바로 스기야마 시게마루다. 그는 번주 쿠로다 나가히로[黑田長溥][233]의 시동(太刀持小姓)으로 근무한 적이 있다. 어린 시절부터 전국 방랑의 길을 나선 것이기에 사족반란에도 참여한 바 없고, 1885년까지는 이들과 접촉이 없었다. 하지만 엄격히 분류하자면 호걸파 중에 속하면서 개인적으로 특이한 지위를 가진 것이라고 해도 좋을 것이다.[234] 그는 이후 토야마 등과 인연으로 겐요샤의 중요한 인물로서 일본의 대륙침략은 물론, 일본 정계의 막강한 영향력을 행사하면서 야마자와도 깊은 인연을 맺으며 친구 사이가 된다(후술).

위에서 본 것처럼 일본의 1870년대는 농민의 폭동과 사족들의 반란들이

인은 그 외상이 죽은 줄 알고 그 자리서 자살. 그의 형인 신자부로와 동생 킨자부로도 겐요샤 사원임(石瀧豊美, 『玄洋社-封印された實像-』, 社員明簿 24쪽; 인터넷 福岡縣百科事典).

233) 쿠로다 나가히로[黑田 長溥, 1811~1887]: 에도시대 후기에서 말기의 다이묘. 지쿠젠 후쿠오카번 제11대 번주. 막부 말기의 名君. 근대화 노선 지향, 무사로 하여금 서양 기술 습득에 힘쓰게 함. 막부에 대해 적극적인 개국론을 폄. 1871년 이와쿠라 사절단에 카네코 겐타로와 당 타쿠마를 동행시켰다. 1885년 가네코 겐타로의 헌책을 받아들여 쿠로다家의 私學 후지쿠모칸[藤雲館]의 校舍·집기 일체를 기부. 야마자는 여기를 졸업. 옛 후쿠오카 제후들의 자제 교육 학교인 슈유칸[修猷館]을 후쿠오카 현립 슈유관(現福岡縣立修猷館高等學校)으로 재흥. 스기야마 시게마루와도 교류함.

234) 一又正雄 編著, 19쪽.

끊이지 않는 '폭동과 반란의 시대'였다. 겐요샤[玄洋社]는 바로 이 후쿠오카의 인물들 중 반란사족인 호걸파로 분류된 사람들이 주축이 되어 결성된 것이다. 西日本에서 특히 농민봉기가 많았던 것은 징병 면제의 혜택이 상대적으로 적었던 것과 지조 개정에 따른 증세 불만 등이 원인이었던 것이다. 사족들은 폐번치현(1871)을 비롯 폐도령(廢刀令, 1876)[235]으로 그 불만은 극도에 달했다. 그리하여 후쿠오카 반정부 사족들은 야마구치에서 일어난 하기의 난(1876)과 세이난전쟁[西南戰爭](1877.1~9)에 참전하였지만 패전으로 실패하였다. 그들 중 살아남은 호걸파 사람들인 하코다 로쿠스케, 토야마 미츠루, 히라오카 코타로 등(이들 3인이 겐요샤 3걸)이 중심이 되어 새로운 정치운동을 모색하여 1878년 만든 정치결사가 코요샤[向洋社]였다. 히라오카 코타로가 사장(社長)이 되었다. 이어 1881년 2월 코요샤를 계승, 목표를 뚜렷이 하여 조직명을 변경 한 후 결성한 것이 한반도와 대륙침략의 선봉대가 된 겐요샤[玄洋社]였던 것이다.[236] 여기서 "겐요[玄洋]"는 큐

---

235) 廢刀令 혹은 帶刀禁止令(1876.3.28.): 대례복 및 군인, 경찰 관리 등의 제복 착용 경우 외에는 帶刀를 금지한 건. 즉 사무라이들의 칼 착용을 금지한 것이다. 이것이 사족 대란을 야기한 요인 중 거의 결정적인 것이라 할 수 있다.

236) 후쿠오카 지방에서는 메이지유신을 거치면서 사족들에 의한 여러 결사나 교육기관이 설치되었다. 보신전쟁(1868~1869)에서 개선한 하코다 로쿠스케에 의한 就義隊·倂心隊가 조직되었으나, 내부 분열로 1871년에 해산되고, 그해 여걸 유학자 타카바 오사무에 의한 교육기관인 타카바쥬쿠[高場塾]가 설립, 1874년에 矯志·强忍·堅志의 3社 조직, 1877년 1월 3社를 해산하고 이름을 고쳐 '十一學舍'를 설립, 1878년에는 토야마 등이 開墾社와 정치결사인 겐요샤[玄洋社]의 전신인 '코요샤[向場社]'를, 1879년엔 코요샤의 교육기관이라고 할 向場塾, 그리고 야마자를 도쿄 유학으로 이끈 오노 류스케를 회장, 하코다 로쿠스케를 부회장으로 한 지방자치 조직인 치쿠젠쿄아이코슈카이[筑前共愛公衆會] 등이 설립되었다. '共愛會' 혹은 '共愛公會'라고도 한다. 오노와 하코다는 뒤에 겐요샤[玄洋社] 사원이 되며, 하코다는 4대 회장을 맡는다. 이들 조직과 관련된 사람들이 대개 후일 겐요샤 사원으로 흡수된다. 1946년 해체될 때까지의 겐요샤 총 사원은 630명으로 이시타키(石瀧)의 社員明簿에 기록되어 있으며, '후쿠오카 변'에 참가하여 살아남은 다수의 사족들이 겐요샤 사원이 되었다(社員明簿를 검토하여 확인함).

슈 앞바다인 현해탄을 의미, 따라서 그들이 지향하는 곳은 현해탄 너머의 한반도임을 분명히 하였던 것이다. 여기서도 초대사장은 야마자를 물심양면으로 지원하고 이끌었던 히라오카 코타로가 맡았다. 겐요[玄洋]는 히라오카의 호이기도 하다.

또한 九州 지역은 대외문화 수용이나 대륙침략과 외교의 전진기지로서 기능을 하는 위치에 놓여 있다. 역사적으로 보아도 九州 지방, 특히 치쿠젠 후쿠오카 지역은 1274년과 1281년 일본 역사상 처음으로 외세(대륙)에 의한 침략(몽고의 일본 원정)을 받은 바도 있고, 메이지 신정부 수립 후 조선에 보낸 국서가 거부당하고, 그에 이은 정한론의 여운 등 한반도와 가장 가까운 곳으로 한반도와 대륙에 대한 관심도는 다른 지방보다 지대할 수밖에 없는 곳이다.237) 더욱이 겐요샤의 거두인 토야마 미츠루가 평생 가장 존경하는 인물이었던 사이고 다카모리의 실패한 정한론을 계승하는 배경238)을 가진 겐요샤는 한반도와 대륙침략의 선봉대로서 활동했던 것이다. 이후 일본 패전 후 1946년, 연합국최고사령부(GHQ)가「일본의 국가주의와 제국주의 속에서 가장 미치광이 같은 일파」로 취급하여 해산 명령에 의해 해체된 것이다. 야마자는 바로 이 겐요샤의 사원이었던 것이다.

세이난전쟁[西南戰爭] 후 새로 모색한 겐요샤의 정치 활동의 중점은 민권 확장과 관계된 '국회개설' 운동과 '조약개정' 문제였다. 그것은 겐요샤의 前身인 코요샤[向陽社]가 추구해오던 것을 그대로 계승한 것이다. 그 첫 번째 문제는 1881년의 국회개설에 관한 조칙 선포[大詔渙發]239)와 1889년의

---

237) 연민수,「日本史上에 있어서 九州의 位置-對外交涉史의 視座에서-」,『동국사학』 30, 1996, 403~404쪽.

238) 초기 겐요샤 사원 61명 모두가 사이고 다카모리를 경모한 것은 마찬가지다. 다만 토야마는 자신이 일생 가장 존경하는 사람으로 사이고 다카모리와 막말 양이파 지사였던 히라노 쿠니오미[平野國臣]였다는 것은 앞서 야마자의 탓쇼샤 설명 부분에서 언급한 바 있다. 겐요샤 결성 초기 멤버들의 정치적 사상을 엿볼 수 있는 대목이다.

239) 渙發(환발): 임금의 명령(命令)을 천하(天下)에 널리 선포(宣布)함.

헌법 공포, 1890년의 제1회 帝國議會의 소집에 의해 해결되었다. 그리고 두 번째 문제도 겐요샤 사원인 쿠루시마 츠네키[來島恒喜]에 의해 조약 개정을 강행하려던 오쿠마 수상을 습격하여 개정안이 폐기된 것으로 두 번째도 일단락되었다.[240]

그런데 이 사이에 겐요샤의 민권주의가 국권주의로 바뀌면서 동지들 간에 갈등으로 겐요샤[玄洋社] 3걸의 한 사람인 하코다 로쿠스케가 할복자살(1888)까지 하는 사건이 발생한다. 그리고 결국 겐요샤의 중심이 민권에서 국권으로 크게 전환되는데, 그 계기는 앞서 청일전쟁 단서를 열게 되는 텐유쿄[天佑俠]의 활동을 설명할 때 잠시 언급한 바 있는 '나가사키 사건[長崎事件 혹은 長崎淸國水兵事件]'이다. 1886년 8월 청국의 정여창 제독이 이끄는 북양함대가 나가사키에 寄港하여 수병들이 난동을 부린 것과 정 제독이 일본을 경멸하는 언행을 행함으로써 일본 국민의 분노를 크게 자극한 바 있었다. 이것을 계기로 하여 토야마와 친한 삿사 토모후사[佐々友房][241]가 이끄는 쿠마모토 국권당[熊本國權党]과 제휴함(1889)으로써 국권주의로 전환하였던 것이다.

결국 1890년을 전기로 하여 반정부적 요소를 탈피하여 완전히 제국주의 권력, 특히 육군 참모본부와 유착하면서 일제 침략정책의 전위대로서의 성격으로 전환,[242] 이후 한반도와 대륙침략의 첨병 역할을 확실히 해나갔던

---

240) 一又正雄 編著, 20쪽.

241) 삿사 토모후사[佐々友房, 1854~1906]: 쿠마모토 출신. 전국시대 무장 삿사 마리마사의 후손. 국권주의자. 교육자, 언론인(『큐슈일일신문』 사장), 정치가, 중의원 의원. 세이난전쟁[西南戰爭]에서 사이고軍에 참전하여 패한 후 투옥, 옥중에서 청년 자제 교육, 국가 유용의 인재 양육이 급선무임을 결의하여 출옥 후 쿠마모토시에 同心學舍(현재의 쿠마모토 현립 세이세이고등학교(濟々黌高等學校)를 설립, 皇室 中心의 國家主義를 건학정신으로 삼음. 1889년 후루쇼 카몽[古莊嘉門, 훗날 총리]과 함께 쿠마모토 국권당 조직(玄洋社와 제휴)하여 부총리가 됨, 후일 명성왕후 시해에 쿠마모토 국권당 계열 사람들이 다수 참가. 국민동맹회 회원으로 러일 개전론에 적극 동참(강창일, 앞의 책, 134~137).

것이다. 이 과정에서 국회개설 운동에 전념해 오던 겐요샤 3걸의 1인이었던 하코다는 38세의 나이로 유명을 달리한 것이다.

'겐요샤[玄洋社] 3걸'[243)이라 함은 하코다 로쿠스케(1850~1888), 히라오카 코타로(1851~1906), 토야마 미츠루(1855~1944)를 말한다. 이들은 모두 女傑 타카바 오사무의 제자들이다. 이 중 청일전쟁 이전에 사망한 하코다 로쿠스케는 반정부 활동과 민권 신장에만 매진하였으며, 청일전쟁 이전에 사망하였기에 별도로 여기서 고찰할 필요는 없다. 따라서 그를 제외한 히라오카 코타로와 토야마 미츠루에 대해 알아보기로 한다. 그리고 겐요샤를 잉태했다고 할 수 있는 타카바 오사무와 아울러 정계 막후 실세였던 스기야마 시게마루도 야마자의 사상 및 大陸政策觀에도 지대한 영향을 미치는 사람들이므로 별도로 언급할 필요가 있다. 왜냐하면 겐요샤가 추구하는 사상적 변화 과정에서 태동한 것이 대륙팽창 내지 대륙침략정책이며, 야마자의 대륙정책은 그 실천적 연장선에 있기 때문에 겐요샤의 핵심인물들에 대한 정체성 고찰은 명확히 할 필요가 있다.

토야마는 메이지, 타이쇼 시대를 지나 쇼와 초기 패전 직전인 1944년까지 생존하므로 전후 1946년 겐요샤가 해체될 때까지 줄곧 그 영향력을 행사한 '겐요샤의 거두'임을 미리 말해 둔다. 이시타키의 책에서는 토야마는 '巨人 토야마 미츠루翁'이라고 추앙받았다고 한다.[244) 겐요샤 사원 중 '거인' '거두' '총수'라는 호칭은 토야마에게만 붙을 정도로 겐요샤에서는 가장 비중 있는 인물로 다루어진다. 반면 겐요샤를 경제적으로도 적극적으로 후원한 지도자이자 그의 호가 '겐요[玄洋]'인 히라오카는 러일전쟁 승리와 한국을 보호국화한 이듬 해 사망한다(1906). 따라서 겐요샤를 대표하는 3걸

---

242) 趙恒來, 「日本 國粹主義團體 「玄洋社」의 韓國侵略行跡」, 『韓日關係史硏究』 제1집, 1993, 151쪽.

243) 겐요샤 3걸과 또 다른 차원에서의 지도자 스기무라 시게마루에 대해서는 『玄洋社社史』의 606~643쪽에 상술되어 있으므로 연구자 분들은 참조하시면 될 것이다.

244) 石瀧豊美, 『玄洋社-封印された實像-』, 海鳥社, 2010, 社員明簿, 49쪽.

중 이 두 사람은 야마자가 상경(1883)
하여 대학졸업과 외교관으로서 조선에
부임하여 청일전쟁 전후의 활약 기간
과 정무국장이 되어 러일전쟁 전후의
전 과정에서 이루어진 대륙팽창정책에
깊이 관계한다.

먼저 초대 사장이자 나이 면에서도
토야마보다 네 살 위인 히라오카 코타
로에 대해 간략히 살펴보기로 한다.

히라오카 코타로[平岡浩太郞]는 1851
년생으로 후쿠오카 지교[地行] 출신이
며 야마자와 같은 고향이다. 반정부 사

〔히라오카 코타로〕

족반란에 참가하여 패한 후 자유민권운동으로 전환, 실업가, 정치가로 중의
원 의원(6선)을 역임하면서 초기 겐요샤의 확고한 주춧돌 역할을 했다. 그
의 장남 및 차남과 그의 형과 동생 2명도 겐요샤 사원들이었다. 아울러 토
야마의 제자이자 겐요샤 사원이며, 코쿠류카이[黑龍會] 창립자인 우치다 료
헤이도 그의 조카다.245) 게다가 그의 義弟이자 『큐슈일보』社主이고 『문화
신보』 사장 등을 역임한 마토노 한스케도 겐요샤 사원이다.246) 그의 가문은
가히 겐요샤 가문이라 할 만하다. 그는 어릴 때부터 총, 봉술, 검술을 익혀
사람들을 압도했다고 한다. 이 집안은 특히 무도가의 집안으로 그의 형 우
치다 료고로[內田良五郞, 1837~1921]도 무술의 달인이다. 료고로의 아들인
우치다 료헤이도 궁도, 검도, 유도, 스모, 사격 등을 익혔다. 겐요샤는 자체
유도장 明道館247)을 가지고 있었는데 여기서 청소년들에게 겐요샤 정신을

245) 石瀧豊美, 앞의 책, 社員明簿, 54~55쪽.
246) 石瀧豊美, 위의 책, 社員明簿, 59쪽.
247) 石瀧豊美, 위의 책, 社員明簿, 20~60쪽에 의하면 전체 겐요샤 사원 630명 중 명도

기르도록 했다. 히라오카가 이 도장을 신축하는데 자금을 댔다고 한다.[248]
겐요샤 사원이었던 히로타 코키 전 수상도 명도관 출신이다. 겐요샤 3걸 중
가장 연장자이자 일찍 죽은(1888년) 하코다 로쿠스케와는 일찍부터 뜻을 같
이 하는 동지였다.

또한 그는 하코다나 토야마와 같이 여걸 유학자 타카바 오사무의 제자로
타카바쥬쿠[高揚塾 혹은 興志塾]에서 배웠다. 1877년 세이난전쟁[西南戰
爭]에 호응하여 일으킨 후쿠오카의 변에 참가[249]하였으나 패배하여 징역
1년형을 선고 받는다. 도쿄의 옥에서 출옥 후 1878년 코요샤[向陽社]를 조
직하여 자유민권운동, 1881년 겐요샤[玄洋社]로 개명하고 초대 사장에 취
임한 것은 앞서 기술하였다. 1882년 조선의 임오군란 때 의용군 계획을 세우
는 등 일찍부터 아시아 문제에 관심을 가졌으며 이러한 사상이 겐요샤 후배
들에게 영향을 주었음은 당연하다 하겠다. 야마자도 그 중 한 사람이었다.

1887년 이노우에 외무장관의 조약개정안과 1889년의 오쿠마 외상의 조

관 출신이 114명이나 되었다.

248) 服部龍三, 『廣田弘毅－「悲劇の宰相」の實像』, 中央新書, 2008, 15쪽.

249) 겐요샤 3걸 중 하코다 로쿠스케와 토야마 미츠루는 1년 전인 1876년 일어난 야마
구치현 하기의 난에 참가하여 투옥되었기에 후쿠오카의 변에는 참가하지 못하였
다. 대신 그들은 후코오카 변에서 죽을 수 있는 위기를 넘긴 까닭에 후일 세 사람
이 코요샤[向陽社]를 거쳐 겐요샤[玄洋社]를 창립할 수 있었다. 그리하여 그들은
사이고가 실패한 정한론을 계승하여 실행했던 것이다. 결국 조선반도는 물론 독
도침탈은 요시다 쇼인의 조선침략론에서 비롯하여 사이고의 정한론에서 더욱 구
체화되고, 그 실패 후 일본 정부와 민간 국수주의 단체인 겐요샤의 征韓 활동으로
계승 및 실행 과정에서 야마가타 아리토모의 '주권선과 이익선의 침략 방침'이 확
고히 국시로 되고, 그 연장선에서 추진된 대륙침략정책 과정에서 겐요샤의 사원
이자 외무성 정무국장인 야마자 엔지로의 손에 의해 이루어진 침탈이었던 것이다.
메이지유신 근처를 시점으로 하여 볼 때 그런 과정을 거쳐 독도가 침탈된 것이지
일개 강치잡이 어부 나카이 요자부로의 요청에 의해 단순히 편입되었다거나 오로
지 러일전쟁 수행 목적만으로 편입되었던 것이 아니다. 적어도 요시다 쇼인과 그
의 제자들에 의한 유신 이후 다시 붉어진 정한론으로부터 본격화된 침략정책의
일환에서 이루어진 것이 독도침탈인 것이다.

약개정안에는 반대의 급선봉이 되어 중단 운동에 진력했다. 또한 그는 겐요[玄洋]라는 호를 가진 사람답게 대륙경영의 뜻을 항시 품고 젊은이들을 대륙으로 파견 및 지원, 양성을 계속하였다. 이를 위해 탄광 등의 경영으로 부를 축적하였으며, 겐요샤의 기관지라 할 수 있는 『큐슈일보』의 자본주 등 후쿠오카현의 언론과 경제 발전에도 기여했다.

이러한 그의 생각들을 보다 거시적으로 실행하기 위해 정계로 진출하여 1894년 중의원 의원이 된 이후 연속 6회 당선되기도 했다. 1894년 3월 김옥균이 이홍장에 유괴 살해되자 청나라 응징을 외치고 뜻을 같이 하는 지사들과 활동, 참모차장 카와카미 소로쿠와 동양의 경륜을 논하여 깊이 默契, 토야마 미츠루, 마토노 한스케 등과 모의하여 스즈키 텐겐, 오자키 쇼오키치, 우치다 료헤이 등을 도와 텐유쿄[天佑俠]를 조직케 하고 한국으로 들어가 청과의 전쟁 구실을 만들기 위한 일에도 진력하였음은 앞서 언급하였다.

중국혁명의 지원에도 열정을 보여 1897년 일본에 망명한 손문에게 활동비, 생활비를 원조하기도 했다. 국민동맹회에도 참가 및 러시아의 만주 침략이 두드러지게 되자 1903년 對露同志會에 참가하여 대러 강경론을 주창, 개전 활동에 전력을 기울이던 야마자에게 크게 힘을 실어주었다. 러일전쟁 중 민간외교의 선구자로서 중국으로 건너가 친러파의 우두머리인 慶親王250)에게 중일 화친의 필요성을 설득 등 여러 활동을 하는 등 조선의 외교권이 박탈 된 이듬해 (1906) 죽을 때까지 조선과 대륙침략

〔토야마 미츠루〕

250) 경밀친왕 혁광(慶密親王 奕劻, 1836~1916)은 청나라의 황족으로 중국 정치가.

에 힘을 쏟은 일본의 초기 우익 지도자급 인물이었다.251)

토야마 미츠루[頭山滿]는 1855년 현재의 후쿠오카시 사와라구[早良區]에서 태어났다. 토야마의 사상적 정체성을 엿볼 수 있는 수식어는 많다. 자유민권운동가(초기에 잠시), 국가주의운동가, 아시아주의자, 우익의 거두, 정계 흑막의 존재, 대외강경론자, 사이고 다카모리의 정한론 계승자 등이다. 이런 개념들이 겐요샤[玄洋社]가 추구하는 대륙정책 내지 대륙침략사상을 대변한다고 할 수 있다. 물론 이것은 고스란히 야마자의 사상적 배경이 된다.

그는 男裝帶刀의 여걸이자 의사였던 타카바 오사무[高場乱]의 타카바쥬쿠[高場塾]에 입문하여 그의 제자가 되어 철두철미한 실천 교육을 받는다. 타카바쥬쿠는 다른 교육 기관에서는 거절하는 난폭한 소년들을 두루 받아주었기에 장난꾸러기, 난폭자들의 소굴로 '梁山泊'이라고 불려졌다. 토야마는 여기에서 신토 키헤이타, 하코다 로쿠스케, 히라오카 코타로 등 후의 겐요샤 창설 멤버들과 만난다. 1870년대를 '폭동과 반란의 시대'라 명명한 바 있는데 후쿠오카 불만사족들 역시 예외 없이 봉기했다.

1876년에 후쿠오카에서 일어난 '아키즈키의 난[秋月の亂]'과 야마구치의 '하기의 난[萩の亂]'이 일어나자 토야마는 이에 호응하여 신토, 하코다 등과 참여하였다가 투옥됐다. 투옥되는 바람에 그가 일생 가장 존경했던 사이고 다카모리가 주축이 된 세이난전쟁[西南戰爭]엔 참전하지 못했다. 그 덕분에 살아남기도 했다. 그러나 그는 이후 사이고 다카모리가 이루지 못한 征韓의 꿈을 계승하여 그의 일생 동안 실행에 옮긴다. 출옥 이후 처음에는 자유민권운동으로 방향을 바꾸어 잠시 반정부 정치활동으로 나아갔다. 1879년 동지들과 코요샤[向陽社]를 결성, 국회개설 청원 운동에 주력, 1881년 2월 코요샤를 겐요샤[玄洋社]로 개칭하고 정부에서 국회개설을 약속받는 등 나름 성과를 이루었다.

그러나 그와 같은 민권운동은 마침내 1886년 8월 나가사키 수병 사건 등

---

251) 『東亞先覺志士記伝 下』, 721~728쪽; 石瀧豊美, 앞의 책, 社員明簿 54쪽.

을 계기로 점차 국권주의, 아시아주의로 전환하게 되면서 대외강경론을 주장, 이후 한반도와 대륙침략의 첨병인 겐요샤의 거두로 암약하게 된다. 토야마는 조약개정 반대에서도 지도자적 역할을 한 바, 결국 사원인 쿠루시마 츠네키의 오쿠마 외상에 대한 폭탄 테러에 의해 조약개정안은 폐기되기도 했다.[252] 1887년 8월, 겐요샤의 기관지라 할 수 있는 『福陵新報』(큐슈일보의 전신)를 창간했다. 대외강경론을 주창하는 일본의 대외팽창정책에 관여하고, 손문, 김옥균 등 아시아의 독립파, 혁명파 정치가들을 꾸준히 지원하기도 했다.

의화단 사건으로 중국이 반식민지화 되고, 러시아와의 갈등 속에서 영일동맹 체결 후 겐요샤는 대러 강경노선을 취하면서 對露同志會 결성에 참여, 개전 활동에 매진하여 야마자의 대륙정책 행보에 큰 뒷받침이 되었다. 그의 제자 우치다 료헤이가 창설(1901.2)한 겐요샤의 해외공작 조직인 코쿠류카이[黑龍會]의 고문이 되어 한일강제병합 등에도 영향력을 행사하는 등 겐요샤 활동에 총수 역할을 오래도록 수행했다. 그가 죽은 후 장례위원장은 겐요샤 사원이었고, 전 수상이었던 히로타 코기가 맡았다.[253]

여기서 '겐요샤의 어머니' 혹은 '겐요샤의 창시자'[254]라고 할 수 있는 타카바 오사무[高場乱]를 알아보지 않을 수 없다. 야마구치의 요시다 쇼인이 정한론의 입장에서 한국 침략의 선봉에 선 양지의 제자들을 길러냈다면, 후쿠오카의 타카바 오사무는 혈기에 가득 찬 난폭자, 장난꾸러기 등 征韓과 대륙침략을 향한 음지의 자식들을 키운 사람이라고 할 수 있다. 각각 지역은 달라도 쇼인이 1830년생, 타카바가 1831년생으로 급변하고 있는 시대에 대한 공감을 공유하는 사람들이 나름대로 일본이라는 국가의 장래를 위한

---

252) 이 사건으로 겐요샤 사람들이 체포되기도 하였으나 관련 없는 것으로 판명, 무죄로 풀려났다. 쿠루시마가 사원이었지만 그는 사원으로서가 아니라 개인적인 단독 행동으로 한 것으로 현장에서 자결함으로써 사건은 그것으로 마무리되었다.
253) 일본 국회도서관, 「近代日本人の肖像」
254) 石瀧豊美, 앞의 책, 社員明簿 41쪽.

〔타카바 오사무〕

방책에 고민하였다는 점은 공통되는 듯하다. 결과론을 논하기에 앞서 그만큼 일본은 서양 세력의 침투에 의한 위기 상황을 지사들이 깊이 인식하고 있었던 셈이다. 그러나 그 두 사람은 결국 한반도와 대륙침략을 통한 일본의 미래를 담보하려 했다는 점에선 동일하다. 그 두 사람의 제자들이 조선을 강제병합[병탄]하였으며, 그러한 과정에서 독도도 강탈당한 것이다. 게다가 타카바의 제자 출신인 겐요샤의 회원 두 사람이 명성왕후 시해에 가담하였음은 앞서도 언급하였다.

　　타카바 오사무[高場乱, 1831~1891]는 후쿠오카시 하카타 카와라마치[博多瓦町]의 안과 의사 집안에서 태어난 여성 유학자, 의사, 교육자이자 여성 호걸이다. 어릴 때부터 孫이 귀한 집안이라 남자아이로 길러졌고, 드물게 10세 때 관례[元服]를 거쳐 '男装帯刀의 사무라이'로 성장했다. 16세 때 한 번 결혼했으나 스스로 이혼한다. 20세에 카메이 요슈[亀井暘洲]에게 배웠는데, 私塾인 카메이쥬쿠[亀井塾]는 신분과 성별을 가리지 않는 학풍이라 타카바도 입학할 수 있었던 것이다. 막부 말기에 치쿠젠 근왕가와 어울렸지만 管子의 말에 감응하여[255] 일본의 미래를 위한 인재 양성에 뜻을 두고 하카타역 근처의 인삼밭 옆에 사설학당 쿄

---

255) 『管子』에 있는 한 문장으로 '1년의 계획은 곡식을 심는 것이고, 10년의 계획은 나무를 식재하는 것이며, 100년의 계획은 인재를 양성함에 있다'라는 말에 깊이 감응하며 그녀는 평생을 교육(인재 양성)에 바치게 된다(永畑道子, 『凜=近代日本の女魁·高場亂』, 藤原書店, 2017, 79쪽).

시쥬쿠[興志塾] 통칭 '인삼밭 학당(人參畑塾)'을 개설하였다.

그녀의 제자는 주로 난폭자나 불량자가 많았으나 개의치 않고 다 받아들였다. 그로 인해 세상에서는 그녀를 「인삼밭의 여걸」 혹은 친근하게 「인삼밭의 할머니」로, 학당도 '양산박'으로 불리고 있었다. 그녀는 '忠義'와 '節義'를 설파했으며, 엄격한 실천을 강조했다. 그들 제자 중에는 후일 겐요샤[玄洋社] 3걸인 하코다 로쿠스케, 히라오카 코타로, 토야마 미츠루, 및 신도 키헤이타(1851~1925), 타케베 코시로[武部小四] 등이 있었다. 타카바의 제자로 겐요샤 사원만 이시타키의 책에 있는 社員明簿[256]를 확인한 결과 59명이나 되었다. 그녀가 '겐요샤의 창시자', 즉 '겐요샤의 어머니'라 할 수 있음은 이러한 까닭이다. 겐요샤가 결성된 해가 1881년이므로[257] 그녀가 죽은 1891년까지 약 10여 년 만에 이 정도의 사원이 타카바의 제자임을 볼 때 타카바쥬쿠는 '겐요샤의 산실'이라 해도 과언이 아닐 것이다. 제자는 총 300여 명이 넘는다고 한다. 제자들은 모두 사이고 타카모리를 경모했다. 그녀는 죽어서도 愛弟子 토야마, 쿠루시마 등과 후쿠오카시의 소후쿠지[崇福寺] 내의 玄洋社 묘역에 나란히 묻혀 있다.[258] 물론 그녀도 겐요샤 사원이다.

그리고 겐요샤의 핵심 인물 중 한 사람으로 빼놓을 수 없는 인물이 바로 스기야마 시게마루[杉山茂丸]다. 그는 앞에서 본 다른 사람들처럼 초기부터 함께 한 것이 아니라 1885년 토야마와 인연이 되어 겐요샤에 가입한 후 토야마의 사람으로 실로 막강한 영향력을 발휘하게 된다. 또한 스기야마는 야마자보다 두 살 위로 후일 막역한 친구 사이로 지내며 야마자의 대륙정책을 향한 뜻에 기맥이 통하여 러일전쟁 개전을 향하여 당대의 정치 지도자

---

256) 石瀧豊美, 『玄洋社-封印された實像-』, 海鳥社, 2010, 社員明簿, 20~66쪽.

257) 겐요샤 전문가 이시타키 토요미[石瀧豊美]는 사전, 연표, 백과사전 등에 1881년 2월로 되어 있으나 자신은 이에 대해 1879년 12월 성립으로 추측하고, 확실하게는 1880년 5월에 결사를 신고했다고 함(永畑道子의 책, 257쪽).

258) 福岡縣百科事典; 永畑道子의 책; 石瀧豊美의 책 등을 참조로 작성. 필자는 2019년 3월 25일 玄洋社 묘역을 답사하여 확인함.

〔스기야마 시게마루〕

들 및 군부를 움직이는 중대한 역할
을 하게 된다. 이하 스기야마에 대
해 간략히 알아보고, 해당 부분에서
다시 거론될 것이다.

스기야마 시게마루(1864~1935)는
전국시대 히젠국(지금의 사가현과
나가사키현의 일부)의 다이묘였던
류조지 타카노부[龍造寺隆信]의 후
예로 1864년 후쿠오카시 텐신[福岡
市天神] 근처에서 태어났다. 겐요샤
[玄洋社] 사원으로 평생 스스로 낭인
으로 살았다. 메이지 시기부터 쇼와

초기까지 일본 군부와 정계의 실력자와 관계를 맺어 정치, 경제, 외교 등에
다양한 獻策을 펼친 토야마의 사람으로서 정계 막후의 막강한 실력자였다.

아버지는 유신 이후 귀농하여 집안은 가난한 생활을 해야 했다. 그런 중
에도 평민에게 서당을 열어 학문을 가르쳤다. 스기야마는 루소의 『민약론』
과 『프랑스 혁명사』 등을 읽고 일찍부터 정치에 눈을 떴다. 1880년 처음으
로 일본 유람을 다니면서 검술가이자 쇼군의 경호책임자인 야마오카 텟슈
[山岡鐵舟]259)의 제자가 되고, 또한 정치가이자 농상무상을 역임하는 고토
쇼지로[後藤象二郎]260)와 정치가로 후일 대외강경론자였던 오이 켄타로[大

---

259) 야마오카 테츠타로[山岡鐵舟, 1836~1888]: 도쿄토 출신. 검술가, 정치가, 막부의 신
   하, 궁내 관리. 막말에서 메이지까지 검객으로 활약. 15대 쇼군 도쿠카와 요시노부
   의 경호역으로서 정예대의 우두머리가 됨. 1868년 사이고 타카모리와 담판하여
   카츠 카이슈와의 회담을 실현하고 에도성 입성에 공헌. 유신 후 메이지 천황의 측
   근이 됨(일본 국회도서관, 「近代日本人の肖像」을 참조로 작성).
260) 고토 쇼지로[後藤象二郎, 1838~1897]: 코치현 출신. 정치가. 사카모토 료마의 공의
   정체론에 동참하고 15대 마지막 쇼군 도쿠가와 요시노부에게 대정봉환을 설득.
   메이지 신정부의 요직에 참여하지만 1873년 정한논쟁에 패해 참의 사퇴 후 낙향,

井憲太郎][261) 등과 친분을 쌓았다. 앞에서 보았지만 고토 쇼지로는 사이고 와 같은 강력한 정한론자로 사이고와 함께 정한론에서 패한 후 물러난 사 람이다. 이렇듯 그는 일찍부터 천하의 명사와 교류한다.

잠시 귀향하였다가 1884년 쿠마모토의 국권주의자 삿사 토모후사로부터 여비를 빌려 재차 상경, 이토 히로부미를 惡政의 根源, 脫亞入歐, 藩閥의 怪獸로 지목해서 암살을 기도하여 야마오카 텟슈의 소개장을 가지고 면회 에 성공하지만, 오히려 서로 국가를 위해 몸을 소중히 하자는 말에 설복되 어 단념하기도 했다.

이후 홋카이도로 피신하여 전전하다가 1885년 쿠마모토 사람인 전 후쿠 오카현 학무과장인 야에노 한자부로[八重野範三郎]와 삿사 토모후사[佐々 友房]의 권유로 토야마 미츠루를 만나 두 사람이 일심동체로 國事에 진력 할 것을 각오했다. 스기야마와 겐요샤와의 첫 인연이 이렇게 시작된 것이 다. 이로써 토야마보다 9살 아래인 스기야마는 유키 토라고로[結城虎五 郎][262)와 함께 토야마의 양팔 중 한 사람이 되었던 것이다.

토야마의 사람이 된 이후 스기야마는 겐요샤의 재정 확립을 위해 탄광

이타가키 타이스케 등과 민찬의원 설립 건백서를 제출. 자유당 결성에 가담. 체신 상과 농상무상 역임. 후쿠자와 유키치의 요청으로 조선 정부의 김옥균을 원호하 기 위하여 프랑스 공사에게 함대를 빌려서 자유당 壯士들을 조직하여 조선반도에 보낼 계획을 세우나 좌절(일본 국회도서관, 「近代日本人の肖像」 등을 참조로 작성).

261) 오이 켄타로[大井憲太郎, 1843~1922]: 오이타현[大分縣] 출신. 정치가. 변호사, 사 회운동가, 중의원 의원. 대외강경론을 주장했고, 노동문제, 소작문제 등에도 주력 한 사회운동의 선구. 만년은 남만주철도주식회사와 관련된 대외강경론자로 활동 (일본 국회도서관, 「近代日本人の肖像」).

262) 유키 토라고로[結城虎五郎, 1860~1921]; 후쿠오카 지교[地行] 출신으로 야마자와 같은 고향. 탄광 사업으로 겐요샤의 재정 확립에 기여하고 토야마의 도쿄 진출에 이바지함. 겐요샤 기관지 「福陵新報」 발간을 지원. 타케다 한시와 전남의 금오도 로 가서 어장 개척에 종사. 러일전쟁 중 사할린 카이바토(樺太海馬島) 점령으로 군사상 큰 공헌했다고 함. 스기야마 시게마루와 함께 토야마의 양팔 혹은 양 날개 중 한 사람(石瀧豊美, 『玄洋社-封印された實像-』, 海鳥社, 2010의 64쪽;『東亞先覺 志士記伝 下』, 664쪽).

사업, 큐슈철도 창립 등에 관여했다. 겐요샤 기관지『福陵新報』창간을 지
원하는 등 토야마를 도와 적극적으로 활동했다. 그리고 겐요샤 사원 쿠루시
마에 의한 외상 테러 사건에 다른 많은 사원들과 함께 체포되었다가 풀려
나기도 한 것은 히라오카나 토야마 등과 동일하다.

　그는 재야의 낭인이었음에도 정계는 물론 군의 장성들을 뒤에서 움직인
인물이다. 이토 히로부미를 비롯하여 수상이자 원로였던 야마가타 아리토
모, 수상이자 원로였던 마츠카타 마사요시,263) 외상이자 원로였던 이노우에
카오루, 육군참모총장과 육상 및 러일전쟁 시 만주군 총사령부 참모장을 지
낸 코다마 겐타로, 코다마가 대만 총독일 때 민정장관을 지내고, 외상과 내
상 등을 역임한 고토 신페이, 육군 대장과 조선총독 및 수상을 역임한 데라
우치 마사타케 등의 참모역을 맡아 '정계의 막후 인물' 혹은 '政界의 인형
새[人形遣い]' 등으로 불렸다. 특히 고토와의 관계도 깊지만 코다마와는 그
친교가 각별했다고 한다.

　또한 자신과 동갑들인 육군 대장과 수상이자 코게츠카이[湖月會] 회원이
었던 야마가타와 동향 출신인 타나카 키이치264)와 러일전쟁 시 소위 '아카

---

263) 마츠카타 마사요시[松方正義, 1835~1924]: 카고시마현 출신. 정치가, 수상(2회). 재
　　정 지도자로 공적이 큼. 대장대신 6회 역임. 러일전쟁 전인 1901년에 영일동맹 체
　　결 여부를 위한 원로회의에서는 대러 강경파로서 참석한 총리인 카츠라 타로의
　　제안대로 야마가타 아리토모, 사이고 츠구미치[西鄉從道, 사이고 다카모리 친동
　　생]와 더불어 영국과의 동맹 체결을 지지함. 이후 미국 등 서방 7개국 방문하여
　　재정 측면에서 전쟁 준비 활동을 함. 주위의 평은 인망이 없고 정치적 야심이 부
　　족하다고 하나 천황의 신임은 절대적이었다고 함. 러일전쟁 개전에 있어서는 소
　　극파인 이토 히로부미와 이노우에 카오루 등을 반박하고, 적극적으로 개전을 주
　　장하며 재정상의 염려는 해결할 수 있다고 호언하며 원로회의를 주도함(일본 국
　　회도서관, 「近代日本人の肖像」).
264) 타나카 기이치[田中義一, 1864~1924]: 야마구치현 하기 출신으로 요시다 쇼인, 이
　　토 히로부미와 같은 동네. 육군 대장, 수상, 육상, 내상, 척상(척무대신), 외상, 입
　　헌정우회 총재 등을 두루 역임한 정치가. 하기의 난 참가. 초등학교 교원을 거쳐
　　육군사관학교 및 육군대학 졸업. 청일전쟁에 출정, 청일전쟁 후 러시아에 유학하

시 작전'으로 러시아 혁명을 부추긴 유명한 아카시 모토지로 대장(러일전쟁 시는 대좌로 뒤에서 상술)과도 친밀히 교류한 사이였다. 그의 지인들이 말하길 그의 변설은 도도했고, 지혜는 샘처럼 솟아났다고 입을 모을 정도였다. 아울러 그가 국사에 활약한 공적은 대단했다고 평가하고 있다. 특히 러일전쟁 당시 스기야마는 이토, 야마가타, 카츠라, 코다마와는 친하게 지내고 있었다고 한다. 겐요샤의 대륙정책의 성패는 이 전쟁에 달려 있음을 그는 잘 알고 있었던 것이다. 이를 통해서 겐요샤의 인적 네트워크의 폭과 깊이를 충분히 짐작할 수 있는 대목이다.

이 스기야마와 야마자는 막역한 사이로 스기야마 인맥의 폭이 곧 야마자의 인맥이라 할 수 있다. 스기야마는 자신과 친한 코다마 겐타로, 카츠라 타로와 함께 개전을 위한 비밀 결사 3인방의 한 사람으로서 러일전쟁 전 개전 반대론자인 이토 히로부미를 굴복시키는 데에 야마자와 함께 진력하였다.

러일전쟁 후 한국이 보호국화 되면서 통감부가 설치되자 스기야마는 이토에게 한국에 갈 때 우치다 료헤이를 동행하도록 권하고, 이토는 우치다를 통감부 촉탁으로 채용했다. 우치다는 한국에서 친일 단체인 일진회의 이용구, 송병준과 친분을 맺고 일진회의 한일병합 운동을 지원했다. 스기야마는 코쿠류카이[黑龍會]의 고문으로서 우치다의 정보를 정부 수뇌에게 전달하고 또 우치다와 일진회의 다양한 요청에 대해서 정부와의 협상 창구로서 한국강제병합의 막후에서 중대한 역할을 했다. 그가 죽었을 때는 玄洋社葬으로 행해졌다.[265]

이처럼 일생 낭인으로 활동했던 스기야마는 정부를 무너뜨리고 스스로 권력을 탈취해 그를 대신하는 사람들을 멸시하고, 자신은 폭정의 핵심을 장

여 철저한 러시아 연구로 육군 굴지의 러시아통으로 자부. 코게츠카이[湖月會] 회원으로 강경한 대러 조기 개전 활동. 러일전쟁에서는 만주군 참모로 코다마 참모장을 보필(일본 국회도서관, 「근대 인물의 초상」).

265) 『東亞先覺志士記伝 下』, 758~776쪽; 石瀧豊美,앞의 책, 社員名簿 40쪽; 『福岡縣百科事典』.

악하는 거두를 지향, 나라의 上下로 하여금 自覺 覺醒시키는 것만을 목표
로 삼아 움직였던 것이다. 이에 따라 자신은 「政府矯正黨」을 自負, 소위
건달이 아니라 경제에 밝은 정치가로서 성장해 왔기에 원로들은 그 나름대
로 경계심을 가지고 스기야마의 기탄(忌憚)없는 발언을 듣고, 원로 상호의
의사소통에 그를 이용하는 태도를 가지고 있었던 것이다.266) 그 역시 이러
한 상황을 이용하여 그의 대륙경영책을 통해서 한국을 침략해 갔던 것이다.

　　여기서 스기야마와 관련하여 학창시절 이후의 야마자의 교우관계 일부를
잠시 살펴본다. 상해에 무역연구소를 만들고, 1895년 요절한 군인이자 중국
첩보원인 아라오 세이[荒尾精]267)와는 동지이자 친구였다. 야마자는 아라
오로부터 중국의 사정은 충분히 알 수 있었고, 그 아라오를 몹시 아꼈던 참
모차장 카와카미 소로쿠[川上操六]와도 친구이기 때문에 그의 주변은 스기
야마와 전적으로 똑같다고 해도 좋다고 앞에서도 언급했다. 카와카미는 야
마자와 스기야마의 담론 상대이고 가장 지도적인 감화를 준 사람이라고 한
다. 이 카와카미야 말로 청국과의 개전 단서를 위해 겐요샤 사람들과 만나
고 강력한 개전파로 대본영268) 선임참모로 청일전쟁을 승리로 이끌었던 사

---

266) 一又正雄 編著, 22쪽.
267) 아라오 세이(1859~1896): 아이치현[愛知縣] 나고야 출신, 육군 대위. 중국정보 전
　　　문가. 1886年 참모본부 명으로 정보수집 위해 중국으로 부임하여 漢口樂善堂을
　　　운영, 이곳이 대륙 조사활동의 거점. 1890년 이홍장에 日淸貿易硏究所를 설립, 그
　　　의 사후 이것은 우익 활동 단체인 東亞同文書院의 전신이 됨. 겐요샤의 거두인 토
　　　야마 미츠루는 아라오를 영웅호걸로 아주 높이 보고 경모함. 위인이라고 봄.
268) 대본영(大本營): 대본영(Imperial General Headquarters)은 청일전쟁에서 태평양전쟁
　　　까지의 전시 중에 설치된 일본군(육해군)의 최고통수기관. 천황의 명령(봉칙명령)
　　　을 대본영명령(대본영육군부명령=대륙명, 대본영해군부명령=대해령)으로 발령하
　　　는 최고사령부로서의 기능을 가짐. 본래 "본영"이란 총사령관이 대기하는 장소(중
　　　세의 본진과 같은 뜻)로, 이를 더욱 거창한 이름으로 한 것. 청일전쟁과 러일전쟁
　　　으로 설치되어 각각 종전 후 해산. 중일전쟁(지나사변)에서는 전시 밖에서도 설치
　　　할 수 있도록 고쳐져 그대로 태평양전쟁 종전까지 존속. 태평양전쟁 말기의 패색
　　　이 짙어짐에 따라, 허위정보가 대본영 발표로 계속 흘러나온 것을 빗대어, 현재는
　　　권력자가 자기에게 유리한 정보조작을 하여 허위정보를 유포하는 것에 대한 야유

람이다.269)

그렇다면 이러한 구성원들로 이루어진 겐요샤가 추구한 대륙정책, 즉 대륙팽창 내지 대륙침략정책의 기저에는 무엇이 있었을까? 바로 겐요샤 창립 시 제정한 '憲則 3條'270)에 그들의 이념과 사상을 담은 근본지침이 들어 있다. 이 겐요샤 헌칙은, 그 첫째가 황실을 공손히 떠받들 것[皇室を敬戴す可し], 둘째가 본국을 애지중지할 것[本國を愛重す可し], 셋째가 인민의 권리를 고수할 것[人民の權利を固守す可し] 등이다. 이는 우리가 앞서 본 초기의 민권론이 담겨 있고, 이어서 국권주의 표방과 함께 이 모든 것의 앞자리에 천황을 공경하고 떠받들 것(경대)을 명하고 있다. 즉 이 헌칙은 초기의 民權的 성격에서 '天皇'第一主義를 가장 앞에 두면서 국가주의 국권적 색채를 강조하고 있다.271)

즉 이들의 모든 행위에는 바로 겐요샤의 어머니이자 창시자로 불리는 타카바 오사무가 제1로 강조한 '충절', 즉 천황과 국가에 대한 충성과 절개가 위치하고 있는 것이다. 따라서 그들이 목숨을 걸고 이루고자 한 것은 천황에 대한 절대 충성이었다. 1888년 국가의 존엄과 국민 자존심을 해치는 조약개정을 끝까지 단행하려 하던 오쿠마 외상을 폭탄으로 습격한 쿠루시마가 폭탄이 터진 후 현장에서 자결한 것은 그 좋은 예라 하겠다. 이것은 '충절'을 제1의 덕목으로 강조하여 천황과 국가를 위해 목숨을 바칠 것을 종용하는 '군인칙유(軍人勅諭, 1882)'272)와 궁극적으로 '천황의 신성성'을 가르

의 관용구로서 "대본영", "대본영 발표"라고도 함.

269) 一又正雄 編著, 24쪽.

270) 玄洋社史編纂會, 『玄洋社史』, 葦書房有限會社, 1992, 223쪽.

271) 조항래, 『韓末 日帝의 韓國侵略史硏究: 日帝와 大陸浪人의 侵略紐帶·提携』, 아세아문화사, 2006, 276쪽.

272) 군인칙유: 1882년(메이지 15년)1월 4일 메이지 천황이 육해군의 군인에게 내린 칙유로, 정식으로는 「육해군 군인에게 하사하는 칙유(陸海軍軍人に賜はりたる敕諭)」다. 이는 원래 1878년 10월에 육군경 야마가타 아리토모가 전 육군 장병에게 인쇄, 배포한 '軍人訓誡'가 기원이다. 1882년 천황이 하사한 칙유 역시 야마가타

치는 교육칙어 (敎育勅語, 1890)를 통해서 일본이 점차 정신 무장이 되어
가는 상황에서 겐요샤 사람들에겐 다른 일반 국민들에 비해 더욱 깊이 각
인되었을 것이다.

　　그러한 신념을 가진 겐요샤 사원들이 과감히 조선과 대륙을 침략하는 첨
병이 되었고, 자국민의 인권을 주장하는 것과 지극히 모순되게도 타국의 왕
비를 시해하기에 이른 것이다. 그들은 그러한 모든 행위를 일본을 위한 일
로 여겼다. 나아가 그것들은 바로 천황을 위한 일이라는 절대적 자부심 속
에서 행한 행위들이었다. 소위 겐요샤의 '대륙정책'의 정체성은 바로 여기
에 있다고 할 것이다. 이러한 겐요샤의 대륙정책이 바로 야마자 엔지로가
추구한 대륙정책이었던 것이다. 야마자가 가진 대륙정책이란 것이 정무국
장이 된 시점에서는 여러 사람들을 통해서 얻은 정보와 지식을 통해서 손
질이 되어 소위 '국시'이자 최종 목표인 '청국 영토보전의 이름으로 만몽
(滿蒙)의 러시아 세력 축출'을 현실화 해가는 단계로 돌입했던 것이다.[273]

　　이상에서 보았듯이 당시 일본에서의 대륙정책의 흐름을 두 가지로 대별
할 수 있다. 하나는 이토와 이노우에 측의 외교 중심주의 정책이고, 다른 하
나는 야마가타를 중심으로 하는 무력을 수단으로 하는 대륙팽창정책이었다.
이것의 원점은 정한론쟁에서 출발하고 있다. 강경 정한론자의 대표자인 사
이고 다카모리를 추앙하는 군부와 세이난전쟁에서 패배한 사이고의 후예들

　　아리토모가 가필, 수정했다고 한다. 결국 야마가타가 일본의 제국주의와 군국주의
　　를 이끈 장본인의 한 사람임을 여기서도 확실히 엿볼 수 있다. '군인칙유' 속에는
　　천황이 대원수로서 통수권자임을 전제로 5개의 덕목으로서 충절·예의·무용·신
　　의·검소 등을 들고 있는데 그 중 특히 '충절'이 강조되어 있다. 이에 따라 군인의
　　정치 불간섭과 선거권을 부여하지 않게 함으로써 제국헌법 위에 천황의 군인칙유
　　가 있는 것이다. 이는 결국 국가와 천황을 위해 목숨을 바칠 것을 강요하며, 그
　　충절을 위한 죽음이 지고의 선으로 여겨지도록 가르치는 것이다. 타카바의 私塾에
　　서 충절을 가장 중요 덕목으로 배운 겐요샤의 창립 멤버들은 이러한 국가관과 천
　　황관을 바탕으로 목숨을 아끼지 않고 국권을 위해 투쟁하였던 것이다.
273) 一又正雄 編著, 25쪽.

인 불만사족 세력이 후자라고 한다면, 이토의 총애를 받던 오쿠보 토시미치의 라인들이 전자에 해당한다. 일본의 근대화에 따른 국력 신장과 군대의 성장은 대륙팽창을 갈구하는 사이고의 후예들과 특히 군부와 우익 정치세력의 결합으로 양자 공히 대외팽창이라는 한 가지 목표로 그들은 무력에 의한 침략을 수단으로 청국과 러시아를 한반도에서 축출하는 것을 제일의 목표로 삼았다. 여기에 앞장 선 것이 반란사족 중심으로 결성된 겐요사[玄洋社]였고, 그 玄洋社의 대륙정책과 야마가타계 사람들(카츠라 수상, 테라우치 육상, 코무라 외상 등)이 추구하는 대륙정책과 동일했던 것이다. 여기에 야마가타계 사람인 야마자가 추구한 대륙정책의 본질적 특성이 있다고 하겠다.

Ⅳ. 러일전쟁 開戰과 야마자 엔지로

1. 일본의 開戰外交

1) 英日同盟과 코무라 = 야마자

주중공사였던 코무라는 의화단 사건과 함께 열강들의 움직임을 면밀하게 살폈다. 이번 사건으로 일본이 2만 이상의 병력을 보내어 국제무대에서 일본의 위상을 한껏 높이는 계기가 되긴 하였지만[1] 세계무대 대열에서 확고한 자리매김을 하기 위해서는 무언가 특단의 대응책이 필요하다고 생각했다. 그것은 야마자 역시 마찬가지로 생각하여 자신이 형에게 보낸 편지에서도 당시의 국제정세를 분석해 보인 바 있음은 앞에서도 보았다. 아편전쟁 이후 반식민지화 되어가는 중국은 서양 열강들에 의한 침략이 점증되더니 결국 北京까지 점령당하는 수모를 겪으며 중국 분할이 가속화되어갔던 것이다.

19세기 말 동아시아 상황의 변화에 영국은 신경을 곤두세우고 있었다. 영국에 있어서 영일동맹의 이야기는 1898년 독일의 교주만 점령과 러시아의 여순, 대련 점령 이후 신문과 잡지에서 거론되고 있었다. 당시 植民大臣 체임벌린은 카토 타카아키[加藤高明] 공사에게 일본 정부가 극동의 위기에 관해 영국에게 대응책을 협의한다면 호의적으로 검토하겠다고 언명했다.[2]

---

1) 조명철, 「義和團事件과 외교전략-만주문제와 한국문제를 중심으로-」, 『日本歷史研究』8, 1998, 41~42쪽.
2) 外務省 編, 『小村外交史』, 原書房, 1966, 251쪽.

당시 러시아의 여순, 대련 점령은 극동을 노리는 열강들에게 상당한 부담을 주고 있었던 것이다. 그리고 그 무렵 야마자는 영국 공사관 근무를 통해서 이러한 세계정세를 잘 파악하고 있었다.

바로 극동에서 이러한 위기가 고조되고 있는 상황에서 의화단 사건이 발생하여 만주 지역으로 확산되면서 러시아가 건설 중이던 동청철도가 파괴되기 시작했다. 1900년 7월 중순에는 黑龍江[헤이룽강]을 항해하던 러시아 기선에 대해 중국군이 포격을 가하는 사건 등이 발생하자 러시아는 이 기회를 이용하여 군대로 하여금 만주 전역을 점령했다. 문제는 연합군이 北京에서 철수한 후에도 만주 주둔군은 그대로 주둔시키고, 北京에서 철수한 군대도 다시 만주에 주둔한 것이다. 이렇게 하여 러시아의 만주 주둔군은 12,000명에 달했던 것이다. 이는 영국은 물론 일본을 심하게 자극했다. 일본은 조선의 왕후까지 시해함으로써 국제적 맹비난을 받으면서까지 한반도 장악 정책을 추진하고 있는 상황에서 양국의 충돌은 불가피한 것으로 가는 듯했다. 일본은 선택의 기로에 설 수밖에 없었다.

하지만 이 당시만 해도 만주문제와 조선문제를 별개의 문제로 바라보았던 것이다. 따라서 과거에 제시한 바 있던 주장을 한 번 더 끄집어내서 러시아와 협상을 하려고 한 것이다. 만주에서는 러시아의 특수권익을, 조선에서는 일본의 특수권익을 인정하자는 소위 '만한교환론(滿韓交換論)'이 그것이다. 즉 러시아가 의화단 사건을 계기로 실제로 만주 전역을 점령하자 다급해진 일본은 다시 만한교환론을 들고 나와[3] 돌파구를 마련하고자 한 것이다.[4] 일본의 입장에서는 지금의 상황에서라면 일단은 러시아로 하여금 기왕의 만주 점령을 인정하고, 조선만이라도 자신들이 우위권을 확보하겠

---

3) 니콜라이 2세의 황제 대관식이 아관파천 시기인 1896년 5월에 있었다. 이때 일본에서는 야마가타 아리토모가 특명전권대사로 참석하였는데 당시 일본은 러시아에게 한반도 분할을 제기했으나 거절당한 바가 있다(『미래한국』 565호, 2015.9. http://www.futurekorea.co.kr/news/articleView.html?idxno=30145).

4) 김용구, 『세계 외교사』, 서울대학교출판부, 2004, 350쪽.

다는 전략이었다. 그렇게 하는 것이 가능할 것이라고 판단한 것이다.

그러나 러시아의 입장에서는 전혀 그렇지 않은 것이었다. 러시아가 만주를 점령한 것은 니콜라이 2세가 극동지역에 대한 확고한 진출을 목표로 하는 것으로 장차 만주와 인접한 한반도를 자신들의 영역권 하에 두려고 하는 것으로 당시 국제적 역학관계에서도 일본의 눈치를 살필 상황은 아니었다. 일본 혼자의 힘으로써는 러시아를 도저히 상대할 수 없었던 것이다.

따라서 러시아는 일본에 대해 만주 점령은 기정사실로 하고 조선을 중립화할 것을 일본에게 요구하였다. 러시아로서는 만주를 배타적 영역으로 하기 위해서는 인접지역인 조선을 중립화 지역으로 할 필요가 있었던 것이다. 이렇게 되자 주중공사 코무라와 외상 아오키[5] 등은 滿韓交換論이 비현실적임을 깨닫고, 만주문제와 조선문제가 별개가 아니라 하나의 문제임을 인식하게 된 것이다.

여기서 일본 국내에서는 이 문제를 둘러싸고 양론으로 나뉘게 된다. 러시아와의 협상을 끝까지 주장하는 그룹과 러시아와의 협상이 결코 성공할 수 없으며, 러시아에 대항할 수밖에 없다는 주장이 강력히 부상하고 있었던 것이다.[6] 일본 국민들이나 일본의 강경주의자들은 청일전쟁 승리 후 러시아 주도의 삼국간섭에 의한 굴욕과 분노가 좀처럼 수그러들지 않고 있었던 것이다. 그 분노 표출의 한 예가 조선 왕후 시해였던 것도 여러 번 언급되었다. 거기다 제1차 야마가타 내각(1889.12.24.~1891.5.6.)이 들어서면서 수상 야마가타는 제1회 제국의회에서 '利益線'과 '主權線'을 언급하면서 일본의 궁극적인 목표를 분명히 선언한 바 있고, 이후 그것은 일본 정부나 민

---

5) 아오키 슈조[靑木周藏, 1844~1914]: 야마구치현. 외교관, 외무대신(3회), 자작. 대한 및 대러 강경파로 한반도 진출을 주장하고 러일전쟁 후는 대륙진출을 추진. 특히 오쿠마 피습 사건(1888년) 이후 제1차 야마가타 내각의 외상이 되어 조약 개정에 매진하여 불평등 부분을 개선. 1900년 의화단 사건 시에도 외상으로 코무라 공사와 적극적 개입을 시도(일본 국회도서관, 「近代日本人の肖像」).

6) 김용구, 위의 책, 351쪽.

간 우익 단체들에게도 공히 일본의 나아갈 지표로 깊이 각인되어 왔던 것은 앞서 보았다. 그에 대한 야욕이 청일전쟁을 필두로 노골화되고 있었음도 주지의 사실이다. 다만 이런 상황임을 알고 있는 대러 협상파들은 일본이 러시아를 상대하기에는 아직 이르다는 것이었다.

한편 대러 강경파들은 주로 무력을 수단으로 하는 야마가타係의 사람들로 군부와 외교 인사들로서 야마가타, 카츠라, 코무라(야마자도 물론) 등이고, 협상파는 이토와 이노우에 등이었다. 이렇게 대립하던 차에 이토 내각은 1901년 5월, 재정 방침에 관하여 각료 간 대립으로 마침내 와해되고, 동내각에서 잠시 육군대신을 맡고 있던 카츠라가 새로운 내각을 조직했다.[7] 이렇게 성립된 제1차 카츠라 내각은 야마가타계 사람들이 주축이 되어 1901년 6월 2일에 성립되었다.

이 내각은 일찍부터 러시아와의 一戰을 착착 준비해왔던 해상 야마모토 곤베와 육상 코다마 겐타로가 전 내각에서 그대로 유임된 채 몸집이 작은 내각으로 출범했다. 새로 대신이 된 대부분이 내무성 출신의 야마가타방 관료였다. 세상은 "제이류 내각"이라고 야유를 보냈다. 외상에는 중국에서 의화단 사건을 마무리하고 귀국한 코무라 쥬타로가 9월에 취임하게 되었다. 현역 육군 대장인 수상 카츠라 외 각료들을 보면, 육군과 해군은 유임, 육군대신은 처음엔 코다마였으나 1902년 3월부터는 야마가타의 직계인 테라우치 마사타케가 취임했다. 농상무대신으로 임명된 히라타 토스케[8]는 대표적인 야마가타계 관료로 분류된다. 사법대신 키요우라 케이고[淸浦奎吾]는 경찰 출신으로 야마가타가 내무경일 때부터 총애하던 인물이다. 이 사람은 독도침탈 당시 농상무대신을 맡는다(후술). 코다마 켄타로는 내무대신으로 옮

---

7) 外務省 編, 앞의 책, 198쪽.

8) 히라타 토스케[平田東助, 1849~1925]: 야마가타현. 관료, 정치가. 야마가타계 관료의 유력자. 제1차 카츠라 내각의 농상무상. 하이델베르크대학에서 일본인 최초 박사학위 취득(일본 국회도서관, 「近代日本人の肖像」).

졌다가 전쟁이 임박한 1903년 10월 참모차장을 자원하여 맡아 전쟁 준비에 박차를 가한다.

이렇듯 수상을 비롯한 외무성과 군부가 모두 러시아와의 개전을 찬성하는 사람들로 꾸려진 것이다. 즉 야마가타가 추진하는 대륙팽창정책을 이어가는 내각인 것이다. 이들의 면면을 보더라도 향후 대륙정책의 향방은 충분히 짐작할 수 있다. 이 내각의 가장 중요한 임무는 한반도에서의 확실한 우위권 확보와 만주의 권익 확보를 위한 러시아 세력 제거인 것이다. 결국 이를 위해서는 일본 단독으로는 불가하므로 동맹국이 필요한데 그것은 당시 세계 최강국인 영국을 선택하여 동맹을 맺는 일이었다. 이제 이들이 해야 할 일은 英日同盟과 그를 통해서 다시 한번 힘의 균형을 통한 러시아의 양보를 받아내든지, 아니면 코무라가 일찍이 예측했던 그리고 의화단 사건을 겪으면서 세밀히 살핀 결과에 따른 대러 일전을 하든지 그 두 가지 방법만 남은 것이다.

그렇다면 여기서 당시 영국의 입장은 어떠했는지 살펴보기로 한다. 영국은 그간 오래도록 '영광의 고립' 정책으로 세계를 선도해왔으나 19세기 말에 이르러 세계 도처에서 열강과 충돌하였다. 게다가 보어전쟁(Boer War)[9]을 통한 영국의 잔혹함을 계기로 확산된 전 세계로부터의 反英 무드와 영국 군사력의 재검토 등으로 인해 동맹국을 찾지 않을 수 없는 처지가 되었다. 더욱이 전 세계에 걸쳐 대립하고 있는 러시아가 극동지역 패권을 노리고 만주 전역을 점령하고 철수하지 않고 있는 상황은 더 이상 영광의 고립 원칙으로는 해결이 불가능한 시점에 이른 것이다.

이런 상황의 영국에서는 동북아 문제에 대응하기 위해 새로운 파트너로

---

9) 보어전쟁(Boer War, Anglo Boer War) 또는 앵글로 보어전쟁은 아프리카에서 종단 정책을 추진하던 대영 제국과 당시 남아프리카지역에 정착해 살던 네덜란드계 보어족 사이에 일어난 전쟁이다. 1차 보어전쟁(1880~1881년)과 2차 보어전쟁(1899~1902년)이 있다(김용구, 앞의 책, 351~352쪽).

선택한 것이 일본이었다. 영국은 앞서도 보았지만 의화단 사건 발생 전에 이미 영국 내에서 일본과의 동맹이 거론되었고, 체임벌린이 카토 공사에게 그와 관련하여 일본과 협력할 의사를 비친 바 있었다. 여기서 일본과의 동맹을 특히 주장한 것은 해군이었다. 랜스다운 외상을 비롯한 외교관들도 일본과의 동맹을 찬성하고 나선 것이다.[10]

따라서 일본 역시 對러시아 문제를 자력으로는 도저히 담판이 불가하고, 호의를 가진 강력한 동행자(조력자)가 절실히 필요한 상황이었던 것이다. 이러한 국제정세의 변화를 일찌감치 내다보고 카토 공사 아래에서 근무하던 야마자 3등 서기관은 영일동맹의 가능성에 관한 연구를 통하여 의견서까지 제출했던 것[11]은 앞에서 보았다. 동아시아를 둘러싼 세계 대세가 영일동맹을 가능하게 하는 시대가 마침내 도래한 것이었다.

이리하여 1900년 10월 취임한 카토 타카아키[加藤高明] 외상은 하야시 타다스[林董][12] 주영공사로부터 영국의 움직임에 대한 보고를 받고 당시 주중공사로 의화단 사건에 대처하고 있던 코무라 쥬타로에게 의견을 구했다. 코무라는 찬성과 그 이유를 답신해 왔다. 그래서 카토는 영국 정부의 의

---

10) 김용구, 앞의 책, 351~352쪽.

11) 長谷川峻, 53쪽.

12) 하야시 타다스[林董, 1850~1913]: 치바현 출신. 외교관. 자작. 1866년 영국 유학을 갔으나 메이지유신 발생으로 소환, 이 때 영국에 발이 묶였으나 시부사와 에이이치의 주선으로 귀국. 영어 실력 덕분에 1871년 이와쿠라 사절단 통역관으로 선발, 이때 이토와 알게 됨. 후일 외상이 되는 무츠 무네마츠의 권유로 외무성에 입성. 1891년 외무 차관으로 1892부터 외상이 된 무츠를 보필하여 조약 개정에 진력. 청일전쟁의 처리와 삼국간섭의 대응에 주력, 5월에 청나라에 특명전권공사로 부임. 주러 공사 역임. 주영공사로 영일동맹 체결에 주력, 1905년 영일동맹을 갱신하고 이를 계기로 주영 공사관은 대사관으로 승격되고 하야시는 최초의 일본인 주영대사가 됨. 외상(제1차 사이온지 내각: 1906~1908). 정치적으로는 야마가타 아리토모, 이토 히로부미, 카츠라 타로와는 대립적. 그 라인의 외교관인 아오키 슈죠와도 대립 (A.M. 폴립 엮음, 신복룡·나홍주 역,『하야시 다다스 비밀회고록』, 건국대학교출판부, 2007, 17~35쪽; 일본 국회도서관,「近代日本人の肖像」등을 참조로 작성).

향을 탐지하라고 하야시에게 電訓(전보 훈령)한 것이다. 이것이 1901년 4월 16일의 일이었다. 이 전보에 의해서 주영공사 하야시는 맹렬하게 활약했다. 한편 일본 내에서는 6월 이토 내각이 재정문제에서 각내의 통일을 이루지 못해 사직, 이른바 '러일전쟁내각' '독도침탈내각'이라 할 수 있는 제1차 카 츠라 내각[13]이 들어선 것이다. 외무대신에는 북경공사를 지낸 코무라 쥬타 로가 이렇게 하여 취임한 것이었다. '생쥐 공사'라고 불린 작은 체구지만 동 아의 풍운과 세계의 대세를 예리하게 파악하고 있던 코무라는 北京에서 귀 국하여 9월 하순 외상에 취임한 것이다.

코무라는 그 전 주러공사로서 러시아 극동정책에 관한 연구를 통하여 러 시아와의 친교 제휴나 극동의 항구 평화는 도저히 一戰을 한 후가 아니면 기하기 어렵고, 그것은 결국 영일동맹을 맺지 않으면 불가능하다[14]고 판단 했다. 영일동맹에 대한 코무라의 생각은 1901년 12월에 카츠라 수상과 야 마가타 등의 원로가 출석한 회의(1901.12.7. 장운각 회의)[15]에서 제시된 의 견서에서 살필 수가 있다. 코무라는 러시아로 하여금 만주철병 요구에 응하 게 하기 위해서도, 한국에서 일본의 권익을 擴大하는데 있어서도 영일동맹 이 유효하다고 논하며 그 필요성을 호소했던 것이다.[16] 그런 코무라가 이 를 위해 대영 제국에게 오랜 세월 영광의 전통 있는 孤立外交政策을 버리 게 해야 한다고 하는 군은 신념을 가지고 있었기에 취임한 다음 달인 10월 초순 런던의 하야시 공사에게 영일동맹을 교섭하라고 명했던 것이다.[17]

당시의 카츠라 내각은 차관내각, 단장(緞帳)내각[18] 등 세간으로부터 멸

---

13) 러일전쟁 내각.
14) 이는 한반도를 전쟁터로 만들 수밖에 없다는 것으로 이때부터 한반도의 운명은 일 본제국의 당면한 사냥감으로 전락하면서 독도의 운명은 러일전쟁의 소용돌이에 휘 말려 들고 있었다.
15) 카츠라, 야마가타, 이토, 마츠카타 등 수상 외 3명의 원로가 참석하여 이토의 소극 적 자세가 있었으나 결론은 동맹 체결을 하기로 함.
16) 佐道明廣, 小宮一夫, 服部龍二 編,,『近代日本外交史』, 吉川弘文官, 2009, 149쪽.
17) 長谷川峻, 53~54쪽.

시를 받고 있던 터라, 코무라는 친구들의 만류가 있었으나 '본인은 내각이 3개월이라도 계속된다면 그 사이에 반드시 해두어야 할 것이 있다'며 단호히 입각했다. 하지 않으면 안 되는 것이란 바로 영일동맹에 관한 것이었다.[19] 오래도록 품고 왔던 러시아와의 일전을 통한 일본의 대륙팽창에 대한 코무라의 신념은 확고했다. 이것은 그대로 야마자의 결심이었고, 이에 따라 그의 파트너로 젊은 야마자를 정무국장으로 발탁한 것임은 이미 언급하였다. 이리하여 코무라=야마자 콤비가 전쟁 준비의 제1 단계로서 골랐던 것은 영일동맹 체결을 위한 전력 집중, 즉 개전외교(開戰外交)였던 것이다.

2) 이토의 러시아 방문과 동맹 체결

여기서 잠시 당시 일본의 군부가 러시아에 대한 대응 태도를 엿볼 수 있는 사건 하나를 간단히 살펴보고자 한다. 의화단 사건 이후 일본과 러시아의 대립이 점차 격화되어 가고 있음은 보았다. 그 대응책으로 영일동맹이 체결되던 바로 그 달인 1902년 1월에 아오모리시[靑森市] 산악지역에서 눈 속 훈련 중이던 일본군 1개 대대가 혹한으로 210명 중 199명이 凍死하는 전대미문의 사건인 八甲田雪中行軍遭難事件(이하 핫코다산 사건)이 발생했다.[20] 전시가 아닌 평시에는 상당히 이례적으로 발생한 대규모 참사였다. 일본 군부는 러시아와의 전쟁을 대비한 전쟁계획을 카와카미 참모차장이 참모총장이 된(1898) 이후 이미 수립하기 시작했고, 그 중 홋카이도를 거쳐

---

18) 무대내각, 즉 허수아비 내각이란 의미.

19) 長谷川峻, 54쪽. 코무라와 야마자는 일본의 대륙진출(침략정책)을 위해서는 러시아와의 일전(삼국간섭 이후 일본의 대세)은 불가피하다고 보고 있었기에 영일동맹 체결은 두 사람에겐 제1순위 과업이었을 것이다. 따라서 멸시 받는 카츠라 내각일지라도 여기서 반드시 해야 할 일을 해야겠다는 굳은 결의가 결국은 한일병탄으로까지 이어지는 결정적 교두보를 마련한 것이다. 동맹 체결 이후에는 개전 여론 형성과 승리를 위한 총력전이 기다리고 있다.

20) 日本近現代史辭典編纂委員會 編, 『日本近現代史辭典』, 東洋経濟新聞社, 1978, 559쪽.

혼슈 북부로 침공해오는 러시아군의 남하에 대한 방어 작전이 그 계획에 포함된 훈련이었던 것이다.21) 러시아와의 전투가 혹한에서 이루어질 것을 대비한 것이기도 했다. 실제로 일본 군부 내에서는 청일전쟁 이전부터 청과 러시아와의 전쟁은 일어난다는 소문이 유행하고 있었다.22) 일본 군부와 군대 내의 상황은 이러했던 것이다.

이렇듯 군부와 정치 및 민간의 동향 등을 종합적으로 판단하고 있는 코무라 외상의 적극적 명령에 의해 런던 주재 하야시 공사는 영국 외상 랜스다운과의 사이에 착착 예비 상담을 진행하고 있었다.

그런데 동맹 교섭의 문제를 두고서 일본 내부에서는 앞서 본 것처럼 러시아와의 협상을 고수하는 원로 정치인들이 있어 의견 통일이 되고 있지 않았다. 이토와 이노우에가 그에 해당했다. 그런 와중에 이토에게 마침 미국 하버드대학에서 명예교수 칭호를 수여하고 싶으므로 증정식에 참석해주었으면 한다는 신청이 들어왔다. 그렇지 않아도 러시아와 직접 담판을 꾀하던 이토는 이 기회에 러시아를 방문, 宿志인 러일 협상에 대해 러시아의 의향을 직접 타진하려고 계획을 세웠다.

이토의 출발이 가까워졌기에 수상 카츠라는 미타[三田]23)에 있는 자신의 저택에서 송별연을 열어 야마가타, 이노우에 두 원로도 함께 초대했다. 이 자리에서도 역시 종전의 의견 대립이 그대로 확인되는 것에 불과하였다. 카츠라와 야마가타는 이토가 이번 미국행의 길에서 러시아를 방문하여 여느 때와 달리 희망을 품고 최후 담판을 하겠다는 것을 막을 수는 없는 노릇이었다. 그것이 일본이 원하는 대로 조선에 대해 러시아가 양보한다면 전쟁을

---

21) 近代 登山史의 세계 최대급의 산악 조난 사고이다. 아오모리시 남쪽에 있는 산으로 일본의 100대 명산 중 한 곳이다. 최고봉인 오다케[大岳]는 해발고도 1,584m이다. 이 주변은 세계에서도 손꼽히는 폭설지대이다.
22) 淸水克之, 『豪快痛快 世界の歷史を変えた日本人—明石元二郞の生涯』, 櫻の花, 2009, 32쪽.
23) 미타[三田]는 도쿄토 미나토 구내의 한 지명(東京都港區の町名).

피할 수 있어 그보다 더 좋을 수는 없겠지만 두 사람은 그건 불가능하다고 보는 것이다. 이토가 원하는 건 일본이 청일전쟁에서와 같은 희생을 줄이고, 얻을 바를 취하자는 것이 궁극적 목표임을 이들도 잘 알고 있다. 또한 영일동맹 체결 문제에 있어서도 종래 이토의 동의가 없으면 곤란하다는 것도 잘 알고 있는 처지다. 더욱이 아무런 관명도 없이 오로지 개인 자격으로 방문하는 것이라 정부가 행할 정책이 이토의 방문에 의해 완전히 봉쇄되는 것도 아니다. 이리하여 이토는 미국행을 단행하게 되는 것이다.[24]

한편 이토가 의화단 사건이 종결된 9월[25]에 미국으로 떠난 후 영국에서는 일본과 동맹에 관한 교섭이 진행되기 시작했다. 코무라가 취임 후 곧장 주중 하야시 공사에게 교섭 명령을 내리자 하야시는 10월 16일 랜스다운 외상과 최초의 공식 회담을 가졌다. 회담 이후 랜스다운 외상은 일본과의 동맹 초안을 작성하여 내각 심의에 부쳤으나 심의하지 않았다. 영국은 일본과의 교섭을 하면서 이것이 러시아에 미치는 영향과 러시아가 영국에 무엇을 줄 수 있을지 탐색하는 것이었다.

그러나 영국은 러시아로부터 받은 것이 별로 없자 러시아와의 계속 접촉은 중단한다는 결정을 내린 것이다. 그리고 11월 초 영국은 동맹에 관한 영국 초안을 하야시 공사에게 제안했던 것이다.[26] 결국 공식적으론 영일동맹의 제안은 영국이 먼저 한 셈이다. 그리고 영국은 이때 이미 이토의 미국행을 주시하고, 그것의 진짜 목적은 러시아 방문에 있다고 하는 것도 미루어 알고 있는 일이었다. 자신들이 일본과 교섭하면서 러시아와도 교섭한 것처럼 일본도 그렇게 하고 있었던 것이다.

그런데 영국이 제안한 것에 대해 일본이 그 회답을 계속 지연시켰다. 영국이 이토의 행보를 보고 일본의 다른 의도가 있는 것이 아닌가 하여 영국

---

24) 長谷川峻, 56~57쪽.
25) 9. 18일 출발(一又正雄 編著, 220~230쪽).
26) 김용구, 앞의 책, 353쪽.

이 오히려 조바심 내는 상황이 된 것이다. 이러한 상황에서 코무라는 병중인 까닭에 대리로서 야마자 정무국장을 도쿄 주재 맥도날드 공사에게 보내 그 지연 이유를 설명하게 한 것이다. 야마자는 다음과 같이 그 까닭을 설명했다. "동맹 문제의 지연은 외상의 병중과 수상 이하 각료 다수가 육군의 추계 특별대연습에 참석하여 수도에 없는 까닭이고, 이토의 러시아 체재와는 전혀 관계없으며, 이토의 러시아행은 사적인 동시에 비공식적인 성질의 일로 정부를 대표하여 회담할 어떠한 권한도 갖고 있지 않다. 정부는 영국의 제안에 대해 대체로 이의는 없지만 동맹은 우리나라로서 외교의 새 출발로 국가의 중대사에 속하는 것이므로 그 고려에 다소 시일을 요하는 것은 어쩔 수 없다"[27] 라고 한 것이다. 야마자의 외교력을 엿볼 수 있는 대목이다.

이렇게 상황 전개가 되고 있는 가운데 도쿄 정부는 런던의 하야시 공사에게 전훈령을 보내, 즉시 프랑스로 가서, 이토 공작을 만나 교섭에 관한 상세한 사정을 말하고 협의하라고 했다. 그 결과 이토는 대강의 뜻에 대해서는 동의하나 상세한 것은 추후 베를린에서 연락한다는 답신으로 최종 결정은 보류하였다. 그런데 베를린에는 이노우에 후작의 조카 이노우에 카츠노스케[井上勝之助][28]가 공사로서 주재하고 있었다. 앞에서 보았듯이 이노우에 후작도 이토와 같이 영일동맹을 반대하는 바였다. 그리하여 베를린에서 온 이토의 전보는 영일동맹 조약 각항의 결점을 적시하여 결국 그 안 전체에 대해 불찬성을 표명해 왔다.

이렇게 되자 코무라 외상은 말할 필요도 없고, 수상 카츠라 공작도 딱 막혀 버렸다. 여기에서 두 사람은 신중히 상담한 결과 지금으로선 천황의 재결을 구하는 수밖엔 도리가 없다고 결정, 두 가지 안(兩案)을 가지고 어전

---

27) 長谷川峻, 58쪽.
28) 이노우에 카츠노스케(1861~1929): 이노우에 카오루의 조카. 외교관, 정치가, 귀족원 의원, 후작. 조약개정에 진력함.

에 들러 관계문서를 제출했다. 천황은 두 대신이 주장하는 바와 함께 이토 공작의 두 전보를 통독 후 이르기를, "이토의 파리 전보는 대강으로는 찬성이라고 말하고 있는 데 반해, 베를린에서의 전보는 결국 반대하는 것으로 되어 있다. 이 두 전보는 전적으로 모순이다. 그렇다면 이렇게 된 바에는 유럽과 일본과의 사이에 전보가 往復했다고 해서 결국 요령을 얻지 못하고 끝나고 있다. 앞으로는 무익한 노고를 할 필요는 조금도 없네. 경들은 본 일의 책임자이다. 마땅히 경들이 믿는 바에 따라 진행하는 것이 옳다고 해야 한다"[29]

이것으로 사안은 확실히 정리되었다. 즉 이것은 메이지 천황 역시 러시아와의 일전이 불가피함을 잠재적으로 인정한 것으로 일찍이 청일전쟁 전에도 이러한 대륙침략의 의지를 표명한 모습을 보인 바도 있다.[30] 그는 아울러 삼국간섭 이후 미우라 공사의 지휘 하에 명성왕후를 시해하고 재판에서 면소로 풀려난 후 도쿄에 도착한 미우라에게 시종관을 보내 치하하기도 했다.[31] 명백한 의지를 가진 그는 대러 개전 전과 후의 태도에서 일관된 모습을 보였음은 한국병탄 등으로도 주지의 사실이다. 주권과 통치권이 천황에게 있는 메이지헌법 하의 천황의 대권은 불가침인 것이다. 일본의 흥망이 러시아와의 일전에 달려 있음을 여러 가지 채널을 통해서 숙지하고 있을 천황이 평소 극히 신뢰하는 이토의 신중론이 아니라 개전론에 손을 든 것은 동맹 이후 보다 확연해지는 군인, 외무성 관료, 민간낭인 등 개전을 열망하는 모든 대러 개전 세력들에게 날개를 달아준 것이었다. 동시에 그의 의지를 확고히 천명한 것이다.

천황의 이러한 결정으로 인해 일본은 결국 군국주의 국가로 향하는 첫

---

29) 長谷川峻, 58~59쪽.

30) 천황은 1892년 제4회 제국의회에서 軍艦新造費全額削減案을 둘러싸고 야당과 정부가 대립할 때 메이지 천황이 6년간 내탕금 30만 엔을 내주어 군함 건조비에 충당한다고 하여 해결한 바 있다.

31) 허지연, 『키쿠치 겐죠, 한국사를 유린하다』, 서해문집, 2015, 4~5쪽.

발판을 만든 것이다. 그것은 종래 일본 패망으로 가는 결정적 오판이었던 셈이다. 유럽에서 근대화를 이룬 국가들이 모두 일본과 같은 길을 밟은 것은 아니다. 아마도 이토는 이런 점을 깊이 경계하였는지도 모른다는 것이 필자의 생각이다. 그만큼 이 사안은 일본사는 물론 동아시아사에서 매우 중대한 결정이었다고 하겠다.

아무튼 이 결정으로 카츠라 공작도 코무라 외상도 즉시 조인의 절차로 나아간 것이었다.[32] 이리하여 영일동맹은 1902년 1월 30일 하야시와 랜스다운에 의해 조인, 2월 11일 세계에 공표했다.[33] 전문 6개 조항과 별도로 해군 협력에 관한 각서를 교환했다. 교환각서는 비밀에 부쳤다. 이로써 러일 양국의 전쟁 서곡은 마련되었다. 일본은 영국과 러시아의 세계 정치적 대립에 마침내 끼어들게 된 것이다.[34] 게다가 공표일인 2월 11일은 일본의 초대 천황인 진무천황의 즉위일('기원절')이자 '대일본제국헌법 공포일'과 같은 날로 택일함으로써, 일본이 청일전쟁의 승리로 아시아의 최강국 반열로 부상한 후 세계열강으로 진입하는 새로운 기원을 세우는 날임을 상징하는 듯하다.

2. 동맹 체결 후의 정세 변화

1) 러일의 대립 격화

러시아 주도에 의한 삼국간섭 이후 러일의 대립은 본격화되었다고 할 수 있다. 일본의 대륙팽창 야욕과 1891년 러시아의 시베리아 철도 착공을 본격

---

32) 이들은 애초부터 러시아와의 일전을 전제로 하여 성립한 내각, 즉 전쟁내각인 것이다.
33) 長谷川峻, 59쪽.
34) 김용구, 앞의 책, 355쪽.

적인 신호로 한 극동 진출은 필연적 충돌을 전제하고 있었다. 그럼에도 불구하고 양자는 조선에서 각각의 이익을 위해 타협을 시도했다. 그 결과 체결된 것이 1896년 5월 4일의 베베르 - 코무라 협약(the Weber - Komura Agreement)과 6월 9일의 로바노프 - 야마가타 협약(the Lobanov - Yamagata Agreement)이었다. 이 두 조약이 맺어진 이후 일본은 조용해졌다.

그런데 1898년 러시아가 여순항 획득을 모색할 때 일본이 강한 불만을 갖는 것은 당연했다.[35] 청일전쟁 승리로 요동반도를 취하려던 것을 러시아에 의해 좌절되었기에 그 불만은 강할 수밖에 없었다. 당시는 군사적 해법을 피하고 평화적 접근을 추구하는 이토 정부가 집권하고 있었다. 러시아의 외상인 무라비에프도 비슷한 태도를 보여, '여순항 우선' 정책을 취하고, 조선문제에서 일본에게 '전진정책'을 양보하겠다는 태도를 보였다. 이토는 이러한 러시아의 입장에 찬동했다. 그리고 일본은 이때 '滿朝交換論', 즉 만주와 조선을 교환한다는 원칙을 정했다.

그러나 러시아 군부가 강력히 반대하였다. 연해주의 안전을 우려하여 조선에서의 어떠한 양보도 일본에게 할 수 없다는 것이었다. 러시아가 거부한 것이다. 이에 일본은 수정하여 만주에 대해서는 전혀 언급하지 않고 조선에서 일본과 러시아 간 권리의 균형을 재확인하는 정도로 맺은 것이 1898년 4월 25일의 니시 - 로젠협정(Nishi - Rosen Protocol)이다.[36] 이것은 결국 일본이 추구한 만주 교환정책의 실패를 의미하는 것으로, 국민의 분노를 자아냈던 것이다. 이로 인해 대러 개전 여론이 확산되기 시작하는 바는 후술한다.

이리하여 러시아는 결국 의화단 사건을 계기로 만주 전역을 점령, 그에 대한 대응으로 미국의 지원 하에 영일동맹이 체결되자 러시아는 깊은 관심을 보이기 시작했다. 그리하여 러시아에서는 일본에 대해서 계속 강경 태도

---

35) 강성학, 『시베리아 횡단열차와 사무라이-러일전쟁의 외교와 군사전략』, 고려대학교 출판부, 2008, 280~281쪽.
36) 강성학, 위의 책, 282~283쪽.

를 취할 것이 아니라 신중하고 온건한 태도를 취할 필요가 있다고 주장하는 그룹이 강력하게 대두했다. 시베리아 철도 건설의 제일 주역이었던 비테[37])를 비롯한 온건파[38])의 주장에 따라 러시아군의 만주 철병을 세 차례에 걸쳐 행할 것을 결정했다. 1902년 10월 8일을 1차 철병 기한으로, 이어서 6개월씩 간격으로 1903년 4월 8일까지 2차, 1903년 10월 8일까지 3차로 하여 모든 병력을 철수하기로 했던 것이다. 그러나 실제는 1기 철병만 이행하였을 뿐 나머지는 이행하지 않았을 뿐만 아니라 오히려 강경파가 다시 등장하여 청국 정부를 향해 만주를 사실상 러시아의 보호 밑에 두려고 하는 소위 '7개항' 요구를 하기까지 했다. 물론 이는 청국의 거절로 무산되었지만[39]) 러시아의 본심이 철군에 있지 않았음이 더욱 명백해졌다. 이것이 영국이나 미국은 물론 일본을 강하게 자극했음은 물론이다.

이즈음 러시아는 새로운 동북아 정책 노선을 취하게 되는데, 이는 온건파가 물러가고 강경파가 대두하여 황제 니콜라이 2세의 신임을 얻게 되면서부터이다. 이들 강경파가 러시아의 적극적인 만주 진출을 주장함으로써 2기의 철병을 완강히 반대했던 것이다. 러시아 정부는 1903년 4월과 5월에 두 차례의 중요한 어전회의를 통해 새로운 동북아 정책 노선을 결정했다. 이는 매우 모험적이고 일본과의 대결을 전제로 한 것이다. 즉 만주 전역을 러시아의 정치, 경제적인 세력 범위 하에 두어야 한다는 만장일치의 결정이었다.[40])

그와 함께 더욱더 일본을 자극하는 사건이 발생했다. 다름 아닌 러시아의 용암포 점령 사건이다. 일찍이 러시아는 1896년 압록강 유역의 삼림벌채권을 손에 넣고, 1903년 5월에는 삼림벌채권과 그 종업원들을 보호한다는

---

37) 이무열, 『러시아 역사 다이제스트 100』, 가람기획, 2009, 252쪽.
38) 비테 장상, 람스도르프 외상, 쿠로파트킨 육상이 그들이다. 쿠로파트킨은 원래 강경파였으나 영일동맹 후 그 태도를 바꾸었다.
39) 김용구, 앞의 책, 432쪽.
40) 김용구, 위의 책, 433쪽.

구실로 군대를 보내 한국-만주 국경의 요지인 용암포를 점령했다(용암포 사
건). 이어서 자국민 40명을 거주하게 하고 포대를 설치한 다음, 8월에 대한
제국 정부와 租借條約까지 체결하여 군사기지로 사용하려 했다. 그러나 영,
미, 일의 반대에 부딪혀 실현되지 못했던 것이다.[41] 이렇게 되자 일본은 開
戰을 통해서라도 러시아를 타도해야 한다는 여론이 더욱 비등해졌다. 앞서
도 보았지만 영일동맹 체결의 최종 결정은 이토 등의 완강한 반대가 있었
으나 결국 천황에 의해 이루어진 것이므로 관계 당사자들이 추구하는 '대륙
정책'의 정당성은 확고한 근거를 갖게 되는 것이다. 따라서 악화되는 러일
간의 대립은 전쟁을 향하여 달리는 브레이크 없는 기관차처럼 폭주하기 시
작한 것이다.

2) 민간에서 고조되는 對露開戰論

청일전쟁의 승리에 의한 놀람과 후련한 기쁨도 잠시, 삼국간섭이란 열강
의 개입에 의해 그 기쁨은 곧바로 러시아에 대한 분노로 바뀌었다. 이러한
러시아에 대한 분노가 두려움 속에서도 팽배했지만 민간 낭인 그룹들은 보
다 적극적으로 대응했다. 그들은 장차 러시아를 일본이 물리쳐야 할 적으로
확실히 간주하고 그 준비를 행동으로 옮긴 것이다. 겐요샤를 중심으로 뒤에
서 진중하게 움직이는 지도부는 별도로 하고, 우선 우치다 료헤이를 살펴
본다.

그는 겐요샤의 지도부와 참모차장 카와카미 소로쿠 사이에 이미 협의된
청일전쟁 단서를 열기 위해 텐유쿄[天佑俠] 단원들과 함께 활약하면서 조
선의 정세를 약관 20대에 파악하고, 전쟁에서 승리하고도 열강의 간섭으로
일본이 피로 얻은 요동반도 등을 내주어야 하는 상황을 목격하고 조선침략
의 최대 걸림돌인 러시아를 제거해야 한다는 생각을 일찌감치 정하고 있었

---

41) 김용구, 앞의 책, 434쪽.

다. 1891년 시베리아 철도를 착공하고 착착 극동진출을 본격적으로 꾀하는 러시아와 일본의 대륙팽창 야욕은 충돌할 수밖에 없는 숙명의 관계가 된 것은 앞서 보았다. 그리고 청일전쟁 후 삼국간섭으로 러시아에 의한 조선으로의 진출이 방해받자 장차 대러 보복의 장도를 품고 블라디보스톡 방면에서 시베리아를 횡단하여 러시아에 들어간 우치다 료헤이[內田良平]가 1898년 귀국하여, '동아의 영원한 평화를 확보하기 위해 러시아와 싸워야 하며, 싸우면 일본이 이긴다'고 질타하듯 외쳤다. 젊은 대륙낭인들이 앞장 선 것이다.

이어서 그는 보다 적극적인 행동을 취하기 위해 겐요샤의 해외공작 조직인 코쿠류카이[黑龍會] 발대식을 1901년 2월 3일 도쿄 칸다[神田][42])의 錦輝館에서 거행했다. 코쿠류카이[黑龍會, 1901~1946]는 玄洋社의 해외공작 단체로 우치다 료헤이, 요시쿠라 오세이, 다케다 한시 등 天佑俠에 가담했던 사람들이 일본의 대외 침략주의 이념을 실현하기 위해 조선, 만주, 시베리아에서 활동하고 있던 낭인들을 규합하여 조직한 국수주의 행동단체다. 회명을 '黑龍會'라고 한 것은, 시베리아와 만주 사이를 흐르는 黑龍江(아무르강)을 중심으로 하여 대륙경영의 대업을 이루고자하는 포부를 담고자 하는 데서 유래한다.

초기에는 玄洋社의 폭력적인 요소에 거리를 두는 노력으로 낭인들 외에 내각의 장관과 군부 고위층 관리를 회원으로 끌어들이기도 하였으나, 점차 범죄적인 수단을 동원하였다. 우치다 료헤이가 주간(主幹, 회장), 토야마 미츠루와 스기야마 시게마루는 고문을 맡아 뒤를 살펴주었다.《흑룡》이라는 기관지를 간행하기도 했다. 대러 개전 운동에 앞장섰으며, 개전 후에는 만주의군에 가담하여 활동했다. 또한 육군이 이들 조직을 첩보, 사보타주, 암살 등에 활용했다. 일본 군대의 통역으로 玄洋社 사원들이 동원되기도 했는데, 이들이 黑龍會에도 가담하여 함께 활동하기도 했다. 러일전쟁 시 대첩보 작전(후술)을 전개한 아카시 모토지로 대좌를 지원하기도 하였고, 아

---

42) 칸다[神田]: 도쿄도 치요다 구 북동부 지구의 지명이다. 옛 도쿄시 칸다구.

시아의 불교 세력과 동맹을 맺기도 하는 등 전쟁을 측면에서 지원했다. 특히 우치다 등은 韓國倂呑에 앞장섰고, 이를 위해 一進會를 배후에서 조종하기도 했다.43)

이러한 우치다가 1903년 가을, 삼촌이자 초대 겐요샤 사장을 지낸 히라오카 코타로의 소개로 당시 참모차장인 코다마 겐타로[兒玉源太郎]와 만났다. 그는 러시아와 시베리아 단독 횡단 경험을 통해서 보건대, 군부는 시베리아 철도가 단선인 탓에 수송능력을 매우 과소하게 평가하고 있다고 코다마에게 말했다. 하지만 실제는 그보다 한층 더 크기 때문에 개전과 동시에 철도를 파괴하고, 또한 바이칼 호수에 있는 어선도 파괴해야 하므로 자신의 동지들에게 화약과 자금을 지급해 달라고 대담하기 짝이 없는 제안을 했다. 그 정도로 우익 낭인들은 말과 행동에서 진심으로 적극적이었다.

그 무렵 중국 여행가로 알려져 있는 오고시 헤이리쿠[小越平陸]44)가 러시아 하얼빈에서 유럽식 도시계획에 의해 도시 건설이 착착 진행되고 있는 것을 목격, 北京 공사관 서기관 혼다 타로[本多太郎, 훗날 주독일 대사]에게 보고했다. 곧 공사관 무관 모리타 토시토오[守田利遠] 대위에게 實事를 명령, 과연 러시아는 하얼빈을 유럽식 도시로 만들어 만주 일대를 점령하여 동부 시베리아와 함께 총괄 통치의 중심으로 삼으려는 야심을 품고 있는 것을 간파, 러시아의 만주철도 經營圖까지 첨부하여 참모본부에 제출했다. 그러한 사이에 의화단 사건을 호기로 삼아 러시아가 일시에 왕창 대병력을 파견, 만주 전체를 점령하려고 하는 야심을 여실히 드러냈음45)을 앞에서도 보았다.

---

43) 『東亞先覺志士記伝 上』, 678~679쪽; 강창일, 앞의 책, 178~179쪽; 한국민족문화대백과 등을 참조로 작성.

44) 오고시 헤이리쿠[小越平陸,1866~1929]: 니가타현 출신. 메이지 타이쇼 시대 탐험가. 해군 생활 후 카츠 카이슈로부터 인정을 받고 중국으로 가서 30년 남짓 답파デジタル版 日本人名大辞典＋Plusの解説).

45) 長谷川峻, 60~61쪽.

이런 상황에서 러시아에 대한 강력한 반발과 러시아 응징 여론의 확산을 주도하는 민간단체가 결성되었다. 이미 기존의 東亞會, 同文會, 東邦協會 등 아시아주의 여러 단체들의 연합체인 거대한 우익 단체로 동아동문회(東亞同文會)가 1898년 11월에 결성된 것이다. 이는 러시아의 남하와 대륙낭인들의 대륙진출 발판의 모색과 활동 거점 및 동력체의 필요성에 의해[46] 조직된 정치결사로 半官半民의 아시아주의 국책단체였다. 이것도 역시 다른 우익 단체인 겐요샤나 코쿠류카이[黑龍會]의 해산 과정처럼 연합국최고사령부(GHQ)에 의해 해산될 때까지 대륙침략의 첨병 역할을 했다.

이 동아동문회의 회장엔 공작(公爵)으로 국권주의 정치가인 코노에 아츠마로[近衛篤麿],[47] 간사에 '메이지 3대 기자' 중 한 명인 이케베 키치타로[池辺吉太郞],[48] 역시 메이지 3대 기자의 한 명으로 일본신문사 사장인 쿠가 카츠낭[陸羯南],[49] 사토 히로시[佐藤宏], 아시아주의를 표방하는 정치가인 이노우에 마사지[井上雅二], 상임간사로 서남아시아를 시찰한 타나베 야스노스케[田鍋安之助][50]가 취임했다.

---

46) 채수도, 『일본제국주의의 첨병, 동아동문회』, 경북대학교출판부, 2011, 232쪽.
47) 코노에 아츠마로[近衛篤麿, ,1863~1904.1.1.]: 교토부 출신. 옛날 섭정이나 관백이 될 수 있는 다섯 가문의 첫째 집안 출신. 공작, 정치가, 국권주의자, 아시아주의자. 동아동문서원을 설립. 1900년에는 중국보전(支那保全)과 朝鮮扶植論을 주장. 동아동문회(초대 회장), 국민동맹회, 대로동지회 등을 통해서 국권적 정치 운동을 전개하면서 강력한 대러 개전파로 러시아와 개전에 열정으로 임하였으나 개전 한 달 전에 사망. 후일 총리가 되는 코노에 후시마로[近衛文麿]의 아버지(일본 국회도서관, 「近代日本人の肖像」; 임경석, 김영수, 이항준 공편, 『한국근대외교사전』, 성균관대학교출판부,2012, 52쪽).
48) 이케베 키치타로(1864~1912): 쿠마모토 출신. 언론인. 일본 언론인의 원조로 알려짐. 쿠가 카츠낭[陸羯南], 토쿠토미 소호오[德富蘇峰]와 함께 '메이지 3대 기자'라고 평가.
49) 쿠가 카츠낭(1857~1907): 아오모리현 히로사키시[靑森縣弘前市] 출신. 일본 국민주의 정치평론가. 일본신문사 사장으로 메이지 중기 신문계의 거봉.
50) 타나베 야스노스케(1863~?)는 다른 아시아주의자들과 달리 인도, 아프카니스탄 등 서남아시아를 시찰하고 그 시찰기(『西南亞細亞視察談』, 黑龍會出版部, 1926)를 남

이 단체의 회원으로는 언론인 출신으로 수상을 역임한 이누카이 츠요시[犬養毅],51) 청일전쟁에서 귀신 대령이라고 칭송된 사토 타다시[佐藤正], 전 육군 소장이자 교사 출신 대륙낭인인 나카니시 마사키[中西正樹], '명성왕후 시해에 가담'한 한성신보 주필이었던 쿠니토모 시게아키[國友重章],52) '명성왕후 시해를 주도'한 육군 중장 출신의 미우라 고로 공사, 겐요샤의 히라오카 코타로, 러일전쟁 개전의 급선봉에 선 정치인으로 특히 야마자와 친했던 오가와 헤이키치[小川平吉, 철도상, 중의원 의원 10선 역임], 초대 조선공사를 지낸 하나부사 요시모토[花房義質], 정치가인 오우치 쵸조[大内暢三, 중의원 의원, 東亞同文書院長], 국권주의를 외치는 언론인이자 정치가인 쿠마모토 국권당의 삿사 토모후사[佐々友房] 등이다.

이렇듯 이들 회원들의 면모를 보아서도 알 수 있듯이, 이 조직은 겐요샤의 간부나 동방협회의 거물 정치인 대부분이 참가하는 일본의 실질적인 엘리트 정치단체였다. 여기서 역대 수상만 7명을 배출했다.53) 더욱이 정부가 활동 자금을 부담하도록 하여 외무성 기밀비에서 지급됨으로써 외무성의 의향이 모임 임원 인사에도 반영되었다. 이러한 강력한 힘을 가진 동아동문

기고 있다. 동아동문회 회원들의 관심과 활동 영역을 엿보게 한다. 앞의 이노우에 마사지는 경제적 남진론을 제시하여 동남아 개척 활동과 후일 남미 개척 사업에도 진출.

51) 이누카이 츠요시(1855~1932): 오카야마현[岡山縣] 출신. 언론인, 정치인, 수상(29대). 1932년 불만군부에 의해 암살. 동아동문회 회원. 손문과 중국혁명 지원. 『일본 및 일본인』 등에서 군벌, 재벌 비판을 전개. 우익의 거두 토야마 미츠루와 맹우. 중국진보당 총재, 입헌국민당 총재, 혁신구락부 총재, 입헌정우회 총재(제6대), 외상 등 여러 대신을 역임(일본 국회도서관, 「近代日本人の肖像」).

52) 쿠니토모 시게아키(1861~1909): 쿠마모토현 출신. 신문 『일본』의 기자, 국권주의자, 아시아주의자. 『한성신보』 주필로 명성왕후 시해 가담. 동아동문회, 대러동지회 등 국권주의 단체 참가. 대러동지회 등은 야마자와 개전 여론 확산에 적극 협조로 야마자와도 잘 아는 사이(デジタル版 日本人名大辭典＋Plusの解説).

53) 채수도, 앞의 책, 61쪽과 5쪽; 같은 책 240~257쪽에 동아동문 초기 회원 및 배출된 역대 수상 명단이 수록되어 있음.

회가 개전 여론을 선도적으로 앞장서서 주창하였고,[54] 여기에 야마자의 장인인 코무치 토모츠네도 회원으로 개전을 위한 적극적 활동을 행한다.

또한 외무성의 자금을 받는 단체라는 점을 감안하면 일본의 운명이 걸린 러시아와의 전쟁에 임박해서는 민간과 정계를 두루 포함하고 있는 그 조직력과 영향력이 심대하였을 것임은 넉넉히 짐작할 수 있다. 여기서 흥미로운 것은 앞에서도 큐슈지역의 특성을 살핀 바도 있지만, 동아동문회 회원의 출신지를 기준으로 보면,[55] 비록 전국 각지에서 참여하는 양상이나 특히 쿠마모토와 후쿠오카 사람들(큐슈지역 사람들)이 단연 가장 많다는 점이다. 한반도와 대륙을 향한 그들의 야심을 다시금 엿보게 하는 대목이다.

한편 1898년 러시아가 여순항 획득[56]을 도모하면서 조선에 대해 약간 완화된 태도를 취하자 이토 내각이 이 틈을 이용하여 '滿朝交換論'을 제시했다. 그러자 러시아 군부가 조선에 대해서 한 치의 양보도 없다는 강한 입장을 고집하는 바람에 러시아 정부도 거절했다. 그리하여 일본이 조선문제는 일체 거론하지 않은 채 양보하는 차원에서 '니시—로젠협정'이 체결(1898. 4.25.)되었는데, 이것이 일본 조야의 거센 항의를 받은 바가 있음을 앞에서 보았다. 그것은 결국 만주를 포기하는 것이기에 오래도록 러시아에 대한 복수와 대륙진출을 꾀하는 사람들에겐 도저히 묵과될 수 없는 일이었다.

게다가 러시아는 일본이 놓쳐버린 여순항을 자국이 군항으로 만들어버린 터라 그 분노는 더욱 컸다. 일본이 목표로 하는 것은 한반도 전체를 온전하게 일본이 차지하는 것이고, 그를 발판으로 만주에서 러시아를 축출함으로

---

54) 채수도의 앞의 책 등을 참조로 작성.

55) 채수도, 위의, 63~64쪽.

56) 러시아는 영국과 일본이 여순항을 선점할 것을 우려해 러시아 함대를 보내 1897년 12월 11일 여순항을 점령, 이듬해 3월 27일 청국과 조차조약을 맺어 여순, 대련의 항만과 그 부대(附帶)를 25년간 조차함으로써 여순항을 자국 전용 군항으로 만들었다(최문형, 『국제관계로 본 러일전쟁과 한국병합』, 지식산업사, 2006, 33쪽). 이것이 일본을 크게 자극했음은 물론이다. 이때가 제3차 이토 내각(1898.1.22.~6.30)이 집권하고 있을 때이다.

써 장기적인 대륙팽창정책의 장애물을 제거하는 것이다. 따라서 그들은 러시아가 조선에 손을 대는 것을 용납할 수 없음은 물론, 바로 인접한 만주를 넘보는 것도 좌시할 수 없다는 강한 태도를 취하고 있는 것이다. 즉 조선을 러일 양국에서 분할, 만주를 자기들 수중에 넣으려고 한다는 것은 일본에게 있어선 위험천만인 제안이었다. 이에 대해 코노에 공작을 비롯하여 토리오 코야타[鳥尾小弥太],57) 토야마 미츠루, 네즈 하지메[根津一]58) 등은 맹렬히 반대, 분담해서 정부 요로를 방문하여 단호히 러시아의 제의를 거절하도록 진언했다. 이리하여 '朝鮮分割論'은 무너졌다.

　　이러한 형세에서는 거국일치로 對露政策의 실행에 힘쓰지 않으면 일본의 존립이 위태롭다고 하는 까닭에59) 귀족원 의장 코노에 아츠마로의 동아동문회를 중심으로 귀족원 의원과 憲政本党, 帝國党 등의 중의원 의원, 토야마 미츠루, 이누카이 츠요시, 히라오카 코타로, 토리오 코야타로 대표되는 우익과 대외 강경파 사람들 등 재야 정계의 대표 인물, 언론인, 민간 지사가 참가하여 1900년 9월 24일 국민동맹회(國民同盟會)가 결성되었다. 동맹회는 동아동문회의 정치적 실천 조직으로 행동한 단체였다.60) 회장은 코

---

57) 토리오 코야타(1848~1905): 야마구치 출신. 육군 중장, 정치가, 추밀고문관, 귀족원 의원. 막부 타도 활동에 종사. 1884년, 유신의 공로로 자작. 군 내부에서는 정치적 입장 차이로 야마가타 아리토모, 오야마 이와오와 대립하는 등 반주류파를 형성. 항상 메이지 정부에 맞서는 자세를 관철. 민권운동이나 의회주의를 비판하고 메이지 정부에 반대적 입장을 취하는 등 보수 공정을 제기하고 기관지 『보수신론』을 발행. 그러나 토리오 역시 본문에서 보듯이 대륙팽창정책에는 제국주의 세력들의 뜻과 다르지 않다.

58) 네즈 하지메(1860~1927): 육군 소좌. 교육자. 동아동문회 회원. 군인으로 청일전쟁에 종군하여 첩보활동. 한편 토야마가 위인이라고 칭송한 아라오 세이는 육사 시절부터 인연된 맹우로서 아라오가 설립한 상해의 청일무역연구소 운영에 참여, 동아동문회장인 코노에의 신임을 얻어 상해의 동아동문서원의 초대, 제3대 원장으로 중일 간에서 활동하는 인재의 육성에 힘씀.

59) 長谷川峻, 62쪽.

60) 박훈 외 11인, 『일본 우익의 어제와 오늘』, 동북아역사재단, 2008, 190쪽; 長谷川峻, 62쪽.

노에[近衛] 공작이며, 회원은 야마자의 장인인 코무치 토모츠네, 삿사 토모
후사, 히라오카 코타로, 중의원 의원인 쿠도 유키모토[工藤行幹],61) 중의원
의원인 오타케 칸이치[大竹貫一]62)가 중심이 되어 활약했다. 토야마 미츠
루는 막후로서 드러나지 않게 하고, 한성신보 주필로 명성왕후 시해에 가담
한 쿠니토모 시게야키[國友重章], 국가주의 운동가인 츠네야 세이후쿠[恒
屋盛服]63)는 실제 방면, 군인 출신 교육자인 네즈 하지메[根津一]는 정신적
방면을 담당했다.64)

먼저 국론을 통일하여 '지나 보전'을 목적으로 국민적 운동에 착수하기
로 하였다. 1900년 10월 21일 지방 유지들을 모아 2,000명 정도의 全國同
志懇親會를 열었다. 그 여세를 몰아 11월에는 '전국 유세' 그리고 이 간친
회와 연동하여 여론을 환기시킨 것은 '전국신문기자동맹회'였다.65) 특히 큐
슈에 있어서는 삿사가 쿠마모토에, 히라오카 코타로는 후쿠오카에, 아오모
리현 지사를 지낸 코노 슈이치로[河野主一郎]66)는 카고시마에, 중의원 의
원인 타케토미 토키토시[武富時敏]67)는 사가[佐賀]로 돌아가 대회 준비를

---

61) 쿠도 유키모토(1842~1904): 아오모리현[靑森縣] 출신. 정치가, 중의원 의원(9선). 국
　　민동맹회 결성에 참가. 이토 등의 만한교환론에 반대하고 러시아와 개전에 찬성.
62) 오타케 칸이치(1860~1944): 니가타현 나가오카시[新潟縣長岡市] 출신. 정치가로 중
　　의원 의원(16선), 귀족원. 1903년 대러동지회 발기인으로 참여하여 개전 운동 전개.
　　1905년 9월 5일 코노 히로나카 등과 히비야 공원에서 러일전쟁 강화조약 반대 집
　　회를 개최하여 폭동이 발생(히비야 방화사건), 이로 인해 검거되어 기소되었으나
　　증거 불충분으로 무죄로 석방.
63) 츠네야 세이후쿠(1855~1909): 메이지 시대 지사로 국가주의자. 갑신정변이 발발하
　　자 망명 중인 박영효와 함께 조선의 내정 개혁 논의. 동아동문회 간사. 토야마 미
　　츠루 등과 국민동맹회를 조직하여 대러 강경론으로 개전론을 주장하며 국민운동
　　전개(デジタル版 日本人名大辭典 + Plusの解說).
64) 長谷川峻, 62쪽.
65) 박훈 외 11인, 앞의 책. 190~191쪽.
66) 코노 슈이치로(1847~1922): 카고시마 출신. 육군, 정치가, 神職. 아오모리현 지사.
　　근위 육군 대위였으나 1874년 정한론에 패배한 사이고 다카모리가 귀향할 때 따라
　　내려감.

권했기 때문에 그 인물들이 당대 일류인 만큼 그 인기와 대회 분위기는 가히 열광적이었다. 심지어 연사를 헹가래치는 지경으로 러시아를 응징하는 목소리는 전 큐슈의 진마다 포구마다 울려 퍼졌다. 강건한 큐슈 인사는 일제히 대러 주전론에 공명했다. 정부 내의 저자세 무리에게 따끔한 일침을 가하면서, 국민에게 "러시아를 격퇴할 수 있다. 러시아를 공격해라" 라는 등의 여론을 불러일으키며, 전국에 팽배한 臥薪嘗膽의 분위기를 조장함으로써 對露主戰으로 끌어넣는 사상 동원의 선구적 사명을 완수했다.68) 이와 함께 독도의 운명도 점점 풍전등화 속으로 빠져들고 있었다.

국민동맹회는 일본의 영일동맹 체결로 중국에서 러시아와 열강의 세력 균형이 나름 갖추어졌고, 고조되는 대러 강경 태도에 러시아가 반응을 보여 만주에서 철병한다는 소식이 들리자 소기의 목적 달성으로 보고 일단 해산하기로 했다. 다만 필요한 때는 언제든지 뭉친다는 것으로 하고 1902년 4월 시바 공원[芝公園]69) 三緣亭에서 해산식을 거행했다.70)

국민동맹회 해산 후 영국의 항의에 의해 러시아는 만주에서 3기로 나누어 철군하기로 함에 따라 1902년 10월의 제1기는 철병하였지만 제2기인 1903년 4월에는 철병하지 않고 오히려 露淸密約을 체결하여 만주에 있어서의 야망을 점점 더 명백히 하여 왔기에 일본의 불만은 더욱 커졌음은 앞서 본 바와 같다.

여기에서 또 다시 강경파 지사들이 對外硬同志會를 결성, 러시아의 제2기 철병 기일인 1903년 4월 8일 우에노 공원[上野公園]71)의 우메카와 누각

---

67) 타케토미 토키토시(1856~1938): 사가현 출신. 정치가. 중의원 의원(12선). 귀족원 의원. 대러 개전론자.

68) 長谷川峻, 62~63쪽.

69) 도쿄 타워 근처의 잔디 공원.

70) 長谷川峻, 63쪽.

71) 도쿄토 타이토쿠[東京都台東區]에 있는 공원으로 백제의 왕인 박사 동상과 사이고 타카모리 동상이 있다.

[梅川樓]에서 大會를 열었다. 그리고 곧 코노에 공작과 접촉했던 도쿄제국
대학 교수들인 토미즈 히론도[戶水寬人],[72) 토미이 마사아키라[富井政章],[73)
오노즈카 키헤이지[小野塚喜平次],[74) 나카무라 신고[中村進午],[75) 테라오
토루[寺尾亨], 다카하시 사쿠에[高橋作衛],[76) 카나이 노부로[金井延][77) 등
의 '7박사'도 분기하여 당당히 일러 개전론을 주장, 당국을 편달했다.[78) 대
부분 법대교수 중심인 이들은 카츠라 내각의 외교를 나약하다고 규탄하고
"만주, 조선을 잃으면 일본의 방어가 어려워진다"[79) 라며 러시아의 완전한
만주 철수를 외치며 대러 무력 강경노선의 선택을 압박한 소위 「7박사 의
견서」를 코무라 외상과 카츠라 수상에게 6월 10일 제출한 것이다.

다음 날 6월 11일 『東京日日新聞』에 일부가 게재되고, 6월 24일에는 『東
京朝日新聞』 4면에 전문이 게재됐다. 이러한 상황에서 이토는 이 의견서가
대세의 흐름을 무겁게 대변하고 있음에도 "우리는 여러 선생님의 탁견이
아니라 대포 수와 협의하고 있다"라며 냉담했다고 한다. 결국 개전으로 가

---

72) 토미즈 히론도[戶水寬人, 1861~1935]: 이시카와현. 법학자, 정치가, 법학 박사. 도쿄
    제국대학 졸업과 유학 후 도쿄제국대학 교수로 취임. 「7박사 의견서」를 제출하고
    러시아 제국에 무력 침공하여 바이칼호 이동의 동시베리아 점령을 강력히 주장('바
    이칼 박사'로 불림).
73) 토미이 마사아키라(1858~1935): 쿄토 출신. 법학자(민법), 교육자. 도쿄제국대학 법
    과대 학장.
74) 오노즈카 키헤이지(1871~1944): 니가타현 출신. 일본 최초의 정치학자의 한 사람.
    도쿄제국대학 총장.
75) 나카무라 신고(1870~1939): 니가타현 출신. 국제법학자.
76) 다카하시 사쿠에(1867~1920): 나가사키현 출신. 국제법학자, 정치가.
77) 카나이 노부로(1865~1933): 시즈오카현[靜岡縣] 출신. 법학자, 경제학자, 사회정책
    학자, 법학박사.
78) 長谷川峻, 63쪽.
79) 이것으로 보아 야마가타 아리토모가 제1회 제국의회 시정연설에서 언급한 主權線
    과 利益線 개념이 전 일본인 각계각층의 대륙을 향한 지표가 되었음을 알 수 있다.
    도쿄대 7박사는 이것이 제국주의를 의미함을 잘 알고 있으면서 러시아와의 개전을
    주장한 것이다. 이것이 당시 일본의 확고한 대세였음은 살펴 본 바와 같다.

는 길의 최대 걸림돌은 이토 히로부미였던 것이다. 이와 관련해서는 다시 후술한다.

이 7박사 중에 테라오 토루는 앞에서도 언급된 바 있듯이 야마자가 상경하여 바로 인연이 된 사람이다. 테라오의 형 히사시 집에서 야마자가 서생으로 있으면서 같은 집에서 산 사람이다. 야마자는 이때 고향 선배들인 이들의 도움을 받으며 도쿄 생활을 시작했던 것이다. 나아가 고향의 겐요샤 인맥을 매개로 하여서도 사상적 공유를 함께 하는 절친한 사람이다. 이런 선배이자 동지이기도 한 테라오가 야마자의 대러 개전 행보에 큰 힘이 되고 있는 것이다. 게다가 7박사는 모두 야마자의 모교인 제국대학 출신이며, 더구나 대부분 야마자가 졸업한 법과대학 교수들이다. 즉 그의 선후배들인 셈이다. 야마자에게 이 동문들의 대러 개전론 내지 조기 개전론 주장은 결정적으로 야마자에게 큰 격려가 되었을 것임은 재언을 요하지 않는다.

이제 러시아에 대한 분노와 개전 여론은 전국적으로 확산되었다. 처음 동아동문회로 시작하였던 대러 강경 여론 조성은 그 회의 명칭에서 보듯 '동아'라고 하는 동아시아 문제를 다루는 속에서 바로보고 있었지만, 이어서 동아동문회를 중심으로 하여 정치적 실천 조직으로 발족한 국민동맹회는 그 이름에서도 보듯 '국민', 즉 일본과 일본인을 중심으로 한 조선과 만주문제에 한정하여 당면 문제에 더욱 다가선 느낌이다. 그러다가 마침내 개전 열기가 더욱더 뜨거워지고 있는 가운데 1903년 5월에 발생한 러시아에 의한 용암포 점령 사건은 끓는 기름에 불을 질렀던 것이다.

이제 바야흐로 국론이 하나로 통일된 시점에 나타난 것이 바로 대러동지회(對露同志會)다. 그 명칭의 변화에서 보듯이 대러동지회는 "러시아 응징"이란 특정 목적(對露)과 그것에 찬성하는 사람(同志)들만의 태스크 포스 형식의 결사체로서 그 決死抗戰 의지를 그대로 담고 있다. 마침내 '조기 개전론'이 급물살을 타게 된 것이다. 여기서 야마자와 그의 장인인 코무치가 혼신의 힘을 기울였음은 당연지사다.

　이러한 국론 통일에 따른 대러 항전 분위기가 고조된 7월, 회장은 역시 코노에[近衛] 공작이나 그가 병중이라 그 대리 책임자로 야마자의 장인인 전 법제국 장관인 코무치 토모츠네를 위원장으로 하여 토야마, 삿사, 정치가인 코노 히로나카[河野廣中],[80] 오가와 헤이키치, 오타케 칸이치가 발기인이 되어 조직된 것이 위에서 언급한 對露同志會였던 것이다.[81] 토야마 미츠루, 우치다 료헤이, 히라오카 코타로 등 우익의 거물과 후일 러일전쟁에서 만주의군(滿州義軍)을 조직하여 철도 파괴 등 후방 교란을 위해 활약하는 하나다 나카노스케[花田仲之助][82] 등 주전론자인 군인을 포함하여 토야마 등 7명의 상담역을 두었다. 10월 5일에는 가부키 무대에서 전국대회를 개최하여 대러 '선전포고'를 촉구하는 上奏 결의를 했다.

　당시 분위기에서 수상 카츠라는 이미 앞서 잠시 본 것처럼 내각을 수립할 때부터 자신을 지원한 야마가타 아리토모의 견해에 따라 개전에 무게를 두고 있었다. 그리하여 겐요샤의 스기야마, 코다마 겐타로 중장 등 셋이서 '비밀결사'를 맺어 개전 추진을 비밀리에 지속해왔던 것이다. 동시에 카츠라가 러시아와의 一戰이 불가피하다고 진작부터 결심한 코무라 쥬타로를 외상으로 발탁한 것 등은 앞에서 살펴보았다. 이렇듯 국내의 여러 정황에

80) 코노 히로나카(1849~1923): 후쿠시마현[福島縣] 출신. 무사, 정치가. 중의원 의장. 농상무상. 동북지방의 자유민권운동의 선구. 1905년 9월, 히비야 공원에서 포츠머스 강화조약 반대를 목적으로 열린 국민대회의 의장으로서 '히비야 방화사건'을 선동.
81) 長谷川峻, 64쪽.
82) 하나다 나카노스케(1860~1945.1.2.): 카고시마현 출신. 일본 육군참모본부 제2부 정보장교(중좌), 교육자. 통칭 '花大人', 러일전쟁에서 러시아를 혼란시킨 야마자의 고향 선배인 유명한 아카시 모토지로와 동기. 1890년 복직 후 청일전쟁에 종군하여 對러시아 특수 공작으로 군사 탐정으로서 종사. 1897년, 스님으로 위장하여 블라디보스톡에 잠복. 포교를 빙자하며 시베리아, 만주, 몽고를 정찰. 러일전쟁이 일어나자 예비역 소령으로 소집, 참모본부에 복귀하고 만주로 가서 겐요샤 계열 대륙낭인 14명과 대륙낭인으로 위장한 참모본부 정보 장교를 핵심으로 하여 만주 마적들을 모아 滿州義軍'을 편성하여 지휘.

비추어 대세가 개전으로 거세게 가고 있음에도 개전 반대의 최선봉에 선 이토 히로부미였기에 대러동지회는 물론 개전을 주도하는 세력들에겐 원로로서 당대 최고 권력자의 1인인 이토가 최대의 방해자일 수밖에 없었다.

마침내 특정 목적을 위한 대러동지회까지 결성된 마당에 더 이상 이토 문제를 해결하지 않으면 안 된다고 하는 분위기가 전면으로 급부상하고 있었다. 이토 제거를 위한 움직임들이 나타나기 시작했던 것이다. 특히 겐요샤는 이토의 행동에 대해 예의 주시하고 있었다. 이토는 심지어 최고 지성의 권위를 가진 도쿄제국대학 7박사들의 苦言조차도 냉담하게 대응했다. 이에 코노에 공작을 필두로 하여 대러동지회의 결성으로 그 간부들이 고관들과 무릎을 맞대고 담판을 시도하며 개전을 독려하고 있었던 터였다. 이제 더 이상 도리가 없다고 생각하고 행동개시를 한 것은 바로 겐요샤 사람들이었다. 그들은 처음 결성 시부터 지금껏 대륙을 향해 쉼 없이 달려와 마침내 조선을 확실히 일본으로 끌어들임과 동시에 러시아 세력을 만주에서 축출할 수 있는 이때를 결코 놓칠 수 없다는 각오였던 것이다. 그들의 결기를 대변하는 '玄洋'과 '黑龍'은 바로 자신들의 목숨과도 같은 것이었다.[83]

이리하여 겐요샤 사원으로 대륙낭인인 우라가미 마사타카[浦上正孝][84]는 이토 공작에게 어떤 모종의 행동으로 나가야 한다고 결심하였으나 토야

---

83) 겐요샤[玄洋社]의 '玄洋'은 큐슈 앞바다, 즉 현해탄으로 한반도를 노리는 것이고, 코쿠류카이[黑龍會]의 '黑龍'은 흑룡강(아무르강)으로 만주(중국)를 노리는 것이다. 그들 조직의 이름에서 침략의 대상과 목표를 구체화하고 있는 것임을 엿볼 수 있다.

84) 우라가미 마사타카[浦上正孝 1862~1920]: 후쿠오카 명문가 출신. 대륙낭인, 겐요샤 [玄洋社] 사원. 타카바 오사무의 타카바쥬쿠[高場塾] 출신. 겐요샤 발간 신문인『福陵新報』의 사원. 玄洋社 사원인 쿠루시마 츠네키의 오쿠마 외상 폭탄 테러에 연루되었으나 무죄 방면. 러일전쟁 전에 개전에 반대하는(소극적인) 이토 히로부미를 처단하려 하였으나 토야마의 자중 권유와 정부의 개전 입장이 표명되자 포기. 러일전쟁 발발 후는 의용군으로 참전. 토야마 미츠루의 인솔 하에 중국으로 건너가 신해혁명 지원 활동, 그 후 조선의 목포에서 간척사업(『東亞先覺志士記伝 下』, 407쪽; 石瀧豐美,『玄洋社-封印された實像-』, 15쪽).

마의 설득으로 무사히 넘어가기도 한 적이 있다. 또 내각을 타도하고, 코노에 아츠마로 공작에게 참모차장 코다마 겐타로를 수반으로 하는 '러시아 응징 내각'을 꾸려 토야마, 코무라, 코무치 등을 각원(각료)으로서 대러 개전을 결행시키려고까지 계획되었다[85])고 한다. 이 정도로 코노에와 그의 대러 동지회 사람들 그리고 겐요샤[玄洋社] 사람들은 대러 개전을 '국가 존립의 중대사'로 여기며 필사적으로 임하고 있는 것이다. 여기서도 개전파의 핵심 인물들이 토야마, 야마자 장인인 코무치, 외상 코무라 등임을 다시 한 번 확인할 수 있다.

이렇듯 열혈 개전파인 야마자에게 최후의 승리를 위한 동해해전에서의 독도의 중요성은 어떤 장애물이 있더라도 돌파할 수밖에 없는 징검다리일 수밖에 없었다. 일단 그 다리를 건넌 다음, 그 후에 생기는 문제는 승리 후의 문제로 밀쳐두는 것이다. 그것이 야마자의 방식임을 우리는 여러 번 보아 왔다.

어느 날 토야마 미츠루, 코노 히로나카, 코무치 토모츠네[神鞭知常] 등 대러동지회 대표단이자 겐요샤 지도자들이 모종의 행동으로 나아가기 전 최종 담판의 결심으로 이토를 방문했다. 마침 이토가 전 외상 아오키 슈조[青木周藏]를 현관에서 배웅하러 나와 있었다. 아오키는 야마가타係의 사람이라 무리의 얼굴 표정을 보고 온 이유를 알았기에 토야마와 스치듯 작은 목소리로, "설마 때리지는 않겠지" 라며 그 방문 의도를 보고 인사하자 토야마는 "그럴 수도 있지" 라는 답변으로 이토에게 자신들의 결기를 알렸다. 평소 말이 없는 토야마가 드물게도 맨 먼저 입을 열어 이토에게 말하길, "지금 일본에서 가장 훌륭한 사람이 누구냐" 라고 물었다. 그러나 이토는 무척 과묵한 토야마가 이렇게 단호한 빛으로 물어오자 가슴이 철렁해지며 아무 말을 못하고 주저하고 있자, 다시 토야마가 말하길, "그것은 천황폐하" 라고 말했다. 좌중은 그 일성에 옷깃을 여미고 다음을 기다렸다. "그렇

---

85) 長谷川峻, 64쪽

다면 그 다음으로 신하 중에는 누가 가장 훌륭하다고 생각하느냐'는 질문
과 함께 토야마는 바로 이토 당신이라고 단언했다. 그런데 그와 같은 당신
이 이렇게 하면 안 된다는 취지로 최후의 질문을 던지며, 차제에 입장을 분
명히 해달라고 엄중하게 힘주어 말했다. 여기에 대해 이토도 처음으로 흉금
을 터놓고 토야마 등의 의견을 받아들여, 드디어 "그 일이라면 염려하지 말
게나, 제군의 의지하는 바는 확실히 이토가 떠맡겠네" 라고 단언했다. 토야
마는 그 말을 듣고서, 그것만 승낙한다면 됐다고 하며 일동은 유유히 물러
나왔다. 제국의 대러 개전을 향한 속마음은 결정하고 있었던 것을 알았던
것이다.[86]

3. 야마자의 開戰活動

1) 民, 軍 주전파 및 정부와의 교량 역할

민간에 있어서 대러 주전론이 고조되어 있을 때, 육해군과 외무성 방면
에 있어서도 이들에 못지않은 강경한 주전론을 품고, 줄곧 개전의 시기를
촉진시키려고 기를 쓰고 있는 일단의 소장파 무리가 있었다. 즉 군부에서는
조기 개전론이 민간에서 뜨겁게 전개되고 있을 때 공공연히 논의하긴 곤란
한 측면이 있는 바, 개전이 임박해지자 친목회 형식으로 모여 속내 분위기
를 타진하는 것이다.

그 무렵 육해군의 주전론자들은 몰래 만나서 러시아를 토벌할 전술에 대
해 고민하고 있었는데, 해군 측에서 보면 육군 측이 시국에 대하여 전혀 움
직이지 않는 것으로 생각되었다. 이래서는 안 된다고 하여 해군 군령부의
카미이주미 토쿠야[上泉德弥,[87] 훗날 國風會長, 중장] 부관이 당시 야마가

---

86) 長谷川峻, 65~68쪽.

타 참모총장의 부관이었던 호리우치 분지로[堀內文次郎, 훗날 중장] 소좌
와 상의하여88) 시바[芝]의 코요칸[紅葉館]89)에서 1903년 5월 25일 '육해군
연합대친목회(陸海軍聯合大親睦會)'를 개최했다.90) 이때는 러시아가 2차
철병기일인 4월 10일에 약속을 이행하지 않아 일본 국내가 러시아 응징에
대한 여론이 전국을 휩쓸고 있었던 때였다.

　참석자는 해군은 이토 스케유키[伊東祐享]91) 대장, 군령부 차장 데와 시
게토오[出羽重遠,92) 훗날 대장] 소장을 비롯 16~17명, 육군은 오야마 이와
오[大山巖]93) 대장 이하 다수, 거기에 참모본부에서 10인 정도로 하여 약

---

87) 카미이주미 토쿠야(1865~1946): 야마카타현 요네자와[山形縣米澤] 출신. 해군 중장.
　　해군 내부의 우파로 강력한 대러 주전파. 러일전쟁에서는 대본영 운수통신부 참모.
　　정무국장 야마자와 절친한 친구이자 동지로 야마자 집에 가서 자주 술을 마시며
　　의기투합.

88) 청일전쟁 이후 줄곧 러시아와의 개전을 염두에 두고 있던 원로 야마가타가 전쟁을
　　대비한 내각인 카츠라 내각을 뒤에서 출범시킨 뒤 대러 개전을 앞두고 육해군 지
　　휘부를 독려하는 차원의 모임을 부관을 통해서 주선하는 양상이다. 남은 것은 주전
　　파들의 단결과 이토를 설득하는 절차인 셈이다.

89) 메이지, 타이쇼, 쇼와기에 도쿄의 시바구 시바 공원(잔디공원)에 존재한 회원제 고
　　급 요정.

90) 長谷川峻, 67쪽.

91) 이토 스케유키(1843~1914): 카고시마현 출신. 해군 원수. 백작. 카츠 카이슈의 고베
　　해군훈련소에서는 숙생의 우두머리인 사카모토 료마, 훗날의 외상인 무츠 무네미
　　츠 등과 함께 항해술을 배움. 해군대학 교장을 거쳐 청일, 러일전쟁 참전. 청일전쟁
　　시 연합함대 사령장관으로 황해해전에서 청군의 대형 주력함을 격파, 서해 제해권
　　확보로 청일전쟁의 戰勢를 일본에 유리하게 만든 중대한 전환점을 마련(일본 국회
　　도서관, 「近代日本人の肖像」).

92) 데와 시게토오(1856~1930): 후쿠시마현 출신. 해군 대장. 남작. 청일전쟁 때는 서해
　　함대 참모장에서 이토의 연합함대 참모장으로 이동. 러일전쟁 때는 제1함대 제3전
　　대 사령관으로 출정. 시멘스 사건 때(事件査問委員長)는 해군 내부의 숙군에 힘씀.
　　해군 대장은 거의 모두 사츠마번 출신인데 유일하게 역적이라 불린 아이즈번 출신
　　으로 신문 등에서 주목받음(일본 국회도서관, 「近代日本人の肖像」).

93) 오야마 이와오(1842~1916): 카고시마 출신. 군인, 정치가, 육군 대장, 육상. 공작. 사
　　이고 다카모리의 사촌 동생. 프랑스 유학, 보신전쟁과 세이난전쟁[西南戰爭] 참전.

30여 명의 육해군 지휘부들이 모인 것이다. 표면은 연락 간담이나 자연히 술에 취하여 이야기가 익어가고, 담론풍이 발산되면서 기염을 토하듯 개전의 결기를 다져가는 계기가 되었을 것이다.

이 모임이 상부 지휘부의 묵시적 합의였다면, 군의 현장 실세들인 소장파 그룹들도 조직적으로 개전에 박차를 가하기 위해 활발히 움직이기 시작했다. 물론 민간과 육해군에 골고루 인맥을 가지고 있는 야마자 정무국장이 주도적 역할을 한 것이다. 그리하여 같은 달 29일에는 외무, 육군, 해군의 대러 무기개전파(無期開戰派)들만이 시바[芝]의 요릿집[旗亭] 코게츠[湖月]에서 첫 회합을 했다. 이들은 여기서 자주 모여 개전에 관한 토의를 하였던 바 통칭 '코게츠카이[湖月會]'라고 하게 되었다.

이들 참여 군인들은 군의 엘리트들로 개전 후 육전과 해전에서 핵심 역할을 하게 된다. 육전의 경우는 만주군 총참모장인 코다마 겐타로 대장을 보필하는 이구치 쇼고, 마츠카와 토시타네, 타나카 기이치등이 있고, 해전의 경우에는 동해해전(일본해해전)에서 크게 활약한 연합함대사령관 토고의 작전참모인 아키야마 사네유키등이 있다.

참석자들로는, 외무성은 야마자 엔지로 정무국장을 비롯하여 오치아이 켄타로[落合謙太郞],[94] 시마네현 출신인 사카타 쥬지로[坂田重次郞],[95] 혼다 구마다로[本多熊太郞][96] 등 4인, 해군은 군령부 제1부장 토미오카 사다

청일전쟁 때 제2군 사령관, 참모총장. 러일전쟁 시 만주군 총사령관(일본 국회도서관, 「近代日本人の肖像」).

94) 오치아이 켄타로(1870~1926): 시가현[滋賀縣] 출신. 외교관으로 야마자의 유능한 부하이자 대학 후배, 대러 개전에 있어 동지로 같은 湖月會 회원.

95) 사카타 쥬지로(?~1919): 시마네현 출신. 외교관. 외무성 통상국장과 스페인 특명전권공사. 코게츠카이[湖月會] 회원. 외교관보였던 1898년에 필라델피아 등에서 아키야마 사네 유키(후에 해군 중장)와 교우를 가져, 이 인연으로 후일 湖月會에서도 같이 활동. 러일전쟁 시 야마자 엔지로 국장을 보좌하며 대러 개전 외교와 러일 포츠머스강화회의에 종사(デジタル版 日本人名大辭典＋Plusの解說). 시마네현 출신으로 독도편입 문제가 거론되었을 때 야마자의 상담역으로 활약했을 가능성이 크다.

야스[富岡定恭]97) 소장(훗날 중장), 군령부 소속의 야마시타 겐타로[山下源太郎]98) 대좌(훗날 대장), 러일전쟁 시 '아시마[淺間]' 함장으로 참석 당시는 해군대학생이었던 야시로 로쿠로[八代六郎]99) 대좌(훗날 대장), 해군대학 교관 아키야마 사네유키[秋山眞之] 소좌(훗날 중장), 군령부 부관 겸 참모 카미이주미 토쿠야[上泉德弥] 중좌, 군령부 참모 마츠이 켄키치[松井謙吉,100) 훗날 중좌] 등 6명이 참석, 육군에서는 참모본부 총무부장 이구치 쇼고[井口省吾]101) 소장(훗날 대장), 참모본부 제1부장 마츠카와 토시타네[松川敏胤]102) 대좌(훗날 대장), 야마가타 및 이토와 같은 고향인 참모본부

---

96) 혼다 구마타로(1874~1948): 와카야마현[和歌山縣] 출신. 외교관, 코무라 쥬타로 외상의 비서관. 강경외교 평론가로 활동. 1944년에 토죠[東條] 내각의 외교 고문으로 A급 전범으로 수감되었다가 병으로 석방(デジタル版 日本人名大辭典+Plusの解説).

97) 토미오카 사다야스(1854~1917): 나가노현[長野縣] 출신. 해군 중장, 화족으로 남작. 해군사관학교(5기) 수석 졸업. 湖月會 회원으로 조기 개전활동.

98) 야마시타 켄타로(1863~1931): 해군 대장, 화족으로 남작. 러일전쟁 때의 군령부 작전반장(후에 작전부장), 코게츠카이[湖月會] 회원, 연합함대사령장관, 군령부장 등을 역임.

99) 야시로 로쿠(1860~1930): 아이치현 이누야마 출신. 해군 대장, 정치가, 추밀고문관, 남작. 1895년부터 1898년까지 3년간 러시아 공사관의 무관으로 대러 첩보 활동. 아키야마는 훗날 그의 심복이 된다.

100) 마츠이 켄키치(1869~1905.5.27.): 이시카와현 카나자와시[石川縣金澤市] 출신. 해군 중령. 러일전쟁 시 동해해전에서 전사. 연합함대는 발틱함대의 진로를 두고 참모들 간 침로를 대한해협으로 하는 사람과 츠가루해협으로 하는 자로 논란이 있었는데, 마츠이는 군령부의 같은 코게츠카이[湖月會] 회원인 야마시타 겐타로 작전부장의 판단과 같이 강경하게 대마도 바다를 주장, 예상대로 연합함대와 발틱함대는 대마도(쓰시마) 전투로 동해해전은 일본의 승리. 마츠이는 이 해전에서 전사.

101) 이구치 쇼고(1855~1925): 시즈오카현[靜岡縣] 출신. 육군 대장, 코게츠카이[湖月會] 회원. 독일 유학. 러일전쟁 시 만주군 총사령부 참모로 참모장 코다마 겐타로는 입버릇처럼 "나는 보현보살과 문수보살이 붙어 있다" 라며 이구치와 마츠카와 토시타네(松川敏胤) 두 사람을 믿고 있었다고 함. 청일전쟁과 러일전쟁기를 대표하는 군인의 한 사람. 일등병으로 입대하여 육사를 졸업. 반쵸슈벌. 토죠 히데키[東條英機]의 아버지인 토죠 히데노리[東條英敎, 1855~1913, 육군 중장]는 친구.

1부의 타나카 기이치[田中義一][103] 소좌(훗날 대장, 수상), 참모본부 1부의 키노시타 우자부로[木下宇三郞] 소좌, 참모본부 2부장 후쿠다 마사타로[福田雅太郞][104] 소좌(훗날 대장), 참모본부 3부의 니시카와 토라지로[西川虎次郞][105] 소좌(야마자의 고향 친구, 훗날 중장) 등 6명이다.

코게츠카이[湖月會]의 회원 현황을 보면, 외무성에서 6명, 육군이 8명, 해군이 7명으로 총 21명이다. 외무성은 정무국장 야마자와 코무라 외상의 비서관 외 4명이나 전신과장 이시이 키쿠지로[石井菊次郞]와 훗날의 외상인 마츠이 케이시로[松井慶四郞]가 불참했다. 해군은 훗날 해군 대장이 되는 타카라베 타케시[財部彪] 소좌가 불참, 육군은 훗날 육군 중장인 호리우치 분지로 참모본부 부관과 훗날 육군 대장인 유명한 후쿠시마 참모본부 2부장이 불참했다. 첫 모임에서 21명 중 16명이 참석하는 열의를 보였다. 각각 3성의 뛰어난 인재가 목적을 같이 하여 모인 것이다.[106] '육군은 육군에서 해군은 해군에서' 라고 하듯이 각각의 입장에서 대러 즉시 개전론을 부

---

102) 마츠카와 토시타네(1859~1928): 미야기현 센다이시[宮城縣 仙台市] 출신. 육군 대장. 군사 참의관(軍事參議官), 조선군사령관(1917), 도쿄위수총독 등 역임. 코게츠카이[湖月會] 회원으로 조기 개전파. 러일전쟁 당시 만주군 작전 참모(대좌)로 코다마 겐타로 참모장의 신임을 받음.

103) 타나카 기이치(1864~1924): 야마구치현 하기 출신으로 요시다 쇼인, 이토 히로부미와 같은 동네. 육군 대장, 육상, 내상, 척상(척무대신), 외상, 입헌정우회 총재 및 수상 등 내각 두루 역임한 정치가. 하기의 난 참가. 초등학교 교원을 거쳐 육군사관학교 및 육군대학 졸업. 청일전쟁에 출정, 청일전쟁 후 러시아에 유학하여 철저한 러시아 연구로 육군 굴지의 러시아통으로 자부. 코게츠카이[湖月會] 회원으로 강경한 대러 조기 개전 활동. 러일전쟁에서는 만주군 참모로 코다마 참모장을 보필(일본 국회도서관, 「近代日本人の肖像」).

104) 후쿠다 마사타로[福田雅太郞, 1866~1932]: 나가사키현 오무라시[長崎縣大村市] 출신. 육군 대장. 청일전쟁 참전 후 독일 유학. 오야마 이와오 원수의 부관. 코게츠카이[湖月會] 회원.

105) 니시카와 토라지로(1867~1944): 육군 중장. 야마자와 동향 출신으로 어린 시절부터 친구.

106) 이들은 1904년 2월 개전이 되자 목적 달성으로 인하여 자연 소멸되었다.

〔후쿠시마 야스마사〕

르짖으며 비분강개 설전을 펴는 모양새로, 특히 당시 參謀本部 제2부장 후쿠시마 야스마사[福島安正][107) 소장은 병으로 치료 받으면서 근무하고 있는 상태라 이날 밤의 첫 모임에는 참석하지 못했기 때문에 카미이주미 중좌에게 자신의 의견을 부탁하여 개전론을 격려하여 온 것을 공표했다. 이에 좌중은 더욱 열광하는 것이었다. 후쿠시마108) 소장의 전언은 다음과 같았다.

"이제 와서 어찌할 도리가 없지 않은가, 지더라도 러시아와 전쟁은 하지 않을 수 없다. 해군이 6·6 함대109)를 건조한 것도, 육군이 6개 사단으로 한

---

107) 후쿠시마 야스마사[福島安正, 1852~1919]: 나가노현 출신. 육군 대장, 남작. 코게츠카이[湖月會] 회원. 특히 정보 전문가. 1879년 12월 이후 참모본부 소속으로 중국과 조선 등 실지 조사. 1886년 인도, 버마(지금의 미얀마) 방면을 시찰 후, 1887년 독일 베를린 공사관에 주재, 러시아의 시베리아 철도 부설 정보 등을 보고. 1892년 귀국에 즈음하여 폴란드에서 동시베리아까지 약 1만 8천㎞를 1년 4개월 만에 말로 횡단('시베리아 단기 횡단')하며 시베리아 철도건설 상황 시찰. 그 후도 발칸반도와 인도 등 각지의 실사를 벌인 뒤 현지 정보를 참모차장 카와카미 소로쿠 등에게 보고. 청일전쟁 때는 제1군 참모. 참모본부 제3부장, 제2부장 역임. 의화단 사건 시 임시 파견사령관, 북청연합군총사령관 막료로 활동. 러일전쟁 때는 대본영 참모와 만주군 총사령부 참모로 활동 및 특히 만주 마적을 이끌고 싸웠던 '요서특별임무반(遼西特別任務班)' '滿洲義軍'을 총지휘. 참모본부 차장 등을 역임. 재향군인회 부회장 역임(일본 국회도서관, 「近代日本人の肖像」등을 참조로 작성).
108) 후쿠시마도 역시 야마가타 아리토모의 측근으로 강성 개전파라 할 수 있다(박영준, 「청일전쟁 이후의 대외정책론, 1895~1904 -야마가타 아리토모(山縣)의 전략론과 대항 담론들-」, 『日本研究論叢』 제27호, 271쪽.
109) 전함 6척, 장갑순양함 6척으로 편성하는 함대(外山三郎, 『日本海軍史』, 吉川弘文館, 2013, 78쪽).

것도 모두 러시아에 대항하려고 한 것이다. 지금 만약 전쟁을 하지 않는다면 이 군비는 무엇 때문에 갖춘 것인지 의미를 알 수 없다. 일본이 지게 되면 러시아에게 대만을 침탈당할지도 모르고, 막대한 배상금도 요구받을지 모른다. 그러나 최악의 경우를 예상하여도 그 정도의 것으로 그치고, 홋카이도까지 손을 대려고 들어오지는 않을 것이다. 어느 쪽이든 일본이 진 곳에서 멸망하지는 않는다. 하지만 지금 전쟁을 하지 않으면 저 무시무시한 기세로 동양으로 들어와 있는 러시아가 만주에서 힘을 충실히 하고, 조선으로 진출하여 올 것은 명백하다. 그런 상태에서는 가령 협정 등을 맺어 본다고 해도 휴지나 마찬가지이고, 일본 세력이 대륙에서 축출당하는 것은 물론, 이키[壹岐], 對馬[쓰시마] 혹은 큐슈까지 손을 뻗으려고 할 것이다. 결국 일본은 제2의 인도, 버마로 되고 말 운명에 봉착한다. 이를 생각하면 지금 나가서 싸우는 것 외에는 도리가 없다. 만일 전쟁에서 패하는 것 같은 최악의 경우에 빠지더라도 일본 민족이 발분하면 100년을 기다리지 않고 반드시 복수할 수 있을 것이다. 결코 타협해서는 안 된다"[110]

참모본부 제2부장인 후쿠시마 소장의 이러한 비장한 결기는 참석한 사람들의 애국심을 더욱 끓어 오르게 했다. 비분강개하며 설전을 펴던 그들의 마음 저 깊은 곳에서 일본과 천황을 향한 묵직한 결의가 다져지고 있었던

---

110) "今更どうもかうもないぢゃないか, 負けてもロシアと戰はねばならぬ, 海軍が 六六艦隊を乾燥したのも, 陸軍が六個師團にしたのも, 皆ロシアに当らんが爲で ある。 今もし戰はねば, この軍備は何んのために整へたか意味をなさぬ。 日本 が負ければ, ロシアに台湾を奪はれるかも知れず, 莫大な償金も要求されるか もしれない。 併し最惡の場合を予想してもその程度のもので北海道まで手をつ けるとはいはぬであらう。 何れにせよ日本が負けた處で滅びない。 併し今戰は ねばあの凄まじい勢で東洋に入って來ているロシアが滿州から力を充實し, 朝鮮 に進出して來るのは明かだ。 さうなっては仮令協定など結んでるたとて反古同 然となり, 日本勢力が大陸から驅逐されるは勿論, 壹岐, 對馬或は九州にまで手を 着けようとするであらう。 結局, 日本は第2のインド, ビルマとなるべき運命に逢 着する, 之を思へば今進んで戰ふより外に道はない。 万一戰に負ける如き最惡の 場合に陷っても, 日本民族が發憤すれば, 1百年を待たずして必ず復讐することが 出來る。 斷じて妥協してはいけ"(長谷川峻, 앞의 책, 68쪽).

것이다. '비록 지는 한이 있더라도 지금이야말로 결전의 시기'임을 분명히
한 것이다.

후쿠시마의 메시지를 통해서 볼 때 그간 이들 湖月會 소속의 군인들이
오로지 러시아 축출을 위하여 매진해 왔음을 충분히 엿볼 수 있다. 청일전
쟁에서 승리하였음에도 삼국간섭에서 당한 러시아에 대한 분노는 군부뿐만
이 아니라 국가와 국민 전체의 뜻임도 살펴보았다. 앞서 본 핫코다산 사건
역시 대러 개전을 위한 훈련 중의 대참사였음도 살펴보았다. 메이지 시대
말기 일본의 이러한 대륙팽창 욕구는 가히 침략적, 전투적 제국주의를 상징
한다고 하겠다.

야마가타의 측근이었던 후쿠시마는 일찍이 홀로 말을 타고 시베리아를
횡단하며 정보를 수집했으며, 대러 강경파 군인들의 구심점이었다. 그런 그
가 병중에서 보낸 이 결기는 그들로 하여금 죽음을 불사하는 일전을 각오
하게 만들기에 충분한 것이었다. 그들에게 남은 것은 '러시아 응징', 바로
그것뿐이었을 것이다. 그리고 이들 중에서도 보다 더 강경론자는 외무성의
야마자와 사카타, 해군의 카미이주미와 야마시타[山下], 육군의 이구치[井
口]와 마츠카와[松川]라고 한다.111)

〈표 1〉 일본의 군사비 추이　　　　(단위: 1000円)

연 도	군사비 총액	국가 재정에 차지하는 군사비 비율
1889	23,580	29.6
1890	25,830	31.5
1891	23,817	28.5
1892	23,901	31.1
1893	22,955	27.1
1894	128,565	69.4
1895	117,190	65.6

---

111) 一又正雄 編著, 32쪽.

연 도	군사비 총액	국가 재정에 차지하는 군사비 비율
1896	73,416	43.5
1897	110,728	49.5
1898	112,650	51.3
1899	114,442	45.0
1900	133,807	45.7
1901	106,959	40.1
1902	86,523	29.9
1903	151,317	47.9
1904	673,020	81.9
1905	730,614	82.3

[자료]: 大藏省「決算書」[112]

　여기에서 잠시 일본의 군사비 변화 상황을 점검해 보는 것도 의미가 있을 것이다. 청일전쟁 전과 청일전쟁 후부터 러일전쟁까지를 살펴보면 <표 1>과 같다.

　일본의 군사비가 국가재정에서 차지하는 비율을 1889년 12월 출범한 야마가타 내각 이후부터 보기로 한다. 그렇게 하는 것은 1889년 2월 11일 '대일본제국헌법'이 공포, 그 이듬해인 1890년 11월 제1회 제국의회가 개회, 12월 6일 야마가타 수상[113]이 시정연설에서 일본의 경계를 '주권선', 조선을 '이익선'이라고 하여 일본의 대륙정책에 대한 방침을 제시한 것을 기준으로 삼은 것이다. 위의 표에서 보면, 1890년의 군사비는 1889년이 29.6%임에 비해 약 2%가 상승하여 31.5%였다. 1891년에는 잠시 내려갔지만 야마가타가 물러나는 해인 1892년은 다시 30% 대를 유지했다.

　이어서 1892년 8월 14일 평소 전쟁 반대 입장인 이토의 내각이 들어오자 이듬해인 1893년엔 전년에 비해 4%가 삭감된 27.1%였다. 이토는 내치에 더 치중했던 것이다. 그러나 청국과의 갈등이 고조되어 결국 전쟁 불사를

---

112) 출처: https://www.mof.go.jp/budget/reference/statistics/data.htm.
113) 야마가타 내각의 존속기간은 1889년 12월 24일부터 1891년 5월 6일로 총 499일이다.

결정하게 되자 전쟁 기간인 1894년과 1895년에는 군사비가 무려 두 해에 걸쳐 평균 64%로 예년에 비해 두 배 이상 상승했다. 비록 이토 내각이라 하더라도 전쟁을 결정한 이후 강력하게 청나라를 한반도에서 몰아내는데 총력을 기울인 것이다. 이토 내각은 청일전쟁을 승리로 마무리한 이듬해 물러난다. 즉 이토 내각은 임진왜란부터 일본에 의한 조선의 강제 개항 이후까지 줄곧 조선으로의 침략이 번번이 청에 의해 좌절되고 있던 차에 결정적으로 청국을 물리침으로써 조선에 대한 방해물을 마침내 제거한 셈이다.

그런데 여기서 주목할 것은 청일전쟁이 끝나고 나서도 군사비가 예년보다 높게 유지되고 있다는 사실이다. 전쟁의 영향으로 국내 경제와 국민들의 生活苦 증가로 내치에 보다 치중해야 할 시기에 군사비 지출이 1896년부터 1903년까지를 분석하면 평균 44%를 조금 상회한다. 이것은 앞에서도 누누이 설명했지만 삼국간섭 이후 러시아가 일본의 조선 침략을 방해하였기 때문에, 결국 때가 되면 러시아를 제거해야 한다는 근본적인 흐름을 각각의 내각이 공통적으로 반영하고 있었던 것이다. 메이지 초기 정한론자들의 공통된 생각이 그대로 반영되고 있는 것이다. 그리고 전쟁 바로 직전의 해인 1903년의 군사비는 전체 예산의 47.9%로 앞에서 살펴본 개전 여론의 급격한 비등을 잘 반영하고 있다. 국내 정치 상황이나 개전 반대의 정점에 서 있던 이토라고 하더라도 이러한 흐름은 뒤집을 수 없는 것이었다.

그리하여 전쟁기인 1904년과 1905년의 경우는 82.1%로 바야흐로 일본의 국운을 죄다 건 전시 예산이었던 것이다. 이것이 얼마나 일본이란 나라의 운명을 건 전쟁이었는가는 태평양 전쟁 말기의 예산과 비교하면 좀 더 이해에 도움이 될 것이다. 1944년과 1945년의 군사비는 전체의 약 79%였다. 이 두 전쟁이 일본의 운명을 결정하는 전쟁이었음을 알 수 있다. 그 만큼 일본에 있어서 러시아와의 전쟁은 생사의 갈림길이었다고 할 수 있다. 결국 그들은 이 전쟁의 승리로 아시아의 패자임을 다시 확인 받음과 동시에 세계 5대 강국으로 부상하게 되는 것이다.

한편 청일전쟁 개전의 단서를 여는 데 일조한 바 있는 야마자는 물론 참전한 경험이 있는 코게츠카이[湖月會] 회원들은 이러한 정황을 너무나 잘 알고 있는 강경파 엘리트 그룹들이다. 이런 비장한 심정으로 심야까지 상의하고, 금후의 연락을 한층 더 견고히 하여 대러 개전의 추진을 약속하고 산회했는데, 정부도 코게츠카이[湖月會]의 동향에는 심각한 주목을 보내는 한편, 이 코게츠카이[湖月會]를 통해서 만난 낭인들에게 정부의 동향이 슬며시 알려지고, 동시에 민간과 3성의 젊은 사람들이 서로 연락을 주고받았던 것이다. 물론 그 가운데 야마자가 있다. (회의) 석상에서 친구 니시카와 토라지로[西川虎太郞] 소좌가 야마자에게 "러일전쟁을 해서 어디까지 가면 정리하려고 생각하나" 라고 묻자, "하얼빈까지 진격하면 러시아는 꼼짝 못하겠지" 라고 답했기 때문에 군사 전문가가 아닌 야마자의 전망이 정확한 것에 모두 놀랐다.[114]

사실 이 전쟁에서 일본 군부는 승리하는데 목적을 둔 것이 아니라 50대 50 혹은 잘해야 60대 40 정도로 하여 일본의 힘을 주변 세계에 알려 협상을 통하여 러시아로 하여금 만주에서 물러나게 함과 동시에 러시아가 향후 다시 동방으로 나오지 못하도록 하는 국제적 방어 체계를 마련하는 것이 목적이다. 그렇게 되면 일본은 명실공히 한반도의 독식, 즉 이익선 확보에 걸림돌이 없어지므로 이 전쟁에서의 궁극적인 목표를 달성하는 셈이다. 국력이나 군사력 면에서 월등하게 열세이기 때문에 일본 패망까지도 가져올 수 있는 상황이기에 야마자는 여기까지로 본 것이다.

따라서 이토에 대해 암살 운운할 정도로 개전을 서두르는 것은 러시아가 시베리아 철도를 완성하여 만주로 완전히 연결되기 직전인 지금이야말로 이러한 일본의 절박한 목적을 달성하기 위한 최적기라고 판단한 것이기 때문이다. 조기 개전론자들이 한반도 지배와 대륙팽창을 꿈꾸는 민간의 조기 개전론자들과 군부내 조기 개전론자들의 생각은 이 점에서는 완전히 일치

---

114) 長谷川峻, 67~69쪽.

했던 것이다.

여기서 외무성의 야마자 정무국장과 코게츠카이[湖月會] 회원들과의 개인적인 친분 관계를 조금 검토해 볼 필요가 있다. 이는 향후 개전 시의 전쟁 상황 파악에 관한 군사 정보를 야마자가 얼마나 깊고 정확하게 파악할 수 있는가를 보기 위한 것이다. 외무성으로 들어오는 공식적인 정보도 충분히 많을 테지만 그와 달리 현장의 생생한 정보를 직접 수집한다면 전황 파악의 정확성과 신속성이 담보됨은 당연한 일이다. 물론 이들 정보는 야마자의 독도편입과 직접 관계가 있다고 할 것이다.

앞에서 야마자가 학창시절에 맺은 인맥들 중에서 대장성 관료로 요직에 있는 친구들을 검토한 바 있다. 이들을 통해서 일본이 도저히 장기전을 지탱할 수 없다는 건 파악하고 있다. 그런 걸 알고 있었기에 친구 니시카와 소좌가 물었을 때 하얼빈 점령까지를 이야기한 것이다.

그러나 이제 개전이 될 경우 바로 이 코게츠카이[湖月會] 동지들을 통해서 현장의 전쟁 정보를 보다 세밀하게 확보해야 하는 것이다. 그런 측면에서 먼저 야마자와 해군과의 관계를 보기로 한다. 해군에서 가장 친하게 지낸 사람은 카미이주미 토쿠야[上泉德弥]다. 두 사람은 공히 대주가(酒豪)이며, 나이도 한 살 차이로 비슷하고, 둘 다 뜻이 크고 호방한 성격으로 서로 마음으로 받아들이는 사이였다. 게다가 지척인 외무성과 해군성 사이를 오가며 대러 문제에 관한 정보를 교환하거나, 의견을 활발히 주고받거나 하는 등 더없이 긴밀한 관계를 유지하여 동지적 활동으로 서로 도움이 되고 있었다. 더욱이 러일 개전 시에는 카미이주미는 대본영 참모로 있었기에 육해군 합동참모회의 등을 통해서 얻은 정보도 야마자에게 공유되었을 것이다. 외교 정보와 군의 정보를 교류하면서 할 수 있는 한 전쟁 승리를 위한 공동 노력을 하였을 것이다. 따라서 특히 해군의 정보는 카미이주미를 통해서 대본영의 정보를 확인할 수 있었다.

여기에다 아키야마 사네유키도 일찍이 공립학교와 대학예비문 시절부터 친구로 알고 지내던 사이로 코게츠카이[湖月會]에서 다시 만난 것이다. 아키야마는 연합함대사령관 토고에게 발탁되어 기함에 승선하게 되면서 수석 작전참모로 동해해전(일본해해전)의 영웅이 되는 사람이라고 소개한 바 있다. 이 아키야마야말로 최후의 전투인 동해해전에서 울릉도와 독도가 가장 필요했던 친구였을 것이다. 따라서 어떤 형태로든 그 섬들의 작전상 필요성은 야마자에게 전해졌을 수밖에 없다.

일본이 태정관에서 독도를 자신들 영역 외로 분명히 밝히고 있었던 것이라, 한국통 정무국장인 야마자는 그 사실을 잘 알고 있었을 것이다. 따라서 전쟁 중 독도가 외교적 문제가 되었을 경우 야마자는 이들 해군 군령부 친구들과 공식, 비공식으로 상의하였을 개연성은 충분하다.

이렇듯 야마자는 대본영의 전체적인 전쟁 상황과 동해해전 승리의 급박한 전황 등을 모두 잘 파악하고 있었을 것이다. 이러한 전쟁 관련 직접 정보들은 코게츠카이[湖月會] 사람들을 통해서 수집 분석하고 있었던 것이다. 따라서 해군 및 해전 상황의 정보 획득에는 누구보다 우위에 있다고 할 수 있다.

이런 사람이 전쟁의 승패와 국가의 운명을 결정하는 마지막 일전이 된 동해해전의 중요성과 그에 따른 전략적 요충지로서 독도의 절대적 필요성은 절실히 깨닫고 있었을 것임은 당연하다. 해군의 고민은 야마자가 누구보다 잘 알 수 있는 사람이다. 야마자에게 남은 숙제는 어떻게 하면 일본의 영토가 아니라고 한 독도를 교묘하게 요리하는가 하는 문제였다.

여기서 추가로 살펴볼 사람은 야시로 로쿠로 대좌다. 그는 해군대학생으로 이때 아키야마는 소좌이나 해군대학 교관이고, 야시로는 대좌이나 그에게 배우는 학생이었다. 그 두 사람이 공히 첫 모임에 같이 참석한 것이다. 야시로는 러일전쟁 시 아시마 함장으로 출전하였다. 따라서 두 사람의 관계에 의한 現場戰時情報 역시 야마자에게 전달되었을 것이다. 그 외 해군 측 사람들 대부분이 군령부 소속이라 정보는 충분하다고 하겠다.

야마자와 친구 관계는 아니었으나 해군 측 코게츠카이[湖月會] 회원 중 보다 강경파에 속하는 야마시타 겐타로 중좌에 대해 잠시 살펴보고자 한다. 그도 역시 군령부 소속으로 9월에 대좌로 승진하고 12월에 작전반장으로 승격, 개전 전에 이미 러일전쟁에 대한 임전 태세를 계속 준비해가면서 개전 시 '대러 작전 입안의 중심적 역할'을 맡는다.

육전의 승리가 있은 다음 1905년 봄 발틱함대가 마침내 중국까지 온 후 오쑹강 출항 후에는 소식 불명이 되었다. 여기서 발틱함대가 어느 루트를 통과하여 동해로 진입할 것인가를 두고 여러 관측이 나왔는데, 대한해협 통과 혹은 츠가루해협 통과의 두 안이 격돌할 때 대한해협 통과를 주장하여 츠가루해협으로 이동하려는 연합함대에 자중을 당부했다. 결과적으로 야마시타의 판단이 적중하여 결국 동해해전의 완승에 크게 기여한 바 있는 인물이다. 그가 판단한 대한해협은 곧이어 동해해전으로 발전하여 결국 독도 앞바다에서 일본의 대승으로 막을 내리게 된다.

그렇다면 군령부 작전부장 야마시타는 발틱함대가 출발하기 전이든 후든 혹은 최소한 1905년 1월 여순 함락과 3월 봉천회전 승리 후에는 발틱함대가 일본 근해에 왔을 때 그 진로를 어디로 할 것인가를 검토하였을 것이다. 그럴 경우 그가 대한해협이든 츠가루해협이든 동해는 피할 수 없는 곳임을 너무나 잘 알 수 있는 일이다. 이런 사항은 외무성 정무국장이 모를 리 없는 것이다.

육군의 경우를 보면, 먼저 야마자의 어릴 적부터의 친구 니시카와 토라지로가 있다. 니시카와는 러일전쟁 시 대본영 참모로 근무하다가 1905년 1월 압록강군 참모로 현장에 참전하기도 했다. 그리고 회원 중 이구치 소장은 보다 강경파로 분류된다고 위에서 보았다. 그는 연장자로서 고참으로 야마자와는 막역한 친구일 수는 없으나 개전파 중에서도 강성으로 야마자의 입장에선 아주 반가운 사람이었을 것이다. 그 이구치와 함께 마츠카와 대좌는 둘 다 러일전쟁 시 만주군 총사령부 참모로 코다마 겐타로 참모장을 보필하던 현장 중책을 맡은 참모들로서 陸戰의 실황 정보 면에선 가장 정확한 정보를 가진 사람들로 그들을 통해 직간접으로 육전의 정보도 수집하였을 것이다.

이 코게츠카이[湖月會] 군인들과 민간인인 7박사와의 교류에 관한 에피소드가 있어 소개한다. 도쿄대 7박사의 조기 개전에 관한 의견서는 많은 파장을 일으킨 중대 사건이었음은 앞에서 보았다. 이들은 자신들의 뜻과 일치하는 연배가 비슷한 코게츠카이[湖月會] 사람들과도 교류하였던 것이다. 7박사 중에 테라오 토루는 야마자 상경 때부터 인연되어 이제는 대러 개전을 위한 동지로서 보다 밀접하게 그 뜻을 공유하는 막역한 사이다. 이런 상황에서 7박사와 특히 코게츠카이[湖月會] 회원 중 야마자와 가장 잘 통하는 카미이주미가 함께 술을 마신 적이 있다. 박사들의 학구적인 강경한 대러 개전론을 듣고 있던 카미이주미가 학자의 의론은 빙 에두르는 것이라 안 된다고 하자, 그것이 시비가 되어 아예 싸움이 벌어진 적이 있다. 이론과 실전이 맞붙어 술집이 난장판이 되었다. 끝에 가서 램프가 굴러 떨어져 뒤집어지자 다른 박사 동료가 그 장면을 보고, 원로가 자빠지는 것으로 빗대어 개전이 된다고 결론이 내려져 싸움이 그쳤다고 한다.115) 그 만큼 박사들이나 코게츠카이[湖月會] 사람들은 개전에 모든 것을 걸고 있었던 분위기였다. 남은 고민이 원로 이토였던 것이다.

또한 야마자가 민간과 군 개전파 및 정부 사이를 중개하는 역할도 하고 있다. 이 당시 주전론자들이었던 군인은 처음부터 政談의 과잉에 참여하는 것이 허용되지 않았다. 그래서 취한 형식이 친목회를 가장한 만남이었던 것이다. 이런 상황을 잘 알고 있는 코노에 공작[近衛公]은 군인을 대신해서 여론을 통일함으로써 그 강경 의견이 국내에서 절대적인 세력을 가지기에 이른 것이었다.

한편 이토 후작[伊藤侯]은 코노에 공작과 격론을 벌였지만 조금도 뜻이

115) 長谷川峻, 70쪽.

통하지 않았다. 이에 반해 야마자 국장이 몰래 對露同志會에 이야기하여 마침내 코무라 외상과 코노에 공작과는 氣脈相通하는 관계에 이르게 되었다. 그래서 이 매개에 의해 (1903년) 11월 10일 카츠라 수상은 대러동지회의 영수이자 야마자의 장인인 코무치[神鞭], 토야마[頭山], 삿사[佐佐] 등 개전 활동에 앞장서는 민간 대표들을 초청, 각료의 보조는 일치하고 있다는 뜻을 설명했다. 동시에 국가를 위해 진중한 태도를 희망하여 일이 무사히 끝난 적이 있었다.116)

　이렇듯 정무국장 야마자 엔지로는 한편으론 개전파 군인들과의 조정 역을 맡고, 다른 한편으로는 민간 주전파와 정부와의 교량역을 통해 개전에 진력한 것이다(<그림 2>).

군부	육군 지휘부: 카와카미(대장, 첩보전문가), 　　　　　코다마(만주군 총참모장, 러일전쟁 작전계획 마무리, 아카시 공작 특명 하달, 　　　　　야마자 친구인 스기야마와 절친), 　　　　　테라우치(대장. 초대 조선총독) 육해군 소장파 엘리트: 湖月會(총 21명 중 군인 15명) 멤버 　　　　　해군 중좌 카미이주미, 토고 제독 작전 참모 아키야마 사네유키 등 개인적 인연: 고향 선배이자 친구인 아카시 모토지로 대좌('아카시 공작' 수행자)
정계	외교관 시절: 야마가타 수상(2회), 이토 수상(4회), 카츠라 수상(3회), 코무라 외상 대학시절: 오가와(정치가). 미즈노(내무대신 4회 등), 와카츠키(수상 2회)
민간	玄洋社, 쿠마모토 國權黨, 天佑俠, 黑龍會, 國民同盟會, 東亞同門會, 對露同志會 등 (야마자 장인은 국민동맹회, 동아동문회, 대러동지회에서 적극적 개전 활동)

〈그림 2〉 야마자의 開戰活動과 인적 네트워크

2) 開戰을 反對하는 이토와 야마자의 대응

대러 개전으로 가는 길의 결정적인 장애물이 이토117)임은 이제 일본인이

---

116) 谷壽夫, 『機密日露戰史』, 原書房, 2004, 49쪽.
117) 이토는 1884년에 백작, 1895년에 후작, 1907년에 공작이 된다(정일성, 『이토 히로

면 누구나 다 알 수 있는 상황이 되었다. 그들 중에서 겐요샤 내에서는 특단의 대책을 강구해야 한다는 분위기가 조성되고 있었음도 알고 있다. 그리고 행동으로 옮기려는 자를 토야마가 저지한 일도 있었고, 토야마와 야마자의 장인 등 겐요샤 지도부와 대러동지회 사람이 함께 가서 이토와 담판을 벌인 것 등 이토에 대한 민간에서의 움직임도 앞서 보았다. 여기서는 외무성의 야마자 정무국장이 그 문제를 대응하는 과정에서 발생한 일들을 살펴보고자 한다.

코무라 외상은 당시 야마자와 야마자의 부하인 혼다를 가장 신임, 대러 문제에 대해서는 차관 친다 스테미[珍田捨巳][118]를 상대로 하지 않고, 전적으로 야마자를 믿고 있었기에 대러 교섭에 관한 각의의 동향은 모두 야마자에게 말해 주었다.[119] 이렇게 코무라와 야마자의 관계는 대러 문제에 있어서 숨김없이 서로 이야기를 나누고 있는 터라, 전쟁 개시 후 변화하는 양상에 대한 모든 정보가 공유되고, 결국 독도가 내각의 결정으로 편입될 때 역시 이러한 과정에서 야마자의 편입 과정은 코무라와의 협의를 거쳐 고스란히 코무라를 통한 내각의 결정으로 이어졌음은 두말할 필요가 없다. 이처럼 전적으로 내각에서 돌아가는 상황을 듣고 있던 야마자가 어느 날 친구 카미이주미에게도 알려주었다. 다름 아니라 대러 개전에 각료 중 한 사람이 주저하고 있다는 내용이었다. 그 사람은 바로 토고를 연합함대사령관으로 추천한 해군대신 야마모토 곤베[山本權兵衛][120]였던 것이다. 그 말을 들은

부미-알려지지 않은 이야기들』, 지식산업사, 2002, 311~312쪽).
118) 친다 스테미[珍田 捨巳, 1857~1929]: 아오모리현 출신. 외교관, 백작, 시종장, 추밀고문관. 외무차관, 개신교 목사(감리교회). 미국 유학 후 외무성 입성. 코무라 외상 시절 초대 차관, 야마자가 인천 근무 시 그의 상사로 인천 영사였음(1895). 후에 궁에 들어가 히로히토 황태자를 교육하고 천황이 된 후 시종장에 취임, 시종장 재임 중 뇌일혈로 사망(일본 국회도서관, 「近代日本人の肖像」 등을 참조로 작성).
119) 長谷川峻, 71쪽.
120) 야마모토 곤베에[山本權兵衛, 1852~1933]: 카고시마 출신. 해군 대장, 해상(3회), 정치가, 수상(2회). 외상. 보신전쟁에 종군. 사이고 다카모리의 소개에 의해 해군

카미이주미가 해상을 찾아가 즉각 개전을 주장하자 야마모토는 전비로 20
억 엔[121]의 자금(당시 일본의 세입이 2.6억 엔)이 필요하다는 것을 들어 이
유를 설명했다. 그러자 그것은 자신들이 알 바가 아니고 정부가 알아서 할
일이라며, 즉시 개전론을 역설하였다. 그 후로도 몇 번 방문하였으나 거절
되었다.[122]

야마모토는 이미 1898년 해상에 취임하면서부터 러시아 함대를 전멸시
키는 것을 목표로 하고 있던 사람이다. 다만 그러기 위한 철저한 준비에 만
전을 기하고 있는 제국주의 해군 총수인 것이다. 그러나 젊은 개전파 군인
들의 결기는 앞서가고 있는 것이다. 이처럼 조기 개전 혹은 즉시 개전에 열
을 올리던 코게츠카이[湖月會] 사람들은 그 반대자들의 태도에 깃털을 곤
두세우고 있던 터였다. 고베시 같은 곳에서는 이토의 동상을 바다에 던져
넣는다고 하는 소동까지 일어나고 있는[123] 지경이었다.

이러한 상황에서 야마자가 이토를 암살하고자 한다는 소문이 돌게 되는
일들이 있었다. 이 무렵 야마자는 정객 오가와 헤이키치[小川平吉]와도 아
주 친하게 지내고 있었다. 오가와는 야마자의 대학시절에서 살펴본 바와 같

의 길을 걷게 됨. 1874년 해군사관학교(해군병학교) 졸업. 해군의 군령부를 육군
참모본부로부터 독립(1892년) 등 해군 개혁. 1898년 47세로 제2차 야마가타 내각
의 해상에 취임 이후 러일전쟁 종전까지 약 8년간이나 해군 최고 지휘관으로서
러일전쟁 하의 해군을 뒷받침(일본 국회도서관, 「近代日本人の肖像」).
121) 財務省의 자료 「第1表 明治初年度以降一般會計歲入歲出予算決算」에 따르면 전쟁
바로 직전 해인 1903년도의 세입 결산이 2.6억 엔이다. 이를 기준으로 하면 야마
모토 海相이 제시하는 전비는 세입의 약 8배나 된다. 즉 전쟁의 필요성은 당연히
공감하나 전비가 터무니없이 부족한 것이다. 그럼에도 불구하고 이듬해 도발을
감행하였음은 그들 말대로 국운을 건 일전일 수밖에 없었음을 알 수 있다. 일본의
각오를 충분히 엿볼 수 있다. 이 전쟁으로 한반도를 장악하고 대륙으로 진출하지
못하면 일본은 결국 러시아의 남침으로 멸망한다는 생사의 갈림길이었다. 독도
정도가 장애물이 도저히 될 수 없다고 판단할 수밖에 없는 상황인 것이다.
122) 長谷川峻. 71쪽.
123) 長谷川峻, 72쪽.

이 야마자보다 두 살 연하이나 대학예비문과 법대 동기생으로 국가주의자로서 야마자와 사상적으로도 뜻이 맞는 친구다. 지금은 정치가로 여전히 야마자와 친하게 지내며 대러 개전 활동을 함께 하고 있다. 그는 제국의회에서 개전의 급선봉으로 활약하고 있는 중이다.

이 오가와의 일기에 의하면,124) 1903년 6월 6일에 같은 나가노 출신이자 정치가로선 대선배인 와타나베 쿠니타케[渡辺國武]125)의 부름을 받고 방문하여 만주문제에 관해 열심히 운동하려는 뜻을 함께 이야기 나누었다. 와타나베는 대장상을 두 번이나 역임한 사람으로 러일전쟁 전에는 대러 강경론을 부르짖고, 전쟁 후에는 강화회담을 반대한 사람이기도 하다. 두 사람은 이런 점에서 뜻을 같이 하였던 것이다. 그래서 밤에 타나카[田中](주: 요정)에 가서 야마자 엔지로를 불러 외교의 경과를 물으며 개전 관련 이야기를 주고받은 것이다. 당시 러시아와 계속 협의하고 있던 중이라 만주문제에 관해 어느 정도 행동해야 할지를 결정해야 하기 때문이었다. 그리고 나중에 마침내 야마자의 고향 친구이자 대륙낭인인 오우치[大內]126)를 불러 넷이서 정좌하여 대취한 적이 있었던 것이다. 오우치는 어린 시절 고향에서 소년 정치결사인 탓소사[達聰社]를 결성하여 함께 했던 친한 사람이었다. 그역시 야마자와 뜻을 같이 하고 있는 동지로 인연을 이어가고 있었던 것이다. 이렇듯 야마자의 주변 사람들은 그 즈음 만나면 개전 문제 등에 관한 논의가 주였던 것이다.

1903년 6월 29일에는 밤 9시에 야마자 엔지로, 모치즈키 류타로[望月龍太郎]127) 등이 모여서 간단히 한 잔을 하였는데, 야마자 등이 매우 취했다. 그런데 야마자가 귀가하다가 방문하여 외교 이야기를 잠시 하였으나 굳이

---

124) 一又正雄이 인용(32~33쪽)한『小川平吉關係文書』1권, 76쪽의 내용을 참조로 작성.
125) 와타나베 쿠니타케(1846~1919): 나가노현 오카야시[長野縣岡谷市] 출신. 관료, 정
　　　치가, 자작. 러일전쟁 전후에서는 대러 강경론을 주장.
126) 오우치 기에이[大內義映 1857~1905]: 후쿠오카 출신. 겐요샤[玄洋社] 사원, 대륙낭인.
127) 일진회 고문을 지냄.

말은 않고 근심이 있는 것 같았다. 바로 이토에 관한 것으로, 일이 만약 어렵다면 상하 함께 협력하여 老物을 배제하고자 한다는 것이다. 그가 몹시 괴로워하고 있는 노물은 바로 이토였던 것이다. 아무튼 야마자는 코게츠카이[湖月會]가 결성되고 그 이후 더욱더 조기 개전에 골몰하고 있었고, 장인(코무치)과 코노에 공작 등 대러동지회의 적극적인 활동 등으로 의론이 통일되어 가고 있는 중에 가장 걸림돌이 되는 것이 있어 근심을 하고 있었던 것이다.

이하는 카네코 겐타로 백작의 이야기다. 한번은 츠키지[築地][128]의 타나카 기이치[田中義一]의 집에서 회합하여 크게 강경한 논의를 벌여, 육해군은 강경 입장이나 이토 공작은 가장 약해 아무래도 그를 암살하지 않으면 전쟁은 불가하다고 결정했던 적이 있다.[129] 이런 저런 곳에서 이토는 표적이 되고 있었다.

그로부터 45일 후 舊藩主인 쿠로다[黑田] 후작 저택에서 치쿠젠[築前] 사람 다수가 모여 회의를 개최한 적이 있는데, 외무성의 야마자 엔지로도 그 회의에 와 있었다. 가끔 러일문제가 화제에 오르면 그는 "러일문제는 지금으로서는 전쟁에 호소하는 것 외에는 해결의 여지가 없다. 그런데도 이토 씨의 태도가 연약한 탓에 이토 씨를 처치하지 않으면 개전은 불가능하다는 결의를 했다." 고 말했기에 그 자리에 있던 카네코 백작은 놀랐던 것이다. 그런데 거기에 마침 와 있던 사람이 겐요샤[玄洋社] 사람들을 비롯한 호걸 무리들이라 참지 못하고 이토를 제물로 하자는 외침이 급하게 고양되어 버렸다.[130]

카네코 백작은 야마자로 하여금 외교관의 길로 나아가도록 도와준 고향

---

128) 東京都中央區의 지명.
129) 야마자의 이토 암살 운운과 관련해서는 長谷川峻의 책이나 一又正雄의 책에 공히 기술되어 있으나 필자는 一又正雄의 기술 내용을 참조로 한다. 그 내용과 관련하여 一又正雄이 활용하는 자료는 小松綠[코마츠 미도리]의 『春畝公と含雪公』, 1934, 147쪽 이하의 카네코 겐타로[金子堅太郎] 백작의 추억담이다.
130) 長谷川峻, 앞의 책, 71쪽.

선배이기도 하다. 그러한 사람이 이렇게 이토 암살 운운하여 玄洋社 사람들 등 치쿠젠 사람들의 회합에서 거침없이 호언을 하는 것을 선배로서 신중히 제지하고 나선 것이다. "이토 씨가 자네들 같은 말단 관리에게 흉중을 털어 놓겠는가" 라며 책망한 뒤, "육해군 사람들이라도 그 중심이라고 할 참모총장이나 군령부장에게는 털어놓을지 몰라도 영관급과 小將급의 사람에게 국가의 안위에 관한 중대한 의견을 토로할 리가 없다"며 야마자를 책한 것이다. "다행히 오늘은 치쿠젠[築前] 사람들의 모임이기에 괜찮지만 정무국장이 소신껏 말했다 하더라도, 만일 오해를 한 자 혹은 잘못 판단한 자가 나타나서 이토를 암살이라도 했다면 금일의 난국을 어떻게 하겠나" 라며 크게 질책해 두었지만 아무래도 염려가 되기에 이토 공작을 방문해 있었던 사실을 알렸다. 이렇게 하여 이토는 카네코 켄타로[金子堅太郞]의 충언을 듣고 즉시 코무라 외상에게 야마자 국장을 데려오라고 했다.

코무라 외상은 이토 공작의 전언을 접하고, 때가 때인 만큼 무언가 외교상의 급한 용무가 생겼다고 생각하고 곧바로 두 사람이 함께 렌난 고개길[靈南坂]에 있는 추밀원 의장[樞相] 관저로 갔다. 코무라와 야마자가 응접실에서 잠시 기다리고 있고 이토가 멋진 의상차림으로 유유히 나타났다.

그런데 언뜻 보니 손에 칼을 잡고 있다. 언제나 온화했던 것과는 달리 살기가 떠오르는 듯하다. 이윽고 이토는 그 칼을 야마자의 앞에 내밀었다. "자 이거, 야마자, 자네는 이 사람을 살해할 결심을 하였다지. 그런 용기가 있다면 이것으로 나를 참하게." 무서운 얼굴로 칼을 뽑아 주면서 말했기 때문에 두 사람은 아연(啞然)해져 순간 말문이 막혔다. 긴장하여 주춤하던 야마자는 그런 말을 한 사실은 인정하고, 다만 주흥으로 인한 것이었다며 사과를 했다.

그러나 이 건은 그렇게 가볍게 넘어갈 성질이 아니었다. 이토 역시 그런 소문을 듣지 않은 것은 아니지만 제국의 관리가 이렇게 공언하고 다닐 거라고는 생각하지 않았던 것이다. 격노한 이토는 야마자에게 자신을 베지 못하면 할복하라고 하며 제국의 관리라는 사람이 이런 것을 농이라고 하여 끝날 일이 아니라며 강하게 힐문했다. 그러자 야마자가 뭔가 말을 하려고 하자 재빨리 코무라가 제지하고 나서서, 대신 야마자의 행위는 추태라고 한 뒤 앞으로는 삼가도록 본인이 충분히 훈계하겠다면서 깊이 조아리며 용서를 구했다.

호걸풍의 그 야마자도 창백한 얼굴로 변했다. 그러자 이토가 상황을 판단하고서는 급히 태도를 바꾸어 평소의 모습으로 온화하게 대하며 마침내 그 속내를 내비쳤다. 일단 엄하게 한 번 호통을 친 뒤 진담으로 들어간 것이다. 한 나라의 외교를 책임진 사람들이다. 아마도 이번 기회에 자신의 속뜻을 외교 책임자에게 확실히 전할 계산이었을 것이다.

이토는 호출되어온 두 사람에게 포도주를 연신 건네며 자신도 두 사람의 생각과 같이 최후의 각오에 대해선 한 치도 다르지 않다고 전제한 뒤 흉중에 깊이 묻어둔 이야기를 꺼냈다. '전쟁으로 나아가려면, 세계의 양해를 구해야 하고, 그러려면 명분이 가장 중요하다. 일본으로서는 충분하다고 할 때까지 인내에 인내를 거듭하여 천하만국이 러시아의 침략적 횡포를 한결같이 간파하기에 이르러야 한다. 그리고 처음에 단호하게 일어나고 끝에 가서 평화를 돌봄으로써 전쟁을 선호하지 않는 일본제국이 만부득이한 처지에서 어쩔 수 없이 자위 수단[131]에 호소할 수밖에 없었던 상황으로 보여야 한다. 그렇게 되면 동맹국인 영국은 일본의 입장을 옳다고 하여 성원을 아끼지 않을 것이고, 또 미국과 독일, 프랑스 등 모든 국가에 있어서도 적어도 엄정 중립을 지킬 것임에 틀림없다'고 하는 취지의 속내를 두 사람에게 진지하게 들려준 것이다. 이 말에 코무라 외상은 전적으로 공감한다는 뜻을 표하고 야마자와 함께 돌아갔다.[132]

---

131) 전쟁의 책임이 일본에게 있는 것이 아니라 오로지 러시아의 침략에 의한 것이라는 것이다. 일본의 한반도 장악 획책은 침략이 아니라 자신들의 안위(이익선)를 확보하기 위한 정당한 수단이라는 것이다.

132) 一又正雄 編著, 34~37쪽. 카네코 백작은 이 내막의 경위를 이토 후작의 신변 보좌관인 후루야 히사츠나[古谷久綱] 書官이 자신에게 친히 말해 준 것이라 정확한 사

즉 청일전쟁의 승리 후 전개된 일본의 대세는 결국 러시아와의 일전이 불가피하다는 걸 이토도 시간이 지날수록 신중히 수용하고 있었던 것이다. 영일동맹의 체결 전후의 상황에서는 영국과 러시아 간 극동에서의 대립을 영일 양국이 서로 이용하여 각자의 목적을 달성하기 위해 對露戰은 피할 수 없게 되었음을 이토도 잘 알고 있었다는 것이다. 그 점에서 외무성의 입장과 근본적으로 다르지 않았다. 다만 이토는 국력이나 군사력의 절대적 열위에 대한 우려와 전후의 일본이 차지할 위상까지 최대한 고려하여 두 사람을 타일러 더 완전하게 개전에 임할 것과 일본에게 가장 유리한 적기에 마무리 지을 것을 엄중히 당부하는 노련함을 보이고 있는 것이다. 일본의 최후 승리를 위한 이토의 노회(老獪)한 제국주의자의 면모를 엿볼 수 있는 대목이다.

또한 야마자가 대러 개전을 반대하는 이토를 살해하고서라도 개전하려고 할 정도의 대륙팽창에 대한 열망 속에는 한반도의 침략은 당연히 포함되어 있는 것이었다. 따라서 개전 전후 승리를 위해, 어떠한 일이라도 척척 진행시키는 것을 볼 때, 반드시 승리하기 위한 최후의 관문인 동해해전은 어떤 일이 있더라도 승리해야 하며, 그 과정에서 군사적으로 절대 필요한 독도는 당부당을 제쳐두고서라도 편입이든 침탈이든 불가피한 상황이었을 것이다.

3) 제국대학 후배들을 조선과 만주로 파견

야마자는 군부와 민간을 연결하는 데 그치지 않고, 전쟁에 임박해서는 자신이 할 수 있는 일은 모두 행하는 자세를 보였다. 이렇듯 대러 조기 개전을 위해 밤낮으로 활약을 계속하는 야마자는, 그 일환으로 본인 나름으로

실임이 틀림없다고 기술하고 있다. 후루야 히사츠나[古谷久綱, 1874~1919]는 에히메현[愛媛縣] 출신. 관료, 정치가. 중의원 의원(입헌정우회). 박사. 청일전쟁 때는 국민신문 기자로 제2군사령부에 종군. 이토 히로부미의 비서관으로 오래 근무. 이토가 조선통감일 때도 비서관 역임.

비밀리에 치밀하고 세심한 준비를 하는 것도 잊지 않았다.

그는 자신의 고향후배이자 대학후배들을 밀정으로 조선과 만주로 파견할 계획을 세우고 있었던 것이다. 이미 여러 곳으로부터 획득한 정보가 없는 것은 아니나 자신의 분신처럼 여길 수 있는 아끼는 후배들을 자신이 직접 확인하고픈 현장에 파견하여, 자신만의 분석을 위한 현장 정보를 개전이 임박한 시점에 미리 확보하고자 하는 것이다. 그의 주도면밀함은 이미 곳곳에서 보았듯이 여기서도 마찬가지다. 야마자다운 아이디어이자 그 특유의 열정이다. 그는 일본의 안전과 대륙팽창정책의 성공을 위해 어떻게든 러시아를 물리쳐야 한다는 일념뿐이었다.

그가 선택한 사람은 앞서도 살펴본 바가 있는 훗날 외상, 수상을 역임하고 도쿄재판에서 유일하게 문관으로서 사형된[133] 히로타 코키와 그의 친구 히라타 토모[平田知夫]였다. 히라타는 후일 외교관이 되어 야마자와 동서지간이 된다. 야마자 부인의 동생과 결혼하였으나 38세에 병사하게 된다.

히로타 코키는 겐요샤 사원 출신으로 수상에까지 오른 사람이다. 어려서부터 야마자와 마찬가지로 겐요샤 교육을 받고, 겐요샤가 세운 무도장인 明道館에서 수련을 했다. 이렇게 소년시절부터 겐요샤 선배들의 훈도를 받고, 역시 야마자처럼 고향의 겐요샤 선배 도움으로 1898년 5월에 친구 히라타와 상경하게 된 것이다. 상경 자금을 댄 것은 초대 겐요샤[玄洋社] 사장인 히라오카 코타로였다. 상경하여 히로타는 히라타와 함께 겐요샤 사장 신토 키에이타[進藤喜平太]의 소개장을 가지고[134] 토야마를 찾아갔다. 외교관을

---

133) 히로타의 일생으로 볼 때 겐요샤[玄洋社]의 가르침이 얼마나 우익적, 나아가 극우적인 제국주의 성향이었는가를 엿보게 한다. 그가 전범들 중 유일하게 문관으로서 사형을 당한 것은 어린 시절부터 교육 받아온 겐요샤[玄洋社] 정신이 바탕이 되어 제국주의의 첨병 노릇을 한 결과일 것이다. 스스로는 애국이라는 자부심으로 인류 보편적 가치를 무시한 대가로 사형당한 것이다. 그러나 한편으론 자신의 죄를 끝까지 변명하지 않고 묵묵히 수용한 것은 속죄의 길을 택한 최후 양심의 표출이었을지도 모른다.

134) 一又正雄 編著, 28쪽.

지망한다고 하자 토야마가 야마자 엔지로를 소개한 것이다. 이런 인연으로 야마자는 그를 외교관으로 이끈다. 나아가 토야마는 히로타를 스기야마에게도 소개시켰다.[135] 이렇게 하여 도쿄에서의 직접적인 인연이 이루어진 것이다. 이후 히로타는 특히 야마자의 생애 끝까지 그 인연을 이어간다. 그들은 겐요샤 인맥에 의해 야마자처럼 후원과 지도편달을 받게 되는 것이다.

히로타 등은 용돈벌이를 겸하여 출판한 『영일동맹과 세계의 여론』이라는 책이 불티나게 팔렸기에[136] 야마자는 새삼스럽게 두 사람을 다시 보고, 대나무 껍질로 포장한 쇠고기와 위스키를 손에 들고 스스로 동향 학생들의 기숙사(浩浩居)를 방문, 그들과 담소 한담을 나눌 정도로 마음을 터놓는 사이가 되었다고 한다.[137]

야마자는 전부터 두 사람에게 중국과 러시아가 일본 외교의 중심이라는 것을 역설하고 그 연구의 중요성을 말하여 왔던 터였다. 이윽고 1903년 여름 제국대 2년생인 히로타와 히라타를 관저로 불러, 여느 때와는 달리 긴장한 얼굴로 약간의 여비와 함께 곳곳에서 접선할 사람들을 위해 30장의 소개장을 건넸다.[138] 그리고 러일의 급한 풍운을 말하고 방학을 이용하여 만주와 조선 사정 시찰의 密命을 주었다. 만주, 조선, 시베리아에 대한 러시아의 모든 시책을 조사하는 것으로, 간단히 말하면 밀정이었다.[139]

이것은 야마자 자신의 러일 개전을 대비한 나름의 극히 신중한 대응책이지만 이를 위해 대학생 후배들을 첩자로 이용할 정도로 매우 절박한 결정인 것이다. 이것은 바로 후배들과 함께 대륙침략의 첨병이 되고자 하는 것

---

135) 服部龍三, 『廣田弘毅-「悲劇の宰相」の實像』, 中央新書, 2008. 17~18쪽.
136) 이는 당시 일본 국민들, 특히 식자 계층들이 20세기 초반의 격변하는 국제정세에 대한 관심이 매우 높아져 있음을 의미한다. 대러 개전을 향하고 있는 분위기가 얼마나 고조되고 있는가를 반증하는 대목이다. 나아가 이를 위해서는 그 첫 관문인 한반도 침략은 당위적인 것으로 받아들이고 있었음을 의미하는 것이기도 하다.
137) 一又正雄 編著, 29쪽.
138) 長谷川峻, 74쪽.
139) 一又正雄 編著, 29쪽.

에 불과한 것이다. 독도편입 정도는 이를 통해 볼 때 예상하고도 남는 부분
이다. 자신이 추구하는 대륙정책과 그와 뜻을 같이 하는 사람이면 누구나
함께 하여 개전을 촉구하고 방해물은 수단 방법을 가리지 않고 처리하는
저돌적(적극적) 인물임을 엿보게 하는 부분이다. 게다가 히로타 같은 경우
는 어린 시절부터 야마자 자신과 비슷한 길을 걸어온 겐요사[玄洋社] 精神
을 익힌 후배다. 그러하였기에 야마자는 이들 후배를 선택하여 이와 같은
기발하고 대담한 구상140)을 할 수 있었던 것이다.

　히로타는 부산에 상륙하여 대구, 경성, 평양을 경유하여 안동현에서는 北
京 공사 우치다 코사이[內田康哉]141)로부터 북경 지역 조사의 밀명을 받은
요코카와 쇼조[橫川省三]142)의 집에서 1주간 정도 머물며 그 방면의 러시
아 정보를 듣고, 압록강을 건너서 러시아의 용암포의 採木公司의 시찰을
했다. 학생 신분으로서 그 회사 숙소에서 이틀을 묵고 있는데, 역시 러시아
의 사설탐정이 감시하고 있었다. 같은 지역에 체재 중인 오키 테이스케[沖
禎介,143) 요코카와와 함께 러시아 동청철도 폭파를 기도, 체포되어 하얼빈
에서 총살]와 만나 같은 사명을 띠고 활동 중인 대륙낭인들로부터 조선과
만주의 새로운 사정을 들었다.144)

───────────────

140) 대학생 신분이기에 발각되거나 노출될 위험 등이 적고, 동시에 같은 무리들로부터
　　도움을 받기도 편리하다는 등의 장점을 고려한 것으로 보인다.
141) 우치다 코사이(1865~1936): 구마모토현 출신. 외교관, 정치가, 외상(4회). 백작. 야
　　마자 선배, 도쿄제대 법대 졸업 후 외무성 입성, 통상국장, 정무국장 등을 거쳐서
　　1901년 주중 특명전권공사 등. 메이지, 타이쇼, 쇼와 3대에 걸쳐서 외상을 지낸 유
　　일한 인물. 외상 재직 기간 통산 7년 5개월은 현재까지 최장(일본 국회도서관, 「
　　근대 인물의 초상」).
142) 요코카와 쇼조(1865~1904.4.21.): 이와케현 모리오카시 출신. 신문기자. 아사히신
　　문 기자로 쿠릴열도 탐험대 특파원. 러일전쟁 개전 시 아오키 노부주미[青木宣純]
　　대좌가 이끄는 특별임무반원들로 오키 테이스케[沖禎介]와 함께 특수공작에 종사.
143) 오키 테이스케[沖禎介, 1874~1904.1.21.]: 나가사키현. 첩보활동가. 도쿄전문학교
　　(현재의 와세다 대학) 중퇴 후 요코하마에서 무역업에 종사. 1901년에 중국으로
　　가서 北京의 동문학사 교사가 된다. 1903년(메이지 36년)에는 문명학사를 설립.

여기서 히로타가 첩보활동 중에 만난 사람들 중 요코카와 쇼조와 오키 테이스케에 대해 잠시 살펴보기로 한다. 요코카와는 원래 신문기자로 청일 전쟁 때는 종군기자로 활동한 바 있고, 오키는 무역업에 종사하는 등 둘 다 민간임에도 육군특무기관에 협조하여 러시아의 동청철도 폭파 공작에 연루 되어 개전 두 달 후에 함께 러시아군에 체포되어 같은 날 총살된다. 당시 일본은 군과 공사관 등 외교 기관은 물론 겐요샤[玄洋社] 사원들 등 낭인과 일반인, 기자, 학생 등 다양한 사람들을 첩자로 활용하여 개전 전후를 통한 활발한 첩보활동을 하고 있음을 알 수 있다.

히로타는 러시아 최대의 근거지인 旅順으로 갔다. 야마자는 5월에 결성 된 육해군 및 외무성 관료들의 개전파 모임인 코게츠카이[湖月會]를 통해 개전 시 전개될 작전 내용을 알고 있었기에 히로타에게 여순 지역의 첩보 를 명한 것이다. 실제로 개전하자 육군은 한반도를 거쳐 여순으로 진격하여 북상하게 된다. 육전에서 초기 최대 격전지가 바로 여순 지역이었다. 히로 타에게 주어진 명은 바로 이와 같은 중요 예상 전투지역에 대한 첩보 임무 였던 것이다. 야마자는 너무나 민감하고 위험한 임무이기에 일부러 확실히 신뢰할 수 있는 후배인 학생을 선택한 것이다.[145]

이렇게 하여 요새 지대의 잠입을 노리고 있는 사이, 때마침 큐슈 이사하 야[九州諫早][146]로부터 와 있던 여순항 도크(船渠) 공사의 집단 노동자 반 장과 친한 사이가 되어 그의 합숙소에 들어가 축성 공사장에 직공 신분으 로 잠입하여 시찰을 마치고, 히로타는 서둘러 수로로 즈푸[芝罘][147]에 도착 했다. 즈푸에서 야마자의 심복인 미즈노 코우키치[水野幸吉][148] 영사를 만

---

144) 一又正雄 編著, 29~30쪽.
145) 이 역시 야마자의 신중하고 치밀한 업무 태도를 뒷받침하는 대목이다.
146) 이사하야시는 나가사키현 중앙부에 있는 시.
147) 즈푸[芝罘]: 청(淸)나라 때 산둥(山東) 성에 있던 항구 도시.
148) 미즈노 코우키치(1873~1914): 도쿄제국대학 정치과 졸업. 외교관. 야마자와 北京 에 함께 감. 야마자의 안내역으로 중국에서 명콤비를 이룸. 호쾌한 사람. 1914년

나 3개월에 해당하는 시찰여행의 견문을 정리, 나가사키로 가는 船上에서 보고를 요약하여 신바시[新橋][149]에 도착 즉시 야마자의 관저로 급히 달려가 이것을 제출했다.

한편 친구 히라타는 츠루가[敦賀][150]에서부터 블라디보스톡으로 가서 시베리아 방면을 조사했다. 야마자는 히로타[廣田]의 보고를 보고 그 출중함에 경탄, 야마자는 소개한 토야마에게 감사장과 함께 보고서 사본을 건넸고, 이것은 다시 스기야마 시게마루[杉山茂丸]에게, 스기야마로부터 국수주의 언론인 후쿠모토 니치난[福本日南][151]의 손으로, 후쿠모토가 그의 『일본신문』에 연재한 大論文의 種本이 되었다고 한다.[152]

야마자는 이렇듯 개전을 위한 첩보를 위해 외무성은 물론 군부에서 보낸 밀정과 별도로 민간인 첩보원을 보내 개전 후 승리를 위한 준비에 만전을 기하고 있었던 것이다.

北京에서 야마자보다 며칠 먼저(1914.5.23.) 사망(美術人名辭典の解說; 長谷川峻 책 참조로 작성).

149) 신바시는 도쿄토 미나토구[東京都港區]에 있는 지명으로 번화가. 현행 행정 동명으로 신바시 1가에서 신바시 6가까지 있다. 일본의 철도 발상지로서 알려진다(참고 작성).

150) 츠루가: 일본 후쿠이현[福井縣] 중앙부 츠루가만(灣)에 면한 도시.

151) 후쿠모토 니치난(1857~1921: 후쿠오카 출신. 사법성 법학교 퇴학. 저널리스트,정치가, 史論家. 국수주의자. 홋카이도와 필리핀의 개척에 열의를 보임. 남진론 주장. 신문『일본』을 창간하고 수많은 정치 논평을 집필. 겐요샤계의 기관지『큐슈일보』(『福陵新報』의 後身, 『西日本新聞』의 前身)의 주필 겸 사장에 취임.

152) 一又正雄 編著, 29~30쪽.

V. 러일전쟁 중 獨島侵奪과 야마자 엔지로

1. 參謀本部의 大諜報戰과 야마자

비밀 첩보기관 따위의 스파이들이 음지의 간첩이라면 외무성의 경우는 허가된 양지의 스파이라 할 수 있다. 그 양지 첩보기관의 핵심적 집행자인 야마자 엔지로는 해외 공관에 파견된 외교관 및 무관들로부터 획득하는 기밀 정보들을 모두 파악할 수 있는 당시로서는 국내외 정보가 모이는 정보 센터장이라 할 수 있다. 여기서는 대러전에 있어서 음지의 비밀첩보전에 사활을 걸다시피 매달린 일본의 첩보공작에 대해서 검토하고자 한다. 러일전쟁은 크게 보면 陸戰과 海戰 그리고 諜報戰으로 구성되어 있다. 이 전쟁은 결국 첩보전의 뒷받침에 의한 승리였다고 평가받고 있다(후술).

전쟁의 시작과 끝을 함께 해야 하는 군부와 외무성의 입장에서 볼 때 지극히 열세에 놓여 있는 일본으로서는 필승을 향한 최선의 선택이 바로 첩보전이었음은 재언을 요하지 않는다. 야마자의 '대륙정책' 또한 여기 이 작전의 성패에 달려 있다고 해도 과언이 아니다. 러일전쟁은 천황이 인정한 일본제국의 흥망을 건 一戰으로 그들 앞에 어떤 장애물이 생기더라도 반드시 극복해야 할 총력전의 각오, 결사 항전의 결기가 필요했을 것이다. 그런 각오 앞에 독도가 방해물이 되거나 되어서도 결코 안 되는 형국이었다. 이하는 러시아 공사관에 파견된 아카시 대좌의 첩보 대작전에 관한 내용들이다.

1) 첩보전 전개의 배경

일본이 러시아를 두려워해 온 것은 오래 전부터의 일임은 주지의 사실이다. 19세기 후반 극동에 대한 러시아의 관심이 증폭되자 일본은 민감한 반응을 보이고 있었다. 이토 히로부미를 공러병(恐露病) 환자라고까지 할 정도로 일본 전체가 러시아에 대한 적개심과 아울러 침략에 대한 두려움이 공존하고 있었다. 사실은 이토만 그런 비난을 받을 것은 결코 아니다. 당시 일본 전체의 분위기가 그랬다. 이토는 일본이란 나라의 장래를 생각하여 신중론을 펼친 것이라 할 수도 있다. 그러나 일반 국민들의 여론은 니콜라이 2세가 즉위하기 전부터 취해진 러시아의 극동정책 추진에 따른 시베리아 철도 건설이 계획되고 진행되자 장차 러시아의 침략에 대한 불안감은 증폭되어 왔던 것이다. 앞서 본 황태자 시절의 니콜라이를 습격한 '오츠 사건'(1891.5.11.)은 바로 이러한 상황을 대변하는 것 중의 하나다.

그러나 청일전쟁 이후 러시아가 일본을 상대로 취한 일련의 사안들(三國干涉, 旅順港 점령, 만주 전역 점령, 러시아군의 만주 철수 불이행, 용암포 점령 등)에 의해 결국 개전 여론이 일본 전역을 휩쓸고 급기야 조기 개전, 즉시 개전의 거센 바람으로 결국 개전에 이르게 되었다.

하지만 현실적으로 일본이 러시아를 이길 수 있다는 것과는 다르다. 삼국간섭 이후 비록 10년간 전쟁 준비를 위한 와신상담(臥薪嘗膽)의 길을 걸어왔다 하더라도 러시아와의 대결에서 승산을 누구도 장담하기 어려웠던 것이다. 따라서 앞에서 본 것처럼 잘해야 6대4의 승리, 그것도 단기전을 통해서 신속히 강화회담을 추진하여 만주에서의 러시아 세력 축출과 향후 다시 러시아가 만주를 섣불리 점령하지 못하도록 하는 장치를 마련하는 정도에서 그칠 수밖에 없다. 말하자면 러일전쟁은 근대 일본이 국가의 존망을 걸어야만 했던 절체절명의 일전이었던 것이다.

러시아와의 국력 차이를 보면 면적은 60배, 국가세입은 8배, 육군의 총병

력은 11배, 해군의 총톤수는 1.7배였다. 그나마 해군력을 제외하면 도저히 상대가 되지 않는 것이었다. 소위 '다윗과 골리앗의 싸움'인 셈이다. 이것은 태평양 전쟁 개전 시 미일의 차이보다 훨씬 컸던 것이다.[1] 페리 제독의 무력에 의한 강제 개항 이후 그 굴욕의 분심(忿心)으로 위기를 기회로 삼아 급속한 근대화를 이루어오긴 했다. 그럼에도 불구하고 유럽의 근대 국가에 비하면 이제 걸음마 단계인 극동의 보잘 것 없는 작은 섬나라 일본이 거대한 백곰 러시아에게 감히 도발을 한다는 것은 말 그대로 국운을 걸지 않으면 안 되는 일이었다. 러시아는 물론 유럽 강국들은 노골적으로 '황색 원숭이'라며 멸시하고 있는 일본이 과연 이길 수 있을까에 대해 촉각을 곤두세우고 있던 터였다.

따라서 그들은 군사적 대응만으로서는 도저히 러시아를 무너뜨릴 수 없다고 판단, 치밀한 첩보전을 기획한 것이다. 이러한 첩보전은 청일전쟁을 승리로 이끌고 참모총장을 지냈던 첩보전의 전문가 카와카미 소로쿠[川上操六]가 키웠던[2] 아카시 모토지로[明石元二郎] 대좌에 의해 주도되었다. 소위 '아카시 공작'이라고 하는 것이 바로 그것이다. 일본은 러시아의 내부를 분열시켜 혁명의 소용돌이로 몰아넣음으로써 러시아 내 여론 악화 및 군대의 사기를 저하시킴과 동시에, 직접적으로 중요시설 파괴 공작 등 후방 교란을 목적으로 한 치밀한 첩보작전으로 가능한 한 모든 역량을 동원하려고 했던 것이다.

이 아카시 모토지로란 사람이 바로 야마자의 고향 선배이자 야마자와 어릴 때부터 친구인 아카시 타지로(육군 소장)의 삼촌이었다. 물론 야마자는 외무성 정무국장의 위치에서도 교류하지만 개인적으론 고향의 선후배 내지 친구 사이기도 하다. 따라서 야마자는 개전 전은 물론이거니와 개전 후의 러시아 내부 상황과 전쟁 상황 등을 두루 확보할 수 있는 위치에 있었다.

---

1) 前坂俊之, 『明石元二郎大佐』, 新人物往來社, 2011. 96쪽.
2) 前坂俊之, 위의 책, 82쪽.

동시에 그렇게 해야 하는 것이 그의 임무였다. 러일전쟁은 야마자에게는 바로 외교 전쟁인 것이다. 야마자의 어깨에 일본의 생사가 걸려 있는 셈이다. 그는 개전 전부터 개전 후까지 전 과정에 직접 참여한 핵심 외교 담당자였다. 바로 이 시기의 외교가 일본의 운명을 좌우하는 것이었고, 따라서 코무라＝야마자 외교 팀의 중요성이 여기에 있는 것이다.

그런 까닭에 첩보원들의 정보는 군부는 물론 외무성에서는 보다 더 거시적인 차원에서 국운을 걸고 명쾌히 분석해야 하는 지대한 임무가 주어져 있는 것이다. 전쟁의 마무리 기관이 바로 외무성이기 때문이다.

반면에 러시아의 태도는 이러했다. 개전 전에 러시아 니콜라이 황제는 '저 아기 원숭이가 짐에게 전쟁을 걸다니 상상도 할 수 없구나' 라며 '모자 한 번 휘두르면 정리된다' 라고 一笑에 붙인 적이 있다. 개전 8개월 전 敵前 視察로 일본을 방문했던 쿠로파트킨3) 대장도 '일본 병사 세 사람에 러시아 병사 두 사람으로 대응시키자, 전쟁이라고는 할 수 없고, 이것은 군사적 산보 같은 것'이라고 하여 일본을 역시 우습게 보고 있었던 것이다. 후에 그는 극동군 사령군으로서 패전의 쓰라림을 맛보게 된다. 유럽 각국도 러시아군은 나폴레옹까지 물리친 유럽 최강이므로 일본은 곧 당하고 말 것이라고 여겼다. 어른 대 아이, 백색 인종 대 황색 인종의 전쟁, 유럽열강 대 아시아 소국의 전쟁이고, 과거 300년간 계속 패하고 있던 유색인종의 국가가 설마 러시아를 상대로 전쟁을 한다고 하니 누구도 예상하지 않았다.4)

일본은 개전이 임박하여 아르헨티나가 발주하고 이탈리아에서 건조된 최신식 장갑순양함을 사들인 바 있다(1903.12). 동해해전은 이러한 노력으로

---

3) 쿠로파트킨(알렉세이 니콜라예비치 쿠로파트킨, 1848~1925): 육군 대장, 러시아제국 전쟁장관, 극동군 사령관. 러일전쟁 때 러시아 극동군 총사령관을 맡았으나 요동전투, 사하전투, 산데푸전투, 봉천전투 등에서 모두 무승부 또는 패배하여 총사령관직에서 해임되어 1군사령관으로 좌천. 그는 러일전쟁 당시 공히 활약한 일본 해군의 토고 헤이하치로, 러시아의 발틱함대 사령관 로젠스트벤스키 등과 동갑임.
4) 前坂俊之, 96~97쪽.

스피드 면에서는 러시아의 발틱함대5)를 앞질렀던 것이다. 이 아르헨티나에서 일본으로 양도된 장갑순양함 '닛신[日進]'에서 동해해전을 지켜본 아르헨티나 해군 대좌 관전 무관 마누엘 도멕크 가르시아가 후일 자신이 저술한 책6)에서 러시아 측의 방심과 일본 참모본부의 주도면밀한 준비를 다음과 같이 평가한 바가 있다. 즉 전쟁이 일어나기 몇 주 전, 소수의 생각 있는 러시아 정치가가 일본과의 충돌 위기가 최고조에 달했다고 판단, 회피 방책을 강구하도록 정부에 요청했다.

그러나 정부 고관은 '아무것도 두려워할 것은 없다. 일본과의 전쟁 같은 것은 일어날 리가 없다'고 대답했다. 그 이유는 '러시아가 전쟁을 바라고 있지 않기 때문'이라는 식이었다. 러시아는 일본인을 경멸하고 있어, 일본과 같은 소국이 설마 러시아에게 대적할 리가 없다고 과소평가하고 있었다는 것이다. 반면에 일본은 이번 전쟁에 대한 중요성을 너무나 잘 인식하고 있었고, 해군이든 육군이든 묻지 않고 참모본부는 수많은 인원을 사용하여 적의 모든 분야에 관한 자료 수집에 전념하게 했으며, 유능한 장교들이 유럽과 미국의 해군과 육군을 연구하기 위해 파견되었다고 하면서 일본의 치밀한 전쟁 준비를 피력했다7)

당면한 러시아와의 一戰은 일본으로서는 지금껏 맹렬히 쌓아온 일본의 근대화 결과물을 최대한 총동원해야 하는, 문자 그대로 총력전이 될 수밖에 없는 것이다. 따라서 동원할 수 있는 모든 물리력에 더하여 치밀한 첩보전이야말로 승패를 좌우하는 결정적 열쇠가 될 수밖에 없는 상황이었다. 방심하고 있는 적에게 이처럼 유용한 작전도 없을 것이다. 일본은 이미 청일전쟁에서도 정보의 중요성을 경험한 바 있다. 당시 근대적 참모제도의 창시자

---

5) 러일전쟁 해전에서 사용되는 함대 관련 용어에서 제1태평양함대는 '블라디보스톡 함대'를, 제2태평양함대 및 제3태평양함대는 통칭 '발틱함대'로 이해하면 된다.

6) マヌエルド・ドメツク・ガルシア 著, 津島勝二 譯, 『日本海海戰から100年 アルゼンチン海軍觀戰武官の証言』, 鷹書房弓 프레스, 2005.

7) 前坂俊之, 97쪽.

이자 클라우제비츠의 『전쟁론』 애독자인 독일의 몰트케[8] 장군 제자인 카와카미 소로쿠[川上操六]는 일찍이 1887년에 청나라와의 일전에 대비한 첩보활동을 전개한 바가 있었다. 즉 동년 7월, 카와카미의 명령으로 야마모토 키요카타[山本淸堅] 중좌, 후지이 시게타[藤井茂太][9] 대위, 시바야마 히사노리[柴山尙則] 대위 등을 1년 전 먼저 참모본부에서 파견한 아라오 세이[荒尾精, 1859~1896]의 대륙 조사활동의 거점인 藥善堂 漢口[10] 지점에 파견한 것이다. 거기서 청일전쟁이 일어났을 경우 청국의 연안 상륙지점의 결정, 병력의 수송 방법, 상륙 후의 전략 목표에 대한 작전, 지형이 전술·전략에 미치는 영향 등을 조사하는 임무를 수행하게 한 것이었다.[11] 아라이는 야마자와 친구 사이로 야마자가 중국 근무 시절 가까이 지낸 중국 대륙 정보 전문가였음은 앞서도 언급한 바 있다.

이처럼 카와카미는 일찍이 정보전의 중요성을 잘 인식하고 사전에 각지에 정보원을 파견하여 유사시를 대비하였던 육군 내 엘리트 장군이었던 것이다. 카와카미가 이러한 정보요원들에 대한 각별한 신뢰와 정의를 보내고 있었음을 보여주는 대목이 있어 소개한다. 카와카미의 부하였던 코야마 슈사크[小山秋作][12]는 "카와카미 대장은 특히 아라오 군을 신임하여 시종 존

---

8) 헬무트 폰 몰트케(1800~1891): 독일의 군인. 근대적 참모제도의 창시자이다. 1859년 프로이센 참모총장에 임명, 프로이센-오스트리아 전쟁, 프로이센-프랑스 전쟁 등을 승리로 이끌며 활약하였다. 오토 폰 비스마르크와 함께 1871년의 독일 통일과 독일제국 수립에 공헌. 전문가 가운데서도 가장 빈틈없고 엄격한 사람으로 평가받음(버나드 몽고메리 저, 승영조 역, 『전쟁의 역사』, 책세상, 2006, 716~717쪽).
9) 후지이 시게타[藤井茂太, 1860~1945]: 효고현[兵庫縣] 출신. 군인. 최종 계급은 육군 중장. 참모본부 2국원. 독일 유학. 청일전쟁 및 러일전쟁 출정. 러일전쟁에서는 제1군 참모장.
10) 中國 湖北省 東部에 있는 무한시(武漢市)의 商工業 地區. 1858년 천진조약(條約)에 의해서 개항되었으며 양자강(揚子江)과 한수(漢水)의 합류점에 자리 잡고 있음.
11) 前坂俊之, 『世界史を変えた 「明治の奇跡」~インテリジェンスの父·川上操六のスパイ大作戦~』, 海龍社, 2017, 116쪽.
12) 코야마 슈사크(1862~1927): 메이지, 쇼와시대의 군인. 최종 계급은 대령. 아라오 세

중했다. 아라오가 육군 소위, 중위 시절에도 그가 오면 대장은 다른 장군들과 대화중이라도 자리를 떠나 만나고, 또 대장이 그와 대화중에 다른 장군이 오면 아라오와의 대화가 끝날 때까지 만나지 않을 정도다"라고 증언하고 있다.

또 한 번은 1891년 말에 아라오가 재정이 궁핍한 적이 있었는데, 코야마가 카와카미를 방문하여 원조를 청한 바 있었다. 그러나 공교롭게도 카와카미는 가진 돈이 없었다. 절망하여 돌아가는 코야마를 불러 내일 다시 한 번 오라고 했다. 코야마는 돈이 융통될 길이 없으면 다시 올 필요는 없다고 하며 물러났다. 다음 날 카와카미로부터 사자가 와서 부르기에 즉시 가보니 카와카미가 자신의 집을 담보하여 대출한 4,000엔을 주어 아라오의 급한 사정을 구제한 적도 있었다.[13] 이렇듯 카와카미는 자신이 독일 유학 시절 스승 몰트케로부터 교육받은 지식과 『손자병법』 '用間編'의 내용에 통달해 있었던 것이다. 첩보원으로 사용할 인적 자원들과의 신뢰는 다른 무엇보다 중요함을 잘 알고 있었던 것이다. 이렇게 신뢰를 보낸 아라오가 청일전쟁이 끝난 이듬 해(1896년) 대만에서 젊은 나이에 병사했던 것이다. 그 뒤를 이어 러일전쟁 시 활약한 사람이 바로 아카시 모토지로였던 것이다. 비록 카와카미가 1898년 참모총장으로 승진하여 바로 1년 뒤인 1899년 급서하였지만 그가 마련한 첩보작전계획은 그대로 계승되어 진행된 것이다. 이하에서는 이러한 배경 하에서 이루어진 첩보작전을 아카시 모토지로를 중심으로 검토해 간다.

이(荒尾精)에 의해서 상해에 설치된 日淸貿易硏究所에 육군 소위로 가담. 러일전쟁 때는 봉천 군정관을 역임. 참모본부에 소속으로 중국 관계의 문제 처리(デジタル版 日本人名大辭典＋Plusの解説).

13) 前坂俊之, 앞의 책, 121~122쪽.

2) '아카시 공작'

1904년 2월 4일, 러일 개전을 결정한 어전회의가 열렸다. 이토, 야마가타, 마츠카타 마사요시, 이노우에 카오루, 오야마 이와오 등 원로들과 정부의 카츠라 수상, 야마모토 곤베 해상, 테라우치 마사타케 육상, 코무라 쥬타로 외상, 소네 아라스케 장상이 모여, 오후 1시 40분부터 열렸던 御前會議는 저녁까지 계속되어 개전이 결정됐다.[14]

추밀원의장 이토는 어전회의를 마치고 귀가하자 즉시 저택으로 헌법 기초 작업을 함께 하기도 한 복심인 카네코 겐타로를 전화로 불러 미국행을 명했다.[15] 카네코는 야마자가 부산 총영사관으로 발령 받을 수 있도록 소개장을 써 준 고향 선배이기도 하다. 그는 미국 하버드대학 출신이라 당시 시어도어 루즈벨트 대통령과는 동창생으로 많은 친구가 미국에 있었다. 이토는 개전 결정과 함께 일찌감치 카네코로 하여금 루즈벨트 커넥션과 하버드 인맥을 이용하여 여론 공작과 루즈벨트의 조기 평화 알선을 주선하도록 계획한 것이다.[16] 명을 받은 카네코는 하루 숙고한 후 5일 수락하고 육군의 테라우치[寺內], 해군의 야마모토[山縣] 양 대신과 재정 관계로 이노우에 [井上], 마츠카타[松房] 양 원로를 방문하여 미리 의논하였다. 다음 날인 6일에는 일부러 예고 없이 왕후가 카네코를 찾아와서 "충분히 우리나라를 위해 잘 부탁하네" 라며 특별히 간곡한 말로 도미 수락에 감사의 격려를 하였던 것이다.[17] 카네코도 "분골쇄신 임무를 완수하겠습니다" 라고 답하고

---

14) 前坂俊之, 『明石元二郎大佐』, 新人物往來社, 2011, 98쪽.

15) 이 부분에 대하서는 谷壽夫의 『機密日露戰史』 44~48쪽에 걸쳐 '카네코 겐타로 후작의 도미'라는 소제목으로 상술하고 있다.

16) 前坂俊之, 위의 책, 98~99쪽.

17) 왕실이 러일전쟁에 대해 매우 깊이 고심하고 있음을 엿보게 하며, 아울러 군인들이 모두 황군임을 감안할 때 이 전쟁 역시 황실이 총지휘를 하고 있다고 보아야 한다. 이는 태평양전쟁이나 명성왕후 시해 등 일본군이 동원되어 침략을 일삼은 모든 사건은 왕실이 그 최종 책임을 져야함을 확실히 반증하는 대목이다. 카네코의 도미

2월 24일 출항, 도미의 길에 올랐던 것이다.[18] 당시 조야의 긴장 분위기가 어느 정도였는지 짐작이 가는 대목이다. 이러한 소식은 그간 불철주야 노력해 왔던 야마자에게는 커다란 낭보였을 것이다. 카네코가 고향선배로서 자랑스러울 뿐만 아니라 은인이기도 하거니와 자신의 상사인 코무라 외상의 동창생이란 사실이 더없이 든든했을 것이다.

한편 이토는 이것으로 그치지 않았다. 이토는 유럽에도 손을 뻗쳤다. 유럽에는 사위인 스에마츠 켄쵸[末松謙澄, 전 내무대신]를 파견하여 여론 공작을 맡게 했다. 이것이 소위 '카네코 공작'이라고 불리어지는 것으로,[19] 당초 이토는 개전을 반대하였으나 결국 최후에 개전의 격류를 막을 수 없게 되자 차선책으로 일본이 단기전의 결정적 승리를 잡은 후 적절한 시기에 조기 강화를 한다는 책략으로 전환한 것이다. 이는 군부도 마찬가지였다. 따라서 그는 개전이 결정된 회의가 끝나자마자 바로 자신의 구상을 행동으로 옮기는 것이었다. 미국이나 러시아를 비롯한 누구도 설마 일본이 러시아에게 도전하리라고는 예상하지 못하는 상황에서 막상 개전이 결정되자 그는 이미 그 이후의 국제정세를 내다보는 조치를 취하고 있는 것이다. 카네코에겐 실로 막중한 임무가 부여된 것이다.

삼국간섭의 '와신상담'에서 칼을 간 지 10년. 그 사이에 이미 1898년 카와카미가 참모총장에 취임하고 러시아를 가상 적국으로 하여 세운 카와카미[川上]의 '對露戰國家戰略플랜'은 실행 단계에 들어섰다.[20] 앞서 본 아르헨티나 관전 무관의 증언에서도 일본은 개전 5년 전부터 러시아를 상대

결정은 물론 카미카제의 죽음 또한 천황을 위한 충성 그 자체다. 동시에 그들의 죽음은 물론 그들이 일으킨 전쟁에 대한 법적, 정치적 책임은 천황에게 있음은 부인할 수 없는 역사적 사실이다. 이런 부분을 제대로 밝히고 승인하게 하는 일이 한일 관계의 묵직한 그림자를 걷어내는 핵심이라고 본다.

18) 前坂俊之, 『明石元二郎大佐』, 新人物往來社, 2011, 99쪽.
19) 前坂俊之, 위의 책, 99쪽.
20) 前坂俊之, 상동.

로 한 첩보전을 계획했다고 언급한 바도 있다.21) 그런데 1899년 5월 참모
총장 카와카미가 급서(急逝)하는 바람에 참모총장에는 오야마 이와오[大山
巖],22) 참모차장엔 테라우치 마사타케[寺內正毅]23)가 임명되었다. 이후 의
화단 사건 등을 계기로 러시아와의 갈등이 증폭되어 대러 일전은 거의 피
할 수 없는 상황에 이르게 되었다.

이리하여 1903년에는 카와카미 소로쿠 아래에서 뛰어난 작전가로 인정
받고 있던 육군참모본부 차장인 타무라 이요조[田村怡与造]24)가 대러전 계
획을 입안하고 있었다. 타무라는 일찍부터 참모본부 부원으로 카와카미처
럼 독일 유학을 거친 후배이기에 자신의 후계자로 삼고 있을 정도로 평가
받던 사람이었다.25) 그런 그가 작전계획 입안 중 급사하는 일이 발생했다.

이렇게 되자 당시 대만총독 겸 내무대신을 겸하고 있던 코다마 겐타로
중장이 오야마 참모총장에게 청하여 내무대신을 사임하고 강등인사인 참모
본부 차장에 취임한 것이었다. 코다마는 앞에서도 보았듯이 개전파 군인으
로 겐요샤의 중역이자 정계의 막후 실세인 스기야마 시게마루와 친하게 왕
래하면서 일찍이 대륙진출의 뜻을 같이 하여 러시아와의 개전에 공동 노력
할 것을 맹약했다. 이토 내각이 물러나고 대러전을 대비한 제1차 카츠라 내

---

21) 前坂俊之, 앞의 책, 97~98쪽.
22) 러일전쟁 시는 만주군 총사령관을 맡고. 코다마 겐타로가 총참모장으로서 보필함.
23) 테라우치 마사타케(1852~1919): 야마구치현 출신. 육군 대장, 정치인, 수상. 프랑스
    유학. 육군대신(제1,2차 카츠라 내각 및 사이온지 내각), 외무대신(2회), 조선통감
    (제3대), 초대 조선총독으로 무단통치 실시, 1916년 총리가 됨. 대장대신 등을 역임.
    1918년 '쌀 소동'으로 총사직. 초슈 군벌에서는 야마가타와 카츠라를 잇는 지위. 코
    다마 겐타로와 사돈지간(아들이 코다마의 딸과 결혼)(일본 국회도서관, 「近代日本
    人の肖像」등을 참조로 작성).
24) 타무라 이요조[田村 怡与造, 1854~1903]: 야마나시현[山梨縣] 출신. 일본 육군. 중장.
    1879년 2월 보병 소위로 쿠마모토의 보병 제13연대에 배속되면서 연대장인 카와카
    미 소로쿠와 인연.
25) 前坂俊之,『明治三十七年のインテリジェンス外交─戦争をいかに終わらせるか』,
    祥伝社新書, 2010. 26쪽.

각이 구성(1901.6)되자 수상 카츠라와 셋이서 '비밀결사'를 맺어 개전을 위해 분발할 것을 다짐했던 것이다. 이후 이토가 미국으로 떠나기 전에 자택에서의 환송연에서 보인 카츠라의 언행 등은 모두 이러한 비밀결사에서 맹약한 의지의 표현이었다고 할 수 있다. 코다마 역시 그와 같은 노력을 줄곧 지속하고 있던 바인데 개전에 임박한 지금, 참모본부에서 '대러전 작전계획'을 입안하고 있던 타무라 소장이 돌연 急死(1903.10.1.)하자 결기에 차 있던 코다마는 가만히 있을 수 없었던 것이다. 그간 지켜보고 있던 코다마(당시 중장)[26]는 자신의 지위에 비추어 강등된 자리임에도 불구하고 타무라의 후임으로 참모본부 차장을 자원해서 맡게 해달라고 부탁하여 취임 후 작전계획을 마무리했던 것이다. 코다마가 이 전쟁에 걸고 있는 각오가 어느 정도였는지를 보여주는 대목이다. 일본 육군 역사상 코다마 이래로 이러한 강등 인사는 1945년 8월 패전 후 육군이 해체되기까지 전무했다고 한다. 그 코다마가 연일 참모본부에서 묵으며 심혈을 기울여서 계획 입안의 마무리를 다음과 같이 했다.[27]

① 장기전이 되면 승산이 없기 때문에 先手必勝, 단기 결전으로 간다. 6대4 정도의 승부로 조기에 강화로 들어간다.
② 러시아는 면적이 세계 제1의 대륙이기 때문에 멀리 떨어진 戰場인 만주, 시베리아 등 극동 영토의 일부를 점령당해도 아프지도 가렵지도 않다. 러시아의 심장부인 유럽 러시아에서 국내로 불을 질러 내부 교란, 반란을 야기하여 양면작전을 전개 한다.
③ 시베리아 철도를 파괴하여 군사 수송의 대동맥을 정지시키기 위해 마적을 규합한 게릴라 부대 '만주의군'을 조직, 공격한다.
④ 영일 군사협정에 따라 세계 1위의 영국 정보기관, 정보망으로부터 모든 대러 정보를 수집하여 유용하게 활용해 간다.[28]

---

26) 코다마는 개전 후 1904년 6월 6일 대장으로 진급하고, 같은 달 만주군총참모장을 맡으며 종군한다.
27) 前坂俊之, 『明石元二郞大佐』, 新人物往來社, 2011, 99~100쪽.

위의 ①은 청일전쟁에서와 마찬가지 전법이다. 청일전쟁을 일으키기 전 일본 국내는 이미 1886년의 나가사키 사건으로 대중국 적개심이 팽배하여 있는 데다가 1894년 3월 김옥균이 상해에서 암살되자 일본은 이 사건의 배후로 중국과 조선을 지목하고 대중 분노가 또 다시 전국을 들끓게 했다. 그들은 아시아의 최강대국인 중국에 비해 여전히 절대 열세에 있었으며, 이토의 우려에도 불구하고 개전을 결정하여 마침내 기습공격으로 기선을 제압한 후 부패의 극에 달한 청나라를 물리친 바가 있다. 이 작전 역시 그때와 비슷한 상황이다. '선수필승' '단기결전' '6대4의 승부' '조기강화'는 바로 기습작전으로 반드시 기선을 제압하여 조기에 승리한 것을 가지고 신속히 강화하는 것이 최선임을 그 첫 번째 지침으로 꼽고 있는 것이다. 이하의 작전들은 모두 여기에 초점을 맞추어 제시되고 있다.

청국과 달리 대러전의 경우 일본이 패하게 되면 조선반도는 물론 나라가 러시아의 침략으로 망하고, 일본 열도는 식민지화가 될 수 있다는 우려와 각오를 해야 하기 때문에 6대4 정도로라도 승리하여 조기에 강화할 수밖에 없다는 일본의 열악한 상황을 최대한 반영한 것이다. 이 전쟁에서 일본이 망하는 것을 피하고 최소한 한반도에서 러시아는 물리쳐야 한다는 목표(주권선 보장과 이익선의 명확한 확보)는 달성하자는 것이다.

이러한 작전 목표 달성을 위해 필사의 항전을 하는 일본군 앞에 독도가 걸림돌이 될 수 없음은 자명한 이치다. 그것은 거시적 대륙침략정책 과정상 치고 가는 작은 통로일 뿐이다. 이 전쟁은 메이지유신을 거쳐 대일본제국의 헌정체제 확립 이후 야마가타 아리토모가 최초의 제국의회 시정연설에서 대륙팽창의 지침인 '주권선'과 '이익선'을 반영한 대륙침략정책의 승부처일 뿐 아니라 일본의 홍망을 건 일전이었던 것이다.

그리고 ②에서는 상기의 목표를 달성하기 위해선 직접적인 물리적 항쟁만으로는 불가능하므로 러시아 국내의 내부 분열을 조장하여 전쟁 수행에

---

28) 前坂俊之, 앞의 책, 99~100쪽.

전력 집중할 수 없도록 간접적인 방법으로 전력(戰力)을 약화시키는 작전을 사용해야 한다는 것이다. 그것이 바로 첩보전이며, 소위 '아카시 공작'으로 '양면작전'의 한 축인 것이다. 그것은 러시아 내부의 분열을 조장하고 인민들을 선동, 혁명의 불이 타오르게 하여 러시아를 내부로부터 붕괴시키는 작전이다.

③과 ④도 바로 이러한 작전들을 구체적으로 예시하며 해외 주재 공관의 무관이나 외교관 군인, 민간인, 자국인이든 외국인이든 가리지 않는 등 다양한 사람들과 조직들을 활용하여 첩보전을 해야 한다는 걸 의미한다. 즉 외무성과 군부가 주도적으로 설계하고, 이에 따라 앞서 본 겐요샤[玄洋社]나 코쿠류카이[黑龍會] 소속 사람들 역시 군사탐정 활동을 하거나 '만주의 군'에 참가하여 테러, 철도 폭파 등을 자행하기도 했다. 야마자와 뜻을 같이 하는 겐요샤[玄洋社] 사람들과 젊은 코쿠류카이[黑龍會] 사람들은 개전을 위해서나 전쟁 수행을 위해서나 목숨을 아끼지 않고 이러한 활동에 종사했다. 그들이 바로 한반도와 대륙침략의 민간인 선봉대였던 것이다. 야마자와 아카시는 고향 선후배이자 친구 사이이며, 겐요샤[玄洋社] 사람들 역시 후쿠오카 사람들로 동일한 목적을 가지고 서로 비밀 연락을 통해서 대러 승리를 위해 진력하였음은 당연한 것이다. 이러한 형태로 정보 전략을 실행에 옮겼는데, 아카시 공작은 그 중에서도 특히 가장 중요한 첩보작전이었다.

이하에서는 이와 같은 배경을 가지고 시작한 아카시 대좌의 정보 전쟁[大捷報]을 검토한다. 이를 위해서 먼저 아카시 모토지로[明石元二郎]의 경력에 대해서 살펴보고자 한다. 아울러 아카시를 검토하기 전에 그와 조선과의 관계를, 관련 인물들과 함께 간단히 살펴본 후 그에 대한 부분을 검토하고 가는 것이 본서의 취지상 적합할 듯하다.

익히 알다시피 조선의 백성들에게 총칼로 무단통치를 한 대표적인 인물이 테라우치 마사타케 초대 조선총독이다. 그리고 강제병합 전부터 그 후까지 헌병대장과 헌병사령관을 지낸 사람이 바로 아카시 모토지로다. 그들 사이에 오고간 서간을 묶은 책29)이 나올 정도로 두 사람은 매우 각별한 관계다. 테라우치는 쵸슈 군벌의 수장인 야마가타 아리토모를 잇는 사람이고, 이런 사람이 조선의 초대총독이었으며, 아카시는 통감부 시절 헌병대장으로 의병을 잔혹하게 탄압하는 등 강제병합에 대한 공로로 병합 후 조선주차군 헌병사령관 겸 경무총장으로서 조선의 치안을 담당, 테라우치 총독과 함께 조선을 강력히 탄압한 인물임은 주지하는 바와 같다. 이들이 대표적인 한국 탄압의 앞잡이들이다.

그런데 코모리 토쿠지[小森德次]가 쓴 전기인 『明石元二郎』의 서문에 "아카시 모토지로 장군은 우리 근대가 낳은 드물게 보는 인물이다. 혹은 러일전쟁에 있어, 혹은 조선병합에 있어 그 질풍 같은 활동과 그 드러나지 않은 위대한 업적으로 능히 평가받아야 할 사람으로 과연 기인이다"30) 라고 적고 있다.

한편 이 책의 첫머리에 제자(題字)로 축하의 글을 써 준 다섯 명의 면모를 보면 아카시와 이들과의 인맥 관계 및 그 사상적 배경을 엿볼 수 있다. 여기에는 겐요샤의 거두 토야마 미츠루와 역시 겐요샤의 지도자급으로 정계의 막후 실세 중 실세인 스기야마 시게마루, 겐요샤 회원은 아니지만 협력자이자 야마자를 외교관으로 첫발을 내디디게 한 카네코 겐타로 자작, 육군 대장 출신인 총리대신 타나가 기이치 그리고 그 이름들 맨 앞에 옛 후쿠오카 번주인 쿠로다 나가시게[黑田長成] 자작 등 나란히 5명의 이름이 올라와 있다.31)

이들은 대부분 조선침략의 앞잡이 역할을 한 인물들이다. 이들 중 타나카 기이치만 일본 우익의 사상적 기초를 제공한 요시다 쇼인, 유신 3걸의

1인인 키도 타카요시, 일본 육군의 아버지인 야마가타 아리토모, 이토 히로
부미, 러일전쟁 승리를 기회로 을사늑약과 한일강제병합을 추진한 카츠라
수상 등의 고향인 야마구치현 하기 출신이고, 나머지는 모두 후쿠오카현 출
신이다. 그 중에서도 카네코는 야마자와 같은 고향으로 선배다. 이들이 모
두 아카시의 인맥이자 야마자의 인맥임도 우리는 앞에서 이미 살펴본 바
있다. 즉 아카시는 겐요샤 인물들과도 친교가 깊었다. 특히 타나카 기이치
는 육해군 및 외무성 개전파 모임인 코게츠카이[湖月會] 회원이기도 했다.
이러한 배경을 전제로 아카시와 아카시 공작의 내용에 대해서 검토해간다.

러일전쟁의 승패를 결정지은 남자로 평가받는 아카시 모토지로는 1864
년 9월 후쿠오카시에서 차남으로 태어났다. 아버지가 일찍 사망한 탓에 심
한 가난 속에서 어머니 히데코[秀子]로부터 엄격한 교육을 받고 자랐다.
1877년 육군유년학교에 입학, 성적은 상위로 프랑스어는 톱이었다. 1887년
24세로 육군대학에 입학, 멕켈 소령으로부터 전술론을 배웠다. 1891년 28세
때 참모본부 제2부원(보병 대위)이 되고, 여기서 카와카미 소로쿠 참모차장
에게 인정을 받았다.

이 부분에서 당시 제국 육군 편제를 잠시 살펴보면, 행정기관으로서의
육군성, 군 통솔과 지휘 등의 전투에 관한 일체를 관할하는 참모본부, 군사
교육제도를 담당하는 교육통감부 등의 세 기구로 되어 있었다. 그 중 참모
본부 근무자가 된다는 것은 대장으로 가는 코스가 약속된 것과 같은 것이
었다. 그 참모본부에 아카시가 근무하면서 참모차장 카와카미에게 특히 뛰
어난 그의 어학 능력을 높이 평가 받아 1894년 2월에 독일에 유학했다. 카
와카미가 그를 유학 보낸 목적 중에는 청과 러시아에 관한 정보 수집도 포
함되어 있었다.[32] 그러나 아카시는 다음 해에 청일전쟁 종군을 위해 유학
을 중단하고 귀국해야 했다. 1896년 참모본부 3국원이 된다. 그 해 10월 카

---

32) 淸水克之, 『豪快痛快 世界の歷史を変えた日本人─明石元二郎の生涯』, 櫻の花, 2009,
    27 및 32쪽.

〔아카시 모토지로〕

와카미 참모차장에 의해 대만, 프랑스령 인도차이나[33)를 5개월간에 걸친 시찰 조사단이 편성되었다. 멤버는 카와카미 소로쿠 참모차장, 이지치 코스케[伊地知幸介][34) 제2부장, 무라타 아츠시[村田惇][35) 부관, 후쿠시마 야스마사[福島安正] 중좌, 아카시 소좌로 카와카미가 아카시를 높이 평가하고 있었음을 알 수 있다.[36) 후쿠시마는 조기 개전파 모임인 코게츠카이[湖月會] 회원으로 야마자

와 더불어 함께 고찰한 바 있는 인물이다. 單騎로 정보 수집을 위해 시베리아를 횡단한 바로 그 사람이다.

1898년 2월에 카와카미는 참모총장에 취임, 카와카미의 명령으로 아카시는 필리핀으로 출장을 갔다. 스페인 식민지였던 필리핀에서 독립운동이 일어나 아기날도[37) 장군이 결기(決起)했다. 미국이 함대를 파견하여 지원했는데 그 후 필리핀을 영유, 압정을 시행했다. 아카시는 그 식민지 참상을 목격하고 충격을 받았다[38)고 마에사카 토시유키[前坂俊之]는 기술하고 있지만

---

33) 지금의 베트남, 라오스, 캄보디아의 3국.
34) 이지치 코스케(1854~1917): 카고시마현[鹿兒島縣] 출신. 육군 중장, 남작. 러일전쟁 시 노기 마레스케 제3군 사령관 아래에서 참모장을 역임.
35) 무라타 아츠시(1854~1917): 최종 계급은 중장. 육군 내 러시아통으로 알려짐.
36) 前坂俊之, 『明石元二郎大佐』, 新人物往來社, 2011, 100~101쪽.
37) 에밀리오 아기날도(Emilio Aguinaldo, 1869~1964): 필리핀 초대 대통령으로 1899~1901년까지 재직. 독립운동가, 정치가.
38) 前坂俊之, 『明石元二郎大佐』, 新人物往來社, 2011, 102쪽.

러일전쟁이 끝나고 조선이 보호국화 된 이후 아카시가 보여준 행태는 이 기술 내용과는 적이 상반된다. 그는 한반도 지배에 있어 악역을 맡았던 것이다.

1899년 5월 카와카미 참모총장이 급서하고, 후임으로 오야마 이와오가 취임했다. 1901년 1월에 아카시는 프랑스 공사관부 무관으로 파리에 부임했다. 거기서 프랑스어를 독학으로 맹렬히 공부했다. 주재국으로 가면 그 나라의 언어부터 집중 공부하는 것이 아카시의 관행이다. 러일전쟁 2년 전인 1902년 8월, 러시아 공사관부 무관으로서 페테르부르크에 부임했다. 이것은 당시 내무대신 겸 대만총독인 코다마 겐타로 중장의 인사였다.[39] 앞에서 우리는 러시아의 홋카이도 공략을 가상하여 동계 산악훈련을 하던 중 중대원들 거의 전원이 동사(凍死)하는 '핫코다산 사건(1902.1)'을 살펴 본 바 있다. 그리고 이때는 이미 영국과의 동맹을 목전에 두고 러시아와의 피할 수 없는 일전을 위해 더욱 박차를 가하고 있던 때였다. 코다마의 인사 배경에는 이런 것들이 있었다고 할 수 있다. 결과적으로 이러한 인사는 아카시에게 개전 임박하여 전개한 소위 '아카시 공작'의 밑그림을 그릴 수 있는 절호의 기회가 주어진 셈이다. 역시 아카시는 러시아에 와서도 먼저 러시아어를 처음부터 다시 공부하며 첩보활동에 종사했던 것이다.

그리고 드디어 1904년 2월 8일 러일전쟁이 발발. 그 직전 "급히 스톡홀름에 가서 여기에서 불평당(反러시아 운동 혁명가)들을 선동하고, 동시에 폴란드인을 이용하여 무력 저항을 야기시켜라"고 하는 극비명령을 받았다.[40] 아카시는 이 극비명령과 함께 對露 대첩보전의 숨은 그림자로서 러일전쟁 승리의 결정적 역할을 하게 되는 것이다. 이 극비명령을 받은 당시 러시아 주재 공사는 쿠리노 신이치로[栗野愼一郎]였다. 그는 야마자가 부산으로 부임할 때 카네코 겐타로 후작과 더불어 소개장을 써 준 사람으로

39) 前坂俊之, 앞의 책. 101쪽.
40) 前坂俊之, 위의 책, 101~102쪽.

카네코와 외상 코무라와는 하버드 동창생이기도 하다. 쿠리노는 그간 러시아와 꾸준히 협상을 벌여왔으나 결국 전쟁에 이르러 자기가 추천한 야마자 정무국장과 힘을 합쳐 승리를 위한 모든 노력을 경주해야 하는 공동 목표의 동지가 된 것이다.

그러나 아카시가 받은 극비명령에 대해서 그도 자세히 알 수는 없었다. 이것은 전쟁이 끝나도 여전히 비밀로 하여야 할 사항이었던 것이다. 뒤에서 언급되겠지만 소위 '아카시 공작'에 관한 복명서(復命書)는 태평양전쟁 패전과 함께 군부가 소각 처리했고, 이후 야마자 엔지로의 친구이자 아카시의 조카인 타지로(육군 소장)가 소장하고 있던 사본을 기증하는 기회에 공개되기 시작했던 것으로 보인다. 이 작전은 철저히 비밀리에 붙여서 결코 드러나지 않게 은밀히 진행되어야 할 특급작전이었던 셈이다. 작전의 핵심은 '反러시아 세력을 규합하여 러시아를 내부로부터 붕괴'시키는 일이었다.

여기서 코다마가 특별히 '폴란드인을 이용하라'고 지시한 것에는 다음과 같은 역사적 배경이 작용한 것으로 보인다. 러시아는 표트르 대제(재위: 1682~1725)가 강력한 러시아 제정을 수립한 이후 그의 팽창정책은 에카테리나 2세(재위: 1762~1796)에게 이어졌다. 독일인 출신인데다가 쿠데타로 즉위한 그녀는 위대한 업적을 남긴 표트르 대제의 위업을 계승하여 명실상부한 러시아 황제로서의 권위를 인정받고자 하는 강한 욕구를 바탕으로 개혁정책과 더불어 팽창정책을 더욱 강화시켰다. 당시 이러한 러시아의 정책에 걸림돌이 되는 나라가 셋이 있었다. 북쪽의 스웨덴, 남으로는 투르크, 서쪽의 폴란드였다. 스웨덴은 표트르 대제가 18세기 초에 발트해를 장악하면서 이미 해결했다. 남은 것은 투르크와 폴란드였다.41) 러시아는 표트르 대제 때부터 해양으로 진출하기 위한 원대한 꿈을 꾸기 시작했다. 대륙에 갇힌 러시아는 표트르에 의해서 처음으로 해군을 창설하고 발트해는 물론 흑해 진출을 노리고 있었던 것이다.

---

41) 이무열, 『러시아 역사 다이제스트 100』, 가람기획, 2009, 150쪽.

그러나 표트르 대제는 흑해 진출을 마무리하지 못했다. 그것은 투르크의 강력한 저항 때문이었다. 그러나 이 문제는 에카테리나가 1768년부터 6년간의 1차 전쟁에서 승리함에 따라 러시아는 흑해 연안 세바스토폴을 기지로 흑해함대를 구축하여 해결의 실마리를 풀었다. 연이어 1787년에 이번에는 투르크가 선전포고를 해와 벌어진 5년간에 걸친 전쟁에서도 연승을 거두어 두 차례 전쟁 모두에서 승리함으로써 1792년 야시(Jassy) 조약에 의해 크리미아(Crimea) 및 오데사(Odessa) 지방을 영유함[42]으로써 투르크 문제도 해결되었던 것이다.[43] 이에 따라 러시아는 마침내 지중해로 연결되어 그들의 거침없는 팽창욕구를 충족시킬 교두보를 남쪽에서도 마련한 것이다. 이제 남은 것은 폴란드였다.

폴란드는 오랜 옛날 폴란드 평원에 자리 잡은 국가로 한 때 그들은 동쪽으로 인접한 벨로루스와 우크라이나 및 서쪽의 독일 일부를 포함한 넓은 영역을 가진 동유럽의 강대국이었다. 1569년 사실상 리투아니아를 합병하면서 동유럽의 강자로 떠오르기도 했던 폴란드가 지방귀족들의 힘이 강해지면서 정치 혼란이 가중되어 마침내 에카테리나 여제 시절에는 거의 무정부 상태가 되었다. 이 틈을 타서 그간 호시탐탐 노리고 있던 인접한 러시아, 프로이센, 오스트리아가 침략을 개시했다. 결국 1772년부터 1795년에 걸쳐 폴란드는 지도상에서 사라지게 되었던 것이다(폴란드 분할). 그 과정에서 러시아는 폴란드의 일부 지도층을 선동하여 분란을 일으키게 한 후 침략하였고, 오스트리아도 합세한 것이다. 이렇게 하여 이들은 1917년 1차 대전 기간 중에 독립할 때까지 나라 없는 설움을 톡톡히 겪으면서 줄곧 처절한 싸움을 해오고 있던 터였다.[44]

그런데 폴란드의 내부 분열을 틈타 그 분할에 착수하여 가장 큰 몫을 차

---

42) 車河淳, 『西洋史總論』, 探求堂. 1998, 320쪽.
43) 이무열, 앞의 책, 150~151쪽.
44) 이무열, 위의 책 151~153쪽.

지한 것이 바로 러시아였다.[45] 폴란드와 러시아의 관계는 조선과 일본의
과거 숙적의 관계와 비슷하다고 보면 될 듯하다. 코다마가 노린 것은 바로
이것이었다. 분노와 의기에 가득한 폴란드인의 독립을 향한 결기를 최대한
활용하라는 것이다. 그들의 적이 곧 일본의 적(적의 적은 동지)이기에 그 점
을 적극 활용하라는 것이다. 앞서 검토한 코다마의 작전계획 중 ② 속에는
'러시아의 심장부인 유럽 러시아에서 국내로 불을 질러 내부 교란, 반란을
야기하여 양면작전을 전개'한다고 되어 있는데, 여기서 "유럽 러시아"라고
특정한 것은 당시 속국인 폴란드와 핀란드를 지칭하거나 보다 강조한 것으
로 볼 수 있다. 아카시의 움직임을 보면 이 점을 명확히 알 수 있다. 그는
일본이 2월 4일 어전회의를 통해 개전 결정을 하고, 2월 6일 러시아에 국교
단절을 통보한 후 기습공격을 한 2월 8일 전에 극비명령을 받고 스톡홀름
으로 가서 바로 핀란드 반정부 인사를 가장 먼저 접촉하게 되는 것이다. 러
시아 공사관도 2월 8일 스톡홀름으로 전부 옮기게 된다. 아카시는 코다마의
작전과 명령을 제대로 정확히 수행하기 시작한 것이라 할 수 있다. 이렇듯
경제적, 군사적 절대 열세에 있는 일본이 선택한 비장의 히든카드가 바로
아카시였던 것이다.

　이로부터 아카시 대좌의 전쟁(대첩보전)은 시작되는데, 이 극비 작전의
전체 내용은 러일전쟁 종결과 동시에 귀국하여 참모총장 앞으로 제출한
'復命書'에 상세히 기록되어 있다. 제목을 『落花流水』라고 하여 제목만으
로는 그 내용을 유추할 수 없도록 비밀로 다룬 문건이다. 이 복명서는 러일
전쟁의 가장 중요한 사료이고, 육군 내에서는 탑 시크리트로 그 후 참모 교
육용으로 오래도록 참모본부에서 이용되었다. 이는 1945년 종전 시에 다른
많은 문서와 함께 소각되었다고 한다. 이것은 비밀공작의 전체 내용을 당사
자가 보고한 매우 드문 기록임과 동시에 일본의 근대사를 바꾼 역사적인
문서[46]라고 평가받고 있다.[47]

---

45) 車河淳, 위의 책. 320쪽.

1945년 이후에도 스기모리 히사이데[杉森久英] 『녹슨 사벨·러일전쟁비사 아카시모토전』, 시바 료타로[司馬遼太郎][48]의 『坂の上の雲』(언덕 위의 구름), 토요다 죠[豊田穰]의 『정보 장군 아카시 모토지로─러시아를 무너뜨렸던 스파이 대장의 생애』, 쿠로하 시게루[黑羽茂]의 『러일전쟁과 아카시 공작』 ‘일소 첩보전의 궤적’(모두 『落花流水』의 전문을 수록)[49] 등 모두가 다 이 『落花流水』에 크게 의거하고 있는 것에는 변함이 없다.[50] 아무튼 이

---

46) 前坂俊之, 『明石元二郎大佐』, 新人物往來社, 2011, 102쪽.

47) 그런데 소각되어 사라진 이 보고서의 내용이 1962년 7월, 『낙화유수』 원본의 사본이 전 육군 소장 아카시 타지로(아카시 모토지로의 조카)가 防衛廳戰史室에 기탁하였다. 이것과 같은 사본은 국회도서관, 헌정자료실의 ‘아카시 모토지로 문서’ ‘테라우치 마사타케 문서’가 防衛廳 防衛研究所 戰史部圖書館, 카나가와 현립도서관에도 보존되어 있다. 그런데, 1928년에 간행된 코모리 토쿠지[小森德治] 저 『明石元二郎伝』(867쪽, 대만일일신보사; 그 후 원서방에서 1968년 상하 2책으로 복각)은 아카시 전기의 결정판이다. 이 上卷 제2편에서 ‘유럽에서의 첩보활동이 기록되어 있는데 이 부분은 『落花流水』를 토대로 하고 있어 아카시가 레닌을 비롯하여 각 혁명가와의 회견, 공작한 모양 등도 진위를 섞어서 소설풍으로 묘사되어 있다(前坂俊之, 『明石元二郎大佐』, 新人物往來社, 2011, 103~104쪽).

48) 시바 료타로[司馬遼太郎, 1923~1996]: 오사카시 출신. 기자, 역사소설가로 유명. 태평양 전쟁 말기에 전차부대 소대장으로 만주에서 근무, 이후 본토 결전 대비로 도치기현[栃木縣] 사노시[佐野市]로 옮겼고, 이곳에서 육군소위로서 패전을 맞음(약 9개월 근무). 러시아 문학이나 司馬遷의 史記를 애독. 방대한 자료를 바탕으로 한 사실성 높은 역사소설을 쓴다는 평가를 받지만, 자료의 오독과 자료 비판의 불철저 등에 의한 사실 오인 등이 문제점으로 지적. 『올빼미의 성(梟の城)』, 『료마가 간다(龍馬がゆく)』 등 역사소설 다수.

49) 최근 우리나라에서도 2018년 2월 28일자 『연합신문』에서 ‘연세대 국가관리연구원, 아카시 모토지로 『낙화유수』 내용 최초 확인’이라는 부제를 달아 「한반도 첩보공작 설계한 日 헌병대장 ‘러 파괴공작서’ 첫 발견」이라는 기사에서 정주진 연구교수가 최근 번역했다고 밝혔다(http://www.yonhapnews.co.kr/bulletin/2018/02/27/0200 000000AKR20180227196100004.HTML)/ 그런데 3월 5일자 『교수신문』에서는 같은 사안을 다루면서도 번역했다는 내용은 없고, 「아카시 모토지로 헌병대장, 러시아 파괴공작 수법 조선에 적용했다」라는 제목 하에 제정 러시아 파괴 공작서를 입수했다고만 기술했다(http://www.kyosu.net/news/articleView.html? idxno = 41042).

50) 前坂俊之, 『明石元二郎大佐』, 新人物往來社, 2011, 104쪽.

보고서는 110년 전의 일본어에다가 군사 보고 형식으로 쓰여 있어 읽기도 매우 어렵고 판독도 쉽게 할 수 없는 한계가 있다.

앞에서도 보았듯이 코다마의 인사로 1902년 8월에 러시아 페테르부르크로 온 아카시는 이제 러시아통이 되었다. 참모본부가 그에게 기대했던 것이 바로 대러전 대비의 첩보 전문가(specialist)였던 것이다. 세계 최고의 정보망을 갖고 있는 영국과는 동맹 이후 양국에 필요한 정보 교류가 그 이전보다 더 활발해지고 있었음은 당연하다. 더욱이 해외 주재 무관은 거의 공인된 스파이라고 할 수 있다. 게다가 러시아와의 전쟁이 발발하여 일본이 이긴다면 그것은 영국의 입장에서는 동맹 목적인 '러시아의 동방정책에 대한 확실한 제동'을 걸 수 있는 기회가 되고, 만약 일본이 지더라도 '아시아의 떠오르는 원숭이'인 일본과 강대국 러시아가 모두 약해질 것이기 때문에 영국은 손해 볼 까닭이 없는 것이다. 어느 쪽이든 영국은 지금의 난국을 벗어나기 위한 시간을 버는 것이다. 그것은 중국 진출을 노리는 미국에게도 구미가 당기는 일이다. 따라서 일본이 요구하는 정보는 자신들이 바라는 목적에 부합하면 기꺼이 제공하는 것이다.

한편 1904년 이 당시만 해도 이때는 직업적인 스파이는 없던 때였다. 첩보부대가 정부기구 내에 생기는 것은 1차 대전 중이었다. 그 전에는 정부가 되는 대로 비밀요원들을 고용했다. 그러나 당시 예외적인 국가가 있었다. 그 예외적인 국가가 바로 영국이다. 영국은 오히려 이때가 한창 전성기였다.[51] 이러한 당시로서는 선진 첩보조직을 갖춘 영국의 고급정보가 동맹국 일본에게는 더 없이 중요했을 것이다. 그와 동시에 일본이 이렇듯 극비리에 어마어마한 첩보전을 전개하고 있음을 알게 되었을 영국은 향후 발틱함대의 동진을 방해하거나 파악된 정보를 일본에게 전달하며 힘껏 일본을 도왔던 것이다.

---

51) 콘스탄틴 플레샤코프 저, 표완수·황의방 역, 『짜르의 마지막 함대』, 중심, 2003, 115쪽.

이러한 모든 상황을 전제로 하고 이제 아카시 본인의 활동에 대해서 검토해간다.

러일 개전 후 아카시(당시 계급은 대좌)는 전쟁용의 암호를 작성, 러시아인 장교를 매수한다. 러시아인 3명을 스파이로 고용하여, 시베리아 철도 정보를 획득하기 위해 배치하고, 스웨덴의 스톡홀름으로 뛰었다. 아카시는 여기에서 참모본부 소속으로 신분을 바꾸고 사복으로 첩보, 잠행한다.52) 사실 일본이 조기 개전을 결정한 것에는 시베리아 철도가 완성되는 것에 지극히 우려를 했던 것이다. 유럽 러시아에서 극동으로 러시아군의 이동을 차단 내지 지연시키는 일은 대단히 중요한 것이다. 이런 일들은 역시 첩보공작이 제격이다. 그것도 철도 진행 상황을 잘 알고 있는 현지인들을 고용하는 것이 한층 효율적이다. 철도 파괴공작과 관련하여서는 겐요샤나 코쿠류카이 [黑龍會]사람들이 포함된 만주의군 등이 활약했다.

아카시의 활동 본거지는 공사관이 옮겨간 스톡홀름이었다. 아카시가 제출한 비밀문서인 『落花流水』는 필자가 참고하고 있는 책을 기준으로 보면, 표지를 포함하여 총 123쪽 9절로 되어 있는데, 그 제1절이 '러시아의 역사'이다.53) 즉 그는 먼저 상대를 정확히 파악한 것이다. 그 이후 부분도 러시아의 농지제도, 정치제도와 이념, 반정부(불평당) 운동 등 러시아 전반을 분석하고 있다. 그만큼 아카시는 러시아에 대해 확실히 꿰뚫고 있는 상황에서 비밀작전을 수행한 것이다. 한마디로 '산에 나무는 충분히 잘 건조되어 있고, 불만 붙이면 저절로 잘 탈 것'이라는 것을 정확히 인식한 것이다.

본래 러시아는 힘닿는 대로 주변국을 정복, 병합하고 있고 핀란드, 에스토니아, 라트비아, 리투아니아, 폴란드, 우크라이나, 코카시아, 아르메니아, 터키 등 소수민족을 포함하여 그 수는 수십에 이르고, 오랜 세월 격심한 독립운동, 反러시아 투쟁이 계속되고 있었다.54) 그리고 삼국간섭 이후로 러시

---

52) 前坂俊之, 『明石元二郎大佐』, 新人物往來社, 2011, 106쪽.
53) 前坂俊之, 위의 책, 2011, 115~135쪽.

아 국내 측면에서 보더라도 1896년 페테르부르크 방직노동자 총파업, 1898
년의 사회민주노동당 제1차 대회의 개최, 1901년의 학생운동 격화, 1902년
의 농민폭동, 1903년 남부의 노동자 총파업 등[55] 러시아 전체가 帝政에 대
한 반대와 노동운동, 학생운동 등이 점점 거세지고 있는 시절이었다. 바로
이러한 상황 하에서 앞에서 본 폴란드 분열에서도 잠시 언급하였지만 '적의
적은 동지' 혹은 '적의 적은 우리 편'이라는 전법으로 주변 민족의 독립운
동가, 혁명가와의 공동전선을 모색해 간 것이다.

　이러한 인식 하에 러시아 국내와 주변국에서의 반전(反戰), 반정부 운동
의 불길에 기름을 붓고, 테러와 폭동, 혁명을 유발하는 정치 정세를 선동하
려 한 것이었다. 이에 따라 러시아의 식민지로 되어 압정(壓政)과 싸우는
핀란드[56]와 폴란드의 독립운동가와 먼저 접촉하려 한 것이다.[57] 따라서 그
가 스톡홀름에 와서 가장 먼저 한 것이 바로 강력한 첩보공작 네트워크를
구축하는 일이었다. 그리고 무엇보다 그의 어마어마한 이런 공작의 가장 큰
힘이 되어준 것은 야마가타 아리토모 등 일본 수뇌부의 확고한 결단에 의
한 거금 100만 엔(지금의 가치로 400억 엔이 넘음)이라는 공작금이었다.[58]
즉 일본은 그들 반러시아 세력들에게 그들이 요구하는 만큼의 자금을 제공
하여 과감하게 다양한 형태의 反러시아 운동을 일으켜 러시아 내부의 붕괴
를 촉진하려는 일본 육군 최대의 교란전을 펼친 것이다.

　이리하여 아카시는 먼저 스톡홀름에 잠복해 있던 핀란드 헌법당의 당수
인 카스토렌(Castrén)[59]에게 밀서를 보내 만날 것을 청했다. 그가 핀란드 독

54) 위의 책, 106쪽.
55) 이무열, 『러시아 역사 다이제스트 100』, 가람기획, 2009, 486쪽.
56) 나폴레옹 전쟁 중에 핀란드 영토를 둘러싼 열강의 외교전이 전개된 끝에 1808년
　　핀란드는 러시아의 알렉산드르 1세의 군대에 의해 점령당했다. 그로부터 1917년까
　　지 핀란드는 제정 러시아의 자치 대공국이 되었다.
57) 前坂俊之, 앞의 책, 106쪽.
58) 前坂俊之, 『明石元二郎大佐』, 111쪽.
59) 카를로 카스트렌(Kaarlo Castrén, 1860~1938): 핀란드의 정치인이자 후일 핀란드가

립 운동의 정점에 있다는 것을 아카시는 알고 있었다. 그러나 아카시는 처음에 거절을 당하여 실망에 빠지기도 했으나 결국 그와 접촉, 그로부터 카스토랜의 헌법당보다 훨씬 과격한 핀란드 혁명당의 당수 질리아쿠스 (Zilliacus)[60]를 소개받고, 공동의 적에 대한 의기투합으로 맹우 관계가 되어 자금 제공을 약속했다.[61] 질리야쿠스가 아카시를 마음에 들어 했던 것은 그가 카스토랜에게 접근한 소박한 방법과 회동의 목적이 명확했던 것 때문이었을 것이다. 공동의 목표 제시와 자금 제공의 약속이었다.

아카시로서는 이 질리아쿠스를 만난 것이 그의 러시아에서의 비밀공작을 풀어가는 마스터키를 얻은 것과 같았다. 전 유럽의 혁명 운동가에게 폭넓은 인맥을 가진 질리아쿠스는 아카시를 대신하여 러시아 타도에 분주히 움직였다. 그는 폴란드 혁명가들과의 파이프도 연결, 같은 해 3월 폴란드사회당 집행위원으로부터 하야시 타다스[林董] 주영공사에 대하여 폴란드인에 의한 反러시아 공작의 제안이 있었다. 극동 전선으로 보내는 러시아 증원병 요원인 폴란드 청년들이 징병과 동원에 반대하는 폭동이 폴란드 각지에서 빈발하여 러시아군 약 30만 명이 꼼짝 못하게 되어 극동으로 증원할 수 없게 되어 버린 일도 있었다.[62]

여기서 개전 후에 아카시와 야마자 간의 전략적 협력 사례를 하나 살펴보자. 두 사람은 같은 고향의 선후배이자 친구 사이로 공히 승리를 위해 각자 큰 역할을 맡아 분투하는 후쿠오카의 인물들이라 할 수 있다. 아카시가 획득한 정보나 야마자가 수집한 정보가 서로 공유되며 분석과 대책을 세운 후 야마자가 파악한 국제정세 등을 아카시가 보다 효율적인 첩보작전을 펼 수 있도록 다각도로 지원했을 것이다. 그렇게 해서 획득된 정보는 외무성으로 보고되어 야마자가 확보하게 되는 것이다.

독립한 후 총리(1919년 4월~8월)역임, 국민진보당의 대표.
60) 콘니 질리아쿠스(Konni Zilliacus, 1855~1924): 핀란드 독립지도자, 언론인, 혁명가.
61) 前坂俊之, 『明石元二郎大佐』, 新人物往來社, 2011, 106쪽.
62) 前坂俊之, 위의 책, 106~107쪽.

당시 이러한 메카니즘에서 야마자는 개전 전에도 대학 후배이자 고향 후배인 히로타 코키(훗날 수상)를 만주와 조선에 파견한 바 있었다. 그리고 개전 이후 또다시 히로타를 불렀다. 이번엔 陸戰에서 포로가 된 러시아 군인들로부터 정보를 수집하는 일이었다. 아카시는 스웨덴에서 폴란드 독립운동지사인 피우수츠키[63]와 더글라스 두 청년을 알고 있었는데, 그들이 대러전쟁을 계속할 방법을 일본에 호소하기 위해 일본에 온다고 하여, 아카시가 야마자 국장에게 그들을 소개하고, 야마자는 히로타에게 더글라스의 통역을 의뢰했다. 그리고 더글라스에게 히로타를 붙여 松山收容所[64]에 부임하게 했다.

한편 전쟁 중 러시아의 만주 출정군 중에는 폴란드 병사가 오히려 자진하여 일본군에 투항하여 왔기에 이들 폴란드 병사 다수가 마츠야마[松山] 포로수용소로 보내져왔던 것이다. 전체 러시아 병사 포로 7만 중에서 마츠야마에는 그 1할인 6천여 명(그 중 장교 533명은 전국 605명의 대부분에 해당)을 수용했다. 유대인과 폴란드 포로는 평소 러시안의 압박에 대한 반동으로서 일본을 구세주로 생각하고 일본군의 승전보가 들어오자 일본어로 만세를 부르고 기미가요를 제창하기도 하였다. 유대인이나 폴란드인의 反러시아 정서가 이 정도였던 것이다. 히로타 등은 그들 중 영어가 가능한 사람으로부터 러시아의 내정과 군사 사정을 캐묻고, 이를 야마자에게 보고서로 제출했다. 야마자는 이것을 湖月會 회원으로 활동한 대본영 참모 후쿠시마 야스마사[福島安正] 소장에게 보냈던 것이다.[65]

7월에는 그때까지 혁명가, 반정부 활동가들을 철저히 탄압하고 있던 러시아 내무대신 플레브(V.K. Plehve)[66]가 대학생 사조노프(Egor Sazonov)에

---

63) 피우수츠키[Józef Piłsudski, 1867년~937년]: 폴란드의 정치가, 군인.
64) 시코쿠 마츠야마(四國松山)에 세워진 수용소로 메이지 시대 최초로 세워진 포로수용소로 청일전쟁 및 러일전쟁 포로들을 수용함.
65) 一又正雄 編著, 40~41쪽.
66) 플레브(V.K. Plehve, 1846~1904. 7): 모스크바대학에서 법학 공부. 1879년 상트페테

의해 그가 탄 마차에 폭탄이 투척되어 암살되었다. 당시 노동자들의 저항운동도 심했지만 1901년부터는 학생운동이 격화되면서 마침내 폭력 수단에 의존하기 시작하여 1901년 문교상 보골레포프(Bogopov)가 대학생 카르포비치(Karpovich)에 의해 피살, 1902년 내무상 시피아긴(D.S. Sipiagin)이 발마세프(Balmashev)에 의해 암살당하기도 했다.[67] 그런 가운데 많은 반정부 운동가나 혁명가에게 표적이 된 플레브가 전쟁 중의 상황임에도 암살된 것은 러시아 국민들의 반정부 원성이 어느 정도인지를 엿볼 수 있음과 동시에 일본의 군과 국민들의 총력전 상황과는 사뭇 다름을 알 수 있다.

이러한 가중되고 있는 내부의 혼란 속에서 아카시는 러시아 내외의 혁명 그룹과의 네트워크 조직에 착착 성공하여 7월 말, 질리아쿠스와 함께 스위스로 가서 러시아 사회민주당의 레닌과 플레하노프[68]와 같은 거물들과 친교를 맺고, 나아가 사회혁명당의 아제프, 코다야계의 혁명 조직인 분트(동맹)당과 아르메니아 민족운동가와도 접촉하여 자금 제공의 약속과 함께 공작을 했다. 나아가 질리아쿠스의 조언으로 '러시아 혁명파'를 대동 단결시켜, 러시아인들에 의한 反러시아 투쟁을 보다 체계적이고 활발하게 하는 것에 성공했다.[69]

아카시와 질리아쿠스는 7월말까지 러시아 혁명파들을 결합시킨 데 이어 이제 한 걸음 더 나아가 현재 反러시아 투쟁에 참여하고 있는 각국 각 당파의 지도자급들을 한 자리에 모아 그들의 '공동의 적과 목표'를 분명히 하는

르부르크 검사. 1902년 4월 드미트리 시피아긴이 암살된 후 그는 내무부 장관과 Gendarmes장관으로 임명.

67) 김학준, 『러시아 革命史』, 문학과지성사, 1984, 173쪽.

68) 플레하노프(Plekhanov, Georgii Valentinovich, 1856~1918)): 러시아의 마르크스주의자, 혁명 활동가, 이론가. 그는 처음에는 나로드니키 조직인 '토지와 자유'의 지도자였으나, 그 후 나로드니키주의를 버리고 1883년에 스위스에서 '노동해방단'을 조직, 이것은 러시아의 해방 운동에서 마르크스주의의 보급과 승리에 큰 역할을 하였다 (『철학사전』, 중원문화, 2009).

69) 前坂俊之, 『明石元二郎大佐』, 新人物往來社, 2011, 107쪽.

국제대회를 기획했다. 아카시로서는 이미 발틱함대의 출발이 임박했다는 소식과 여순전투에서 일본군에 의한 두 차례 공격70)이 모두 패했다는 사실을 알고 있는 터라 급해진 것이다. 따라서 이미 달아오르고 있는 反러시아 투쟁을 더욱 신속하고 철저히 부추길 필요가 있었던 것이다. 러시아 세력을 최대한 약화시킬수록 陸戰이든 海戰이든 측면 지원의 효과가 극대화될 수 있는 것이다. 이번 대회를 통해서 그는 공동의 적 러시아(짜르) 타도와 이에 따른 자금 제공의 확약을 공고히 하려는 것이었다. 이로서 명확한 국제공조 내지 포위공조가 가능하고, 이것은 다음 활동의 기폭제 역할을 할 수 있는 것이다.

그러나 아카시와 질리아쿠스가 파리대회를 기획하면서 9월 중순에는 의도와 달리 기타 다른 단체들도 참가 연락을 해왔다. 이에 따라 아카시는 질리아쿠스와 사이에 회의 안내장을 보내는 건에 대해 의견이 나누어졌다. 자유당에도 안내장을 보낼지 말지에 관한 것이었다. 아카시는 자유당에는 강온의 현격한 의견 차이가 있는 자가 많아 회의 진행을 방해한다는 이유로 반대 의견이나, 질리아쿠스는 가능한 한 한 당이라도 많이 참석시키는 것이 좋다는 입장이었다. 큰 목표는 같으나 작은 목적은 다르기 때문이다. 아카시로서는 실제로 그들의 정치적 통합이나 논쟁 따위가 중요한 것이 아니라 反러시아 투쟁이라는 한 목소리가 나오는 대회가 되길 바라는 것이다. 즉 러시아 타도 그 자체에 집중하고 싶은 것이다. 그게 진짜 목적인 것이다.

하지만 혁명가들은 그보다 먼 미래를 위해 큰 그림을 그리겠다는 입장의 차이가 있는 것이다. 그러나 아카시는 양보했다.71) 이들의 도움이 없으면 본래의 목적 달성 자체가 불가능하다고 판단했을 것이다. 이렇게 하여 어렵게 참석 범위가 정해지고 다음은 장소 문제였는데, 이것은 각 당파의 의견이 달랐으나 질리아쿠스의 조정대로 파리로 결정되었다. 러시아의 민권사

---

70) 第一回總攻擊은 1904년 8月19日~24日, 第二回總攻擊前半戰은 1904년 9月19日~22日(?).
71) 前坂俊之, 『明石元二郎大佐』, 新人物往來社, 2011, 177쪽.

회당과 분트당을 제외한 여러 정당들인 러시아 자유당, 러시아 사회혁명당, 핀란드 헌법당, 폴란드 국민당, 폴란드 사회당 등등이 10월 1일 파리에서 질리아쿠스를 의장으로 하여 5일간에 걸쳐서 회의를 개최했다. 이리하여 러시아와 핀란드, 폴란드의 일부 정당 및 억압받고 있는 각 민족의 혁명파가 한 곳에 모여 각 당파는 '러시아(짜르) 타도'를 목표로 각각의 수단 방법으로 反러시아 투쟁을 전개할 것을 결의했다. 아카시는 투쟁 자금과 무기 구입에 대해서 원조를 약속했다(파리 대회).[72]

이 파리대회의 파급효과는 실로 엄청났다. 그 후 러시아의 정세는 일변되었다. 격렬한 혁명 운동이 일어나기 시작, 먼저 화살을 당긴 건 폴란드 사회당이었다. 그것이 러시아 본국으로 퍼졌다. 11월부터 12월에 걸쳐서 모스크바, 키에프, 오데샤 등에서 학생들이나 노동자들에 의한 시위가 빈발했다. 게다가 여러 곳에서 정부를 공격하는 대회가 개최되면서 파리대회에 참석하지 않았던 레닌 소속당도 노동자들을 선동했다. 이렇듯 1904년 11월~12월의 사회 불안정은 확연히 증폭되어 갔다.[73] 아카시가 자금을 뿌리는 만큼 투쟁은 격렬해져 간 것이다. 1904년 말의 러시아 형세는 폭풍 전야였다.

그런데 연말연시에 극동에서 들려오는 패배 소식(1905.1.1. 여순 함락)은 그들을 더욱 분노하게 했다. 더 이상 짜르 체제 자체로는 아무것도 기대할 것이 없다는 심리와 오히려 이것이 제정 러시아 타도의 결정적 계기가 될 것이라는 공감대가 反러시아 세력들에게 깊이 인식되었을 것이다.

마침내 그들은 1901년 1월 22일(러시아 달력으로 1월 9일) 아침 가폰 신부[74]의 인도에 의해 최종적으로 황제를 직접 만나 무언가 해결책을 찾으려

---

72) 前坂俊之, 앞의 책, 107 및 177~178쪽.

73) 司馬遼太郎 저, 이송희 역, 『언덕 위의 구름 8』, 명문각, 1992, 57~58쪽.

74) 게오르기 가폰(러시아어: Гео́ргий Аполло́нович Гапо́н, 1870~1906): 러시아의 정교회 사제. 혁명가로 가풍 신부라고도 함. 피의 일요일사건 이후 영국으로 망명하였다가 무기를 탈취하려는 등 각종 계획을 세웠지만 모두 실패하자 경찰과 협력한 뒤 1906년에 귀국했으나 간첩으로 몰려 사회혁명당원들에게 암살.

고 겨울궁전 광장으로 모여든 것이다. 그들이 원한 것은 자신들의 의사를 담은 청원서를 전달하려는 지극히 소박한 평화시위였던 것이다. 바로 전날 가폰 신부는 짜르에게 비밀 편지를 썼다. 거기에는 '대신들은 당신을 속이고 있으니 믿지 말라'는 경고와 함께 '신민들은 당신을 믿고 있다'고 전제하고 마지막엔 '내일 겨울궁전 앞에 모이기로 했으니 인민 앞에 서서 우리들의 겸손한 청원을 받아 달라'고 했던 것이다. 그들은 무장은커녕 짜르의 우상과 대형 초상을 들고 행진하면서 '신이여! 짜르를 구해주소서'라는 노래를 부르며 행진했다. 그렇게 모인 비무장 인민들을 향해 황제가 나오기는 커녕 대기하고 있던 군인들이 무자비하게 발포한 것이다. 소위 '피의 일요일' 사건이다.75) 6만 명 이상이 행진에 참가하였고, 1,000여 명의 부상자와 200여 명의 사망자가 발생하였다고 한다(명확한 통계가 없음).

이 사건을 계기로 짜르에 대한 배신감과 증오심 등이 겹쳐 혁명의 불길은 마침내 타오르기 시작했던 것이다. 거기다 '여순항 함락'과 3월 봉천 대회전에서의 패배 소식은 더욱 사회 불안을 부추겼다. 이러한 러시아 내부의 혼란에 엄청난 자금을 뿌리면서 아카시가 깊숙이 관여하고 있었음은 앞서 본 바와 같다.

러시아는 외부의 적과 내부의 거대한 적을 동시에 맞아 싸워야 하는 진퇴양난의 정국에 몰리고 있었다. 일본으로선 참모본부의 작전대로 양면작전이 성공하고 있었던 것이다. 이런 상황에서 5월27일~28일에 걸친 동해해전에서는 발틱함대가 완전히 붕괴하였고, 6월에는 러시아 해군이 자랑하는 최대 최강의 전함 '포톰킨'76)에서 수병들에 의한 반란77)이 발발하여 러시

---

75) 김학준. 앞의 책, 185~187쪽.

76) 포톰킨(Potyomkin, Grigorii Aleksandrovichi, 1739~1791): 제정(帝政) 러시아의 군인, 정치가. 에카테리나(Ekaterina) 2세의 총신(寵臣). 푸가초프(Pugachyov)의 반란을 진압하고, 크리미아를 병합, 흑해함대를 창설하고, 러시아-터키 전쟁의 총사령관을 역임함. 전함은 그의 이름을 딴 것임.

77) 포톰킨호의 반란: 1905년 6월 14~24일 제정 러시아의 흑해함대 전함 포톰킨호의

아를 석권하는 혁명의 기운은 황제의 군대에까지 파급되어갔던 것이다.

이렇게 되자 제정 러시아의 위정자들은 전쟁을 계속할 것이 아니라 우선 러시아 붕괴를 막는 것이 우선일 것이라는 생각이 패배의 소식이 들릴 때마다 점점 강해져 갔을 것이다. 아마도 동해해전의 패배엔 그들 모두가 큰 충격을 받았으며 '적당한 시기에 전쟁의 종결'을 가져와야 한다는 생각이 이심전심이었을 것이다. 그것은 야마자는 물론 아카시나 일본이 바라는 바였다.

한편 혁명사회당을 중심으로 여러 당들이 다시 무장봉기를 시도하기로 했다. 가장 중요한 과제는 무기 구입이었다. 아카시는 파리대회에서 약속하였듯이 무장봉기를 돕기 위해 질리아쿠스와 함께 6월부터 무기 구입에 나섰다. 총기는 스위스에서 구입에 성공했다. 발트해 방면용으로서 소총 16,000정, 탄환 약 300만 발, 흑해 방면에 보낼 것은 소총 8,500정, 탄환 120만 발이나 되었다. 이들 대량의 무기와 탄약의 운반이 난제였다. 먼저 철도로 운반하고, 바다로 수송하기 위해 대형 수송선 '죤 구라톤호'를 구입하여 거기에 적재한 후 발트해를 북상했다. 러시아의 뷘도우에서 무기 일부를 내리고, 토르네오·야코부스탓토에서도 양륙했는데, 라탄 지방에서 좌초, 남은 무기는 몰수되어 버린다.[78]

이러한 반란 분자의 무장봉기를 지탱한 그들에 일본의 첩보활동이 있었던 것에 러시아 정부는 큰 충격을 받았을 것이다. 봉천 대회전에서 패하고 해임된 극동군 사령관 쿠로파트킨은 회고록에서 '1905년 8월 전쟁을 계속할 준비가 되어 있었고, 만주로 향하거나 도착한 육군 병력이 100만에 달했

수병들이 일으킨 혁명적 반란. 약 800명의 수병들이 썩은 고기의 배식에 불만을 품고 있던 중 사관이 수병 1명을 사살하자 마투센코를 지도자로 하여 반란을 일으켰다. 이 사건은 1905년의 혁명 중 최대 사건의 하나로서 레닌에 의하여 높이 평가되었으며, 1925년 S.M. 예이젠시테인은 이를 소재로 하여 영화 《전함 포템킨》을 제작하였다.

78) 前坂俊之, 『明石元二郎大佐』, 新人物往來社, 2011, 188~190 및 111쪽.

으며, 사기도 충천되어 있었다'고 했다. 게다가 '일본인 포로들 중에는 노인과 어린이들이 있었으며, 일본의 자원은 고갈되어 있었다'고 했다.[79] 그것은 사실이라 하더라도 이미 혁명에 휩싸인 러시아였기에 황제는 황실과 제국의 안정을 위해 전쟁을 더 지속할 수 없었던 것이다. '아카시 공작'이 미친 영향이 얼마나 중요한 결정적 변수였는지를 쿠로파트킨의 견해와 러시아 정부의 정세 판단과의 차이에서도 알 수 있다. 결국 러시아는 미국의 주선에 의한 강화 테이블에 나올 수밖에 없었다.

9월 5일에 포츠머스강화조약이 체결되었다. 아키시 공작은 중단되어 11일에는 아카시에게 참모본부에서 귀국명령이 내려졌다.

3) 러일전쟁 승리에 미친 영향

러시아에서 바라본 직접 평가는 아니지만 간접적으로 엿볼 수 있는 평가가 있다. 극동군 사령관으로 만주에서 패전한 쿠로파트킨 장군의 회고에 의하면, 당시 만주의 전장 분위기를 읽을 수 있다. 그는 패전의 원인을 언급하면서 다음과 같이 지적하고 있다. '예전에 소규모 상비군에 의해 전쟁을 했을 때와 달리 오늘날 전쟁은 군대에만 의존해서는 안 되며 전 국가가 무장을 하고 전력을 쏟아야 한다. 하지만 러시아는 그렇지 않았다. 언론은 부정적 역할(내부 분열)을 했다. 많은 일간지들은 반정부 기관지처럼 군대를 매도, 종군기자들은 아군의 전투작전에 대하여는 그릇된 정보를, 적군의 작전에 대해서는 터무니없는 과장된 소식을 전했다. 언론은 국민의 사기를 고양하기는커녕 러시아군의 참패에 관한 이야기를 하여 아군의 사기를 현저히 저하시켰으며, 대중에 대해 경각심을 심어주지 못했을 뿐 아니라 전쟁에 대해 증오를 불러 일으켰다. 특히 만주를 향하여 가던 군대들에게 배포된 선

---

79) ALEXEI NIKOLAIEVICH KUROPATKIN 저, 심국웅 역, 『러일전쟁-러시아 군사령관 쿠로파트킨 장군 회고록』, 한국외국어대학교출판부, 2007, 96~97쪽.

동적인 포고문은 새로운 재앙의 씨앗을 뿌렸다'고 했다.[80] 혁명 정신에 물들어 갔던 것이다. 아카시와 그의 조력자들이자 동지들이 벌인 치밀한 반정부 투쟁이 주효했음을 엿보게 하는 대목이다. 쿠로파트킨은 전쟁 전 준비가되지 않았음을 지적하였지만 개전 후의 패배 원인을 이렇게 보고 있었던것이다. 아카시 공작의 성공은 적군의 수장도 인식하지 못한 가운데 이렇게인정받은 셈이다.

일본에서는 여러 가지 평들이 있었다. 거대한 공작금 지급을 결단한 야마가타 아리토모는 "아카시는 무서운 남자다" 혹은 "아카시 한 사람으로20만 명의 병사에 상당한다" 라고 한 독일 황제의 말 등을 소개하며, 러일전쟁 승리의 원인 중 하나는 '아카시의 공작'이라고 했다. 야마가타의 이 말이 아카시 像(이미지)과 평가를 확실히 대변한다고 하겠다.[81] 이토 히로부미는 아카시 혼자 '일본군 10개 사단의 일을 했다'고 찬양하였다. 코모리토쿠지[小森德次]는 아카시 전기에서 '근대가 낳은 드물게 보는 인물' 혹은'드러나지 않은 위대한 업적으로 능히 평가받아야 할 기인' 이라고 평가한바 있음은 앞서 보았다. 시바 료타로의 평가도 있다. 그는 전쟁 후에 아카시의 선배들이 "자네의 업적은 몇 개의 사단에 상당한다"고 했지만 시바는 그정도가 아니라 '만주의 육군 모두이거나 아니면 동해의 토고 함대의 함정전체에 비교해도 좋을 정도'라고 했다.[82]

이렇듯 아카시는 막대한 자금력을 바탕으로 강력한 비밀 첩보 네트워크를 결성하고 러시아 내부의 혼란과 혁명 선동, 극동으로 가는 폴란드 병력수송 방해, 철도 파괴 공작, 테러 등 전쟁 승리를 위한 할 수 있는 모든 수단으로 러시아를 교란시켜 마침내 '일본의 승리를 결정지은 사람'으로 평가받고 있다.

---

80) ALEXEI NIKOLAIEVICH KUROPATKIN 저, 심국웅 역, 앞의 책, 10~12쪽.
81) 前坂俊之, 『明石元二郎大佐』, 104쪽.
82) 시바 료타로 저, 이송희 역, 『언덕 위의 구름 8』, 명문각, 1992, 32~33쪽.

그러나 아카시라는 이름은 러시아 혁명사에서도 나오지 않는다. 그리고 그는 외국어의 천재라는 평가도 함께 붙어 다닌다. 그 아카시가 러일전쟁 후 조선통감부에서 한국강제병합의 막후 실세로 의병 탄압 등 악행을 자행[83]하였고, 병탄 후 테라우치 총독과 더불어 무단통치를 행한 제국주의 앞잡이로서 한반도 역사에 깊은 상처를 남겼다. 결국 아카시 공작의 성공에 의한 러일전쟁의 승리는 독도침탈과 한국강제병합을 촉진시키는 제국주의 침략과정의 일환이었을 뿐이다.

2. 獨島의 戰略的 價値

1) 러일전쟁 戰況의 槪要: 독도침탈의 근접 배경

앞서 보았듯이 1903년 5월 러시아의 용암포 점령과 이후 일련의 전개 상황은 일본으로 하여금 더 이상 물러날 수 없게 만들고 있었다. 일본이 줄곧 추진해온 대륙침략정책의 핵심이 한반도 장악(이익선 확보)과 러시아의 남진정책 봉쇄인 만큼 여기서 일본이 지체하면 기회를 잃어버린다는 절박함에 놓여 있었던 것이다.

이렇게 되자 일본 정부는 물론 민간에서도 대러 개전의 열기는 한층 더 끓어올라 언론들조차 그 열기에 기름을 붓고 있었다. 러시아와의 협상이 진행되었으나 오히려 러시아는 협상 조건을 강화하는 등 일본이 원하는 상황과는 반대로 가고 있었다. 러시아가 만주는 물론 한반도의 절반을 차지하겠다는 야심을 노골화하기에 이르자 일본은 중대 결단을 내리지 않을 수 없

---

83) 『연합신문』, 2016. 한일관계 해법 모색 양국 지식인 대화록 '성심교린에 살다', 9월 26일. 여기에서 아카시의 손자가 「한반도 지배의 악역을 맡았던 게 조부」라는 사실을 밝혔다고 한다.

었다. 시베리아 철도의 마무리 공사 진행도 일본을 압박하고 있었다. 일본은 러시아의 멈추지 않는 극동열차(남진정책)에 제동을 걸 수 있는 방법은 이제 오로지 무력밖에 없다는 결단의 기로에 선 것이다.

이리하여 1904년 1월 6일 러시아 측으로부터 일본이 제시한 협상 조건에 대한 답변을 받고 더욱 결심을 굳힌 군부와 정부는 1904년 1월 12일 어전회의에서 다시 한 번 전체 회의를 열어 중론을 모은 후 2월 4일 개전을 결정한 것이다. 2월 6일 러시아와의 국교 단절을 통보한 후 2월 8일 심야에 여순항 밖에 있던 러시아 함대를 기습공격84) 함으로써 20세기 초 첫 세계대전이라 할 수 있는 동아시아 판도를 결정짓는 전쟁을 도발했다. 2월 9일 러시아의 선전포고에 이어 일본이 2월 10일 공식적인 선전포고를 하였다. 선전포고의 원문은 야마자가 작성했다.85)

2월 8일 밤과 2월 9일에 걸쳐 토고 헤이하치로[東鄕平八郎]86)를 사령장관으로 하는 연합함대(連合艦隊)87)의 여순항 기습공격과 인천항에 정박해

---

84) 정확히는 9일 0시 30분.
85) 長谷川峻, 앞의 책, 147쪽.
86) 토고 헤이하치로[東鄕平八郎, 1848~1934)]: 카고시마현 출신. 해군 대장. 동궁학문소 총재 역임. 자작. 아버지는 카고시마 대명의 가신. 보신전쟁에 종군. 유신 이후 1871년부터 1878년까지 영국 해군에 유학. 귀국 후 해군 중위가 됨. 청일전쟁에서는 나니와 함장으로서 활약. 그 뒤 해군대학 총장, 상비함대 사령장관, 마이즈루 진수부 사령장관 등을 역임하고 러일전쟁 직전인 1903년에 해군대신 야마모토 곤베에 의해 연합함대 사령장관에 취임하여 1905년 5월 동해해전에서 러시아 함대를 거의 전멸시키는 대승을 거두고 영국 등 세계로부터 격찬을 받음. 해군의 원로로 쇼와기가 되더라도 그 영향력이 컸다(일본 국회도서관, 「近代日本人の肖像」 참조로 작성). 전후 어느 날 겐요샤의 거두 토야마가 한국인 실업가 이영개(李英介) 씨를 동반하여 토고를 만났는데 그때 토고가 말하길. "당신 나라의 이순신은 나의 선생입니다"라고 한 뒤, "나는 넬슨에 비교할 수 있을지 모르나 이순신에게는 미치지 못한다"고 한 일화가 있음(藤居信雄, 『李舜臣覺書』, 古川書房, 1982, 271~272쪽).
87) 연합함대는 2개 이상의 함대로 편성된 제국 해군의 핵심 부대임. 청일전쟁 개전 6일 이후 처음으로 연합함대가 편성. 이후 러일전쟁 등 전시나 훈련 때만 임시로 편성됐지만 1923년 이후 상설. 연합함대는 천황에 직접 예속(直隷)하는 연합함대사령

〔토고 헤이하치로〕

있던 러시아 군함 2척을 침몰시켰다. 그러나 그 기선 제압의 목표를 가진 공격이 기대에 미치지 못하여 절반의 효과로 끝났다. 두려움과 전력상 절대 열세 속에서 도발한 일본은 기습 공격이라는 비난을 받을지라도 선택할 수밖에 없는 처지라고 판단했을 것이다.

하지만 그 기습에도 불구하고 전쟁 초기부터 예상을 빗나간 부담을 안고 출발한 것이다. 이는 그들을 더욱 분발하게 했다. 여순항 공격에서는 여순함대가 항 밖으로 나와 있다는 첩보를 입수한 호기의 상황이었기에 전함 2척, 순양함 1척을 대파했으나 두 달 만에 수리하여 전열에 복귀할 수 있었던 빈약한 성과였던 것이다. 2월 9일 인천 앞바다에서의 공격으로 한 척은 격침시키고 또 한 척은 자침했다.

앞서 보았듯 전체적인 면에서 절대 열세인 일본으로서는 후일 비난을 받더라도 기습공격이라도 선택할 수밖에 없는 생사의 전쟁을 시작한 것임에도 소기의 목적 달성에는 미치지 못했다. 따라서 이후 전쟁 전개는 어려움에 처한다. 물론 언론을 통해 일본 국내로 알려지는 것은 승전보다. 국민은 열광하지만 전투 현장은 다른 것이다.

여순함대는 근대화된 천연요새의 방호를 받으면서 여순 항내로 숨어들어가 원칙적으로 소극주의를 취했다. 사실 2월 3일 일본은 여순함대가 항 밖으로 나와서 사라졌다는 첩보를 입수했다. 따라서 해군으로서는 기습의 호

장관이 지휘하고, 군령에 관해서는 군령부 총장의, 군정에 관해서는 해군대신의 지시를 받음.

기였던 것이다. 요새의 방호를 피할 수 있었으므로 기습으로 소기의 목적을
달성할 수 있는 절호의 기회라고 여겨졌지만 만족할만한 성과를 내지 못하고
놓쳐버린 상태였던 것이다.

아무튼 부족하지만 서해의 제해권은 일단 일본이 장악한 반면 동해는 블
라디보스톡함대가 움직이기 시작했다. 2월 10일 일본의 공식적인 선전포고
다음 날 블라디보스톡함대는 1등 순양함 '러시아(Rossya)'를 비롯한 네 척
의 순양함이 2월 11일 츠가루[津輕]해협의 앞바다 20km 지점에서 일본의
기선 두 척을 포격, 나코노우라마루[奈古浦丸]를 침몰시키고 젠쇼마루[全
勝丸]는 간신히 홋카이도로 달아나는 사건이 발생, 러시아 해군의 사기를
앙양하고 일본 국민들의 간담을 서늘하게 하였다.[88]

이 사건은 여순항 앞바다와 인천항에서의 승전 소식과 함께 삼국간섭 이
후 일본 국민의 공공의 적이었던 대국 러시아를 마침내 공격했다는 감격이
일본 전역을 휩쓸었던 열기에 찬물을 끼얹었다. 그들은 감격의 무드가 다
익기도 전에 마음만 먹으면 블라디보스톡함대가 본토를 바로 공격할 수 있
다는 걸 절감하고 간담이 서늘해진 것이다. 비로소 전쟁의 현실을 실감하게
된 것이다. 이렇게 되자 일본으로서는 블라디보스톡함대를 초계하면서 여
순함대를 격파하지 않으면 안 되었다. 그러기 위해선 여순함대를 항 밖으로
끌어 낸 후 공격하지 않으면 근대화로 철옹성처럼 무장된 요새의 화력에
의한 방호를 받고 있는 여순함대를 도저히 격파할 수 없는 것이었다. 항내
로 들어간다는 것은 벌집에 머리를 들이미는 것과 같았기 때문이다. 여기서
부터 일본은 작전 변경이 불가피했다. 즉 여순 요새의 방호벽을 격파하지
않는 한 여순함대 궤멸은 불가능한 것이었다.

일본의 기습 이후 여순함대가 항내에서 꼼짝하지 않고 머무는 것은 여순
함대만으론 연합함대를 상대하기 어렵고, 블라디보스톡함대와 협공을 하거

---

88) 김화경, 「동해 해전과 독도의 전략적 가치: 러일전쟁과 일본의 독도 강탈을 중심으
로 한 고찰」, 『大丘史學』 제103집, 2011, 8~9쪽.

나 발틱함대의 來到를 기다리거나 하여 전력 보강이 필요했기 때문이다. 전쟁 직전 극동지역의 러시아 해군력(태평양함대)은 부동항인 여순항에 집중되어 있었다. 태평양함대 본거지가 비록 블라디보스톡이나 사령관은 여순에 주재하는 2중 구조로 전력이 분산되어 있었던 것이다.89)

이런 상황에서 일본이 살아남기 위해서는 이를 잘 활용해야 했다. 러시아의 해군력이 집결하는 것을 어떻게 해서라도 막아야 하는 것이다. 즉 발틱함대가 오기 전에 여순함대를 먼저 전멸시켜야 하는 것이다. 따라서 해군이 궁리한 것은 여순함대를 항내에서 아예 밖으로 나오지 못하도록 항 입구를 물리적으로 완전히 틀어막는 해상 폐색작전(旅順港閉塞作戰)을 구상한 것이다. 여순함대를 있는 자리에서 그대로 무력화시킬 목적으로 좁은 항 입구에 대형 기선들을 여러 척 침몰시켜 입구를 봉쇄하는 작전이었다.

그러나 2월 23일 실시한 제1회 폐색작전에 이어 5월 2일의 제3회에 걸친 폐색작전이 결과적으로 모두 실패하고 말았다. 이 과정에서 1회 폐색작전 실패 후 러시아 제국 제1의 제독으로 유명한 스테판 마카로프 제독90)이 3월에 부임하여 러시아 해군의 사기는 크게 상승했다. 이 마카로프에 의해 제2회 閉塞作戰도 실패91)로 끝난 것이다. 그런데 4월 13일 마카로프 제독은 기함(旗艦)92) 페트로파블로브스크를 타고 일본 연합함대를 발견하고 쫓아가다 기뢰에 걸려 기함이 폭발하면서 파편에 맞아 전사했다. 그리고 기함도 수많은 승무원들과 함께 침몰하는 사건이 발생했다. 이렇게 되자 페테르부르크의 황제 니콜라이 2세는 발틱함대를 꾸려 발진하기로 결정, 함대 사

---

89) 심헌용, 『한반도에서 전개된 러일전쟁 연구』, 국방부 군사편찬연구소, 2011, 183쪽.

90) 스테판 오시포비치 마카로프(러시아어: Степáн Óсипович Макáров, 1849~1904)는 러시아제국 해군 중장으로 해양학자, 러일전쟁 당시 러시아에서 가장 유능한 해군 사령관으로 동아시아함대 사령관.

91) 제2회 폐색작전 시 4년간 러시아 무관으로 근무했던 히로세 타케오 소좌 전사. 그는 아키야마 사네유키 작전참모와 해군사관학교 동기생이자 절친한 친구였으며, 많지 않은 러시아통 해군임.

92) 함대의 군함 가운데 지휘관이 타고 있는 배.

령관으로 로젠스트벤스키[93] 중장을 임명했다.[94]

일본은 5월 2일 또 다시 제3회 폐색작전을 감행했다. 앞선 작전과 달리 보다 규모가 큰 작전이었으나 이 역시 실패함으로써 폐색작전은 실효성이 없음을 알게 되었다.

결국 3회에 걸친 폐색작전의 실패로 여순항 내에는 세계 유수의 대함대가 잠복 중이었다. 이 함대가 자유롭게 활동을 한다면 일본은 보급이 끊어져 상륙한 육군은 고립되어 적의 내습이 없어도 당연히 고사할 지경이 되는 것이다. 개전 초 해군의 임무는 여순과 인천을 공격하고 육군의 보급을 지원하는 것이었다. 그러나 지금 상황으로는 여순과 인천 공격의 효과가 일본이 처음 예상한 것에 미치지 못하였고, 폐색작전에도 실패함으로써 안전한 보급로 확보에도 구멍이 생긴 것이다. 따라서 여순함대는 여순항의 입구를 막아 적이 밖으로 나오지 못하도록 함대 全力으로 상시 봉쇄하고 있을 수밖에 없었다. 즉 연합함대의 발목도 묶이게 된 것이다. 이러한 상황을 타개하는 방법은 육군에 의한 여순 요새의 공략이었다. 그렇게 함으로써 여순함대를 밖으로 나오게 하여 격파하는 육해군 합동 작전을 취할 수밖에 없었다. 이에 해군이 육군의 도움을 요청하게 된 것이다.

여기서 잠시 블라디보스톡함대 상황을 살펴볼 필요가 있다. 2월 11일의 출격에 이어 2월 24일 다시 출격하여 동해 연안 해역을 정찰하고 3월 1일 귀항하는 사건이 있었다. 이에 대본영은 연합함대의 일부를 블라디보스톡 방면으로 출동시켜 대응 작전을 전개하게 했다. 이후 블라디보스톡함대는 총 7회에 걸쳐 출격하게 된다. 대한해협에 2회 출격을 포함하여 여러 번 일

---

93) 지보비 로젠스트벤스키(1848~1909): 해군 제독(중장). 러일전쟁 시 발틱함대의 사령관으로서 동해해전에서 패하여 일본의 포로가 되었다가 석방. 그 후 러시아의 재판에서 무죄 선고 및 황제로부터 서훈을 받았다. 의사인 아버지는 군의관을 지내기도 했으나 장교이면서도 드물게 귀족이 아니었다.

94) 콘스탄틴 플레샤코프 저, 표완수·황의방 역, 『짜르의 마지막 함대』, 중심, 2003, 87~888쪽.

본 근해에 출몰하여 일본의 제해권을 계속 위협하였다.[95] 물론 이에 대한 조치로 일본도 여러 차례 블라보스톡에 접근하여 정탐하거나 직접 도시로 함포사격을 감행함으로써 블라디보스톡을 견제해 나갔다. 아울러 블라디보스톡항 바깥에 기뢰를 부설하기도 했다.

이러한 러일의 공방전 속에서 일본 연합함대가 치명적인 손상을 입게 되는 최대 사건이 5월 15일 하루에 연달아 발생했다(이하 '5.15사건'이라 함). 러시아 해군이 마카로프 중장이 전사하자 안개 긴 날을 골라 요동 근해에 기뢰를 부설했던 것이다.[96] 그런데 여순항 폐색작전을 마치고 연합함대 본진이 머물고 있는 서해 裏長山列島[97]로 심야(01시 40분)에 돌아오는 중 방호순양함 요시노[吉野]와 장갑순양함 카스가[春日]가 충돌하여 요시노가 먼저 침몰하였다. 게다가 그날 연이어서 당시 최신예 전함 하츠세[初瀨]와 야시마[八島] 등 2척이 러시아가 부설한 기뢰에 의해 爆枕하고 말았던 것이다. 이로써 일본이 보유한 주력 전함(主力戰艦) 6척[98] 중 최신예 전함 2척이 침몰됨으로써 거의 한꺼번에 일본 해군의 전력 약 3분의 1을 상실해버린 것이다.[99]

그러나 일본의 불운은 그게 전부가 아니었다. 6월 12일에 '러시아', '구름보이', '류리크' 등 3척의 블라디보스톡함대가 6월 12일 일본의 전력 저하를 틈타 대한해협에 출격(제4차), 14일과 15일에 걸쳐 일본 육군 수송선 3척을 공격하여 그 중 히타치마루[常陸丸]와 이즈미마루[和泉丸]를 격침시켰다. 이 공격으로 일본군 병사 약 1,200여 명과 軍馬 320마리 및 선원들이 사망

95) 심헌용, 앞의 책, 184쪽.
96) 김화경, 「동해 해전과 독도의 전략적 가치 : 러일전쟁과 일본의 독도 강탈을 중심으로 한 고찰」, 『大丘史學』 제103집, 2011, 8~10쪽.
97) 서해 북쪽 연안에 위치(중국).
98) 주력 전함 6척: 후지[富士], 야시마[八島], 시키시마[敷島], 아사히[朝日], 하츠세[初瀨], 미카사[三笠]. 이 중 미카사가 연합함대의 지휘부가 있는 기함이다.
99) 최문형, 「일제의 외침야욕과 울릉도·독도 점취 : 발틱함대 내도에 대비한 망루 구축을 위하여」, 『獨島硏究』 제9호, 2010, 18쪽.

하는 등 막대한 피해가 발생했다.[100] 나아가 대담하게도 블라디보스톡함대
는 츠가루해협을 지나서 도쿄만까지 출격하여 각지에서 전략물자 등을 운
반하는 상선들을 격침하기까지 했다.[101] 이렇듯 일본은 블라디보스톡함대
에 의해 증원병과 보급품 수송, 전략물자의 조달에 커다란 차질을 받으며
제해권 장악에 곤욕을 치르고 있었다. 이것은 바로 앞서 본 전력 대손실의
영향이 아닐 수 없다.

한편 여순항의 상황은 마카로프 중장이 전사한 후 사령관직을 대행하게
된 빌헬름 비트게프트[102] 소장이 여순항에 틀어박혀 연합함대와의 직접적
인 충돌을 피하는 소극주의로 일관했다. 그러자 극동총독 알렉세예프가 여
순함대를 블라디보스톡으로 회항하도록 주문했다. 이에 따라 1904년 6월
23일에 여순함대는 일단 출항했지만, 연합함대와 조우하자 즉시 항구로 되
돌아와 틀어박혀 버렸다. 이렇게 되자 일본 해군은 보다 결정적인 대책을
위해 7월 12일 陸海軍首腦會議를 마련하여 제3군에 의한 여순 공략을 집
중 논의하였다. 일본 육군은 해군의 요청으로 육상에서 여순 요새를 공격하
기 시작, 8월 들어 일본군은 여순항의 군함들을 포격했다.

이리하여 함대의 피해와 자신 역시 부상을 입은 비트게프트는 일본군이
여순 공략을 위한 제3군까지 동원하는 마당에 더 이상 이대로 여순항에 함
대를 두는 것은 위험하다고 판단하고, 황제의 명령에 따라[103] 함대 대부분
을 블라디보스톡으로 회항하기로 결정, 여순항을 떠나 8월 10일 블라디보
스톡으로 향하였다. 이에 연합함대는 이들을 추격하여 공격했다. 소위 '황
해해전'인 이 전투에서 비트게프트 소장이 전사하는 등 큰 피해를 입었으
며, 일부 함대는 대오에서 이탈하여 도주한 반면, 함대 내부분이 다시 여순

---

100) 김화경, 앞의 논문. 12쪽.
101) 박병섭, 「러일전쟁과 독도의 가치」, 『獨島硏究』 제10호, 2011, 204쪽.
102) 빌헬름 비트게프트(1847~1904.8.10.): 러시아 제국 해군. 1904년 러일전쟁 발발, 4
　　 월 13일에 스테판 마카로프 제독이 전사하자 임시 함대 사령관에 임명.
103) 콘스탄틴 플레샤코프 저, 표완수·황의방 역, 95쪽.

항으로 되돌아가 완전히 숨어버렸다.

비록 이 해전에서 일본이 승리하긴 했으나 목적 달성은 실패한 셈이었다. 여순함대의 의도가 출격이 아니라 블라디보스톡으로의 도주였던 것을 해군이 파악하지 못했던 것이다. 그러나 미처 도주하지 못한 방호순양함 노비크는 일본 열도를 우회하여 태평양으로 북상, 사할린의 코르사코프까지 도주했지만 추격해 온 방호순양함 지토세와 '쓰시마'에 의해 격파되었다(코르사코프 해전). 여순함대의 움직임을 뒤늦게 포착한 블라디보스톡은 순양함대가 여순함대를 엄호하기 위해 출격했지만 카미무라 히코노조[上村彦之丞][104] 중장이 이끄는 제2함대에 의해 울산 앞바다에서 포착되어 격파되었다(울산 해전). 울산해전에서도 일본군이 승리하여 이후 블라디보스톡함대의 출격은 급격히 주춤해졌고 일본 근해를 다시 위협하지는 못했다.[105]

이제 남은 것은 여순 공략을 위해 새로 편성된 제3군이 최대한 신속히 여순을 점령하는 것이었다. 이에 8월 19일부터 3회에 걸쳐 총공격을 감행한 끝에 수많은 사상자를 내고 마침내 1905년 1월 1일 여순을 함락시켰다. 이때 최후에 여순항이 한눈에 내려다보이는 소위 '203고지'를 점령하여 여순함대를 포격하자 여순함대는 포기하고 군함들을 자침시킴으로써 전멸하였다. 여순항은 이렇게 하여 그 최후를 맞았던 것이다. 이리하여 일본 해군에게 주어진 최대의 임무는 동진 중인 발틱함대에 대한 철저한 대비였다.

여순함대가 궤멸되기 전까지 해군이 노심초사한 것은 9월부터 발틱함대가 움직인다는 소식과 제1회 여순 총공격의 실패와 1904년 9월 19일부터의 제2회 총공격마저 실패했다는 소식이었다. 이에 더욱더 위기감이 고조되어 전전긍긍하였다. 10월에 진용을 갖춘 발틱함대가 출발(10.15)했다는 소식은

---

104) 카미무라 히코노조[上村彦之丞, 1849~1916]: 카고시마현 카고시마시 출신. 일본의 해군. 최종 계급은 해군 대장. 남작. 청일전쟁과 러일전쟁 참가. 1905년 5월 동해 해전에서는 발틱함대의 진로를 잘 판단하여 차단함으로써 승전에 기여.

105) 김화경, 앞의 논문. 17쪽.

해군으로서는 더욱더 위기감이 커진 것이다. 왜냐하면 2월 초부터 바다에 머무르며 여러 전투를 겪으면서 배의 손상에 따른 수리와 장기간에 걸친 병사들의 피로감 등을 회복할 시간적 여유 없이 발틱함대를 맞이한다면 최고의 전투력을 담보할 수 없게 된다. 따라서 하루라도 신속히 여순을 함락해야만 그러한 상황을 개선하여 大海戰 준비에 만전을 기할 수 있기 때문이다. 토고는 발틱함대와의 일전이 일본의 운명을 좌우한다는 걸 잘 인식하고 있는 것이다.

원래대로라면 발틱함대는 3개월 뒤인 1905년 1월경에는 도착할 것으로 예상되어 있었던 것이다. 그런데 육군의 총공세는 기대와는 달리 거듭 연패하고 있었던 것이다. 육군도 상황이 다급한 것을 인식하고 마침내 3회 총공격에서는 돌격대인 3,000명의 백거대를 투입했으나 그마저 실패를 했다. 이에 따라 지금까지 여순 자체의 점령을 목표로 한 정면공격이었으나 마침내 작전을 변경하여 '203고지 점령만을 목표'로 삼고 전력을 집중시켰다. 203고지 정상에서는 한 눈에 여순항을 내려다볼 수 있어 포격으로써 함대를 직접 공격할 수 있었던 것이다.

이 작전이 성공함으로써 결국 여순함대를 육군과 해군이 완전히 궤멸시키고 여순을 함락한 것이다. 러일전쟁에서 일본이 거둔 3대 승리[106]라고 할 수 있는 여순 함락(1905.1.1.), 봉천회전(1905.3.10.), 동해해전(1905.5.27.~28.)[107] 중의 그 첫 승리다. 그러나 바로 이 여순 공격은 유신 이후 근대화를 서두른 일본이 맞이한 근대화라는 무서움에 접했던 최초의 경험이었다. 즉 난공불락의 콘크리트 요새와 최신식 근대 무기로 무장한 여순 요새에 일본군 6만여 명이라는 사상자를 낸 것[108]이 바로 이 한 지역의 전투에서

---

106) 최문형,『국제관계로 본 러일전쟁과 한국병합』, 지식산업사, 2006, 283쪽.

107) 일본에서는 5월 27일과 28일 양일간 해전을 통칭 '日本海戰'이라고 한다. 필자는 27일의 전투를 대마도해전, 28일의 전투를 동해해전으로 개념화하고 있다. 전체를 의미할 땐 동해해전으로 보고자 한다.

108) '旅順攻囲戰(1904.8.19.~1905.1.1.)' 참조.

벌어진 여순 전투였던 것이다.

당시 요새라는 그 자체가 '근대'를 상징하고 있었던 것이다. 일본은 피로 써 그것을 깨닫게 된 셈이다. 바로 이 여순 전투를 예상한 야마자 정무국장 이 자신의 후배 히로타(훗날의 수상)에게 첩보 임무를 주어 여순 지역에 파 견했던 것이다. 그만큼 러시아와의 전쟁에서 이 지역의 중요성은 야마자가 잘 알고 있었던 것이다. 그는 핵심 군부 실세들을 통한 정보망을 확실히 갖 고 있는 코게츠카이[湖月會] 회원이자 전쟁의 시작과 종료를 담당하고 있 는 외무성의 정무국장이었던 것이다.

한편 발틱함대는 세계의 주요 항을 장악하고 있는 영국의 방해109)로 연 료인 석탄 보급 문제의 지속된 곤란을 겪어야 했다. 게다가 희망봉을 돌아 마다가스카르에서 흑해함대와 합류하라는 니콜라이 황제의 적절치 못한 명 령110)에 따라 항해가 약 3개월 동안이나 지체되는 바람에 일본으로선 황금 같은 시간을 벌게 되었던 것이다. 즉 그 사이 여순을 함락시켰고, 연합함대 는 사세보[佐世保]111)로 귀환하여 함선 수리 등 재정비와 보급 등을 위한 충분한 시간을 확보할 수 있었던 것이다. 더욱이 발틱함대는 7개월 이상의 긴 항해에 따른 병사들의 질병과 자살 등으로 인한 사망과 사기 저하로 지 칠 대로 지쳐 있었던 것이다. 이것 역시 일본이 승리할 수 있는 한 요인이 되었던 것이다. 동시에 이러한 상황은 발틱함대의 격파야말로 일본의 흥망 을 좌우한다는 걸 누구보다 잘 알고 있는 야마자에게는 더없이 중요한 정 보였을 것이다. 발틱함대 출발(1904.10.15) 전에 그가 사주한 어부 나카이에 의해 독도편입 절차가 진행 중인 것은 야마자가 잘 파악하고 있는 것이었 다. 즉 야마자는 전황을 예의주시하면서 독도 탈취 시점을 저울질하고 있었

109) 콘스탄틴 플레샤코프 저, 표완수·황의방 역, 193~194쪽.
110) 위의 책, 256~257쪽.
111) 당시 일본의 4대 군항(橫須賀·吳·佐世保·舞鶴) 중 한 곳으로 일본의 해군진수부가 설치되어 있다. 연합함대는 여기서 집결하여 발진하였다.

다. 그는 여순 함락 이후가 그 적기라고 보았을 것이다.

여순 함락 후 육군은 3월 봉천[112]회전에서의 승리로 만주 일대를 장악하였다. 이제 급한 불은 바다로 넘어가고 있었다. 이렇게 되자 참모장 코다마 겐타로는 작전계획에 따라 강화(講話)를 위한 논의를 위해 도쿄로 돌아갔다. 어전회의에서 개전을 결정하자마자 이토가 미국으로 자신의 심복인 카네코 후작을 보낸 것은 이미 언급하였다. 전쟁을 시작한 지 약 1년 2개월 무렵에 일본은 처음으로 강화의 시기를 조율하게 된 것이다. 이때는 러시아와 일본이 바다에서의 최후 일전을 남겨두고 있던 시점이었다. '연합함대가 발틱함대를 어떻게 격파할 것인가'에 일본의 최종 운명이 걸리게 되었다.

이즈음 해군은 발틱함대의 움직임에 더욱 촉각을 곤두세우고 있었다. 여순함대와 발틱함대가 합류하는 것은 여순 점령으로 일단 막았으나, 이제 남은 것은 발틱함대와 블라디보스톡함대의 합류를 막아야 하는 것이다. 이에 따라 '발틱함대의 목적지가 어디인가' 하는 것과 '그에 따른 항로를 어디로 택할 것인가' 하는 문제였다. 여순으로는 갈 수 없게 되었으므로 블라디보스톡을 향할 것이라는 것은 어렵지 않게 파악되었다. 그러나 문제는 전력이 3분의 1로 줄어든 일본 해군으로서는 발틱함대가 어느 항로를 택하든지 그 한 곳을 파악하여 거기에 모든 전력을 집중할 수밖에 없었다.

발틱함대가 블라디보스톡으로 향할 수 있는 항로는 크게 세 개로 대한해협과 홋카이도와 혼슈 사이의 츠가루해협 및 사할린과 홋카이도 사이의 소야[宗谷]해협이 그것이었다. 그 중 유력한 항로로 앞의 2곳이 대두되었다. 그러나 이 두 곳을 동시에 방어하기에는 역부족이었으므로 이 두 곳을 두고는 연합함대와 해군 군령부의 입장이 서로 달랐다.[113] 이는 매우 중대한

---

112) 奉天[펑톈]은 선양의 옛 이름이다. 선양시(정체자: 瀋陽市, 중국어 간체자: 沈陽市)는 중국 랴오닝성의 성도이다. 둥베이 3성(동북 3성)에서 제일 큰 도시로서 경제, 문화, 교통, 군사의 중심지이다.

113) 연합함대 참모들 중 마츠이 켄키치[松井健吉]는 제2함대 참모로 그도 군령부 작전 반장 야마시타 켄타로의 의견과 같은 대마도해협 항로를 강력히 주장하여 결국

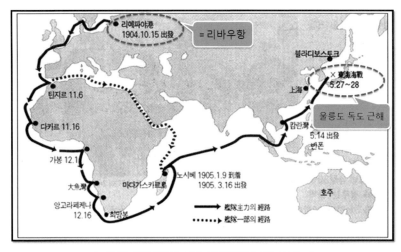

〈그림 3〉 발틱함대의 원정 항로(220일, 29,000km)

사안으로 이 전쟁의 승패를 좌우하는 일대 변수였다. 자칫 오판을 하여 발틱함대를 놓쳐 블라디보스톡으로 무사히 빠져가게 한다면 일본은 도저히 승산이 없는 상태가 된다. 지금까지의 모든 노력이 물거품이 되는 것이라 신중에 신중을 기하지 않을 수 없는 기로에 봉착했던 것이다.

이러한 상황에서 야마자와 더불어 코게츠카이[湖月會]의 회원이었던 군령부 작전반장(후에 부장으로 승진) 해군 대좌 야마시타 켄타로[山下源太郎, 훗날 해군 대장, 연합함대 사령관]가 예측한 대한해협 안이 채택되어 종래 연합함대가 결정했던 츠가루해협 안을 포기하고 연합함대는 대한해협을 중심으로 하여 발틱함대를 기다리고 있었던 것이다.

1904년 10월 15일 발트해의 리바우114)항을 출발(<그림 3>), 아프리카 희

승리에 큰 기여를 했다. 러시아와 결전인 대마도해전(동해해전)에서 보여준 이들 코게츠카이[湖月會] 회원들의 활약은 지대했다. 연합함대 기함에서 토고의 참모로 활약하여 최종 승리의 작전을 입안한 아키야마 사네유키 역시 코게츠카이[湖月會] 회원이었다. 모두 야마자와 동지들인 개전파 해군 엘리트들이었다.

114) 독일어로 '리바우'이고, 라트비아어로는 '리예파야'이다.

망봉을 돌아 역사상 유례가 없는 3개의 대양(대서양, 인도양, 태평양)을 거치는 7개월 이상 29,000km의 긴 항해로[115] 지칠 대로 지친 발틱함대가 다시 태평양을 돌아 블라디보스톡으로 가는 것이라 츠가루해협은 도쿄의 군령부에서 볼 때는 무리였던 것이다. 이런 때를 대비해 일본은 한반도 동해 해변과 울릉도에 망루와 전선을 가설하고 독도를 편입해 두었던 것이다. 마침내 동해의 섬들이 전쟁의 격랑 속에 휘말려 들어가는 순간에 봉착했던 것이다. 이리하여 러일의 실질적인 최종 전투라고 할 수 있는 이른바 대마도해전(쓰시마해전)과 동해해전[116]이 5월 27일과 5월 28일에 걸쳐 벌어졌다. 그 결과 일본이 대승을 거둔 것이다.

이하에서는 이러한 전황을 배경으로 울릉도 독도의 전략적 가치에 대한 고찰을 해보기로 한다.

2) 독도의 전략적 가치 급부상

일본이 동해 두 섬을 군사적으로 보다 중요하게 생각한 것은 '5.15사건'을 기점으로 한 것으로 보인다. 개전 후 한일의정서(韓日議定書: 1904.2.23)를 통해 한반도에서 필요한 곳이면 어디든지 군사적으로 활용할 수 있는 길을 열어 놓았다. 그럴 경우에도 독도에 대해서는 아무런 조치를 하지 않았다. 물론 그 당시에는 울릉도에도 별도의 조치를 취하지 않았다. 울릉도에 대해 감시소와 망루 및 해저전선 가설 등은 모두 5월 15일 여순항 앞바다에서 발생한 일본 군함 상호간 충돌과 러시아가 설치한 기뢰에 의한 최신에 전함 2척과 장갑순양함 1척의 침몰 및 방호순양함 1척의 대파로 해군 전력의 3분의 1을 상실하면서부터다. 그 사건 이후 일본의 작전은 상당한

---

115) 로스뚜노프 외 전사연구소 편, 김종헌 역, 『러일전쟁사』, 건국대학교출판부, 2009, 419~420쪽.
116) 일본은 이 두 해전을 합하여 통칭 '일본해해전'이라고 한다. 대마도해전을 별도로 언급할 때는 쓰시마해전이라고 한다.

변화를 겪게 되다.

여순 공략이라는 특별 임무를 전담하는 제3군이 창설되고 대장인 노기 마레스케[乃木希典][117]가 지휘를 맡았다. 그러나 이것은 개전 당초에는 계획에 없던 것이었다.[118] 게다가 앞서 보았듯이 6월 14~15일 육군 수송선의 침몰로 보급 수송에 구멍이 뚫린 것 등은 여순 공략을 통해 여순함대의 궤멸이 절대 관건으로 부각하고 있었다. 서해의 제해권은 그렇다손 치더라도 블라디보스톡함대에 의한 동해와 남해의 제해권이 위협받는 상황이 지속되는 한 효율적인 전쟁 수행이 될 수 없는 것이다. 자원과 시간이 넉넉하지 못한 일본으로서는 단기간에 러시아를 굴복시켜 소기의 목적을 달성해야 한다는 참모본부의 작전계획에 따라 최대한 저비용 고효율의 전쟁을 수행해야 한다는 절대적 한계가 있었다. 아카시 모토지로에 의한 대첩보 작전도 그러한 일환이었다. 그리고 전쟁공채(戰爭公債)를 발행하여 전쟁을 수행하고 있는 일본이었다. 게다가 열강들은 일본의 승리에 회의적이었으므로 公債 매각 역시 결코 쉬운 일이 아니었다. 그런 와중에 해군 전력의 상당한 손실은 일본으로서는 전쟁 개시 3개월 만에 맞은 심대한 위기였던 것이다. 이러한 전력 상실의 공백을 보완할 수 있는 대책이 절박한 화두로 제기된 것이다.

한편 러시아는 일찍이 사용권을 획득한 울릉도를 발판으로 삼아 마산포

---

117) 노기 마레스케[乃木希典, 1849~1912]: 도쿄토 출생이나 고향은 쵸슈번으로 오늘날의 야마구치현 시모노세키시. 육군 대장. 어려서 허약하고 겁쟁이로 아버지로부터 엄격한 교육받음. 16세 때 가출하여 야마구치현 하기로 가서 요시다 쇼인의 숙부이자 스승인 타마키 분노신[玉木文之進, 1810~1876]의 제자가 되어 매우 엄격한 교육받음. 학자가 되려했으나 군인의 길로 나감. 세이난전쟁[西南戰爭]에 종군. 1887년 카와카미 소로쿠와 독일 유학. 청일전쟁에 종군한 뒤 여순을 점령. 1896년 제3대 대만총독에 취임. 1904년 러일전쟁 시 대장으로 승진하여 제3군사령관으로 많은 희생과 함께 여순을 함락(1905.1.1.). 메이지 천황 대상(大喪) 일(1902.9.13.)에 아내 시즈코와 함께 순사(일본 국회도서관, 「近代日本人の肖像」).
118) 노기 장군은 1904년 6월 6일에 요동에 도착.

를 조차하여 여순항과 블라디보스톡 사이를 연결하려 한 바 있다(마산포조
차사건, 1900). 즉 한반도를 항로로써 포위하는 효과를 노린 것이다. 그것은
일본의 방해 등으로 성사되지 못했다.[119] 양국 모두 동해의 섬들에 대한 전
략적 가치를 잘 알고 있다는 의미다.

바야흐로 러일 개전이 된 즈음에는 양국의 함대들이 공히 한국의 바다에
서 대치하고 있음에 따라 동해상에 오로지 두 개의 섬인 울릉도와 독도의
전략적 가치는 전황의 변화에 따라 당연히 달라질 수밖에 없었다.

러시아의 태평양함대는 여순과 블라디보스톡으로 분산되어 있고, 일본은
여순을 대상으로 육군의 보급로를 안전하게 확보해야 했다. 아울러 동해의
블라디보스톡함대를 방어하기 위한 제해권 확보에도 주력해야 했다. 블라
디보스톡함대는 여순함대의 상황을 보면서 동남해안의 제해권을 최대한 확
보하여 일본으로 하여금 원활한 전쟁 수행을 하지 못하도록 적극 막아야
했다. 앞에서 보았듯이 일본이 정식 선전포고를 한 다음날인 2월 11일부터
블라디보스톡함대가 출격하고 있었다. 이러한 블라디보스톡함대의 공격에
따라 토고는 카미무라[上村]의 제2함대로 하여금 블라디보스톡함대의 움직
임에 대응케 하였다. 그리고 대한해협에서의 일본군 보급로 위협이 예상되
어 그 길목인 동해에서의 적함 감시체제를 강화했다.[120] 이리하여 망루와
해전전선 설치로 긴급 연락망을 구축하려 한 것이다. 따라서 동해의 두 섬
이 갖는 전략적 가치는 일찍부터 고려되었다.

그러나 팽팽하게 전개되던 러일의 공방전은 일본 해군 전력 약 3분의 1
을 상실한 5.15사건을 계기로 일본의 작전은 큰 전기를 맞는다. 즉 이 사건
을 계기로 동해의 섬들에 대한 전략적 가치가 한층 더 부각되었던 것이다.
5.15사건 이후 일본은 급격히 줄어버린 해군 전력을 어떻게든 보충해야 했다.
이미 4월 13일 러시아 최고의 해군 제독인 마카로프 중장이 전사하자 러

---

119) 최문형, 『러시아의 남하와 일본의 한국 침략』, 지식산업사, 2008, 295~296쪽.
120) 박병섭, 「러일전쟁과 독도의 가치」, 『獨島硏究』 제10호, 2011, 203쪽.

시아의 위신이 실추됨에 따라 황제는 4월 30일 극동의 해전을 위해 태평양 제2함대를 편성하기로 결정한 것은 앞에서 보았다. 이러한 첩보를 입수하고 있던 일본은 여순함대와 블라디보스톡함대의 출격에 대한 대응으로도 힘겨운 판국에 고민이 더욱 깊어졌다.

그런데 전력 공백의 틈을 타서 6월 14일과 15일에 걸쳐 대한해협에 출격하여 수송선 2척을 침몰시키는 등 엄청난 피해를 입혔으며 나아가 츠가루해협을 통과하여 도쿄만에 드나드는 전략물자를 운반하는 상선들을 격침시키는 등 블라디보스톡함대의 공격이 더욱 심해져 이에 일본 해군은 블라디보스톡함대의 남하를 막아야 할 필요성이 크게 증대되었다. 그리고 발틱함대의 來到 전에 여순함대를 가능한 한 신속히 격파해야 했다. 이런 戰況들은 앞에서도 살핀 바 있다.

이에 따라 전력 보완에 대한 현실적인 대안책으로 동해의 두 섬 울릉도와 독도의 전략적 가치가 더욱더 높이 고려된 것이었다. 이들 섬을 활용하여 적함의 감시와 연락 체계를 신속히 함으로써 부족해진 전력 공백을 보강하고자 한 것이다. 보다 열악해진 일본 해군으로서는 적의 동태를 신속히 파악해야 함은 물론 유사시 달아나는 적함을 결코 놓쳐서도 안 되고, 여순 앞바다에서처럼 아군끼리의 충돌을 방지하는 등 불측의 해상 상황을 파악함에 있어 적보다 절대적으로 앞서야만 하는 비상상황이었다. 적어도 발틱함대의 내도 전에 동해의 제해권만은 확실히 장악해야 하는 것이었다. 더이상 육군 수송선이 침몰하는 상황 등은 없어야 했다. 육군이 여순 총공격을 감행하고 있을 때 연합함대는 혹시 항 밖으로 출격할 여순함대를 섬멸하기 위해 항 부근에 대기하고 있어야 함으로 가능한 한 상시 대기 전력을 분산시켜서는 안 되는 일이었다.

따라서 이러한 상황에서 블라디보스톡함대의 남진을 철저히 방어하기 위해 구상한 것이 동해의 두 섬에 대한 전략적 가치의 확실한 재고였다. 뒤에서 언급되겠지만 독도편입의 과정에서 어부 나카이요자부로[中井養三

郞][121)가 내무성의 거절 등 뜻을 이루지 못하자 마지막으로 외무성의 야마자 국장을 찾아가 자신의 생각을 이야기하자, 야마자가 기다렸다는 듯이 한 첫 마디 "지금이야말로" 라며 운운한 것은 바로 이러한 상황을 대변한 것이다. 즉 '강제개항부터 청일전쟁, 삼국간섭과 그 이후 러시아 응징을 위한 10년의 와신상담으로, 마침내 절호의 호기를 맞아 러시아 함대를 최종 격파하지 않으면 안 되는 바로 지금 이 상황이야말로' 라는 의미다.

개전 전과 개전 후의 전황을 손바닥 보듯이 보고 있는 야마자야말로 누구보다 독도의 전략적 가치를 정확히 파악하고 있음을 단적으로 알 수 있는 한마디이다. 그것은 야마자가 추진 중인 대륙정책의 목적 달성을 위한 결전이 바로 목전에 둔 상황인 것이다. 이처럼 동해 한가운데의 두 섬이 전략적으로 매우 중요한 위치에 있는 것은 러시아의 입장에서도 마찬가지였다. 러시아 역시 블라디보스톡함대가 6월 14, 15일 일본의 육군 운송선을 침몰시키고 돌아갈 때 독도에 머물렀다 가기도 한 것이다.[122) 그들 역시 남하 작전상 그 섬들의 전략적 가치를 잘 알고 있는 것이다. 오히려 블라디보스톡함대가 남진할 때나 복귀할 때의 항로와 상당한 관련이 있는 위치에 있다. 이 점 역시 일본으로 하여금 독도의 전략적 가치를 더욱 상기시키는 대목이다.

이와 관련해서 일본이 5.15사건 이후 울릉도에 대한 전략적 가치의 중대성을 새롭게 인식한 사례를 살펴보고자 한다.

처음 일본 육군이 한반도를 거쳐 만주를 침공하자 일본의 외교진은 그렇지 않아도 불만을 품어 왔고, 전쟁의 도화선이 되었다고도 볼 수 있는 압록강, 두만강 삼림벌채권을 러시아로부터 탈취하려고 했다. 개전 후 얼마 되

---

121) 나카이 요자부로[中井養三郎, 1864~1934]: 현재의 돗토리현 쿠라요시시[鳥取縣倉吉市] 출신으로, 시마네현 슈키치군 사이고쵸(현재의 오키노시마쵸로 오키제도의 중심지)를 거점으로 한 어업가.

122) 신용하, 『獨島領有權 資料의 探究 2』, 독도연구보전협회, 1999, 259쪽.

지 않아 일본은 한국 정부를 강요하여 전쟁 수행을 위해 한국의 영토와 인적, 물적 자원을 징집하는 한일의정서를 조인하게 했음은 앞서 보았다. 이러한 제도적 장치의 마련과 맞물려 전황의 변화에 따라 재빨리 일본은 러시아가 가지고 있던 압록강 삼림벌채권을 노린 것이었다.

아울러 나아가 이 기회에 러시아가 가지고 있는 모든 이권을 거두고 러시아와 관계를 끊으려고 한국 정부를 압박한 것이다. 이에 주한공사인 하야시 곤스케[林權助]가 코무라 외상에게 전문으로 러시아의 '압록강' 삼림벌채권을 말소할 필요가 있다고 전달했다. 이에 코무라 외상은 5월 9일 훈령으로 '두만강 및 압록강' 삼림벌채권을 폐기, 무효화한다는 훈령을 내렸다. 하야시는 5월 12일 한국 외상 李夏永으로부터 이에 대한 동의를 얻었다.

그런데 5월 18일 발표된 한국 정부의 勅宣書 내용에는 앞서 본 하야시와 코무라 사이에선 언급이 없었던 '울릉도' 삼림벌채권이 느닷없이 포함되어 압록강과 두만강 삼림벌채권 및 '울릉도' 삼림벌채권까지 그 특허를 폐기하고 무효로 돌린다는 것이 포함되어 있었다.[123] 즉 이제는 울릉도 삼림벌채권까지 탈취하게 된 것이다. 이것은 5.15사건 이후 급격히 감소된 해군력을 보강하기 위해 울릉도(독도 포함)에 대한 전략적 필요성이 보다 심대해졌음을 의미하는 것이라 하겠다. 이것은 동해상의 섬들에 대한 전략적 가치의 증대에 따른 실행 조치로 등장한 것이 분명하다고 하겠다.

이리하여 일본은 차근차근 동해의 전략적 가치 증대에 상응하는 조치를 취해간다. 더욱이 6월 14, 15일에 대한해협으로 출격한 블라디보스톡함대에 의한 일본 수송선 2척의 침몰은 그들의 행동을 더욱 신속하게 했다.

이에 따라 먼저 시작한 것은 동해항과 울릉도에 망루를 설치하여 블라디보스톡함대의 남하 작전과 동태를 면밀히 감시하는 것이었다. 그리하여 1904년 6월 21일부터 동해안의 울진군 죽변에 무선전신을 갖춘 망루를 설

---

123) 최문형,『국제관계로 본 러일전쟁과 한국병합』, 지식산업사, 2006. 291~298쪽; 外務省,『日本外交文書』, 第37卷 제1冊, 1958, 382, 386, 389쪽.

치하기 시작, 7월 22일 이를 준공하고 8월 10일부터 업무를 개시했다. 울릉
도에는 동, 서 2개의 망루가 1904년 8월 3일 착공, 9월 1일 준공으로 9월
2일부터 업무를 개시했다. 그리고 죽변과 울릉도 사이에 해저전선을 부설,
9월 8일 착공하여 9월 30일 완공되었다.124) 울릉도는 이제 일본 해군의 감
시초소와 통신기관 설비지(通信機關設備地)로 징발된 것이다.

　이뿐만 아니라 일본 해군은 죽변 망루를 거점으로 하여 이 시기를 전후
로 원산, 제주, 울산, 거문도, 홍도, 우도 등 한국 해안의 전역에 20개의 망
루 설치125)를 추진하였다.126) 이와 동시에 일본 해군은 독도에 망루 설치
등 군사적 활용을 위하여 여러 차례 방문하여 조사를 실시했다(동해해전 전
과 후). 일본 해군은 울릉도에 설치된 2개 망루와 동해안의 죽변 그리고 일
본 나가사키현의 사세보[佐世保] 海軍鎭守府127) 사이에 해저전신선 설치
를 완성하자 독도에도 망루 및 울릉도-독도-마츠에[松江] 연결선을 설치하
기 위한 조사 작업을 시작했다. 이에 따라 파견된 방호순양함 니타카[新高]
호의 9월 25일(월)의 일지에 의하면 '6월 17일 러시아 군함 3척이 이 섬 부
근에 나타나 일시 표박 후 북서쪽을 항진하는 것을 목격했다'는 기사128)가
나온다. 아마도 이는 앞서 '전황의 개요'에서 본 6월 14, 15일에 걸친 일본
의 수송선 공격을 하고 귀항 중이던 '러시아' '구릅보이' '류리크' 등 3척의
블라디보스톡 함대로 추측된다. 정확히 그것이든 아니든 이러한 사실은 독
도가 전략적으로 매우 중요하다는 사실을 일본으로 하여금 더욱 인식하게
하는 계기가 되었을 것이다.

124) 신용하, 『獨島領有權 資料의 探究 3』, 독도연구보전협회, 2000, 191~192쪽.
125) 러일전쟁 기간 중 한국영토에 일본이 설치한 망루에 대해서는 김병렬, 『일본군부
　　의 독도침탈사』, 바른역사정립기획단, 2006, 91쪽에 표로 정리되어 있다.
126) 신용하, 『獨島領有權 資料의 探究 2』, 255쪽.
127) 진수부(鎭守府)는 과거 일본 해군의 근거지로서 함대의 후방을 통할한 기관. 과거
　　일본의 4대 군항인 요코스카, 쿠레, 사세보, 마이즈루에 각각 설치.
128) 신용하, 『獨島領有權 資料의 探究 3』, 188~191쪽.

실제로 1905년 1월 1일 여순이 함락되고 난 후 발틱함대가 더 이상 여순 항으로 갈 수는 없기 때문에 블라디보스톡으로 향할 수밖에 없는 상황이 되고부터는 이 독도의 전략적 가치는 한층 더 중요시되는 것이다. 더욱이 동해해전의 최종 결전장이 독도 인근이었음은 그를 확실히 뒷받침하는 것이다. 즉 독도는 강치잡이 어부의 어업권을 위해 일본 정부가 적극 나서서 그를 도울 상황이 아니라 국가 존망이 걸린 이 전쟁 승리를 위한 최고 요충지였던 것이다.

여기서 나카이 요자부로가 『リアンコ島領土編入並貸下願』(량코도[129] 영토편입 및 대하원)을 제출한 9월 29일 이전의 일본 해군이 독도에 대해서 취한 행위들을 검토해볼 필요가 있다. 이는 앞에서 본 전황의 개요와 연계해서 강치 어업권 보호를 위한 편입이 아니라는 반증적 차원에서 잠시 살펴보고자 한다.

8월 10일 육군에 의한 포화 공격이 계속되자 여순함대가 블라디보스톡으로 도주하기 위해 항 밖으로 나온 것을 포착한 연합함대는 절호의 기회라 생각하고 전투를 벌여 승리는 했으나 결국은 대부분을 놓쳐버리고 말았다 (황해해전). 그러나 연이은 울산해전에서의 일본 해군의 승리는 향후 블라디보스톡함대의 출격을 거의 마비시켰다. 동시에 이들 해전을 통하여 일본은 제4차 블라디보스톡함대의 출격(6.12)에 대한 교훈으로 동해안과 울릉도에 망루를 건설하기 시작하였고, 8월 14일의 울산해전을 통해서도 그 중요성을 점점 더 인식하게 되었다. 즉 독도의 전략적 가치는 일본의 전력 약화와 반비례하여 한층 더 증가하였던 것이다.

일본 해군은 아무래도 동해상에서 울릉도에 이어 독도에도 망루가 필요하다고 결정, 방호순양함 니타카[新高]호를 독도로 파견하여 1904년 9월 25일 조사를 하고, 그에 관한 일지인 『軍艦新高行動日誌』[130]를 아래와 같이

---

129) 독도.
130) 1904년 9월 25일의 『軍艦新高行動日誌』의 내용은 다음과 같다. 松島ニ於テ 'リア

남긴 바 있다.

    "송도(울릉도)에서 '량코도암'을 실제로 본 사람으로부터 들은 정보에 의하면, 한국인은 이를 '獨島'라고 쓰고, 본방(일본) 어부들은 약칭 '량코'라고 한다. 별지의 약도와 같이 두 개의 바위섬으로 이루어졌는데, 서섬은 높이가 약 40피트이고 험준하여 오르기 곤란하다. 그러나 동섬은 비교적 낮고 잡초가 자라 있으며 정상에 조금 평탄한 땅이 있어 2~3개의 小舍를 짓기에는 충분하다. 담수는 동섬 동쪽으로 들어오는 입강(立江)에서 소량 얻을 수 있고 또 같은 섬의 남쪽 B점에 수면으로부터 3間舍의 장소에 용천(湧川)이 있어 사방으로 침출(浸出)한다. 그 양이 적지 않아 연중 고갈되는 일이 없다. 서섬의 서쪽 C지점에도 또한 맑은 물이 있다. 섬 주위에 산재한 암석은 대개 편평하며 큰 것은 수십 개가 여기저기 위치하고 있으며 항상 수면 위에 노출되어 있다. 海馬(강치)가 여기에 군집해 있다. 두 섬의 사이는 배를 대기에 충분하지만 작은 배라면 육상으로 인양하는 것이 보통이며, 바람과 파도(風波)가 강하여 독도(同島)에 배를 메어두기 어려울 때는 대개 울릉도에서 순풍을 기다려 피난한다고 한다."

    이를 보면, 서섬은 적합하지 않으나 동섬은 정상에 작은 건물 2~3개를 지을 만한 공간이 있고, 비록 양은 적으나 연중 고갈되지 않는 담수가 있다고 하여 망루 건설과 감시원들의 생활이 가능함을 상세히 파악한 것이다.

ンコルド' 岩實見者ヨリ聽取リタル情報 'リアンコルド' 岩韓人之ヲ獨島卜書シ本邦漁夫等略シテ 'リヤンコ' 島卜呼稱セリ. 別紙略圖ノ如ク二個岩嶼ヨリ成リ. 西嶼高サ約四百呎險沮ニシテ等擧ルコと困難なルモ東嶼ハ較低リシテ雜草ヲ生シ頂上稍稍平坦ノ地アリ. 二三小舍ヲ建設スルニ足ルト云フ. 淡水東嶼東面ノ入江內ニテ少許ヲ得又同嶼ノ南B點水面ヨリ三間餘ノ所ニ湧泉アリテ四方ニ浸出ス其量稍稍多ク年中涸渴スルコトナシ. 西嶼ノ西方C點ニモ亦清水アリ. 嶼ノ周回ニ點在スル岩ハ槪シテ扁平ニテ大ナルハ數十疊リ敷クニ足リ常ニ水面ニ露出ス海馬茲ニ群集ス. 兩嶼ノ間ハ船ヲ繫クニ足ルモ小舟ナレバ陸上ニ引揚ハルヲ常トシ. 風波强ク同島ニ緊泊ニ難キ時ハ大低松島ニテ順風ヲ得避難スト云フ. (신용하, 『獨島領有權 資料의 探究 3』, 2000, 186~188쪽).

이렇듯 일본은 나카이가 영토 편입원을 내기 전에 이미 전략적 활용을 위해 독도를 조사하였고, 섬의 명칭도 '獨島'라고 하여 이미 울릉도 사람들이 이전부터 조선의 영토로 사용하고 있음을 알고 있었다. 게다가 이미 죽변-울릉도-사세보 라인이 가동된 상태에서 독도까지 연장할 수 있는지 검토하자는 것이었다. 즉 독도의 전략상 가치 유무 여부가 아니라 그를 넘어서 최대한 효과적으로 활용하기 위한 적극적인 방안을 탐색한 것이었다. 나카이 요자부로의 '량코도 영토편입 및 대하원'은 이 조사가 있은 지 4일 뒤인 9월 29일의 일이다. 일본의 속내가 엿보이는 대목이다.

3) 발틱함대의 항복: 울릉도, 독도 근해

마침내 해가 바뀌는 첫날인 1905년 1월 1일, 그간 3회에 걸친 총공격을 포함하여 길고 긴 치열한 공방전 끝에 해군이 그토록 기다리던 여순 함락이 이루어졌다. 여순함대가 전멸했음은 물론이다. 남은 것은 줄곧 동쪽을 향하여 항진 중인 발틱함대에 대한 대비였다.

동해상에서 블라디보스톡함대의 출격도 막을 내린 상태라 연합함대는 사세보로 돌아가 함대의 손상과 피로에 지친 장병들과 부족한 보급품 등 함대 정비에 만전을 기할 수 있는 기회를 확보하게 되었다. 그것은 10월 15일 총집결한 발틱함대가 인도양의 마다가스카르섬 노시베에서 흑해함대와의 합류를 위하여 1904년 12월 말부터 이듬해 3월 중순까지 대기[131]하고 있다는 첩보에 따른 것이다. 러시아 황제 니콜라이 2세가 여순 함락(1905. 1.1.) 소식을 듣고 충격을 받고 내린 결정이었다.

연이어 일어난 1월 22일의 '피의 일요일' 사건은 황제를 더욱 조바심과 두려움에 떨게 했던 것이다. 바로 이 대기 기간이 블라디보스톡함대에게는

---

131) 콘스탄틴 플레샤코프 저, 표완수·황의방 역, 『짜르의 마지막 함대』, 중심, 2003, 253~286쪽.

치명적인 패배를, 연합함대에게는 승리를 안겨주는 계기가 되었다. 일본의 입장에서는 발틱함대가 여순으로 향하지 않게 되었다는 것과 함께 블라디보스톡으로 향할 것이라는 것은 정해졌다. 그리고 그 항로가 대한해협이 될 것이라는 것도 결정되었다. 바야흐로 울릉도, 독도의 전략적 가치가 검증되는 시기가 다가오고 있었다. 그것이 바로 5월 27일 대마도해전의 승리와 패배한 블라디보스톡함대가 다음날 동해를 거쳐 블라디보스톡으로 달아나는 과정에서 독도와 울릉도 부근에서 일본이 거둔 최후의 승리였다.

건곤일척(乾坤一擲)의 결전이 시작되는 날인 1905년 5월 27일 아침, 진해만을 출항한 연합함대 사령관 토고는 "황국의 흥폐(興廢) 이 일전에 있으니 각원 한층 분투노력하라"[132]고 전 함대에게 결사 항전을 당부했다. 이 '일전'이란 말 속에 일본의 승리는 대한해협과 동해의 울릉도, 독도에서 결정된다는 뜻을 내포하고 있었다. 대한해협이 발틱함대의 항로일 것이라고 결정한 순간부터 발틱함대가 도주할 수 있는 길목인 울릉도와 독도 인근 해역은 핵심 경계지역이 되었던 것이다. 연합함대는 물론 해군 군령부와 일본 정부는 바로 여기에서 전쟁의 최종 마무리를 하겠다는 의지를 분명히 한 것이었다. 일본 정부는 봉천회전 승리 이후 이미 강화 논의를 진행하고 있던 상태였다. 따라서 반드시 이겨서 애초의 작전계획대로 소기의 목적을 성취해야 하는 국운을 건 한판 승부였던 것이다. 특히 외무성이 앞장서서 독도를 무단 편입한 것을 보아도 그들은 일찌감치 여러 가지 시나리오 중 그 하나로 이런 상황을 예측하고 준비해왔음을 알 수 있다. 야마자 엔지로 국장은 그 중심에 있던 사람이다.

그런데 독도 망루는 동해해전 전에는 설치하지 않았다. 그것이 독도의 전략적 가치가 낮아졌다는 의미는 아니다. 오히려 그 반대다. 모든 검토를 마쳤음에도 설치하지 못한 내막은 알 수 없으나 발틱함대가 츠가루해협이나 대한해협으로 올 것을 상정하면 독도 망루는 발틱함대의 퇴로를 감시하

---

132) 外山三郎, 『日本海軍史』, 吉川弘文館, 2013, 91쪽. 심헌용, 앞의 책, 156~160쪽;

는데 필요한 용도로 사용될 것이었다. 1904년 6월부터 울릉도와 죽변 등 한국 해안에 망루 설치와 해전전신선을 부설한 것은 블라디보스톡대의 남진을 차단하기 위한 목적이 주된 것이었다. 즉 약화된 일본 전력을 최대한 보완하기 위한 조치였다.

그러나 발틱함대의 주력을 독도 인근에서 섬멸하는 것은 아니다. 거기까지 발틱함대가 무사히 갈 수 있다면 그것은 일본의 패배를 의미하게 된다. 대한해협으로 통과한다는 결정에 따라 작전상 최대한의 효과를 기하기 위해 동원 가능한 모든 전력을 예측 통과 지점인 대한해협에 집중 배치해야 한다. 결국 대한해협 안이 적중했고 그 결과 5월 27일의 대마도해전은 대승을 거두었다. 발틱함대의 핵심 전투력이 이 날 모두 파괴되었다.[133]

다음날 동해해전에서 패주하는 적을 섬멸하고 중상을 입은 발틱함대 사령관 로젠스트벤스키를 추격하여 울릉도 근해에서 사로잡고, 최종적으로 독도 근해에서 로젠스트벤스키의 지휘권을 넘겨받은 네보가토프 제독의 항복을 받음으써[134] 독도의 군사적 가치는 충분히 증명되었다. 발틱함대 중 울릉도 근해에서 일본에 끝까지 항전한 순양함 '드미트리히 돈스코이호'는 28일 긴 시간의 전투에서 속력을 잃고 다음 날 아침 끝내 항복하지 않고 자침으로 최후를 마감했다.

그리고 나아가 독도 망루를 이 동해해전이 끝나고 설치한 것은 이제야말로 참패에 대한 보복전으로 더 이상 물러날 수 없다는 결사의 항전으로 나올 블라디보스톡대의 보복 기습전을 대비해 더욱 필요해진 것이었다. 목적한 조기 강화의 성과가 있기 전에 불행한 결과가 발생해서는 결코 안 되는 것이었다. 바로 이 시점이 일본으로서는 엄청난 희생을 감수하고 이뤄

---

133) 로스뚜노프 외 전사연구소 편, 김종헌 역, 『러일전쟁사』, 건국대학교출판부, 2009, 439쪽.
134) 심헌용, 앞의 책, 157쪽. 같은 책에서 '돈스코이호'의 항전은 후일 포츠머스 강화 회담에서 러시아가 완전히 항복한 것이 아니라는 증거로 인정되었다고 한다.

낸 모든 결실을 자칫 방심하다가 상실할 수 있기에 그들은 더욱 치밀하게 독도 망루 설치에 심혈을 기울였던 것이다.

이에 일본 해군은 1905년 해군성 건축과 소속 기술 관리(技手) 미즈구치 요시고로[水口吉五郎]를 독도에 상륙시켜 망루 설치 適否를 조사하게 했다. 조사 후 6월 12일 제출한 『竹島視察報告』에 의하면 미즈구치는 '동도에 망루 설치가 적당하다'고 건의했다.135) 이어서 독도 조사는 보다 정밀하게 상세히 이루어진다. 이는 해군성과 해군 군령부 및 연합함대 모두가 독도에 대한 전략적 가치의 중요성에 대해 공유하고 있었다는 반증이다. 1905년 6월 14일 제3함대 사령관 타케토미 쿠니카네[武富邦鼎] 소장의 보고서인 『竹島視察報告』에서도 망루 건설은 '동도가 적당하다'고 했다.136) 6월 15일에도 『竹島視察報告』는 방호순양함 하시다테[橋立] 함장 후쿠이[福井正義] 대좌의 보고가 있었다. 독도에 부하 장교 2명과 사세보 해군진수부에서 파견한 건축 技手 職工으로 하여금 망루 설치 적부를 조사하게 하였던 바 역시 그 결과 '동도에 충분히 망루를 설치할 수 있다'고 했다.137)

이렇듯 동해해전 이후 연이은 세 차례의 시찰을 함으로써 독도에 망루 설치와 통신망 구축을 위해 신중에 신중을 기했던 것이다. 그 조사 보고에 따라 1905년 6월 24일 독도에 망루를 임시 설치(假設)했다.138) 더욱이 참모

---

135) 『竹島視察報告』(海軍技手 水口吉五郎)(신용하, 『獨島領有權 資料의 探究 3』, 2000, 200~201쪽.

136) 『竹島視察報告』(第3艦隊司令官 武富邦鼎)(신용하, 『獨島領有權 資料의 探究 3』, 2000, 202~207쪽.

137) 『竹島視察報告』(戰艦橋立艦長 福井正義)신용하, 『獨島領有權 資料의 探究 3』, 208~216쪽.

138) 『日本海軍의 獨島望樓 設置와 撤去』(신용하, 위의 책, 239~240쪽). 이는 소위 각의 결정에 따른 '독도편입' 절차를 마친 일본이 독도가 실은 자신들의 영토가 아니라는 반증을 보여주는 대목이라 할 수 있다. 즉 '임시활용'이 그 목적이었다는 의미다. 러시아와의 강화 이후 극동함대를 감시하려면 임시 가설도 아니고 철거도 아닌 견고한 시설을 갖추고 경계를 강화시켜야 논리적으로 맞다. 그런데 일본은 망루를 假設하고 강화 이후 10월 24일 철거했다.

총장인 야마가타 아리토모는 강화회담이 진행(8월 10일 제1회 본회의 시작)
되고 있는 8월에 「戰後經營意見書」를 통해 '보복적 남하를 대비하여 군비
확장을 해야 한다'고 한 것[139]과 모두 일맥상통하는 것이다.

결국 독도는 러일전쟁을 통해서 전략적 가치가 전황의 변화에 따라 점증
해왔고, 승전 후에도 피로써 깨달은 가치에 대해 방심하지 않는 모습을 보
였던 것이다. 최종 강화가 이루어진 후 가설된 망루는 10월 24일 철거되었
다.[140] 그들의 이러한 치밀한 대응은 삼국간섭을 통하여 얻은 뼈아픈 교훈
에서 비롯되었다고 할 수 있을 것이다.

3. 日本의 島嶼編入 유형과 독도 사례 비교

1) 메이지유신 이후 편입 사례

메이지유신 이후 일본의 도서 편입 사례는 허영란의 논문[141]에 의하면
모두 8건이다(<표 2> 참조). 그 중 1931년 7월의 오키노토리시마[沖ノ鳥
島][142]를 제외한 나머지 7건의 편입 논리는 모두 '無主地先占'의 법리에
의한 영토 취득이다. 그 중 일본에 의한 영토 갈등을 빚고 있는 곳은 두 곳
으로 釣魚島列島[143](일본명: 尖閣列島)와 독도다. 여기서 1905년 일본의

---

139) 大山梓 編, 『山縣有朋意見書』, 原書房, 1966, 288쪽.
140) 신용하, 위의 책, 239쪽.
141) 허영란, 「明治期 일본의 영토 경계 확정과 독도-島嶼 편입 사례와 '죽도 편입'의
    비교-」, 『서울국제법연구』 제10권 제1호, 2003, 18~26쪽.
142) 현재 일본의 교과서에서는 일본의 영토 야욕의 표본이라 할 수 있는 오키노토리
    시마를 일본 영토로 가르치고 있다(황용섭, 「일본 초·중학교 교과서 독도 관련 내
    용 비교 검토」, 『한일관계사연구』 제56집, 2017, 342~343쪽.
143) 동중국해 남서부에 위치한 다섯 개의 무인도와 세 개의 암초로 구성된 群島로 그
    중 釣魚島가 가장 크다. 타이완과 오키나와제도 사이에 있다. 대만, 중국, 일본이 영

독도편입 전까지의 사례는 총 5건이다.

　먼저 1876년 10월에 오가사와라제도가 미국과 영국으로부터 인정받아 선점을 이유로 편입하였고, 1891년 이오지마[南硫黃島, 北硫黃島]를 관련 국가 없이 선점으로 영유했다. 그러나 청일전쟁에서 승기(勝機)를 잡은 일본은 釣魚島列島를 1895년 1월 14일 역시 선점을 이유로 편입하였다. 현재까지도 양국 간 커다란 분쟁 지역으로 갈등의 중심에 있는 지역이다. 그리고 1898년 미국과 관련되는 지역으로 미나미토리시마[南鳥島]를 선점으로 편입했다. 1900년 9월 일본의 군함 '海門'이 발견한 오키다이토시마[沖大東島]는 이해관계 없이 선점으로 편입하였다.

〈표 2〉 메이지유신 이후 일본의 도서 편입 사례

영토편입 각의결정	도서명	위치	편입 논리	경과	관련 국가	참고
1876.10	小笠原諸島	東京동남쪽 1,000km	선점	- 1873년 小笠原島에 거주하는 미국인이 미 정부에 영토편입 요청	미국 영국	東京府 소관
1891.9	硫黃島 南硫黃島 北硫黃島	東京남쪽 1,200km	선점	- 일본이 도항하여 유황채굴, 어로활동. 1888~9년에 그들에 대한 단속을 위해 관할 정할 필요성 제기. - 東京府 지사가 내무대신에 품의. 내무대신이 외무대신과 합의 후 각의에 넘겨 결정.		東京府 小笠原島 소관
1895.1	尖閣諸島 (久米赤島, 久場島, 魚釣島)	沖繩縣남부 300km 대만남동부 150km	선점	(본문의 설명 참조)	중국	沖繩縣 소관
1898.7	南鳥島	東京동남쪽 950km	선점	(생략)	미국	東京府 小笠原島 소관
1900.9	沖大東島 (Rasa)	沖繩縣 동남쪽 약 900km	선점	- 1872년 일본군함 海門號가 존재를 확인.		沖繩縣 島尻郡 소관

유권을 주장하고 있으며, 현재 일본이 실효지배하고 있다. 독도의 약 40배 크기다.

영토편입 각의결정	도서명	위치	편입 논리	경과	관련 국가	참고
1905.1	竹島 (량코도. Lian)	울릉도 동남쪽 90KM	선점	- 1903년. 량코도에서 건물 짓고 어민들 대동하여 강치잡이 시작. - 1904년, 中井養三郎이 내무, 외무, 농상무성에 편입 및 대하 청원. - 1905년, 1월 각의 결정.	한국	島根縣 隱岐島司 소관
1908.7	中ノ鳥島 (Ganges Island)	小笠原島 560해리	선점	- 1907년 8월, 東京市 거주 山田이 발견, 海圖에 나와 있는 Ganges Island에 상당한다고 제출. - 1908년 5월, 동경부 지사가 행정소속을 정하도록 내무성에 상신.		東京府 小笠原島 廳 소관 ※ 실존하지 않음.
1931.7	沖ノ鳥島	東京동남쪽 1,700km (小笠原島 서남쪽)	?	(생략)		東京府 小笠原島 廳 소관

◆ [자료]: 허영란, 앞의 논문, 20쪽.

이 다섯 가지 사례 중에 타국과 갈등을 빚고 있는 것이 釣魚島列島이다. 그리고 꼭 10년 후인 1905년 1월 독도가 선점이라는 논리로 강탈된 것이다. 이들 두 섬은 각각 청일전쟁과 러일전쟁이라는 일본의 침략전쟁기에 발생한 편입 조치였다. 그 형식적 방법이나 논리는 양자가 유사하다. 즉 독도도 釣魚島列島 편입과 유사하게 민간인을 내세워 불법 탈취를 시도한 것이다.

이러한 메이지유신 이후 독도편입 시도까지 일본이 취한 영유 논리는 모두 '선점'이었다. 말 그대로 임자 없는 땅이라고 하여 原始取得[144]을 하였

---

144) 일본은 처음 무주지라고 하여 독도를 '선점' 법리를 들어 영유권을 취득했다고 했다. 즉 그것은 민법상 권리의 최초 발생을 의미하는 '原始取得'이었다(곽윤직, 『민법총칙』, 박영사, 1988, 313쪽). 그러나 패전 후에도 영토를 반환하지 않고 선점을 이유로 카이로선언과 포츠담선언을 수용하고서도 영유권 주장을 계속했다. 이후 일본의 선점 법리는 여러 비판을 받자 이의 모순을 극복하기 위해 이제는 옛날부터 자기들의 영토였다며 '고유 영토설'을 주장하고 있다. 지금은 이 두 가지를 학교에서 가르치고 있다. 독도 명칭의 혼란에서도 보여주듯 여기서도 우왕좌왕하는 모습이다. 논리의 궁색함을 엿보게 한다.

다고 한다. 이것은 국제법상 釣魚島列島나 독도의 경우 엄연히 관계국이 있음에도 불구하고 전쟁 중에 그것도 민간인 어부나 실업자 등을 내세워 탈취를 시도하였던 것이다. 그리고 더욱이 이들 섬은 태평양전쟁이 끝난 후 일본이 무조건 항복을 수락한 카이로선언과 포츠담 선언이 명기한 '탐욕과 폭력에 의해 취득한 영토'이기 때문에 당연히 한국에 반환된 것이었다. 그리고 한국은 이미 일본이 편입이란 형식적 절차를 밟기 전에 1900년 칙령으로 조선의 고유 영토였음을 명확히 재확인한 바 있음은 주지의 사실이다.

또한 일본은 선점이라는 논리로 편입 절차를 밟은 것이기에 '재확인'이란 용어의 사용은 명백히 모순된다. 재확인이란 형식을 취하려고 하는 까닭은 '고유 영토설'을 억지로 끌어내어 주장하다 보니 구차한 모순이 발생하므로 이를 보완하려는 것에 지나지 않는다. 일본이 제국주의 논리인 무주지 선점의 법리를 끌어들여 억지로 강탈하려고 한 근거는 태정관지령이 '일본의 영토가 아니라고는 하였으나 그렇다고 한국영토라고 한 적 없다'는 논리를 구축, 따라서 독도를 무주지로 둔갑시켜 어부 나카이를 부추겨 강탈을 시도한 것으로도 알 수 있다. 앞에서도 여러 번 보았듯이 전쟁 중 편입이 나카이를 위한 것이 아니었음은 일본이 더 잘 알고 있는 명백한 사실이다.

아무튼 필자가 강조하고 싶은 것은 일본이 독도를 탈취하는 방법 역시 선례에 따라 선점 논리를 구실로 하고 있다는 것을 지적하는 것이며, 동시에 '무주지 선점' 법리 자체가 제국주의 논리이고,[145] 당시 상황에 비추어 보면 그 선점 논리를 정당화할 수 있는 시점이 아닌 강탈행위였음을 지적하는 것이다. 일본이 기습공격으로 도발 후 채 20일도 되기 전에 '韓日議定書'를 강제하여 군사력을 앞세워 주권을 제약한 행위야말로 '저항할 수 없는 폭력'인 것이다. 이러한 폭력 하에 영토 야욕이란 탐욕으로 이루어진 독도'편입'은 바로 강탈행위로 무효인 것이다.

한 가지 더 첨언할 것은 유독 일본이 선점을 주장하여 갈등을 빚고 있는

---

145) 井上淸, 『尖閣列島―釣魚諸島の史的證明』, 第三書館, 2017, 19~21쪽.

한국과 중국은 과거 제국주의 시절 일본이 모두 침략한 바 있는 나라들이
라는 점이다. 따라서 위의 사례들 중 한국과 유사한 중국의 釣魚島列島의 편
입 사례를 검토함으로써 독도 강탈의 정황과 간략히 비교 고찰하고자 한다.

2) 釣魚島列島 편입 사례 검토

일본이 釣魚島列島를 무주지 선점 법리를 내세워 각의 결정을 통하여
자국 영토로 편입한 것이 1895년 1월이었다. 당시는 청일전쟁 말기의 일로
일본의 勝氣가 확실하던 때였다. 그때는 시모노세키조약으로 승리가 확정
되기 약 2개월 조금 전으로 청국을 염려할 필요는 없었다.[146] 그로부터 10
년 후 독도도 역시 러일전쟁이 한창이던 1905년 1월 28일 각의 결정으로
釣魚島列島와 마찬가지로 무주지 선점 법리로 일본에 편입되었다는 점에
서 양자는 서로 대비해서 기억할 필요가 있다. 앞에서 본 여러 사례들 중에
서 釣魚島列島 편입 과정을 검토하는 의의가 여기에 있다.

덧붙여 본서에서는 釣魚島列島의 영유권 문제는 별론으로 하고, 다만 독
도편입의 개념화를 명확히 하기 위해 釣魚島列島가 어떤 과정을 거쳐 일본
으로 편입되었는가와 관련하여서 그 개요 정도만 고찰하기로 한다.

釣魚島列島 편입 논의는 후쿠오카현 출신의 코가 타츠시로[古賀辰四
郎][147]라는 실업가이자 센카쿠열도 개척자로 알려진 사람으로부터 비롯되

---

146) 井上清, 위의 책, 5쪽.
147) 코가 타츠시로(1856~1918): 후쿠오카현 출신. 일본의 실업가, 센카쿠열도 개척자.
  1884年 사람을 파견하여 센카쿠열도의 한 섬인 久場島를 탐색하게 함. 1885年 사
  람을 파견하여 센카쿠열도에서 새털을 채취, 외국인에게 보내 고가 거래가 가능
  함을 알다. 1895年 센카쿠열도 8섬 중 魚釣島、久場島、南小島、北小島의 4개 섬
  을 메이지 정부로부터 30년간 무료로 빌려 가옥 건설과 선착장 설치 등의 개척
  사업에 종사. (흥미로운 것은 독도든 조어도열도든 모두 후쿠오카 출신들에 의해
  탈취 혹은 편입되었다는 점과 조어도열도와 독도 탈취가 10년의 간격이 있는데
  관계한 일본인들의 나이 역시 꼭 10년 차이다. 야마자가 코가보다 10년 연하다)

었다. 코가는 1879년 24세 때 오키나와현의 나하[那覇][148)로 건너가 차와
해산물 사업을 영위하는 古賀商店을 개업했다. 그는 자신이 사업을 위해
오키나와에서 가까운 釣魚島列島에 눈을 돌리게 된다. 그리하여 1884년부
터 釣魚島列島에 사람을 보내 탐색을 시작하였다. 이것이 분쟁의 씨앗으로
싹트기 시작했다.[149) 1885년 사람들을 釣魚島列島의 한 섬인 久場島에 보
내 탐색하게 한 바, 희귀 조류인 신천옹(信天翁)이 무리를 지어 서식하고
있는 것을 발견하고 그 새털이 외국인에게 고가로 팔 수 있다는 것을 알게
되었다. 그러자 그는 새털 채취사업을 영위하기 위해 오키나와 현청에 그
섬에 대한 임차를 신청했다.

이에 1885년 내무성은 오키나와현에 釣魚島列島의 한 섬인 구장도 조사
를 명하자 縣知事는 '이 섬이 청국에도 알려져 있고, 각각의 섬에는 중국이
붙인 명칭도 붙어 있으며, 중국이 琉球 항해의 목표로 삼은 것이 분명하다'
고 報告, '중국 영토로 판단'됨으로 실지 답사로 바로 일본 영토라고 표석
을 세울 수는 없다고 회신했다.

그러자 당시 요시다 쇼인의 제자인 내무경 야마가타 아리토모는 "설령
중국이 섬에 이름을 붙였다고 하더라도 섬의 이름은 일본과 중국이 다를
수도 있으므로 '섬 명칭에 신경 쓸 필요가 없다' 그리고 八重山에 가까운
'무인도'로 일본 영토로 편입해도 무방하다"는 의견을 제시했다.[150) 야마가
타 아리토모는 일본 육군의 쵸슈 군벌 총수로 1890년 12월 당시 수상으로
서 제1회 제국의회의 연설에서 '주권선'과 '이익선'을 제시한 제국주의 정
책의 선도자였던 사람임은 앞서 여러 차례 보았다. 현장에서 조사를 실사한

---

148) 나하[那覇]는 오키나와 본섬 남부의 핵심시로, 현재는 현청 소재지 및 오키나와현
    최대의 도시임.
149) 이근우 외 4인 공저, 『19세기 동북아 4개국의 도서분쟁과 해양경계』, 동북아역사
    재단, 2008, 211쪽.
150) 최장근, 『일본의 영토분쟁-일본 제국주의 흔적과 일본 내셔널리즘』, 백산자료원,
    2005, 311~312쪽.

오키나와현에서조차 청국이 그 8개의 섬에 각각의 이름을 붙이고 있고, 중국 영토로 판명되므로 바로 일본 영토로 할 수는 없다고 만류했다. 그러나 그는 '중국이 설령 섬에 이름을 붙였다고 하더라도 섬의 이름은 일본과 중국이 다를 수 있다'고 했다. 하지만 그것은 그의 제국주의적 영토에 대한 오만한 탐욕일 뿐이었다.

일본 정부는 1895년 편입을 한 후에도 釣魚島列島를 '魚釣島' 등으로 중국인이 붙였던 이름으로 글자 앞뒤만 달리 해서 불렀다. 자국 영토로 주장하긴 했지만 일본인은 이 섬들을 부르는 자기의 이름을 가지지 못했던 것이다. '센카쿠[尖閣]'라는 호칭은 영유화한 지 5년을 경과한 1900년이 되어서 처음으로 일본인 쿠로이시 히사시[黑石恒]가 영어 이름(ピナクル: pinacle)을 번역하여 명명,151) 그제야 그나마 구색을 갖춘 것이다. 야마가타의 탐욕이 실로 궁색하다. 아울러 후일의 외상이자 야마가타계로 분류되는 코무라 주타로 외상의 대러 개전외교와 그의 부하인 야마자 엔지로 정무국장이 어부 나카이 요자부로에게 독도편입을 부추기던 그 탐욕의 장면도 동시에 떠오른다.

한편 그 야마가타의 의견이 너무 서두른다고 판단한 외무경 이노우에 카오루[井上馨]152)가 야마가타의 의견을 일단 제지했다. 그는 "이들 섬은 오키나와에 가깝지만 동시에 중국 국경에도 가깝다" 라고 하면서, 특히 청국에서는 그 섬들에 이름을 붙이고 있다는 점을 언급했다. 그리고 대만에 가까운 청국의 섬인 조어도를 일본이 점령하는 것을 청국인이 경계하고 있다

---

151) 井上淸, 앞의 책, 5쪽.

152) 이노우에는 이토 히로부미와 함께 1863년 소위 '쵸슈 5걸'의 한 사람으로 영국 유학을 같이 다녀온 친구 사이로 나이는 이토보다 연상이지만 평생 그 정치적 입장에서는 서로 조력하는 동지였다. 청일전쟁에서도 이토는 시기가 이르다고 반대하였을 때나 러일전쟁 때 조기 개전을 반대하였을 때 모두 그 뜻을 함께 하였다. 그러나 그들은 더욱 안전하고 완벽한 때를 선택하기 위해 기다린 것이지 제국주의 정책 자체를 반대한 것은 아니다. 오히려 더욱 철저하고 신중한 제국주의자들이었다고 할 수 있다.

고 지적, 지금 당장 일본령의 표석을 세우는 것은 어렵지만 "상황을 봐서 후일로 미루는 것이 좋겠다"며 영토 편입 보류 결정을 내렸다.153) 이노우에 역시 내무상처럼 조어도는 중국영토로 인식, 그러나 '후일로 미루자'고 하여 영토 편입은 해야 하지만 사정이 좋지 않으므로 중국이 이의 제기를 하지 못할 적당한 시기에 편입하자며 일단 보류를 하기로 한 것이다. 이노우에 역시 영토 야욕에 대한 본심은 하등 다를 바가 없었던 것이다.

메이지유신으로 성공적인 서구화가 진행되고 있던 일본이지만 아직은 중국을 정면으로 대적하기엔 때가 이르다는 판단이었다. 征韓論과 같은 帝國主義 基調가 점점 강화되고 있음을 충분히 엿보게 하는 논의들이다. 여하튼 이러한 과정을 거쳐 결국 내무경 야마가타는 1885년 12월 5일 표지석을 설치하는 것은 적절치 않다고 결론을 내렸던 것이다.154)

비록 일단 보류는 하였으나 일본은 영토 야욕의 실행을 위해 착착 준비해 나갔다. 1887년 군함 '金剛'을 파견하여 조어도를 실지 조사했다. 그러다 1890년 다시 편입 문제가 거론되었다. 내무성에서 社寺局長으로 근무하던 마루오카 칸지[丸岡莞爾]155)가 1892년 오키나와현 지사로 부임하였는데, 그는 皇民化敎育을 추진할 정도로 열렬한 국가주의자였다. 그가 부임 2년 만에 다시 이 문제를 들고 나온 것이다. 마루오카는 코가의 사업을 관리한다는 구실로 釣魚島列島를 일본 영토에 편입할 것을 일본 정부에 신청했다. 이때도 역시 편입 조치가 이루어지지 않았다. 그러다가 1892년 사츠마번 출신의 나라하라 시게루[奈郎原繁]156)가 현지사로 부임하여 강력한 행

---

153) 최장근, 앞의 책, 312쪽.

154) 마고사키 우케루 저, 김충식 해제, 양기호 역, 『일본의 영토분쟁』, 메디치, 2012, 79쪽.

155) 마루오카 칸지(1836~1898): 현재의 고치현 출신. 막말의 토사번사(土佐藩士), 메이지기의 관료, 시인.

156) 나라하라 시게루(1834~1918): 사츠마번으로 현재의 카고시마현 출신. 무사, 관료. 1892년 오키나와현 지사로 임명되어 1908년까지 16년간 역임. 강권으로 오키나와현의 행정을 처리, 관선 지사로 장기 근무한 탓에 '류큐왕'이란 별칭이 붙음. 귀족

정을 실시하면서 1893년 조어도와 구장도를 일본 영토로 편입하여 표석을
세울 것을 외상에게 건의했으나 협의되지 않았다. 아직 때가 아닌 것이다.

그리고 1894년 일본의 기습공격으로 청일전쟁이 발발, 일본의 승리가 확
실해진 무렵 釣魚島列島를 일본 영토로 편입하기로 결정, 그 해 12월 27일
내무성과 외무성이 공히 때가 이르렀음을 알고 비밀문서로 합의했다. 이에
일본 정부는 1895년이 되자마자 군함 '海門'을 파견하여 3회에 걸친 현지
조사를 실시하게 했다. 그 결과 '무인도일 뿐만 아니라 청국이 지배한 흔적
을 발견할 수 없다'는 것을 신중하게 확인했다고 보고했다. 이에 따라 1895
년 1월 14일 각의에서 "내무대신이 청의한 오키나와현 팔중산군도의 북서
에 위치한 久場島, 魚釣島[157]라고 부르는 무인도에 어업에 종사하는 자가
있는데 이를 단속할 필요가 있다. 이 섬은 오키나와현 섬으로 인정되므로
표식을 세워서 현지사의 요청대로 영토 편입을 허락해도 무방하다"고 결정,
조어도열도를 오키나와현 소관으로 하여 일본령의 표식을 세우기로 한 것
이었다.[158]

3) 釣魚島列島 사례와 獨島 사례 비교

뒤에서 보겠지만 1895년 내무경 야마가타의 노골적인 영토 야욕 부분은
야마자의 독도침탈 야욕과 상당히 닮은꼴임을 보게 될 것이다. 따라서 이
부분은 재론하지 않고, 여기에서는 두 섬 모두 공히 선점 형식을 취한 편입
이었음을 전제로 눈에 띄는 부분 몇 가지를 비교 검토해 보고자 한다.

첫째, '편입의 시점'이다. 독도와 마찬가지로 전쟁 중에 편입을 했다는 것
이다. 그것도 일본이 승리가 거의 확실하여 중국이 항거하기 어려운 상황을

원 의원. 일본철도회사 사장. 남작.
157) 釣魚島를 '魚釣島'로 표기함.
158) 최장근, 앞의 책, 312~333쪽.

선택했다는 것이다. 독도도 전쟁 중임은 동일하다. 그리고 대러 개전을 하자마자 한일의정서를 강제하여 무력으로 한국의 주권을 억압한 상태임과 동시에 일본이 여순 함락의 승리로 육전의 승기를 잡은 시점에서 독도를 편입했다는 점 등에서도 유사하다. 즉 중국이든 한국이든 일본의 영토 야욕과 항거할 수 없는 폭력 상태 하의 '편입'이었다.

둘째, '무인도로 어업에 종사하는 자가 있다'는 점을 내세우면서 무주지로 다루었다는 것이다. 이것은 선점의 요건인 '실효적 지배'를 염두에 둔 것인데, 엄밀히 말하면 이미 각 섬에 중국명이 붙어 있고, 1885년 당시 논의가 되었을 때 내무성과 외무성의 두 대신 모두 중국 땅으로 인식하였던 바, 그런 상황이라면 무주지가 아닐 뿐만 아니라 일본인들이 몰래 도항하여 새털 채집 등의 사업에 종사했다면 그것은 국경 침범 및 절도행위다. 그것을 실효적 지배의 근거로 삼는 것 자체가 침략 논리이다. 독도의 경우도 강치잡이 어부가 독도에 와서 임시 거처를 마련하고, 강치잡이 漁期(봄과 여름 약 3~4개월)에 한시적으로 어로 활동을 한 것을 근거로, 전쟁 중 몰래 침탈한 것 또한 서로 유사한 점이다. 나카이가 독도편입 청원을 한 1904년 9월 29일은 이미 오랜 세월 섬의 명칭이 존재해 왔을 뿐만 아니라, 나카이가 편입 신청원을 제출하기 전인 9월 25일 일본 군함 '니타카[新高]' 호의 일지(『戰艦新高行動日誌』)에도 '獨島'라고 기재[159]하고 있었다. 더욱이 1900년 10월 25일 칙령으로 독도는 울도군(울릉군)에 소속됨을 명기하였다. 따라서 독도가 무명도 아니고 무주지도 아님은 일본이 더 잘 알고 있는 주지의 사실이었다.

셋째, '청국이 지배한 흔적이 없다'라고 지적한 부분이다. 이 점 역시 독도침탈에서도 활용한 내용이다. 무인도라면 사람이 가서 거주하기 어려운 곳이다. 지금도 조어도열도는 무인도다. 중국은 세계에서도 몇 번째 되는 넓은 영토(현재 세계 4위)를 가진 나라다. 굳이 살기 어려운 무인도에 살아

---

159) 신용하, 『獨島領有權 資料의 探究 3』, 독도연구보전협회, 2000, 186쪽.

야 할 이유가 없다. 그래서 그들은 간접점유의 방식으로 관리하기 위해 각 섬에 이름을 붙인 것이다. 한국이 독도를 여러 가지 이름으로 불렀던 것도 그때마다 그에 상응하는 지배 및 관리 인식을 가지고 있었다는 것을 증명 하는 것이다. 중국의 조어도열도에 대한 영토 인식 역시 그와 같은 것이다. 관리 방식은 영토를 소유한 국가가 자유롭게 선택하는 것으로, 그것이 섬이 라면 무인도로 하든 유인도로 하든 타국이 간섭할 하등의 이유가 없다. 정 말 임자가 없고 어떤 국가도 그 영토와 무관한 것으로 15세기 이후에 볼 수 있는 '지리상의 발견'과 같은 것이라면 모르되, 그 땅에 엄연히 이름까지 붙여져 있다면 그것은 분명히 이미 먼저 발견한 임자가 있는 땅이다. 한마 디로 일본은 이런 사실을 모두 인식한 상태에서 전쟁 승리를 틈탄 제국주 의적 영토 야욕을 실현하기 위한 시점과 구실을 만들어낸 것에 불과하였던 것이다. 이 점 역시 독도의 경우와 거의 일치한다.

넷째, '영토 편입 신청자'에 관한 점이다. 조어도열도의 경우는 지방행정 관청인 현지사가 편입 신청자이다. 독도는 민간인 어부가 직접 영토 편입을 신청하였다는 점이 다르다. 그리고 편입 절차가 이루어지면 자신에게 임대 해줄 것을 요청한 것이다. 아마도 행정관청이 앞장서서 타국의 영토를 침탈 한다는 모양새가 아무래도 일본 정부에게 부담이 되었던 것이다. 누가 보아 도 승리가 확실한 전쟁에서 패전국이 될 중국의 상황을 악용하여 타국의 영토를 약탈하였다는 것은 설령 제국주의 상황이라 하더라도 수치스러운 것이었을 것이다. 따라서 독도 약탈의 경우엔 의도적으로 그러한 비난과 정 부의 책임을 최소화하기 위해 일부러 민간인을 내세웠다고 생각한다. 학습 효과의 결과였던 것이다. 그러나 영토 편입과 같은 문제를 어부인 민간인에 게 맡긴다는 것은 아무래도 궁색하다. 당시는 청일전쟁 때처럼 황인종 간의 싸움이 아니라 동아시아의 패권을 둘러싼 동서양 간의 20세기 최초의 세계 대전적 성격의 전쟁 중이었다. 강대국들의 눈초리가 더 없이 매서운 때에 일본이 공연히 한국을 독점하려 든다는 의심을 품게 해서는 안 되는 상황이었던 것이다.160) 일단은 우선 눈앞에 닥친 난관을 먼저 피하고 보자는 계산이었을 것이다. 그만큼 일본은 다급했던 것이다. 하지만 승전 후의 비밀 로드맵은 정해져 있었다.

다섯째, 편입 시의 '섬의 명칭'에 관한 문제이다. 일본은 조어도열도를 편입할 때 그들은 그 섬에 대해 중국이 사용하던 명칭을 그대로 거론하여 자신들이 붙인 명칭이 없었다. 즉 새로운 영유권 취득의 법리인 선점을 이용하려면 자신들이 처음 발견했다는 걸 증명하거나 무명도라면 자신들이 새로운 이름을 부여하여야 하는데 조어도열도의 경우는 그것이 없었다. 다만 중국이 사용하는 釣魚島를 魚釣島로 바꾸어 각의결정문에 명기한 것이 고작이다. 이후 이 조어도열도에 대한 이름을 '尖角'열도로 명명한 것은 편입 후 5년 뒤의 일임은 앞서도 기술하였다. 이러한 절차상 하자를 반면교사로 삼아 독도편입 시에는 각의 결정문에서 '량코도'(독도)를 '竹島'로 명명한다고 하여 편입한 것이다. 고유 영토설 운운하며 교과서에서 가르치고 있는 일본의 입장이 참으로 궁색해 보인다.

결론적으로 조어도열도의 사례와 마찬가지로 독도도 역시 일본이 '전쟁 중 제국주의의 폭력과 탐욕에 의해 선점 논리를 가장한 일본 정부에 의한 침탈행위'였음이 명백하다.

4. 獨島侵奪 과정에서 야마자의 역할

1) 나카이의 강치어업 독점권 확보 企圖

지금까지 살펴본 바와 같이 독도는 단순히 침탈된 것이 아님을 우리는

---

160) 나카이가 찾아간 내무성 관리의 말을 상기해 보면 그 당시 공무원들의 인식을 엿볼 수 있다.

알 수 있었다. 일본의 대륙팽창정책과 제국주의자들의 활동, 청일전쟁 이후의 시대적 배경과 사건들 그리고 러일전쟁 전황의 개요까지 살폈다. 그에 의하면 일본이 추구한 '대륙정책'의 목표는 한반도를 중국과 러시아로부터의 간섭을 받지 않고 일본의 단독 지배하에 두는 것이었다. 즉 일본은 한반도를 교두보로 하여 보다 큰 대륙으로의 팽창을 목표로 하고 있었다. '주권선의 수호'가 아니라 '이익선의 확보'를 위한 제국주의 열차를 탄 것이다. 나아가 그 이익선의 '확장'을 주장하여 동양의 맹주가 되겠다고 하였고, 마침내 이익선을 '생명선'으로까지 부르짖게 된 일본이었다.

겐요샤[玄洋社]나 코쿠류카이[黑龍會]의 명칭에서 보듯이 그들은 한반도를 건너 만주로 팽창하는 것이 그들의 목표였다. 나아가 만주뿐만 아니라 중국 대륙을 지배하여 동양의 맹주를 꿈꾸었다. 그러는 중에 청국을 물리치고 이어서 거대한 백곰 러시아를 물리치기 위한 악전고투를 벌이며 전 국민이 총력전으로 임하고 있는 것이다. 이제 러시아를 한반도에서 몰아내면 대륙정책의 1차 목표는 달성하는 것이다. 그 문턱을 넘으면서 마지막 관문을 앞에 둔 제국 일본해군이었다.

5.15사건으로 상실된 해군 전력의 절대적 보완의 필요가 생겼고, 이에 따라 동해의 두 섬에 대한 전략적 가치가 급부상하면서 마침내 독도의 운명이 전쟁의 소용돌이 한복판을 향하고 있었다. 이렇게 독도가 긴요해진 전황의 전개 상황 속에서 어부 나카이의 강치어업 독점권을 확보해주기 위해 '외무성'이 앞장선다는 것은 일본의 명백한 자기기만이 아닐 수 없다. 나카이가 아무리 자신의 사업을 위해 오랫동안 공을 들였다고 해도 국가 존망의 문턱에서는 우선순위를 달리할 수밖에 없다. 즉 독도침탈은 러시아와의 마지막 승부를 위한 군사적 목적을 위해 절실한 시점이었을 뿐이다. 러일전쟁과 독도침탈을 한사코 그 연관성을 부인하는 일본 학자들도 있지만 어불성설이고 어설픈 영토 야욕의 징표에 불과하다고 본다.

아무튼 여기서 고뇌하던 일본 정부는 절묘하게도 그 시점에 독도에서 강치사냥을 하던 기업형 어부 나카이 요자부로와 조우하게 되어 그를 기망하고 사주하여 독도를 비밀리에 탈취하려 한 것이었다. 그것은 그렇지 않아도 러시아에 패할 것이라고 예상하던 열강들이 연전연승하는 일본을 보고 경계의 눈초리로 주목하고 있었기 때문이다. 앞서 본 조어도열도 편입 시 오키나와 현지사가 편입 신청을 한 모양새에서도 교훈을 얻었을 것이다. 게다가 향후의 한국 보호국화를 계획161)하고 있는 일본으로서는 열강들의 매서운 눈초리를 피하는 것이 전후의 외교상으로도 매우 중요했을 것이다. 이에 강치어업 독점권이 절실히 필요했던 민간인인 나카이와 전쟁 승리에 국운이 걸린 일본 정부 사이에서, 야마자 국장이 그 양자의 이익을 교묘히 얽어낸 것(후술)이 결국 독도침탈의 진상인 것이다. 이에 따라 독도침탈 과정을 다음에서 제시한 史料들을 근거로 살펴보기로 한다.

그런데 이와 관련한 사료들은 전부 일본 측 자료들이다. 그 중에서 나카이가 직접 작성한 것이 『リアンコ島領土編入竝貸下願』(량코도 영토편입 및 대하원)과 독도편입 후 작성한 『事業経營槪要』 및 이에 첨부한 『履歷書』 등이 있다.162) 그 외 간접 자료로 나카이와 관련되는 것으로 오쿠하라 헤키운이 나카이의 구술을 바탕으로 쓴 『竹島經營者中井養三郎立志傳』과 그의 저서인 『竹島及鬱陵島』 그리고 『公文類聚』의 內閣 會議錄 기사, 『島根縣誌』 등이다.

이들을 검토해 보면, 나카이가 독도편입 과정에서 자신이 직접 만난 사람들 중 농상무국장, 해군성 수로부장 등 고위 관료들이 독도를 일본 영토로 편입할 것을 종용 내지 사주한 사실이 있었다. 따라서 그들의 영향을 받아 작성한 '편입원'의 내용보다 편입 후 5년이 지난 시점에서 보다 객관적

---

161) 김관원, 「1905년 일본제국의 독도편입 배경-야마자 엔지로와 보호국화정책을 중심으로-」, 『한일군사문화연구』 24, 2017, 316~328쪽.
162) 이 두 가지는 '량코도'를 죽도(독도)라고 하여 일본 영토로 편입한 후 5년 뒤(1910년)에 나카이가 집필하여 은기도청에 제출한 것이다(竹島問題硏究會 편, 『'竹島問題に關する調査硏究' 最終報告書』, 2013, 59쪽).

인 상태로 당시를 회상하며 작성한 『事業経營槪要』를 사실에 더 가까운 사료로 보고, 나카이의 직접 진술이 필요한 곳은 그 내용을 참고로 본서의 내용을 기술한다. 설령 그것이 자신을 변호하는 의도가 있다고 하더라고 관련 공무원의 실명을 거론할 정도라면 객관적 사실에 부합하지 않으면 안되기 때문이다.

이하에서는 독도침탈과 관련한 나카이 요자부로란 사람이 직접 쓴 자신의 『履歷書』163)를 기준으로 그가 어떠한 사람인지를 검토해 가면서 독도침탈의 과정을 고찰해 보고자 한다. 竹島問題硏究會의 『最終報告書』에 따르면 나카이의 『사업경영개요』와 그에 첨부된 『이력서』는 1910년에 작성된 것이다.

나카이는 현재의 돗토리현 쿠라요시시[鳥取縣倉吉市]에서 1864년 양조업자의 집안에서 태어났다. 1872년 돗토리현 내의 소학교에 입학하여 1878년 졸업했다. 1879년 시마네현 마츠에시[松江市] 사설 학당인 相長學舍에 들어가 1884년까지 한학을 수학하였다. 그리고 그 해 도쿄로 유학하여 역시 한학을 1년 수학하였다. 그의 나이 21세 때인 1885년 실업에 뜻을 두고 유학을 그만두었다.

실업에 뜻을 둔 다음 해인 1886년 고향에서 아주 멀리 떨어져 있는 오가사와라섬[小笠原島]으로 도항하여 시찰을 했다. 1887년 호주 도항을 기획했다가 좌절되어 나가사키현 마츠시마무라[松島村]로 유랑했다. 이렇게 젊은 시절 몇 년을 객지로 다니면서 견문을 넓힌 후 결정한 것이 그 시대에 새로운 어업 기법인 잠수기를 사용한 사업을 선택했다. 그 때가 1890년 그의 나이 26세 때였다. 그의 탐구정신과 개척정신은 어업에 그대로 반영되었다고 할 수 있다.

이듬해부터 2년간 블라디보스톡 부근에서 잠수기를 사용하여 해삼 어업에 종사했다. 대담하게도 일찌감치 해외를 개척하여 경험한 후 1893년에는

163) 신용하, 『獨島領有權 資料의 探究 3, 224~229쪽.

후쿠오카의 치쿠젠 지역과, 대마도 그리고 한국으로 건너와 경상도와 전라도에서 해삼과 약간의 전복 채취를 했다. 이때 앞에서 본 天佑俠의 회원이자 후일 명성왕후 시해에 가담한 다케다 한시도 전라도에서 어업에 종사하였듯이 일본인들이 우리나라 연해에서 어로활동을 널리 하였음을 알 수 있다.164)

그는 1894년 드디어 국내외 각지에서의 경험을 쌓은 후 30세 때 비로소 고향으로 돌아와 돗토리현과 시마네현 연안에서 당시로서는 매우 선진 어업 기술인 잠수기를 사용하여 전복과 해삼을 두루 잡았다.

1898년 오키수산조합의 위탁을 받아 오키로 이주하여 건착망(巾着網)165) 어업의 시험에 종사했다. 이때에 이르러 수산업계에서 그의 이름이 알려진 것 같다. 오키섬에서 그에게 이런 위탁을 한 것을 보면 그의 선진 어업법이 사람들의 눈길을 끌고 있었던 것을 알 수 있다. 이는 그가 어업 부문에서 연안어업 근대화의 선구자 역할을 하고 있었음을 의미한다. 젊은 사람이 새로운 기계를 도입하여 해외 각지로 다니며 선진 어로 기법을 익히고 고향으로 돌아왔으니 사람들이 눈여겨 볼 것임은 당연하다.

그러다가 1900년 돗토리현에서 뜻 있는 자와 함께 돗토리현 수산시험장의 위탁을 받아 참치 유승[鮪流繩]어업166)을 시험했다. 3년 후인 1903년 노토반도[能登半島]167)에서 잠수기를 사용하여 해삼 어업을 시험했다. 이렇

---

164) 김수희,『근대 일본 어민의 한국 진출과 어업경영』, 경인문화사, 2010.
165) 고기잡이 그물의 하나. 고기 떼를 수직으로 둘러막고, 밑에 달린 금속 고리에 꿴 밧줄을 죄어서 차차 오그라들게 하여 배 앞에 바짝 붙이고 고기를 퍼내어 잡게 만든 그물(동아출판사,『동아 새국어사전』, 1996, 108쪽).
166) 나카이가 쓴『履歷書』에는 ‘鮪流繩漁業ヲ試ム’라고 기술되어 있다(신용하,『獨島 領有權 資料의 探究 3』, 226쪽. <수산> 유승은 고기잡이 그물의 하나. 띠 모양의 큰 그물로 고기를 둘러싸고 줄을 잡아당기면 두루주머니를 졸라맨 것처럼 되어 고기가 빠져 나가지 못하게 된다. 고등어, 다랑어, 정어리 따위를 잡는 데 쓴다.
167) 노토반도는 호쿠리쿠 지방의 중앙 부근에서 일본해로 북쪽으로 향해서 내민 반도 이다(한국의 동해로 향하여 있고 그 사이에 오키섬이 있다). 일본에서 일본해 측 해안선에서 가장 돌출 면적이 큰 반도이다. 근세 이전은 대부분 노토국[能登國]이 었기 때문에 이렇게 불린다.

듯 그 동안 국내외 여러 곳에서 탐구와 실험을 반복해온 나카이였다. 그의 끊임없는 개척 정신을 엿볼 수 있는 이력이다.

그런데 바로 이 1903년도에 그에게 새로운 상품이 다가온 것이다. 그의 삶에 개인적으로는 황금을 안겨주는 사업의 성공담이겠으나 이는 장차 한 일 간의 커다란 문제를 남기게 되는 독도 영토문제에 연루되는 사건이 발생한다.

나카이는 1903년 처음으로 '량코도'[168] 열암에서 강치[169] 사냥을 시도한 것이다. 이미 오키섬이나 돗토리 사람들은 17세기 말 안용복 사건으로 도해금지가 된 이후 울릉도와 독도 근해로 나올 수 없었다. 그러나 19세기 말로 접어들자 당시 정세의 혼란을 틈타 몰래 울릉도에서 불법어업을 재개하면서 독도의 존재를 익히 알고 있었을 것이고,[170] 나카이도 오키섬과 독도, 울릉도를 오가면서 알게 된 것이다. 나카이는 『영토편입 및 대하원』에서 량코도는 일본에서 오키열도 및 울릉도를 경유하여 조선의 강원도와 함경도 지방으로 오가는 뱃길에 있다고 했다. 그는 울릉도를 오가는 길에[171] 우연

---

168) 독도를 침탈하기 전까지는 일본은 독도를 호칭하는 자신들만의 이름도 없었다. 그 것은 과거 한 번도 자신들의 영토인 적이 없었다는 반증이기도 하다. 반면에 한국 은 다양한 고유의 이름들이 있다. 오키섬 사람들은 현재 "량고시마"라고 부른다. 이 이름의 유래는 1849년 프랑스 포경선 '리앙쿠르(Liancourt)호'가 독도를 발견하 고 그 배의 이름을 따서 호칭한 데서 유래(한국해양수산개발원 편, 『독도사전』, 2011, 138쪽). 이를 일본인들이 리앙쿠르지마 등으로 부르다가 줄여서 속칭 '량코 시마'로 부르고, 한국에서는 '량코도 리앙코도'라고 쓴다.

169) 과거 오키어업협동조합장인 오와타 쇼자 씨의 증언에 의하면, 당시 강치 1마리 당 가격은 200~300엔 정도였는데 그 당시 최상품 소 1마리의 가격이 15엔이었다고 한다(《독도 바다사자-1부 리앙쿠르대왕의 비극》, TBC, 2006.10.27.). 따라서 강치 1마리가 최상품 소 1마리 가격 기준으로 13마리에서 20마리 정도의 초고가품이었 던 셈이다. 오쿠하라 헤키운이 『입지전』에서 나카이가 상경할 때를 묘사하며 「一 攫千金の夢を懷にして(일확천금의 꿈을 품고」라고 기술하기도 했다(竹島問題研 究會 편, 앞의 최종보고서, 73쪽).

170) 김수희, 「일본의 독도 어장 편입을 통해서 본 식민지화 과정」, 『독도 영유권 확립 을 위한 연구 Ⅴ』, 영남대학교 독도연구소, 2013, 198~199쪽.

히 이 섬에 들러 셀 수도 없이 많은 강치가 서식하고 있음을 보고 그냥 이 섬을 방임하고 있는 것이 유감스러워 견딜 수가 없었다고도 했다.[172] 그 이후 애를 써서 계획을 세워 두었다가 1903년에 자신도 한 번 시도해본 것이다.[173] 이것이 그가 독도와 인연이 되었다고 말한 경위다.

그런데 다른 많은 사람들은 강치사업의 성공 가능성에 비관적이었고 그를 비웃었지만, 장기간 국내외에서의 경험을 바탕으로 새로운 사업을 항상 찾고 있던 그에겐 이 강치사업이야말로 한 번 도전해 볼만하다고 결정, 적극 매달렸다. 당시 강치 1마리의 가격이 평균 상등품 소 15마리에 해당하는 황금알이었던 것이다. 가능성을 확신한 그는 이듬해인 1904년 과감히 그동안 해왔던 잠수기 어업을 완전히 접고 강치사냥에 전념하게 되었다.

그리고 처음에는 다들 만류하던 사람들이 자신이 강치로 큰 소득을 올리자 사방에서 몰려들어 남획하고 있어, 어렵게 개척한 사업에 위협을 받자 강치어업에 관한 독점적인 권리를 법적으로 보장받아야겠다는 생각을 했다. 나름 많은 실패를 거듭하고 겨우 힘겹게 개척하여 마침내 그간의 손실을 보전하고 소득을 올리게 되었는데 또다시 위기에 몰릴 상황에 처해졌다. 이에 그는 특단의 조치가 필요함을 절감했던 것이다. 그간의 경험과 시련은 바로 이 강치사업의 성공으로 승부를 걸어야 할 상황이었다. 그런데 문제는 그가 이렇게 결심하게 된 바로 이 시점이 러일전쟁이 한창이던 때였다. 나카이의 강치사업에 관한 독점적 권리를 보장받고자 하는 목적과 일본의 전

---

171) 나카이가 독도를 한국령으로 인식한 것은 바로 울릉도를 오가면서도 더 잘 알게 되었을 것이다.

172) 조선 사람들은 가끔씩 가서 강치를 잡거나 다른 어로 활동을 하고 다녔던 것이다. 거문도 사람들도 마찬가지였다. 그것은 방임이 아니라 그렇게 관리하고 있었던 것이고, 선진화된 기술을 가진 나카이에게는 이렇게 고가의 수익을 줄 수 있는 상품을 그대로 두는 것이 몹시 아까워 견딜 수 없다는 것이다. 강치가 바로 그에게는 황금알이었던 것이다. 당시 강치의 가격이 황소 10마리 내외였다고 하니 실로 엄청난 고가다. 조어도열도에서 발견된 신천옹과 대비되는 대목이다.

173) 신용하, 『獨島領有權 資料의 探究 3』, 273쪽.

쟁 승리 목적이 절묘하게 어우러진 것이었다.

　이러한 시점에서 나카이는 마음먹은 대로 대책을 강구하기로 했던 것이다. 그는 독도를 한국영토로 확실히 인식하고 있었다. 이는 자신이 직접 쓴 『事業經營槪要』에서 "본도가 울릉도의 부속으로 한국의 소속 영토이고"(아래 원문)

　　"…本島ノ鬱陵島ヲ 附屬シテ韓國ノ所領ナリ"[174]

라고 분명히 적고 있음은 물론, 나카이로부터 직접 들었다고 한 오쿠하라 헤키운이 쓴 1906년의 『竹島經營者中井養三郎立志傳』에도 "해도에 의하면, 同島는 조선의 판도에 속하다"(아래 원문)

　　"…海図」によれば, 全島は朝鮮の版図に屬する"[175]

라고 기술하고 있다. 그리고 1907년의 『竹島及鬱陵島』(독도 및 울릉도)에도 "나카이 요자부로 씨는 랴코도를 조선의 영토로 믿고"(아래 원문)

　　"…中井養三郎氏はリャンコ島を朝鮮の領土と信じ"[176]

라고 일관되게 기술되어 있다. 독도편입 이후에도 1923년의 『島根縣誌』에서도 "나카이는 이 섬을 조선의 영토로 생각하고"(아래 원문)

　　"…中井は此の島を朝鮮領土なりと思考し"[177]

---

174) 신용하, 『獨島領有權 資料의 探究 2』, 262쪽.
175) 竹島問題研究會 編, 『「竹島問題に關する調査研究」 最終報告書』, 2013, 73쪽.
176) 奧原碧 編著, 『竹島及鬱陵島』, ハーベスト出版, 2005(원판은 報光社, 1907), 27쪽.
177) 신용하, 『獨島領有權 資料의 探究 2』, 270쪽.

라고 기술하고 있다. 그리고 편입 후 25년이나 지나서도 일본인들이 독도를 한국영토로 간주하였다.[178] 이를 보면 소위 '고유 영토설'은 말할 것도 없고, 편입 후에도 오래도록 한국영토로 인식한 것은 명백해 보인다. 따라서 나카이와 오쿠하라의 진술은 당시의 영토 인식을 잘 반영하고 있다.

여하튼 나카이는 단순 고기잡이 어부가 아니라 전문 기업가형 어업가다. 자신이 어로활동을 하는 곳이 어느 나라 영토인지 정도는 해도를 통해서도 파악하는 것이 기본임을 아는 사람이라고 해야 한다. 실제로 그의 독도에 대한 영토 인식이 이미 한국영토였음은 주지의 사실이다.

이리하여 나카이는 1904년 강치잡이 漁期가 끝나자마자 도쿄로 상경하여 일본 정부를 통해 한국 정부에 대하여 량코도 임대를 알선해 줄 것을 부탁하기로 했다. 먼저 오키섬 출신 농상무성 수산국원 후지타 칸타로[藤田勘太郎]에게 부탁하여 수산국장인 마키 나오마사[牧朴眞][179]를 만났다. 자신의 사업 구상을 정확히 이야기하고 독도에서의 강치 남획으로부터 그 보호가 필요하다는 명분을 내세워 한국 땅이라고 확신한 바에 따라 한국 정부를 통하여 자신에게 그 섬을 임대해줄 것을 청하였다.

그러나 농상무성 당국자는 독도의 영유 문제를 나카이와 달리 생각하면서부터 일은 엉뚱하게 전개되었다.[180] 당시 일본 정부는 전시 체제였다. 내

---

178) 日本研究室 편,『韓日關係資料集 第1輯』. 고려대학교 출판부, 1976, 124~126쪽(「獨島領有에 關한 1954年 2月 10日字 亞2 第15號 日本外務省의 覺書로서 日本政府가 取한 見解를 反駁하는 大韓民國政府의 見解(1954.9.25.」).

179) 마키 나오마사(1854~1934): 나가사키현 시마바라시[長崎縣島原市] 출신. 일본의 관료, 정치인, 실업가. 쿠주가 1903년 저술한『韓海通漁指針』에 서문을 쓰기도 함(葛生修吉,『韓海通漁指針』, 黑龍會出版社, 1903, 1~2쪽). 나가사키현 출신으로 연합함대가 나가사키현의 사세보항에서 발진하였음에 당시 그 지역 일반 국민이라면 더없이 자랑스러워했을 것이다.

180) 그러나 이 내용은 어디까지나 나카이의 진술[事業經營槪要]이 사실에 근접한다는 전제 하에 검토하는 것이다. 오쿠하라 헤키운의 입지전은 나카이로부터 들은 정보에 자신의 제국주의적 가치관이 반영된 것으로 판단된다.

각은 전시 내각이고, 천황이 주관하는 대본영이 국가의 모든 것을 좌우할 때였다. 모든 행정 업무는 대본영의 방침과 다를 수 없는 상황이었다. 당연히 이러한 전시 행정 상황임을 수산국장은 잘 알고 있었다. 더욱이 당시 농상무성 대신인 키요우리 케이고[清浦奎][181]는 전쟁 내각인 카츠라 내각의 조각을 실제로 지휘하였고, 러일전쟁 당시 육군참모총장인 야마가타 아리토모의 측근이다. 야마가타의 영토 야욕은 조어도열도 편입 사례에서도 살펴본 바가 있다. 이런 배경 하에서 처음 찾아간 농상무성 고위 관료인 마키 수산국장은 이 문제를 한국을 통해 해결할 것이 아니라 영유 문제를 확인하고 새롭게 검토해보라고 나카이에게 주의를 준 것이다.

여기서 나카이가 처음 만난 마키 국장을 잠시 살펴볼 필요가 있다. 그는 현재의 나가사키현 시마바라시[長崎縣島原市] 출신으로 일본의 관료, 정치인, 실업가였다. 1875년 나가사키현에서 공무원으로 출발하여 후쿠오카현을 거쳐 태정관, 법제국 등 여러 곳에서 공직을 역임했다. 1889년 퇴임 후 정계로 들어가 중의원 의원을 역임 후 다시 관직으로 복귀해 경보국장을 거쳐 1898년 농상무성 수산국장에 취임했다. 1907년 12월에 퇴임 후 일본 수산회 이사장, 일본통조림협회장, 일본수산회 부총재 등을 역임하며 수산업 진흥에 진력했다. 그런 그가 수산국장 취임 후 바로 이듬해인 1899년 6월에 조선으로 와서 조선 전 지역의 어장을 순찰, 조선에서 일본 어업의 발전 방향을 모색하기도 했다. 따라서 그는 조선의 도서나 어장에 대해 깊은 관심을 가지고 있던 관료였던 것이다.

한편 앞에서 야마자 엔지로의 소개로 부산법률사무소에 합류하여 양산박과 天佑俠에 가담, 후일 黑龍會 창립에도 참여하여 우치다가 사망한 후에

---

181) 키요우라 케이고(1850~1942): 쿠마모토현 출신. 수상. 백작. 정치가. 야마가타 아리토모의 측근으로 야마가타가 내무경 시절 내무성 경보국장에 34세의 나이에 이례적으로 발탁할 정도로 확실한 야마가타 사람임. 귀족원 의원, 사법대신, 농상무대신, 내무대신, 추밀고문관, 추밀원의장 등 역임. 경보국장을 7년간 역임.

는 회장까지 역임하는 쿠주 요시히사(슈스케 혹은 슈키치)가 일본의 수산업 진출을 통한 조선 침략에 지대한 관심을 가지고 있었다. 그도 역시 조선의 도서 등을 샅샅이 시찰하고 조선 어장의 정보와 지배 방침을 강구하기 위해 노력, 그 결과물로 1903년 1월『韓海通漁指針』을 발간하기도 한다. 이 쿠주가 '량코도'를 자신이 새로 발견한 섬이라고 퍼뜨려 이것이 소위 "량코도 무주지설"로 오인되어 가고 있던 상황이었다. 즉 종래 일본은 독도를 울릉도의 부속도서로 인식하고 있었는데 이때부터 울릉도와 독도를 분리하여 새로운 섬이 있는 것처럼 유포하기 시작한 것이라 한다.[182]

쿠주는 1899년 2월부터 조선에서 어장을 순찰하고 있었는데 그 해 6월 조선으로 도항한 마키 국장과 한 달 동안 함께 순찰하였던 것이다. 마키는 후에 쿠주가 쓴 책에 서문을 써 줄 정도[183]로 의기투합한 사이가 되었다. 이런 상황을 전혀 모르고 찾아간 나카이에게 마키는 독도의 영유권을 다시 확인하고 새롭게 검토하라고 한 것이다. 자신을 찾아간 나카이에게 독도 탈취를 부추기는 것으로 보거나 그의 이력으로 보아서도 역시 제국주의 마인드를 가진 관료인 것이다.

위에서 언급한 쿠주 요시히사 같은 사람과 조선에서의 어업 관련 일을 도모했다면 마키의 사상이나 이념은 미루어 짐작할 수 있다. 여기서부터 나카이는 무언가 자신이 생각하고 있던 것과는 도쿄 정부의 움직임이 다르다는 것을 알아차렸다. 그리하여 나카이는 반드시 한국영토는 아닐지 모른다는 생각을 품게 된다. 조선 영토라고 본인은 확신하나 수산국장인 마키의 말대로라면 아닐 수도 있다는 의심이 들었다. 그래서 그 조사 때문에 여러 가지로 분주하게 다니던 끝에 당시 해군성 수로부장 키모츠키 카네유키[184]

---

182) 김수희, 「'양코도'와 독도무주지설」, 『독도연구』 제11호, 2011, 111~126쪽.
183) 김수희, 앞의 논문. 126쪽; 葛生修吉, 『韓海通漁指針』, 黑龍會出版社, 1903, 1~2쪽.
184) 키모츠키 카네유키[肝付兼行, 1853~1922]: 카고시마현 출신. 해군 중장(최종). 남작, 귀족원 의원. 오사카 시장. 특히 측량 분야에서 활약(측량 전문가). 1888년 해군 수로부장으로 승진하여 제2대와 제4대의 수로부장 역임.

장군을 만나 문의하였다.

키모츠키는 그 섬의 소속은 확실한 증거가 없고, 거리로 보면 일본의 내류인 이즈모의 타코바나[多高鼻]에서는 108해리, 조선의 죽변에서는 118해리로 일본이 10해리 더 가깝다는 것과 또한 조선인으로서는 종래 이 섬의 경영에 관여한 형적이 없고, 일본인이 이미 이 섬의 경영에 종사한 자가 있는 이상 당연히 일본 영토로 편입해야 한다고 종용했다.[185] 이는 메이지유신 이후 일본이 무소속인 섬이나 분쟁의 여지가 있는 釣魚島列島 같은 섬들을 무주지 선점 법리로 편입한 바 있음을 염두에 두고 하는 말이다. 여기서 나카이는 수로부장의 단정[186]에 힘입어 본도가 무소속이라는 것을 확신하게 되었다고 『事業經營槪要』에서 진술했다. 즉 키모츠키는 나카이를 기망한 것이다. 그는 독도가 조선령임을 확실히 알고 있는 사람[187]이었다. 이런 사람이 나카이를 아무것도 모르는 시골 어부 정도로만 취급하여 그를 속이려 하고 있었던 것이다. 그러나 先編入 後貸貸를 보장 받으면 되므로 해군성의 장군이 나름 자신에게 권유와 사주를 힘주어 말하므로 나카이는 자신의 본심이 설령 다르다 하더라도 시키는 대로 해도 본인은 전혀 손해 볼 것이 없다고 판단했을 것이다. 그리하여 나카이가 조선 정부에 대여 신청을 하려던 처음 생각을 접고, 마침내 1904년 9월 29일(<그림 4> 빨간색 선 내부), 경영상의 필요한 이유를 달아 『リアンコ島領土編入竝貸下願』[188] (<그림 4>)을 내무성, 외무성, 농상무성 3대신 앞으로 출원하여 청원서를 내무성에 제출하였다.

그런데 내무성 당국자는 "이 시기를 맞아(러일전쟁 중) 조선의 땅이라고 의심이 되는[189] 황망한 일개의 불모지나 다름없는 암초를 거둠으로써 우리

---

185) 『「竹島問題に關する調査研究」 最終報告書』, 73쪽.
186) 신용하, 『獨島領有權 資料의 探究 2』, 262쪽.
187) 김영, 「일본의 독도침탈과 식민관료의 역할」, 『일본어문학』 제72집, 2016, 488~493쪽.
188) 번역문은 부록으로 첨부.

를 주목하고 있는 여러 외국으로부터 우리나라가 조선 「병탄」의 야심을 가지고 있다는 의심[190]을 크게 사는 것은 이익은 매우 적은 것인데 반해, 일의 이치가 결코 용이하지 않으므로[191] 어떠한 변명과 진술을 하여 출원을 하더라도 각하될 것"[192](이하 원문)이라고 하였다.

　　"此時局ニ祭シ(日露開戰中)韓國領地ノ疑アルニ莫荒タル一箇不毛ノ岩礁ヲ收メテ環視ノ諸外國ニ我國が韓國併呑ノ野心アルコトノ疑ヲ大ナラシムルハ利益ノ極メテ小ナルニ反シテ事體決シテ容易ナラズトヲ如何ニ陳辯スルモ願出ハ將ニ却下セラレシタリ"

---

189) 즉 내무성은 태정관 지령문에서 독도는 일본의 영토가 아니라는 근거를 가지고 이야기한 것이다. 그리고 한국의 땅이라고 꼬집어 말하지 않은 것은 태정관 지령문 자체에서 한국영토라고는 명시하지 않았기 때문으로 보이나, 그는 한국 땅으로 알고 있다는 것이다. 그런 땅을 한참 전쟁 중인 이 시기에 편입 운운하는 것은 때가 아니라는 것이다. 추후 때가 되면 검토해 볼 수 있다는 입장이나 지금은 거절한다는 의미다. 釣魚島列島편입 시의 외무성의 응대와 비슷하다.
190) 이때가 9월경인 만큼 이미 '고문정치(顧問政治)'가 진행되고 있으므로 그렇지 않아도 일본이 한반도를 지배하려는 야욕을 의심받고 있는 이 마당에 별 쓸모도 없는 남의 나라 땅을 취하여 조선을 병탄하려는 자신들의 속셈을 들킨다면 일개 불모지 포기에 비해 얼마나 큰 손실인가를 含意하는 말이다.
191) 내무성의 이러한 애로를 고려하여 야마자는 편입을 강행하되 비밀로 하여 열강의 자극을 일단 피한다는 계산이었다. 남은 문제는 승리를 하면 외교적으로 해결할 수 있다는 자신감의 발로이다. 이것이 야마자의 업무 처리 방식임은 이미 우리는 알고 있다.
192) 『事業經營槪要』, 내무성의 초기 입장은 이렇게 확고했다. 이러한 초기 강경한 거부 의사도 결국 당시 국가 흥망의 기로에 있던 일본의 대외정책 집행부인 외무성의 정책에 대해서는 내무성도 결국 각의에 부칠 수밖에 없었던 것이다. 그러나 영유권 문제에서 이 내무성의 초기 대응은 태정관 지령에서 밝힌 일본 정부의 공식 입장을 반영한 중요한 반증이라 하겠다.

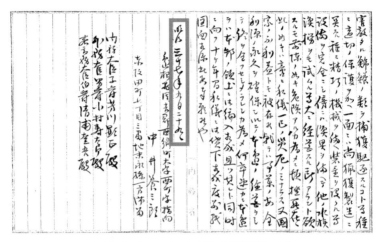

〈그림 4〉 량코도 영토편입 및 대하원(원본 사진)

[자료]: 國立公文書館　アジア歷史資料センター

내무성의 이러한 발언은 매우 중요한 의미를 가진다. 내무성 당국자의 이와 같은 구체적인 표현을 미루어보아 그는 독도에 대해서 나름 잘 알고 있다는 반증이다. 즉 오쿠보 토시미치 내무경이 진행한 地籍編纂事業 과정을 통하여 독도가 어떤 섬인지 그리고 그 영유권이 어떻게 되는 것인지에 대해 잘 알고 있다는 의미다.

따라서 '지금과 같은 전시에 일본의 것도 아닌 땅을 무엇 때문에 편입 운운하여 공연히 조선은 물론이지만 일본을 주시하고 있는 열강들에게 의심의 눈초리를 사서 장차 일본의 국익을 해칠 필요가 있는가' 라는 것이었다. 이 점이 이하에서 검토하는 야마자의 時局觀과는 전혀 다른 것이었다.

야마자는 열강들의 주시를 피하는 것도 물론 중요하지만 그보다 더 중요한 것은 이 전쟁에서 이기지 못하면 국가가 무너진다는 거시적 입장에서의 국가관과 시국관을 가지고 응대한 것이다. 또한 승리할 경우 국제관계는 변한다는 것도 잘 알고 있다. 따라서 그는 열강들의 눈을 피하기 위해 편입절차 처리를 비밀로 하면 될 것이라고 보고 강력히 추진할 것을 당당히 권유

했던 것이다. 당시의 카츠라 내각, 이른바 '전쟁 내각'이 구성되면서 취임한
코무라 외상과 야마자 정무국장이 추진해온 開戰外交와 개전 상황은 일본
이 추진하고 있는 '대륙정책'의 성패, 즉 일본의 흥망을 좌우하는 시점에 당
면한 시국이었던 것이다. 이것을 내무성 당국자나 해군성 소속의 측량 전문
가와의 생각과는 그 방향과 국제질서 내지 국제정치 감각에서 확연히 차이
가 있는 것이다.

　이렇게 되자 할 수 없이 다시 농상무성의 마키 수산국장을 찾아가 상의
하였으나 '외교상의 일'이라면 어떻게 할 수 없다고 하여 낙담 실망하였다.
이리하여 허무하게 좌절될 수밖에 없었다. 그러나 그는 이대로 여기서 물러
설 수가 없었기에 다시 고향인 시마네현 농상무 주임을 붙들고 상의했지만
역시 외교 문제라 허사였다.

2) 나카이를 이용한 야마자의 獨島侵奪

　실의에 빠진 나카이는 지금까지 일련의 상황을 다시 곰곰이 정리해 보았
다. 자신이 처음 찾아간 농상무성 마키 국장과 해군성 키모츠키 수로부장이
자신을 부추겨 원래 한국 땅을 일본 영토로 편입하도록 사주하여 나름 희
망을 가지고 그렇게 하려고 막상 편입 신청서를 제출했으나, 내무성 당국자
가 '외교상의 이유'로 신청이 각하될 것이라고 하자 자신을 부추겨왔던 농
상무성 국장도 포기할 수밖에 없다고 했던 것이다. 결국 나카이가 만난 내
무성, 농상무성, 해군성 관료들은 나카이의 목적 달성에 결정적인 해법을
제시하지 못했던 것이다. 여기서 영리한 그는 그간의 여러 정황들을 비추어
보아 일본이 전쟁 중에 독도를 침탈하려고 한다는 눈치를 챘다.[193] 나카이는

---

193) 이는 영토 편입이 이루어지고도 몇 년이 지난 후에 그가 작성한 『사업경영개요』
　　에 당시 자신을 부추긴 관련 공무원들의 실명과 그들이 언급한 내용을 기술한 것
　　을 보아서도 알 수 있다.

내무성에서 '외교상의 문제'라고 한 점에 착안하여 생각을 전환한 것이다. 지금의 전쟁 상황과 영토문제를 고려할 때 외무성을 두드리기로 했던 것이다. 그간의 수많은 시련 속에 겨우 잡은 기회를 허무하게 던져버릴 사람이 아니었다. 그는 포기하지 않고 외무성을 최종 해결처로 선택한 것이다.

초기에 그는 한국에 청원을 하려고 했지만 그렇지 않아도 전쟁 중이라 모든 업무가 전시 체제로 전환되어 대본영에서 좌지우지하는 마당에 일개 어부인 강치잡이의 어업권 보호를 위해 한국에다가 청원 알선 역으로 일본 정부가 나설 상황은 아님을 나카이도 확실히 알게 되었던 것이다. 따라서 비록 그가 독도가 한국 땅임을 알았다고 하더라도 이제는 차라리 일본 관료들의 말대로 일본으로 편입하여 자신에게 임대해주는 것이 나을지도 모른다는 생각을 했을 것이다. 더욱이 전쟁 중인 이때 일본 정부가 어느 때보다 독도가 필요할 것이라는 정황도 이때쯤은 이미 파악이 되었던 것이다. 나카이는 어업가이다. 그는 영리적 이익이 목적이지 영토의 소유 여부가 주된 목적이 아니다. 그의 계산은 이러했을 것이다. 전쟁에서 승리한 경우나 패배한 경우 어느 것에서도 그는 손해 볼 것이 없다. 승리의 경우는 금상첨화일 터이고, 패배의 경우라도 그는 관료들의 권고를 받아 편입 신청을 하게 되었다는 사실을 만약 문제가 되었을 때 면책의 사유로 사용하면 된다고 생각했을 것이다. 그런 정도의 생각을 충분히 할 수 있는 능란한 수완가다. 그러한 사람이기에 이러한 기획을 대담하게 실천에 옮길 수 있었던 것이었다. 그 정도의 경험은 이미 다 겪은 갓 40대로 접어든 두뇌와 용기 그리고 경험까지 갖춘 사람이다. 다른 사람들이 하지 않은 새로운 사업에 도전해 왔고, 또 강치사업은 실패할 것이라고 다들 만류하였음에도 과감히 시도했다.

그러나 예상 외로 엄청난 고수익이 나자 너도나도 떼로 몰려들었고, 이것을 차단하기 위해 남획 방지의 목적을 앞세우며 자신의 강치 독점 어업권을 법적으로 확보하려고 기획한 사람이다. 이 정도의 사람이라면 도전 정

신과 순발력 있는 사업가의 기질을 충분히 갖춘 어업가인 것이다. 그리고
편입 과정에서 발생한 모든 일들을 세밀히 기록(사업경영개요)하여 남길 정
도로 자신에게 생길 만약의 일에까지 대비할 수 있는 사람이었다고 할 수
있다.194) 즉 '자신은 처음에 한국영토로 인식하여 한국 정부에게 임차 청원
하려고 한 것이었는데, 정부 관료들이 일본 영토로 편입하게 하려고 했다'
는 것을 분명히 밝혀 놓았다. 이토록 치밀하고 계획적인 나카이가 연이은
사업의 실패로 모처럼 새로운 가능성과 막대한 소득 창출이 가능한 사업을
눈앞에 둔 채 도저히 포기할 수 없었던 것이다. 그를 학수고대하고 있는 사
람이 있다는 것을 모르고 있었던 것이다.

　이렇게 하여 그는 외무성의 야마자 국장을 만나기 위해 자신을 소개해
줄 사람을 수소문했을 것이다. 앞서 자신을 소개한 사람들과 달리 이번에는
지역의 유력 인사를 중개자로 내세웠다. 그리하여 그는 동향 출신의 귀족원
의원이자 야마자의 법대 후배인 쿠와타 쿠마조[桑田熊藏]195) 박사를 찾아
간 것이다.196) 쿠와타는 도쿄제국대학 법대를 졸업한 법학자로 야마자의
1년 후배였다. 그는 돗토리현 출신으로 이 사안은 조선과 관계된 문제임을
파악하고 러일전쟁 개전 전과 전쟁 중인 지금도 오직 러시아 격파에 골몰
하고 있는 야마자 선배에게 나카이를 소개한다. 즉 쿠와조는 지금의 전시상
황에서 나카이가 선배에게 도움이 될 것이라고 확신했기에 나카이의 이야
기를 듣고 소개장을 써 준 것이다.

　이때의 러일전쟁의 전황은 교착상태로 여순 함락을 위해 일본군은 全力

---

194) 그는 후일 오키촌장을 역임하고 명망 높은 지역 유지가 되었다(《독도 바다사자-1
　　부 리앙쿠르대왕의 비극》, TBC, 2006.10.27. 방송에서 前오키어업협동조합장 야와
　　타 쇼자의 증언 등을 참조로 작성).
195) 쿠와타 쿠마조(1868~1932): 돗토리현 쿠라요시시 출신으로 나카이와 고향이 같음.
　　법학자로 박사. 귀족원 의원. 돗토리현 쿠라요시시[鳥取縣倉吉市]에서 대지주의
　　장남으로 출생. 1893년 도쿄제국대학 법과대학 졸업. 유학에서 귀국 후 동지와 함
　　께 사회정책학회를 만들어 그 중심으로 활약. 공장법 실행을 위해 전력.
196) 여기까지를 보면 성격상 야마자 엔지로와 닮은 곳이 많다.

을 쏟고 있던 때였다. 8월 19일부터 시작한 제3군의 첫 번째 총공격에서 엄청난 사상자와 함께 대참패를 했다는 소식도 야마자는 듣고 있었다. 그런 전황에 대해서는 손바닥 보듯 하고 있는 야마자였다. 부족한 전비에 전황마저 먹구름에 가득 찬 상황에서 야마자의 고심은 깊어지고 있었다.

이러한 시기에 나카이는 마지막 희망으로 알고 소개장을 들고 야마자를 방문했던 것이다. 두 사람 모두 커다란 문제를 안고 있다는 점은 동일했다. 나카이는 이번에야말로 반드시 자신의 계획을 성공시켜야만 했다. 이미 일본 정부가 무엇을 원하고 있는지도 파악한 나카이였다. 그는 지금까지의 모든 자신의 상황을 야마자에게 상세하게 그리고 힘주어 역설하였다. 이를 진지하게 듣고 있던 야마자는 내심 안도의 환희심이 밀려왔을 것이다. 그의 심중은 누구보다 무거운 책임감과 향후 전황 전개 및 승리를 위한 구상으로 가득 차 있었을 것이다. 그런 와중에 찾아온 자신과 동년배이고 어딘가 비슷한 성향인 시골 어부 나카이는 그야말로 반가운 사람이었을 것이다. 자신의 바로 직계 후배의 소개도 있었고, 자신과 친한 대학 친구 와카츠키(후일 수상)의 고향 사람인 나카이를 단순한 일개 어부로 보진 않았을 것이다.

게다가 육전에서의 대참패, 전비 부족, 발틱함대의 來到 등 일본은 양쪽에서 위기에 몰리고 있었던 것이다. 그는 육전이 정리되면 종래 해전으로 마무리해야 함도 잘 알고 있었다. 해군 군령부에서 독도에 망루 설치를 계획하여 군함을 파견하여 조사하고 있다는 것도 물론 알고 있었다. 외무성 정무국장인 그로서는 전비 부족으로 허덕이는 일본군이 장기전은 必敗임을 누구보다 잘 알고 있었다.

따라서 비록 지금은 고전 중이나 육전이 승리할 경우 해전에서도 반드시 승리해야만 유리한 강화를 이끌어낼 수 있다. 그것이 바로 자신의 임무인 것이다. 그러기 위해서는 동해상의 섬 독도가 전략상 요충지일 뿐만 아니라 일본의 운명을 결정짓게 될 곳으로 반드시 필요했다. 또 발틱함대가 출발 준비를 하고 있는 상황도 첩보망을 통해서 세밀히 파악하고 있었다. 특히

러시아나 영국 공사관 등에서 오는 전보는 물론, 러시아와 유럽 등지에서
스파이로서 맹활약을 하고 있는 고향 선배이자 친구인 아카시 모토지로 대
좌로부터도 충분한 정보를 취하고 있었을 것이다.

참모본부나 군령부 그리고 만주군 총사령부의 참모장인 코다마 겐타로와
코게츠카이[湖月會] 동지들과 만주에서 활약하고 있는 매제인 요시오카 대
좌 등 군부 내의 인맥을 통한 전황정보 및 정부 내 대장성 요직에도 동기들
이 버티고 있어 전비 상황 등 전쟁 수행 관련 종합 정보를 한 손에 꽉 움켜
쥐고 있는 그였다. 그런 그에게 나카이가 찾아와서 독도를 일본 영토로 편
입해 달라고 애원을 하고 있으니 이 얼마나 절묘한 호기이었겠는가.

그러나 그는 차분히 나카이의 이야기를 들으며, 동시에 나카이의 개인적
동기가 궁극적으로는 일본의 국익을 위한 최적의 기회일 수 있다는 자부심
을 나카이에게 일깨워 주고 싶었을 것이다. 그는 다소 비장한 듯 말문을 열
었다. "「시국이야말로」 그 영토 편입이 시급히 요구되며, 망루를 건축해서
무선 또는 해저전신을 설치하면 적함 감시 상 지극히 유리하지 않겠는가.
특히 '외교상'으로는 내무성과 같은 고려를 할 필요가 없다. 마땅히 원서를
본성(외무성)에 회부시켜야 한다"[197](이하 원문)

　　"時局オレバコソ其領土編入ヲ急要トスルナル望樓ヲ建築シ無線若ク
　　ハ海底電信ヲ設置セバ敵艦監視上極メテ屆意ナラズャ特ニ外交上內務ノ
　　如キ顧慮ヲ要スルコトナシ須ラク速カニ願書ヲ本省ニ回附セシムベレ"

라고 하며 의기양양(意氣揚揚)하게 말했다. 야마자가 던진 결기에 가득 찬

---

197) 『事業経營槪要』, 내무성에 제출한 청원서를 신속히 외무성으로 보내라는 것인데
　　이는 야마자 자신이 직접 처리하겠다는 것으로 나카이의 요구를 확고히 보증해
　　준 것이다. 그러나 최종의 절차적 형식에는 신중을 기하는 모습이다. 즉 이듬해
　　1월 10일 외상이 아니라 내상이 각의에 제출하여 의결에 붙인 것이다. 외상이 제
　　출하면 이것은 타국과의 영토 문제적 성격으로 비치므로 자국 내의 문제처럼 내
　　상이 제출하는 형식을 취한 것으로 보인다. 야마자다운 처리 방식이라 하겠다.

이 말은 카와카미 참모차장이 청일전쟁의 단서를 열 때 겐요샤[玄洋社] 사람들에게 한 말(불을 붙여주면 자신들이 끄겠다)을 곧바로 상기시킨다. 이것이야말로 일본 정부의 독도침탈 야욕을 명백히 대변하는 증거다. 내무성에서처럼 과거 태정관에서 내린 결정 따위에 지금의 외무성은 그에 아랑곳하지 않고 결정할 수 있다는 의미다. 즉 이제 조선은 청국이 종주국이 아니고, 동시에 조선은 이미 우리 일본이 그 지배력에 있어서 우선권을 갖고 있는 바, 내무성처럼 내부 행정 규정 따위는 걱정하지 말고, 일본은 이미 제국주의 시대의 흐름에 따르고 있으니 신경 쓸 것 없다는 의미다. 제국주의적 야욕에 가득 찬 자신감이다.

이는 독도는 한국영토임을 전제로 이것은 외교문제이므로 내무성과는 무관하니 그건 신경 쓰지 말라는 것이다. 외무성에서 처리하고 그 행정적 절차만 나중에 내무성이 처리하면 된다는 것이다. 그의 이 말엔 한반도의 운명이 이 전쟁에서 승리하면 어떻게 전개될 것인지 모두 파악하고 있다는 의미가 포함되어 있다. 개전 바로 후 韓日議定書(1904.2.23)가 강요되었고, 이어서 顧問政治(1904.8.22.부터)로 이행되고 있어 이미 실질적으로 한국의 군사권과 독자적 외교권은 일본에 의해 장악되었던 것이다. 이러한 일련의 과정을 직접 주도한 야마자이다. 그런 야마자의 입에서 나온 이와 같은 말은 '편입'은 이미 기정사실로 되고, 다만 그 시기만 저울질하면 된다는 것이다.

따라서 이 「시국이야말로」란 말은 조선의 것이든 아니든 고려할 상황이 아니라 자신이 말한 그대로 긴급 상황인 것이다. 작은 섬의 영유권 문제에 매달릴 처지가 아니라198) 일본의 운명을 좌우할 때라는 것이다. 따라서 일

198) 『竹島經營者中井養三郎立志傳』에서는 야마자가 나카이의 사업 구상 등을 듣고 나서 말한 것 중에 독도편입에 관해 "하찮은 바위섬 편입 같은 작은 사건일 뿐(眇たる岩島篇入の如き些些たる小事件のみ)"이라고 했다고 기록하고 있다. 이는 야마자가 나카이에게 편입은 식은 죽 먹기라는 식으로 내무성 등 타 부처의 견해는 괘념치 말고 자신이 하라는 대로 하면 된다는 확실한 보장을 약속하면서 유인을 하는 것이다. 당시의 야마자의 영토관이 제국주의적임을 확실히 엿보게 하는 대

단은 '하찮은 작은 섬 편입 문제에 연연해 할 것 없다'는 것이었다. 그것은
자기에게 맡기면 거뜬히 해결할 수 있다는 확실한 보증이자 유인책이었다.

그는 부산 근무 시절, 일본 군부가 진행하는 경부철도 부설을 위한 사전
비밀측량 임무에서도 조선 정부를 기망하고 대담하게 실행했던 사람이다.
그 건으로 그의 실력(?)을 상사로부터 인정받고 이후 그는 서서히 두각을
나타내 35세의 나이에 일약 외무성 정무국장으로 발탁된 인물임을 앞에서
충분히 보았다. 그런 그에게 러일전쟁을 통한 국운의 결정, 국제관계의 변
화 등을 제대로 알지 못하는 농상무성은 물론 내무성의 견해는 당연히 고
려의 대상이 아닌 것이다. 그가 나카이에게 의기양양하게 그렇게 말할 수
있는 배경은 일찌감치 쌓여왔던 것이다. 키모츠키의 경우도 야마자처럼 밀
어붙일 수 있을 만큼의 처지가 아닌 것이었다. 그 역시 측량전문가로서 대
륙정책의 입안 및 실무 전문가인 야마자처럼 대외정책의 입안이나 결정에
관여할 직책이 아닌 것이다. 따라서 내무성에 내린 각하 결정에 따를 수밖
에 없었던 것이다. 아울러 야마자가 특히 외교상으로 전혀 문제가 없다고
하는 것은, 영일동맹 실현과 대러 개전의 강경책을 취하며 조선을 식민지화
하려는 당시의 외교 노선을 구체적으로 대변하는 말이었다.[199]

이러한 외무성의 입장은 여타 부처와는 다른 위상이다. 코무라 쥬타로
외상은 물론, 야마자 정무국장과 코무라의 친구인 수상 카츠라와 육상인 테
라우치 등 내각의 주도 세력들은 모두 개전파로 대러전을 위해 야마가타의
지침대로 쉼 없이 달려왔던 인물들이다. 이들은 한결같이 러시아를 격파하
여야만 일본의 안위와 미래를 확보할 수 있고, 그렇게 함으로써 야마가타가
말한 '이익선'인 조선을 확실히 자신들의 지배하에 두고, 그를 발판으로 대
륙팽창의 꿈을 실현할 수 있다고 굳게 믿고 있는 제국주의자들이었다. 이러
한 정책의 핵심 실무자인 야마자는 이 절호의 찬스를 결코 놓칠 수 없다는

목이다.
199) 內藤正中, 『竹島(鬱陵島)をめぐる日朝關係史』, 多賀出版社, 2005, 174쪽.

필승의 각오로 임하고 있는 사람인 것이다.

이런 상황에서 야마자를 찾아온 나카이의 영토 편입 청원은 야마자에겐 적시적기의 안성맞춤이었던 것이다. 이렇게 만난 두 사람은 각자의 목적을 달성할 수 있는 방법을 모색한 것이다. 나카이는 자신의 초심(량코도는 한국땅)을 포기하는 대신 어업 독점권을 획득하고, 동시에 자신의 기여에 의해 독도가 일본 영토로 편입되게 한 공을 세웠다는 자부심 및 사후 보장책도 마련하는 것이다. 반면 야마자는 마지막 전투의 필승을 위한 전략적 요충지 탈취를 통한 대륙정책 성취의 발판을 확고히 구축할 수 있는 것이었다. 야마자는 농상무성, 해군성, 내무성과 같은 입장이 아니라 일본의 운명이 걸린 이 시기에 대외정책의 핵심 실무자로 개전과 함께 마무리까지 책임져야 하는 사람이었다. 향후 문제가 생겨도 그것은 외무성이 결국 처리해야 할 문제이고, 또한 승리하면 이 문제는 수면 아래로 가라앉을 수밖에 없고, 조선으로부터 사후승인을 받으면 되는 것이다. 야마자의 대담성과 치밀함은 그 정도쯤은 지금의 시국에선 문제가 될 수 없었을 것이다.

이러한 상황에서 야마자가 나카이에게 던진 말은 외무성 국장이 아니라 오히려 해군 군령부 참모가 하는 말투나 다름없었다. 즉석에서 이렇게 정확한 용어와 필요한 설치 시설 및 용도를 구체적으로 언급한다는 건 이미 그는 코게츠카이[湖月會] 동지들을 통해 해군의 전황정보를 상세히 알고 있다는 방증(傍證)이다. 특히 군령부에 있는 절친한 친구 카미이주미와는 호기가 맞는 절친한 친구임은 이미 살핀 바 있다. 이를 보아 야마자 국장은 개전 전에는 개전을 위한 열렬한 주전파로, 개전 후에는 실제 전투에 임하는 전사와 같은 입장으로 국내외적으로 두루 거시적 통할을 하고 있음을 알 수 있다. 강건한 제국주의자 야마가타 아리토모를 보는 듯하다.

그의 이러한 표현을 미루어 보아 그는 이미 죽변에서 6월부터 무선 시설과 그 후 해저전선을 설치한 내용 등을 아주 소상히 보고받고 있음을 확실히 엿보게 한다. 즉 9월까지 한국 연안과 울릉도 등 전역에 이런 감시초소

와 연락망을 구축하고 있는 내용을 소상히 알고 있는 것이다. 이는 '5.15사
건'으로 연합함대의 전력 3분 1에 해당하는 손실로 커다란 전력 공백에 시
달리고 있음을 야마자는 너무나 잘 알고 있는 것이다. 그는 내무성이나 해
군 측량 전문가가 감당할 수 없는 광범위한 육해군의 전략정보와 전황정보,
국제정세 정보 등을 가진 인물이기에 이렇듯 상세하게 이야기하며 영토 편
입이 매우 시의적절함을 오히려 나카이가 놀랄 정도로 당당하게 역설하고
있는 것이다. 기다렸다는 듯이 응대한 사람은 바로 야마자였다. 두 사람 모
두 매우 적극적이고 목표지향적인 사람들이었다. 당시 나카이가 40세, 야마
자가 38세였다. 각자의 영역에서 최고의 역량을 발휘하고 있는 때였다. 야
마자가 던진 「시국이야말로」란 이 한마디가 바로 꺼진 불을 다시 타오르게
한 역사적인 촌철살인이었다.

　이렇게 야마자에 의해 새롭게 편입 절차가 거론된 후 일본의 독도 야욕
에 대한 움직임은 더욱 노골화된다. 앞서 보았듯이 나카이의 편입원 제출
전에 이미 군함 니타카호가 독도에 망루를 설치하기 위한 사전 조사를 벌
인 바 있었음은 살펴보았다.

　이어서 편입 절차 진행 후인 1904년 11월 23일 군함 對馬號가 독도에 도
착, 부함장 야마나카 시바키치[山中柴吉] 소좌와 軍醫長 大軍儀 이마이 게
비타로[今井外美太郎] 등 2명이 독도에 상륙하여 약 3시간 동안 독도를 시
찰하였다. 이것이 망루와 통신시설 설치 여부를 위한 현장 답사로는 최초였
다. 그리고 이듬해 1월 5일 對馬號 艦長 소좌 센토 타케히데[仙頭武英]가
독도시찰 최종 보고서를 해군성 수로부장에게 제출하면서 東島가 적합하다
는 의견을 낸다.200)

---

200) 愼鏞廈, 「朝鮮王朝의 獨島領有와 日本帝國主義의 獨島侵略 : 獨島領有에 대한 實證
　　　的 一研究」, 『한국독립운동사연구』 제3집, 1989, 96~98쪽.

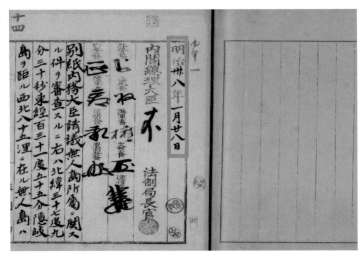

〈그림 5〉 독도편입 日本閣議決定(1905.1.28.)

[자료]: 國立公文書館　アジア歴史資料センター

　따라서 일본 해군은 독도 망루 등의 설치 계획 중에 나카이가 편입을 신청하였고, 이것이 내무성에 의해 '외교상의 이유'로 각하되자 마지막으로 찾아간 야마자가 이 기회를 이용하여 편입 절차를 밟게 된 것이다.

　별지 내무대신이 청한 안건 무인도소속에 관한 건을 심사해보니, 북위 37도 9분 30초, 동경 131도 55분, 오키섬[隱岐島]에서 거리가 서북으로 85리에 있는 이 무인도는 다른 나라가 이를 점유했다고 인정할 형적이 없다. 지난 (明治) 36년 우리나라 사람 나카이 요자부로[中井養三郎]란 자가 漁舍를 만들고, 인부를 데리고 가서 獵具를 갖추어 海驢(강치)잡이에 착수하고, 이번에 영토편입 및 대하를 출원했는 바, 이에 소속 및 섬의 이름을 확정할 필요가 있으므로, 이 섬을 竹島라고 이름하고 이제부터는 시마네현 소속 오키도사(隱岐島司)의 소관으로 하려고 하는데 있다. 이를 심사하니 明治 36년 이래 中井養三郎이란 자가 이 섬에 이주하고 어업에 종사한 것은 관계서류에 의하여 밝혀지며, 국제법상 점령의 사실이 있는 것이라고 인정하여 이를 우리나라의 소속으로 하고

시마네현 소속 오키도사의 소관으로 함이 무리 없는 건이라 판단하여 요청한 바와 같이 각의결정이 성립되었음을 인정한다.

이렇게 하여 접수된 신청서는 이듬 해 1월 10일 내무대신이 각의에 붙여 1월 28일 내각회의를 통하여 독도편입이 위의 내용(박스 안)으로 결정(<그림 5>)[201]된 것이다. 그 1월 28일은 여순항을 점령(1905.1.1.)하고, '피의 일요일' 사건(1905.1.22.)으로 러시아의 내분이 아카시 모토지로의 공작에 의해 확실히 확산된 후 일본이 승기를 잡은 상황에서 내려진 결정이다. 그리고 그 사이 약 4개월이 소요된 것은 전황의 전개를 고려하는 시간이 소요되었다고 보인다.

야마자의 입장에선 독도가 조선의 영토이고, 1904년 군함 니타카호에서 '獨島'라는 명칭이 사용된 것과 일본은 독도에 대한 자국의 명칭이 없고, 그 섬을 발견한 프랑스 선박의 명칭을 따서 명명한 '량코도'라고 한 것 등은 독도가 조선 땅임을 내무성, 농상무성, 해군성 등 모두가 알고 있는 일이었다. 따라서 편입 신청서가 접수되었다고 하여 곧바로 남의 나라 영토를 설사 비밀리에 편입한다고 하더라도 혹시나 이러한 시국에 문제가 발생해

---

201) "別紙內務大臣請議無人島所屬二關スル件ヲ審議スルニ、右ハ北緯三十七度九分三十秒東經百三十一度五十五分隱岐島ヲ距ル西北八十五浬二在ル無人島ハ他國二於テ之ヲ占領シタリト認ムヘキ形迹ナク、一昨三十六年本邦人中井養三郎ナル者二於テ漁舍ヲ構ヘ、人夫ヲ移シ獵具ヲ備ヘテ海驢獵二着手シ今回領土編入拉二貸下ヲ出願セシ所、此際所屬及島名ヲ確定スルノ必要アルヲ以テ、該島ヲ竹島ト名ケ自今島根縣所屬隱岐島司ノ所管ト爲サントスト謂フニ在リ、依テ審査スルニ明治三十六年以來中井養三郎ナル者該島二移住シ漁業二從事セルコトハ關係書類二依リ明ナル所ナルハ國際法上占領ノ事實アルモノト認メ、之ヲ本邦所屬トシ島根縣所屬隱岐島司ノ所管ト爲シ差支無之儀ト思考ス依テ請議ノ通閣議決定相成可然ト認ム"[출처: 『隱岐島ヲ距ル西北八十五哩二在ル無人島ヲ竹島ト名ヶ島根縣所屬隱岐島司ノ所管ト爲ス』, 明治38年01月28日(國立公文書館 アジア歷史資料センター, 『公文類聚』第二十九編 第一卷, A01200222600)].

서는 곤란하므로 전황 전개 상황을 예의주시하며 가장 적절한 시기에 결정하려고 한 것이 바로 그 시점이었던 것이다. 그때는 이미 발틱함대가 출발하여 3개월을 지나고 있어 점점 긴장이 고조되고 있던 터였다. 바야흐로 해전 준비에 만전을 기해야 할 때였다.

당시 만주군은 여순항을 확보하고 러시아의 여순함대를 완파한 후 북상하던 중이었다. 이런 상황에서 내무성이나 농상무성이나 해군 수로부 측량 전문가가 고려하는 상황과 야마자가 고려하는 상황은 천지차이가 있었던 것이다. 바로 울릉도, 독도는 일본의 대륙팽창정책 실현에 확고한 주춧돌을 놓느냐 아니면 일본이 패망하느냐의 기로에 있던 요충지였던 것이므로 야마자로서는 적법 불법, 당부당을 가리지 않고 과감히 나카이의 제안을 이용하기로 한 것이다. 한편으론 절묘하기까지 했다.

그는 외교관의 첫발을 부산에서 시작했다. 그리고 인천에서도 근무했고, 대리공사일 때는 경성에서도 근무한 소위 '한국통'이다. 1900년 10월 25일 고종이 칙령 제40호로 독도를 울도군(울릉군) 관할로 한 것도 잘 알고 있던 사람이었다. 그런 그가 조선의 수족을 묶어둔 폭력 상태 하에서 독도를 침탈했던 것이다.[202]

이렇게 하여 수면 아래로 가라앉을 수도 있었던 것을 야마자의 주도면밀한 대응으로 결국 독도는 러일전쟁의 제물이 되었던 것이다. 따라서 독도침탈의 핵심적 주도자는 외무성 정무국장 야마자 엔지로였던 것이다.

---

202) 쇼인이 조선을 침략할 땐 울릉도를 가장 먼저 일본의 취해야 할 곳으로 지목한 것도 상기해 볼만하다.

Ⅵ. 결 론

지금까지 살펴본 내용들을 간략히 정리, 검토한 후 결론을 도출함으로써 마무리하고자 한다. 본서는 메이지 정부 '大陸政策'의 성격 및 러일전쟁 전후에 걸쳐 그 실무를 총괄한 야마자 엔지로[山座円次郎, 1866~1914] 정무국장의 독도침탈 관련성에 관한 연구이다. 즉 독도침탈의 거시적 배경과 침탈의 주도자(WHO의 문제) 및 일본 정부가 지속적으로 주장하는 '독도편입 전쟁무관설'이 허구임을 밝히는 데에 그 목적을 둔 것이다.

연구를 위해 국회도서관을 통해 '독도'로 검색한 결과 5,912건 중 독도침탈 직접 관련 학술 기사가 20건 정도, 학위논문은 석사학위 논문 1편이 전부였다. 이들 선행연구들을 검토한 결과 다수의 연구들이 독도침탈의 불법성, 부당성, 허구성 등에 관한 것으로, 침탈 시점에 근접한 절차 부분에 관한 연구였으며, 시대적 및 정책적 배경이 다소 미약한 미시적 접근의 연구들이 주였다. 아울러 대륙침략정책과 독도침탈 사이의 행간이 불명확하다는 점 및 독도침탈의 핵심 주도자(WHO)가 누구였는가에 대한 연구의 필요성을 느꼈다. 이에 필자는 시대적 및 정책적 배경을 중심으로 거시적 고찰과 'WHO'의 문제 및 이들 두 가지 사항을 토대로 일본 정부의 '독도 편입 전쟁무관설'의 허구를 논증하고자 하였다.

이에 따라 2장에서 대륙정책 태동의 배경으로서 요시다 쇼인의 征韓論과 그 征韓論爭을 바탕으로 한 대륙침략노선을 일본의 대외정책으로 수용한 과정을 고찰하였다. 그리고 이 침략방침이 對外政策의 定策指標로서 '主權線(일본의 영역)과 利益線(한반도)'으로 천명되는 과정을 살펴보았다. 또한 청일전쟁 승리 후 야마가타는 '이익선의 확장'을 주장하며 '동양의 맹주’가 될 것을 공언했다. 아울러 당시 군부 엘리트로 이름이 높았고 겐요샤[玄洋社]와도 깊이 교류했던 독일 유학파 카와카미 소로쿠 참모총장도 그 이익선을 ‘生命線’으로까지 강조한 발언도 살펴보았다. 이러한 대외침략지침이 이후 일본 제국주의 대외팽창정책의 기본 노선이 되어갔던 것이다. 또한 당시 이와 같은 제국주의정책의 주도자들인 야마가타 아리토모, 이토 히로부미, 카츠라 타로 등에 대해서도 간략히 검토하였다. 무력을 침략수단으로 한 야마가타와 외교를 침략수단으로 한 이토 히로부미, 이들 양자를 절충하는 카츠라 타로가 마침내 선배 제국주의자들의 뒷받침에 힘입어 「독도침탈내각」의 수장이자 「한일강제병합내각」의 수상으로서 ‘병합 3인방의 한 사람’으로 불리고 있음도 검토하였다. 이들은 모두 메이지 신정부에서 채택한 정한론을 계승한 야마구치현 하기 출신자들이었다.

　이러한 거시적 배경을 전제로 하여 3장에서 러일전쟁기 대륙정책의 핵심 실무자인 외무성 정무국장 야마자 엔지로에 대해서 고찰하였다. 그가 태어난 후쿠오카 지교[地行]란 곳이 일본 우익의 효시라 할 수 있는 겐요샤[玄洋社]의 설립자인 히라오카 코타로와 겐요샤의 해외공작 조직인 코쿠류카이[黑龍會] 창립자인 우치다 료헤이의 고향이다. 야마자는 물론 그의 형과 조카도 겐요샤 사원으로, 야마자는 우익 집안과 우익 고장에서 태어난 전형적인 우익 인물이었다. 그는 17세 때 玄洋社 선배들의 도움으로 도쿄로 유학하여 도쿄제국대학 법과대학을 최우수 성적으로 졸업했다.

　그는 1892년 대학 졸업 후 대륙에 뜻을 두고 선배들의 도움으로 외무성에 입성했다. 그는 약 9년간의 유학시절을 통해 메이지 및 타이쇼 시대를 이끌어갔던 많은 인물들과의 인연을 맺었다. 그 중에서 그의 대륙정책에 조력한 사람들도 많았다. 외교관으로서 그의 최초 부임지는 부산 총영사관이었다. 그는 부산을 시작으로 약 4년 정도를 한국에서 근무한 한국통이다. 그가 부산에서 행한 첫 대륙침략 행보는 군부에서 추진하던 경부철도 노선 비밀측량이었다. 그는 조선 정부에게는 ‘사냥여행’이라는 구실로 기망한 후 그 일을 성공리에 마치고 지도를 작성하여 군부로 보냈다. 당시 고향 선배 히라오카가 향후 조선과 만주를 침략하기 위해 미리 낭인들을 부산으로 보내 두고 있었는데, 야마자는 이들과 교류하며 물심양면으로 도왔다. 그들 낭인들이 가진 대륙팽창주의와 야마자의 그것이 서로 다르지 않았던 것이다. 야마자에게 있어 낭인(조선낭인, 대륙낭인)들은 평생의 동지였다.

그리고 그는 1893년 11월 상해 총영사관으로 가서 이듬해 3월 김옥균 사건과 조우하게 된다. 그는 이 사건을 청일전쟁을 준비하고 있던 일본이 개전의 단서를 열 수 있도록 활용하게 했다. 이를 통해 외무성에서 그의 능력을 인정받았다. 다시 부산과 인천을 거치며 한국 근무를 마치고 영국으로 가게 되었다. 한국을 떠나기 전 마지막 임무는 명성왕후 시해 사건을 일으킨 미우라 공사를 대신해 그 사건의 뒤처리를 위해서 부임한 코무라 쥬타로[小村壽太郎, 1855~1911] 주한변리공사를 인천에서 경성까지 열차로 수행하는 것이었다. 이 과정에서 맺은 인연이 후일 코무라=야마자 외교를 탄생시킨다. 두 사람 모두 대륙팽창을 지향하는 외교관으로서 19세기말과 20세기 초의 일본 제국주의 외교를 주도했다.

야마자는 당시 세계 최강국이자 세계외교의 중심인 영국에서 약 3년간 세계 속에서의 동아시아 정세를 면밀히 파악했다. 그는 장차 일본의 대륙팽창을 위해서는 러시아와의 무력 충돌은 불가피하다고 판단했다. 그럴 경우 일본의 자력으로는 러시아를 상대할 수 없으므로 영국과의 동맹을 추진해야 한다는 '英日同盟意見書'를 제출하기도 했다. 이는 후일 그가 코무라 수상과 함께 정무국장이 되어 가장 먼저 추진한 일이었다. 일본은 청일전쟁 승리 후 삼국간섭(1895)으로 러시아에 대한 석개심으로 명성왕후를 시해하는 만행(1895.10.8.)을 범하면서까지 대러(對露) 응징을 결심하고 있던 터였다.

3장 마지막에서 야마자 대륙정책의 본질을 알아보기 위해 겐요샤 사상을 검토하였다. 야마자의 평생 사상을 이끌었던 겐요샤[玄洋社]는 '天皇'第一主義, 國權主義, 民權主義를 憲則으로 한 사이고의 征韓論을 추종한 반란

사족들이 만든 국권주의 단체였다. 그가 평생 추구한 대륙팽창정책의 뿌리
는 바로 '征韓主義'였고, 이를 토대로 한 '大陸膨脹主義'였다. 이것이 玄洋
社의 대륙정책이자 야마자의 대륙정책이었다. 겐요샤 지도부들 중 고향에
서부터 야마자에게 사상과 경제적 후원 및 사적인 관계 등에 이르기까지
전반적으로 영향을 미친 히라오카 코타로 초대 겐요샤[玄洋社] 사장과 평
생 뜻을 같이 하며 친구로 지낸 겐요샤 책사라 할 수 있는 스기야마 시게마
루 그리고 겐요샤의 거두로 겐요샤의 모든 정책을 아우르는 토야미 미츠루
등 세 사람에 대해서도 간략히 검토하였다. 이들이 모두 야마자 대륙정책의
수행에 지대한 버팀목이었던 것이다.

4장에서는 야마자가 정무국장이 된 이후의 활동을 검토하였다. 그는 한
국 근무를 마친 후 1901년 12월 외무성 정무국장이 되었다. 외상 코무라가
야마자를 발탁한 것이었다. 코무라 역시 당시 러시아가 의화단 사건을 구실
로 만주 전역을 점령한 것을 계기로, 장차 이것이 일본의 북진정책과 러시
아의 남하정책이 정면충돌하는 상황을 초래할 것이라고 판단했다. 이리하
여 코무라=야마자 외교팀이 결성되었다.

두 사람은 당시의 일본을 대표하는 제국주의 외교관들이다. 그들이 한
팀이 된 이후 가장 먼저 행한 일이 대러(對露) 개전을 위한 영일동맹 체결
이었다. 그리고 악화되는 대러 정세 속에서 開戰外交에 박차를 가했다. 이
토가 끝까지 반대하였으나 천황의 지지까지 받아내어 이룬 영국과의 동맹
이었던 것이다. 동맹 체결 후 러시아는 잠시 주춤하였으나 머지않아 강경파
가 득세하면서 만주에 이어 용암포에도 군대를 주둔시키자 일본 열도는 개
전을 외치는 열기로 들끓었다. 야마자는 육해군 엘리트 소장급 장교들과 외
무성 관료들이 조기 개전을 위해 결성한 코게츠카이[湖月會]를 통해 민간
과 군부 및 정계를 잇는 교량 역할을 하며 개전 활동에 박차를 가했다. 법
제국 장관을 지낸 정치가인 그의 장인 역시 대러 응징 결사 촉구를 위해
결성된 對露同志會를 주도, 개전활동에 앞장서며 사위를 도왔다.

외무성 입성 후 야마자의 인적 네트워크는 정부와 군부 및 민간 우익인
사들과 광범위하게 형성되어 있었다. 그는 개전을 끝까지 반대하는 이토 암
살을 호언하는 등 개전을 위해 주저하는 바가 없었다. 이토도 그를 불러 책
망과 함께 속내를 보여줄 정도였다. 또한 그는 대학후배들을 조선과 만주로
보내 전쟁 대비를 위한 첩보활동도 서슴지 않았다.

마침내 1904년 2월 8일 일본은 선제기습공격으로 러일전쟁을 도발하였
다. 선전포고의 원문도 야마자에 의해 작성되었다. 이로써 야마자는 이제부
터 전쟁 승리를 위해 모든 노력을 경주해야 했다. 당시 일본과 러시아의 국
력 차이를 보면 면적은 60배, 재정수입은 8배, 육군은 11배, 해군의 총톤수
는 1.7배로 절대 열위에 있었다. 따라서 그들은 기습공격을 감행하였고, 전
쟁 개시 직전부터 참모본부의 명령으로 대첩보전을 전개하기 시작하여 러
시아 내부 분열을 통한 혁명유발 공작, 즉 소위 '아카시 공작'에 돌입했다.
이 공작을 담당한 사람이 러시아 공사관 무관인 아카시 모토지로[明石元二
郞] 대좌로 야마자의 고향선배이자 친구로 야마자와 정보를 공유하며 승리
를 위해 공히 매진한다.

한편 해군은 전쟁 개시 3개월 만에 일본 해군 전력 3분의 1을 상실하게
되었다(5.15사건). 이는 그렇지 않아도 절대적으로 열세인 일본을 긴장시키
기에 충분하였다. 설상가상으로 6월 14-15일에 블라디보스톡함대에 의해
수송선 2척이 격침되어 보급에도 큰 차질이 발생하였다. 게다가 페테르부르
크에서는 발틱함대가 편성되고 머지않아 극동으로 출항한다는 소식까지 들
려왔다. 이에 따라 울릉도와 독도의 전략적 가치가 급부상하게 된 것이다.
당시 전비가 부족한 일본으로서 취할 수 있는 최선의 전력보강을 위한 대
안이 바로 동해상의 두 섬에 대한 활용방안이었던 것이다.

이러한 상황에서 강치잡이 어부 나카이가 '량코도(독도) 편입'을 신청
(1904.9.29.)하게 된 것이다. 그러나 일본 해군은 그가 편입 신청을 하기 전
에 이미 발틱함대의 來到에 대비한 망루 설치 및 통신망 구축을 위해 독도

를 조사했던 것이다. 나카이는 처음 한국령으로 알고 일본 정부를 통해 자신에게 한국 정부가 독도를 임대해줄 수 있도록 알선을 부탁하였으나 농상무성, 해군성 관리들은 나카이를 사주하여 일본 영토로 편입하게 한 뒤 임대 받으라고 했다. 이에 나카이는 처음 생각을 접고 그렇게 하기로 하여 영토 편입원을 내무성에 제출했다. 그러나 내무성에서 지금과 같은 시기에 득보다 실이 많다는 '외교상의 이유'로 거절하였다. 나카이는 외교상의 문제로 거절당한 점에 착안하여 마지막으로 외무성 정무국장인 야마자를 찾아갔다. 야마자는 戰況과 독도의 전략적 가치를 누구보다 잘 알고 있는 사람이었다. 청일전쟁 이후 오로지 러시아를 한반도에서 축출하기 위한 행보로 혼신을 다해 몰두해온 그였다. 동해에서의 이 일전이 국가의 흥망을 좌우하는 중차대한 상황임은 누구보다 잘 알고 있다. 따라서 그는 내무성의 외교상 문제 운운은 신경 쓰지 말라며 자신에게 편입신청을 하라고 하여, 결국 독도는 일본의 대륙팽창을 위해 오랜 준비를 해왔던 야마자에 의해 일본으로 편입되었다. 그 결과 울릉도와 독도 근해에서 일본 해군은 발틱함대를 최종 섬멸하여 마침내 대륙침략의 교두보로서 한반도를 일본의 식민지로 만들 수 있었던 것이다.

이상의 고찰을 통한 결론을 정리하면 다음과 같다.

첫째, 일반적으로 독도침탈은 일본 정부가 개입했다고 하여 왔지만, 어떻게 개입하였는지에 대한 구체적인 배경과 역할이 명확히 밝혀지지 않았다. 본서에서는 메이지 정부 수립 이후 정한론을 배경으로 한 대륙팽창정책 추진 과정 등을 살폈다. 그리고 일본 정부는 그 목적 달성을 위한 최후 방해물인 러시아를 한반도와 만주에서 축출하기 위해 국운을 건 전쟁을 도발했다. 이렇게 하여 시작된 러일전쟁 수행 중 동해해전이 일본의 흥망을 좌우하는 상황에서 일본 정부가 적극 개입하여 독도가 편입된 것임을 확인하였다. 즉 독도'편입'은 일본의 '탐욕과 폭력에 의한 침략 행위'로 편입이 아닌 '침탈'이며, '침탈의 주체'는 바로 일본 정부였다. 따라서 '독도편입 전쟁무관설'은 편입의 합법성을 가장하려는 구실에 불과하다.

둘째, 종래 독도침탈의 연구에 있어 지금까지 침탈의 주도자(WHO)에 대한 연구가 폭넓게 이루어진 바가 없었다. 메이지 정부 수립 이후 요시다 쇼인의 제자인 수상 야마가타 아리토모의 시정연설(주권선과 이익선 천명)에서 보았듯이 일관된 대륙팽창 방침 속에서 청일전정 후 대륙팽창의 최대 걸림돌은 러시아였다. 이러한 상황에서 러시아와의 일전은 일본의 흥망을 건 전쟁이었고, 이를 오랫동안 대비해왔던 당시 '대륙정책'의 집행자인 외무성 정무국장 야마자 엔지로[山座円次郎]의 주도 하에 러일전쟁 중 독도가 침탈되었던 것이다. 즉 '침탈의 주도자'는 야마자 엔지로 정무국장이었다.

셋째, 독도침탈은 강치잡이 어부의 어업권 보호를 위한 편입이 아니었음은 물론, 러일전쟁 수행만을 목적으로 한 편입도 아니었다. 독도침탈은 한마디로 일본의 영토 확장을 위한 제국주의 대륙침략정책 수행 과정의 필연적 산물이었다.

끝으로 이 글을 마치며 상기하고 싶은 두 가지가 있다. 그 하나는 지피지기면 백전불태(知彼知己百戰不殆)라는 손자의 비장한 현책(賢策)이다. 다른 하나는 서애 유성룡 선생의 『懲毖錄(징비록)』에 담겨진 정신이다.

참고문헌

[사료]

『高宗時代史』

『朝鮮國交際始末內探書』

『公文類聚』

『軍事意見書』(大山梓 編, 『山縣有朋意見書』)

『軍艦新高行動日誌』 1904.9.25.

『근대 한국 조약 자료집』, 동북아역사재단 독도연구소, 2009.

『島根縣誌』島根縣教育會, 1923.

『リアンコ島領土編入並貸下願』

『事業経營概要』

『施政方針演說』(大山梓 編, 『山縣有朋意見書』)

『中井養三郎履歷書』

『日本外交文書』, 外務省, 第37卷 제1册.

『日本海軍의 獨島望樓 設置와 撤去』(신용하, 獨島領有權 資料의 探究 3』).

『韓日關係資料集 第1輯』, 日本研究室 편, 고려대학교 출판부, 1976.

『駐韓日本公使館資料』

『戰後經營意見書』(大山梓 編, 『山縣有朋意見書』)

『竹島視察報告書』(海軍技手 水口吉五郎), 1905.6.12.

『竹島視察報告』(第3艦隊司令官 武富邦鼎), 1905.6.14.

『竹島視察報告』(戰艦橋立艦長 福井正義), 1905.6.15.

『竹島經營者中井養三郎立志傳』

『統監府文書 8권』

『玄洋社社史』, 玄洋社史編纂會, 葦書房有限會社, 1992.

『東亞先覺志士記伝 上, 中, 下』, 黑龍會 編, 原書房, 1981.

『近代韓國外交史年表』, 金源模 編著, 檀大出版部, 1984.

[단행본]

강성학,『시베리아 횡단열차와 사무라이-러일전쟁의 외교와 군사전략』, 고려대학교 출판부, 2008.

강창일,『근대 일본의 조선침략과 대아시아주의: 우익 낭인의 행동과 사상을 중심으로』, 역사비평사, 2002.

곽윤직,『민법총칙』, 박영사, 1988.

구메 구니타케 저, 정선태 역,『특명전권대사 미구회람실기 5 - 유럽대륙(하) 및 귀향 일정』, 소명출판, 2011.

권오엽, 오니시 도시테루 편역주,『은주시청합기』, 인문사, 2012.

금병동 저, 최혜주 역,『일본인의 조선관: 일본인 57인의 시선, 그 빛과 그림자』, 논형, 2008.

김명기,『독도의 영유권과 대일평화조약』, 우리영토, 2007.

김문자,『명성왕후 시해와 일본인』, 태학사, 2011.

김병렬,『일본 군부의 독도침탈사』, 바른역사정립기획단, 2006.

_____, 나이토 세이츄,『한일 전문가가 본 독도』, 다다미디어, 2006.

김세진,『요시다 쇼인[吉田松陰] 시대를 반역하다』, 호밀밭, 2018.

김수희,『근대 일본 어민의 한국 진출과 어업경영』, 경인문화사, 2010.

김용구,『세계 외교사』, 서울대학교출판부, 2004.

김학준.『러시아 革命史』, 문학과지성사, 1984.

로스뚜노프 외 전사연구소 편, 김종헌 역,『러일전쟁사』, 건국대학교출판부, 2009.

마고사키 우케루 저, 김충식 해제, 양기호 역,『일본의 영토분쟁』, 메디치, 2012.

미요시 도오루 저, 이혁재 역,『사전(史傳) 이토 히로부미』, 다락원, 2002.

박경희 엮음,『연표와 사진으로 보는 일본사』, 일빛, 2001.

박병섭, 나이토 세이츄, 호사카 유지,『독도=다케시마 논쟁』, 보고사, 2009.

박훈 외 11인,『일본 우익의 어제와 오늘』, 동북아역사재단, 2008.

박홍수,『달리는 기차에서 본 세계』, 후마니타스, 2015.

반민족문제연구소 엮음,『친일파 99인 - 1』, 돌베개, 2009.

배진수 외 8인,『독도문제의 학제적 연구』, 동북아역사재단, 2009.

버나드 몽고메리 저, 승영조 역,『전쟁의 역사』, 책세상, 2006.

山邊健太郎, 梶村秀樹, 堀和生 著, 林英正 譯,『獨島영유권의 日本側 주장을 반박한 일본인 논문집』, 경인문화사, 2003.

成滉鏞,『日本의 對韓政策: 1800~1965』, 明知社, 1981.

송병기, 『울릉도와 독도, 그 역사적 검증』, 역사공간, 2010.

시부사와 에이이치 저, 노만수 역, 『논어와 주판』, 페이퍼로드, 2009.

申基碩, 『新稿 東洋史』, 탐구당, 1977.

신용하, 『한국과 일본의 獨島領有權 論爭』, 한양대학교출판부, 2005.

_____, 『獨島領有權에 대한 日本主張 批判』, 서울대학교출판부, 2005.

_____, 『독도영유권의 진실 이해-16포인트와 150문답』, 서울대학교출판부, 2012.

_____, 『獨島領有權 資料의 探究 2』, 독도연구보전협회, 1999.

_____, 『獨島領有權 資料의 探究 3』, 독도연구보전협회, 2000.

심헌용, 『한반도에서 전개된 러일전쟁 연구』, 국방부 군사편찬연구소, 2011.

안승일, 『김옥균과 젊은 그들의 모험』, 연암서가, 2012.

A.M. 폴립 엮음, 신복룡·낭홍주 역, 『하야시 다다스 비밀회고록』, 건국대학교출판
부, 2007.

ALEXEI NIKOLAIEVICH KUROPATKIN 저, 심국웅 역, 『러일전쟁-러시아 군사
령관 쿠로파트킨 장군 회고록』, 한국외국어대학교출판부, 2007.

예영준, 『독도실록 1905』, 책밭, 2012.

오현수 편역, 『통·번역을 통해 본 일본헌법』, 진원사, 2014.

우지도시코 외 편저, 이혁재 역, 『일본 총리 열전: 이토 히로부미에서 고이즈미 준
이치로까지』, 다락원, 2002.

이근우 외 4인 공저, 『19세기 동북아 4개국의 도서분쟁과 해양경계』, 동북아역사
재단, 2008.

이동원, 『일본 흑룡회와 일본의 독도편입』, 책과사람들, 2013.

이무열, 『러시아 역사 다이제스트 100』, 가람기획, 2009.

이성환, 이토 유키오 편저, 『한국과 이토 히로부미』, 선인, 2009.

이종각, 『이토 히로부미』, 동아일보사, 2010.

이한기, 『韓國의 領土』, 서울대학교출판부, 1996.

李鉉淙, 『韓國 開港場 研究』, 일조각, 1975.

임경석, 김영수, 이항준 공편, 『한국근대외교사전』, 성균관대학교출판부, 2012.

전계완, 『일본, 다시 침략을 준비한다』, 지혜나무, 2014.

정일성, 『이토 히로부미-알려지지 않은 이야기들』, 지식산업사, 2002.

정재정, 『일제침략과 한국철도』, 서울대학교출판부, 1999.

정태만, 『태정관 지령문이 밝혀주는 독도의 진실』, 조선유스프레스, 2012.

조항래, 『韓末 日帝의 韓國侵略史研究: 日帝와 大陸浪人의 侵略紐帶·提携』,
아세아 문화사, 2006.

池鐵根,『平和線』, 凡友社, 1979, 5쪽.

車河淳,『西洋史總論』, 探求堂, 1998.

채수도,『일본제국주의의 첨병, 동아동문회』, 경북대학교출판부, 2011.

최문형,『한국을 둘러싼 제국주의 열강의 각축』, 지식산업사, 2001.

_____,『국제관계로 본 러일전쟁과 한국병합』, 지식산업사, 2006.

_____,『러시아의 남하와 일본의 한국 침략』, 지식산업사, 2008.

최장근,『일본의 영토분쟁-일본 제국주의 흔적과 일본 내셔널리즘』, 백산자료원, 2005.

콘스탄틴 플레샤코프 저, 표완수·황의방 역,『짜르의 마지막 함대』, 중심, 2003.

피터 두으스 著, 金容德 譯,『日本近代史』, 지식산업사, 1983.

한상일,『아시아 연대와 일본제국주의: 대륙낭인과 대륙팽창』, 오름, 2012.

_____,『일본제국주의의 한 연구-대륙낭인과 대륙팽창』, 까치, 1980.

한상일 역·해설,『서울에 남겨둔 꿈』, 건국대학교출판부, 1995.

허지연,『한국사를 유린하다』, 서해문집, 2015.

[日本文獻: 단행본]

葛生修吉,『韓海通漁指針』, 黑龍會出版社, 1903.

岡田幹彦,『小村壽太郎』, 展轉社, 2011.

谷壽夫,『機密日露戰史』, 原書房, 2004.

內藤正中,『竹島(鬱陵島)をめぐる日朝關係史』, 多賀出版社, 2005.

大山梓 編,『山縣有朋意見書』, 原書房, 1966.

頭山滿, 的野半介, 杉山茂丸, 內田良平, 夢野久作,『玄洋社快人伝: 頭山滿と その一 派』, 西肆心水, 2013.

夢野久作,『近世快人伝』, 文藝春秋, 2015.

服部龍二,『廣田弘毅 ―「悲劇の宰相」の實像』, 中央新書, 2008.

本間九介,『朝鮮雜記: 日本人が 見た 1894年の 李氏朝鮮』, 祥伝社, 2016年. (혼마 큐스케 저, 최혜주 역주,『조선잡기: 일본인의 조선정탐론』, 2008.)

佐道明廣, 小宮一夫, 服部龍二 編,『近代日本外交史』, 吉川弘文官, 2009,

尙友俱樂部 編,『寺內正毅宛田中義一書翰』, 芙蓉書房出版社, 2014

石瀧豊美,『玄洋社-封印された實像-』, 海鳥社, 2010.

小森德次,『明石元二郎 上卷』(オンデマンド版), 原書房, 2004(초판은 1938).

小松綠, 『(明治史實) 外交秘話』, 東京中外商業新報, 1927.

小村道彦, 『日本の大陸政策 1895~1914-桂太郎と後藤新平-』, 南窓社, 1996.

岩永重華, 『最新韓國實業指針』, 寶文館, 1904.

御廚貴 編, 『歷代首相物語』, 新書館, 2013.

奧原碧雲 編, 『竹島及鬱陵島』, ハーベスト出版, 2005(원판은 報光社, 1907).
　　　　(오쿠하라 헤키운 저, 권오협 역주, 『竹島及鬱陵島 죽도 및 울릉도』, 한국학술정
　　　　　보(주), 2011.)

外務省 編, 『小村外交史』. 原書房, 1966.

永畑道子, 『凜=近代日本の女魁·高場亂』, 藤原書店, 2017.

外山三郎, 『日本海軍史』, 吉川弘文館, 2013.

井上淸, 『尖閣列島一釣魚諸島の史的證明』, 第三書館, 2017.

日本近現代史辭典編纂委員會　編, 『日本近現代史辭典』, 東洋經濟新聞社,
　　　　　1978.

一又正雄 編著, 『山座円次郎伝-明治時代における大陸政策の實行者』, 原書
　　　　　房, 1974.

日外アソシェーツ　편, 高秀晩 감수, 『日本人名읽기사전』, 그린비, 2012.

長谷川峻, 『山座公使-大陸外交の 先驅』, 育生社, 1938.

　　　　　, 『山座圓次郎-大陸外交の 先驅』, 時事新書, 1967.

前坂俊之, 『明石元二郎大佐』, 新人物往來社, 2011.

　　　　　, 『世界史を変えた「明治の奇跡」~インテリジェンスの父·川上操六
　　　　　のスパイ 大作戰~ 』, 海龍社, 2017.

　　　　　, 『明治三十七年のインテリジェンス外交－戰爭をいかに終わらせ
　　　　　るか』, 祥伝 社新書, 2010.

田中宏巳, 『秋山眞之』, 吉川弘文館, 2014.

竹島問題研究會 編, 『「竹島問題に關する調査研究」最終報告書』, 2013.

淸水克之, 『豪快痛快 世界の歷史を変えた日本人－明石元二郎の生涯』, 櫻
　　　　　の花, 2009.

樋口正士, 『福岡が生んだ硬骨鬼才外交官　山座圓次郎』, グッドタイム出版,
　　　　　2016.

[논문 자료]

강민아, 「20세기 초 일본의 독도침탈 과정: 「竹島經營者中井養三郞氏立志傳」 을 중심으로」, 석사학위논문, 한국교원대학교 대학원, 2010.

강창일, 「일본 대륙낭인의 한반도 침략: 일본우익의 대아시아주의에 대한 이해를 위하여」, 『역사비평』 계간28호 통권30호, 1995.

김관원, 「1905년 일본제국의 독도편입 배경-야마자 엔지로와 보호국화정책을 중심으로-」, 『한일군사문화연구』, 24, 2017.

김수희, 「나카이 요자부로[中井養三郞]와 독도 강점」, 『獨島硏究』 제17호, 2014.

_____, 「'양코도'와 독도무주지설」, 『獨島硏究』 제11호, 2011.

_____, 「일본의 독도 어장 편입을 통해서 본 식민지화 과정」, 『독도 영유권 확립을 위한 연구 Ⅴ』, 영남대학교 독도연구소, 2013.

김 영, 「일본의 독도침탈과 일본 식민관료의 역할」, 『日本語文學』 제72집, 2016.

김호동, 「독도와 울릉도를 둘러싼 러·일의 각축과 조선의 대응」, 『獨島硏究』 제10호, 2011.

김화경, 「동해 해전과 독도의 전략적 가치: 러일전쟁과 일본의 독도 강탈을 중심으로 한 고찰」, 『大丘史學』 제103집, 2011.

남영우, 「하야시 시헤이의 생애와 업적: 『삼국통람도설』과 부도의 독도를 중심으로」, 『영토해양연구』 Vol 11, 2016.

방광석, 「'제국헌법'과 明治天皇」, 『일본역사연구』 제26집, 2007.

박병섭, 「러일전쟁과 독도의 가치」, 『獨島硏究』 제10호, 2011.

박영준, 「청일전쟁 이후 일본의 대외정책론, 1895~1904-야마가타 아리토모(山縣 有朋)의 전략론과 대항 담론들-」, 『日本硏究論叢』 제27호, 2008.

裵漢哲, 「"征韓" 관련 建白書를 통해 본 明治 초기 대외정책의 公論 형성」, 석사학위 논문, 서강대학교대학원, 2015.

신용하, 「대한제국의 독도영토 수호정책과 일제의 독도침탈정책」, 『島島硏究』 제18호, 2015.

愼鏞廈, 「朝鮮王朝의 獨島領有와 日本帝國主義의 獨島侵略: 獨島領有에 대한 實證的 一硏究」, 『한국독립운동사연구』 제3집, 1989.

연민수, 「日本史上에 있어서 九州의 位置-對外交涉史의 視座에서-」, 『동국사학』 30, 1996.

오비나타 스미오 저, 홍미화 역, 「근대 일본 '대륙정책'의 구조-타이완 출병 문제를 중심으로-」, 『동북아역사논총』 제32호, 2011.

岡田卓己(오카다 타카시), 「1877年 太政官指令 日本海內 竹島外一島ヲ 版図
　　　外ト定ム 解說」, 『獨島研究』 제12호, 2014.

이태진, 「요시다 쇼인[吉田松陰]과 도쿠토미 소호[德富蘇峰]: 근대 일본 한국 침
　　　략의 사상적 基底」, 『韓國史論』. 제60집, 2014.

전상숙, 「러일전쟁 전후 일본의 대륙정책과 테라우치[寺內正毅]」, 『사회와 역사』
　　　통권 71호, 2006.

정태만, 「17세기 이후 독도에 대한 한국 및 주변국의 인식과 그 변화」, 박사학위논
　　　문, 단국대학교대학원, 2014.

趙明哲, 「20세기 초 동아시아 국제정세와 일본의 대륙정책」, 『日本歷史研究』 제
　　　14집, 2001.

_____, 「義和團事件과 외교전략-만주문제와 한국문제를 중심으로-」, 『日本歷史
　　　研究』 8, 1998.

趙恒來, 「日本 國粹主義團體 玄洋社의 韓國侵略行跡」, 『韓日關係史研究』
　　　제1집, 1993.

최문형, 「일제의 외침야욕과 울릉도·독도 점취: 발틱함대 내도에 대비한 망루 구
　　　축을 위하여」, 『獨島研究』 제9호, 2010.

崔柄憲, 「일제의 침략과 불교: 일본 曹洞宗의 武田範之와 園宗」, 『한국사연구』
　　　114, 2001.

韓哲昊, 「대한제국기 주일 한국공사의 임면 배경과 경위, 1900~1905」, 『한국근현
　　　대사연구』 제44집, 2008.

한철호, 「개화기(1880~1906) 역대 주한 일본공사의 경력과 한국 인식」, 『韓國思
　　　想史 學』 제25집, 2005.

許英蘭, 「明治期 일본의 영토 경계 확정과 독도: 島嶼 편입 사례와 '竹島 편입'
　　　의 비교」, 『서울국제법연구』 제10권 제1호 통권18호, 2003.

保坂祐二(호사카 유지), 「吉田松陰의 朝鮮侵略論에서 본 明治新政府의 초기
　　　對韓政 策」, 『韓日關係史研究』 제10집, 1999.

황용섭, 「일본 초·중학교 교과서 독도 관련 내용 비교 검토」, 『한일관계사연구』
　　　제56집, 2017.

[기타]

國立公文書館 アジア歴史資料センター.

金振九, 「金玉均 先生의 죽든 날, 三月 二十八日의 上海」, 『별건곤』 제5호, 1927년 3월 1일.

統監府文書 8권, 「代議士 小川平吉이 一進會長 李容九에게 보낸 合倂 격려 전보 件」, 1909.12.14.)

『교수신문』, 2018. 아카시 모토지로 헌병대장, 러시아 파괴공작 수법 조선에 적용했다, 3월 5일.

『매일신보』, 1944. 韓末國事에 登場한 人物, 7월 2일.

『연합신문』, 2008. 한반도 첩보공작 설계한 日 헌병대장 '러 파괴공작서' 첫 발견, 2월 28일.

『연합신문』, 2016. 한일관계 해법 모색 양국 지식인 대화록 '성심교린에 살다', 9월 26일.

『미래한국』 565호, 2015.9.

《독도 바다사자-1부 리앙쿠르대왕의 비극》, TBC, 2006.10.27.

『福岡縣百科事典』 上下卷, 西日本新聞社 1982.

『大日本人名辭書』, 講談社 1980年8月10日 1937年新訂第11版의 縮刷·復刻版.

한국해양수산개발원 편, 『독도사전』, 2011.

일본 국회도서관, 「近代日本人의 肖像」(http://www.ndl.go.jp/portrait//contents/index.html).

財務省의 「第1表 明治初年度以降一般會計歲入歲出予算決算.
(https://www.mof.go.jp/budget/reference/statistics/data.htm).

明治初年의 職官表(http://sirakawa.b.la9.jp/Coin/J069.htm).

デジタル版 日本人名大辭典 + Plus의 解説.

世界大百科事典 第2版의 解説.

20世紀日本人名事典의 解説.

[부록 1] 야마자 엔지로 연보**

연도(나이)	연 보	관계 사항
1866	쿠로다번의 최하급 무사(黑田藩の足輕)인 아버지 야마자 쇼고[山座省吾]와 어머니 히사 사이의 차남으로, 후쿠오카시 지교[地行]에서 10월 26일 출생. 형제 관계로 맏이는 누나 츠네, 형 류타로[龍太郎]로 겐요샤[玄洋社] 사원, 여동생 이크로 5인 가족. * 이후 아라츠 가쿠샤[荒津學舍]에서 한서(漢書)를 배우고, 지교소학(知行小學)과 후지쿠모칸[騰雲館]에서 수학.	지교는 겐요샤[玄洋社, 일본 우익의 시초] 최대 사장(회장)인 히라오카 코타로의 고향이며, 코쿠류카이[黑龍會]의 창립자인 우치다 료헤이의 고향이기도 함. 샷초동맹 성립. 프랑스 해군 강화도 점령. 영국 해군 하카타만에 들어옴. 와카츠키 레이지로[若槻祀次郎, 훗날의 수상이자 야마자 법대 동기로 친구] 출생.
1877(11)		
1880(14)	漢字孰百道 私塾에 다님.	
1883(17)	오노 류스케[小野隆助, 훗날의 카나가와현 지사] 등의 도움으로 도쿄 유학, 테라오 토루[寺尾亨]의 집에 서생으로 입주, 공립학교에 통학. 이 무렵부터 술맛을 알게 됨.	이와쿠라 토모니[岩倉具視] 사망. 자유민권운동 성행.
1884(18)	2월 공립학교 제1 정기시험에 8등(79점)의 성적을 거둠. 타카하시 코레끼요[高橋是清, 훗날의 수상]에게 사사함. 미즈노 렌타로[水野錬太郎, 훗날 내무대신] 등이 同級生.	갑신정변
1885(19)	3월, 대학예비문 개정 제4급으로 16등의 성적을 얻음. 면학, 아르바이트와 술로 밤낮을 보냄.	12월 태정관제도 폐지하고 내각제도 실시. 초대 수상에 이토 히로부미.
1891(25)	도쿄영어학교에서 세계사를 강의, 학비를 마련. 3월, 제국대학령 공포. 여름, 여동생 이크와 친구 요시오카 토모요시(훗날 요시오카 대좌)가 결혼.	
1892(26)	7월, 도쿄제국대학 법과대학을 최우수 성적으로 졸업. 대륙으로의 뜻을 품음. 10월, 부산 총영사관(총영사 무로타 요시아야－室田義文) "임시직원"으로 명받음(7.1). 10월에 부산에 부임.	하세가와는 10월에 부산총영사관 임시직원이 되었다고 기록하나, 이치마타 마사오는 7.1일 임시직원으로 명받고, 10월에 부산에 부임으로 기록. 후자가 맞는 듯. 본문의 내용에 부합.
1893(27)	총영사 서기생으로 부산 근무를 명받음(7.4)(총영사는 전과 동일). 영사관보에 임명되어 상해 근무를 명받음(고등관	미국 이민법 제정, 샌프란시스코 일본 學童 격리문제. 하와이 혁명 발발.

연도(나이)	연 보	관계 사항
	7등)(9.18) (총영사 대리는 하야시 콘스케) 부산 출발(11.14), 시모노세키 경유 상해 임지에 도착(11. 22)	오이시 마사미[大石正巳]가 조선공사가 됨. 群司 대위 등 치시마[千島: 쿠릴열도] 탐험 출발. 참모차장 카와카미 소로쿠 만주와 시베리아 여행. 후쿠시마 야스마사[福島安正] 중좌 베를린에서 귀로에 말을 타고 단신 시베리아 횡단.
1894(28)	북경에서 김옥균 사건 처리. 8월, 귀국을 명받고(8.12. 출발, 18 귀국). 부산 전임을 명받고(8.30), 출발(9.4) (영사는 카토 마스오-加藤增雄). 조선사정 시찰 여행.	김옥균 상해에서 암살(3.27). 동학운동 발생. 청일전쟁 개전(8.1). 카토 타카아키[加藤高明] 정무국장(7월), 주영공사가 됨(11월).
1895(29)	인천 근무 명받음(5.17) (인천 영사는 친다 스테미-珍田捨巳) (5.24 착임). 생모 위독으로 일시 歸國(7.29 출발, 9.3 귀임, 생모는 8.1 사망). 귀국 명받음(10.10). 다만 귀국 전 경성으로 출장을 명받음(코무라 정무국장이 을미사변 뒤처리 위해 주한변리공사로 부임하는 길에 경성까지 수행). 11월, 공사관 3등 서기관에 임명되어(11.14) 영국 부임 길에 귀국을 명받음(11.14. 출발, 동 23일 도쿄 도착, 12월 28일 출발).	청일휴전조약 조인(3.30). 청일강화조약 조인(4.17). 삼국간섭(4.22.). 요동반도 환부(5.10). 미우라 고로 중장 주한공사로 부임. 명성왕후 시해(10.8). 코무라 쥬타로는 1895.10.17.~1896.6.11 까지 주한 변리공사, 특명전권공사로 재임. 이노우에 코와시[井上毅, 카네코 백작과 헌법 기초] 사망. 아라오 세이[荒尾精, 야마자 친구로 중국 첩보망 운영] 대위 사망.
1896(30)	2월 10일 런던 착임. 공사관(공사는 카토 타카아키)의 회계 담당을 맡음. 주도면밀한 업무 처리, 명문 보고서 등 높이 평가 받음. 제2회 國際圖書館改良會議 帝國代表가 됨.	아관파천(조선정변)(2.11). 동청철도에 관한 청러밀약(6.3). 러일협상(5.14). 러일협정서(야마가타·로마노프) 의정서(6.9). 코무라 쥬타로 외무차관이 됨(6.11). 카츠라 타로 대만총독이 됨(6월).
1897(31)	공사관 2등 서기관에 임명(고등관 5등, 4급봉, 정7위, 훈6등).	미국·하와이 합병조약 조인(6월). 독일, 교주만 점령(2월). 동아동문회 창립.
1898(32)	청국 배상금 사무에 공을 세워 훈5등 서옥장을 받음(6월).	福建 不割讓 청일교환공문(4.22). 일본, 危海衛 철병. 영국 위해위 조차.

연도(나이)	연 보	관계 사항
	귀국 명받음(11.16)	러시아, 여순과 대련 점령. 미서전쟁(미국과 스페인) 발발. 카와카미 소로쿠, 참모총장이 됨. 코다마 겐타로, 대만총독이 됨. 고토 신뻬이, 대만 민정국장이 됨.
1899(33)	(1.28 출발, 3.15 귀국) 3급봉 1,400엔을 받음(3.31). 한국 근무 명받음(3.31)(대리공사는 히오키 에키[日置益](5.11출발, 5.26 서울 임지 도착). 코무치 토모츠네[神鞭知常] 장녀 賤香과 결혼(5.1) 영사 겸 공사관 1등서기관에 임명(고등관 4등)(12.1)	신개정 조약 실시. 의화단 사건 발발. 손문, 망명. 카츠 카이슈[勝海舟] 사망. 카와카미 소로쿠 사망.
1900(34)	學生 寮浩浩居를 재정 보조, 서생을 육성하다. 서울 근무를 면함(6.4). 영사를 면하고 서기관 전임이 됨(7.21). 일시 귀국을 명받아(8.10) 8.22 귀국. 러시아 만주 점령 무렵부터 대러 강경론 일어남.	의화단 사건에 파병 결정(6월). 廈門事件(8월). 러시아 만주 점령(8.25). 이토 히로부미 정우회 조직. 코무라 쥬타로 주러공사(2월), 주중공사(12월). 코다마 겐타로 廈門事件 책임지고 사임 신청했으나 수락되지 않음, 육군대신이 됨.
1901(35)	귀국을 명받음(1.12) (2.20 에 인천 출발, 3.1 귀국). 2급봉을 받고, 한국 근무 면직, 고등관 4등이 됨(3.5). 겸임 외무서기관, 정무국 근무를 명받음(3.5). 북청사변으로 인해 입은 제국국민의 피해조사위원에 임명(3.30). 임시 훈공조사위원으로 임명, 본관에서 면직되어 외무서기관 전임이 됨, 2급봉을 받음(4.17). 정무국장대리에 임명(9.21). **정무국장에 임명(고등관 3등)**(12.20). 코무라가 외무대신이 되면서 코무라=야마자 콤비 성립(12월부터). 영일동맹 체결에 주력, 주일 영국공사 마크 도날드와 절충.	시베리아철도 블라디보스톡까지 개통(1월). 만주에 관한 청러밀약(2월). 의화단 사건 최종 의정서 조인(9.7). 이토 히로부미 미국 경유, 러시아 방문(9.18 출발). 우치다 코사이[內田康哉] 주중공사가 됨. 9월, 北京공사 코무라 쥬타로가 외무대신에 취임. 코노에 아츠마로[近衛篤麿] 등 만주 시찰. 카츠라 타로 수상에 취임(제1차 카츠라 내각). 후쿠자와 유키치 사망. 하야마[葉山] 長雲閣 원로회의(12.7). 동아동문서원, 북경에 설립(8월). 코무라 외상 11.13부터 중환, 11월 중 와병.
1902(36)	영일동맹 체결(1.30). 37년에 걸친 금융공황에서 17개 은행을 구함.	러불동맹 체결(3.20). 만주철병에 관한 청러조약 체결(4.8)로 6

연도(나이)	연 보	관계 사항
	종5위에 서임.	개월 간격으로 3기로 나누어 철병 약속하였으나 제1기 철병(10.8) 이행하고 나머지는 불이행. 사이고 츠구미치[西鄕從道] 사망. 아카시 모토지로[明石元二郎] 중좌 러시아 근무 명받음.
1903(37)	대러 주전론 고조. 5월 29일 외무·육군·해군의 중견간부 시바[芝]의 요정 '코게츠[湖月]'에서 만나 대러전을 논의. 야마자는 즉시 개전을 주창(湖月會). 여름, 대학 후배들인 히로타 코키, 히라타 토모 두 사람을 비밀첩보원으로 조선과 중국으로 파견.	無隣庵 회의(4.2). 러시아 육군대신 쿠로파트킨 일본 방문. 알렉세예프가 극동총독이 됨. 이토 히로부미 추밀원의장 취임(7월). 사이온지 킨모치 정우회 총재가 됨(7월). 코다마 겐타로 대만총독인 채로 내무대신이 됨(7.7). 그 후 참모차장이 됨.
1904(38)	고등관 2등이 됨(11.22) 대러 최후통첩(1.13. 2월 4일 어전회의에서 개전을 결정, 8일~9일 여순 및 인천 두 항을 기습공격으로 대러 도발, 선전포고문 작성. 선전포고는 10일에 함.	한일의정서 조인(2.23). 제1차 한일협약(8.22). 코노에 아츠마로 사망(1.2). 카네코 겐타로 渡美(2.24). 이토 히로부미 전권대사로 조선에 부임(3.13). 야마가타 아리토모 참모총장이 됨. 코다마 겐타로 만주군 총참모장이 됨.
1905(39)	정5위에 서임, 미국 루즈벨트 대통령 강화 알선에 응하여 특명전권단 파견(7월). 전권위원 코무라 쥬타로, 야마자 엔지로도 본성 정무국장으로서 전권위원을 수행하여 미국 도착(7.4). 포츠머스강화회의, 강화조약 조인(9.5). 히비야 공원 화재사건(9.5). 코무라 전권 등 귀국(10.16). 장인, 코무치 토모츠네[神鞭知常] 사망(6.2).	봉천회전(3.10). 동해해전(일본해해전, 5.27~28). 미국 철도왕 하리만의 "남만주철도" 일본과 공동경영 야심을 봉쇄함. 청일협약 조인 위해 코무라 외상 수행, 北京으로 출발(12월). 만주에 관한 청일협약 조인(12.22). 12월, 한국통감부 설치. 제2회 영일동맹조약 조인 한일협약 조인(11.17) 한국 보호국화. 12월 한국통감부 설치.
1906(40)	1월, 사이온지 내각 성립하고 야마자는 정무국장 유임, 외상 카토 타카아키 밑에서(영국 공사관에 이어 두 번째 함께 근무) 만주경영과 대륙정책 수행을 맡음. 한중 양국 지방사정 시찰을 명받음(4.13) (사이온지 킨모치 비공식 渡滿에 수행), 봉천회전에서 전사한 매제 요시오카 토모요시 묘에 참배.	한국 통감부 개편. 남사할린 영토 획득(6월). 관동도독부 관제 공포(8.1). 남만주철도주식회사 설립(11.26). 코다마 겐타로 사망(7.23). 코무라 쥬타로 주영대사가 됨(7월). 고토 신페이 만철 총재가 됨.

연도(나이)	연 보	관계 사항
	청국, 만주에서의 군정 철폐 등의 건에 관한 조사 위해 청국에 파견(5.31) (船津辰一郎 공사 수행). 6월에 후쿠시마 야스마사[福島安正] 참모차장과 함께 다시 만주로 감.	
1907(41)	봄, 손문의 성대한 壯行會(송별회)를 열다.	제1회 러일협약(7.30). 한국 황제양위조칙 발표(7.19), 한일협정 조인(7.24), 한국 헤이그 밀사 사건(7월). 황태자가 한국 방문(카츠라 타로 수행). 이토 통감 한국 황태자를 동반하여 귀국(12.15).
1908(42)	조약개정취조위원으로 임명(4.24). 종4위에 서임(7.8). 대사관 참사관에 임명(고등관 1등), 영국 근무를 명받음(6.6), 1급봉을 받음(교제비 6000엔) (임시대리대사는 무츠 히로키치[陸奧廣吉] (9.21 런던 착임). 영국 대사관 참사관으로 전출(대사는 코무라 쥬타로). 코무라가 외상으로 옮기고, 카토 다카아키가 대사가 됨(9.2) (착임은 다음 해 2월).	광동, 홍콩에서 처음으로 일화 배척운동 일어남. 청국 광서제, 서태후 잇달아 사망(11월)
1909(43)		이토 히로부미가 조선 통감 사임(후임은 소네 아라스케[曾禰荒助]), 추밀원의장이 됨. 러시아 방문길에 하얼빈에서 암살(10.26).
1910(44)		미국, 만주철도 중립에 관한 각서 제시, 일본 측 거절(1월). 제2회 러일밀약(7.4). 한일병합에 관한 조약 체결(8.22), 조선총독부 설치. 대역사건. 테라우치 육상이 조선총독 겸임. 고토 신페이 遞信大臣이 척식국 부총재 겸임.
1911(45)		제3회 영일동맹(7.13). 시라세[白瀨] 대위 남극탐험. 신해혁명 발발(10.10).
1912(46)	귀국을 명받음(1.22) (4.13 출발, 미국 경유 귀국). 청국 각지 정황 시찰 위해 파견됨(9.3). 원세개와 회견(10.17 및 10.21). 원세개와 회견(도쿄) (11.1).	손문 남경에서 임시대총통 취임(1.1). 이누카이, 토야마 등 남경에서 손문, 황흥과 회견(1.8). 선통제 퇴위(2.12). 원세개 임시대총통 취임(3.10). 제3회 러일협약(7.8). 러몽협

연도(나이)	연 보	관계 사항
		정(11.3). 카츠라 수상 러시아 방문 출발 (고토 신뻬이, 와카츠키 레이지로 수행), 천황 서거로 8.11 귀경.
1913(47)	駐中特命全權公使로 임명(1급봉) (6.22). (7.18 淡路丸으로 고베 출발, 7.27 착임, 伊集院 공사와 사무 인계). 종4위 1등에 서임(9.10). 산서성의 석탄, 사천성의 석유 매수하자고 강경 의견을 제출, 제안 거부되고 사의를 표명. 이 무렵 對중국문제에 진력하여 위장병을 앓다. 11월, 토야마에게 보낼 편지(對중국정책)를 郡島 忠次郎에게 부탁.	손문, 일본에 옴(2월). 윌슨 대통령 취임 (3.4). (켈리포니아주 의회 排日토지법안 상정). 중화민국정부 성립(원세개, 대총통).
1914(48)	5월 9일 시부사와 에이이치의 경제사절단 北京에 도착, 접대. 5월 18일 귀국을 명받음. 5월 23일 미 즈노 코우키치 [水野幸吉] 참사관 사망. 5월 27 일 심장마비로 졸도(돌연 발병). 5월 28일 오전 0 시 40분 사망(급서). 너무나 갑작스런 죽음에 독살설이 퍼짐. 蕉中院 展郎法有堅大居士. 정3위 훈1등을 하사 받음.	지멘스 사건(1월). 이노우에, 야마가타, 마츠카타, 오야마 등 4원로 러일동맹 촉진의견서를 오쿠마 [大隈] 수상에게 제출(4월). 제1차 세계대전 발발.

** 하세가와 및 이치마타의 책 참조로 작성.

[부록 2] 량코도 領土編入 및 貸下願[**]

　오키열도의 서북쪽으로 85해리, 조선 울릉도 동남쪽으로 55해리의 절해에 속칭 량코도라 칭하는 무인도가 있습니다. 둘레가 각 15町 정도가 되고 甲乙 두 개의 바위섬이 서로 마주보고 있어 그 사이는 해협을 이루고 있으며, 크고 작은 수십 개의 암초가 이를 둘러싸고 점점이 늘어서 있습니다. 그 가운데 있는 두 개의 섬은 서쪽이 깎아지른듯한 바위절벽으로 되어 있고 높이 솟아 있습니다. 산꼭대기에는 얼마 안 되는 흙에 잡초가 자라고 있을 뿐입니다. 섬 어디에도 나무는 자라고 있지 않습니다. 해변의 들어간 곳에는 때로 백사장이 있기는 하지만 건물을 세울 만한 장소는 갑섬의 해협과 면한 얼마 안 되는 부분뿐입니다. 갑섬의 산허리쯤에 있는 움푹 들어간 부분에는 물이 고여 있는데 갈색을 띠고 있습니다. 을섬에는 염분을 조금 포함한 맑은 물이 암벽을 따라 흐르는 곳이 있습니다. 배는 해협에 있다가 바람이 부는 것을 보아 좌우로 피하여 정박하면 안전할 수 있습니다.

　이 섬은 우리나라에서 오키열도 및 울릉도를 거쳐 조선의 강원도와 함경도 지방으로 오가는 뱃길에 있습니다. 만일 이 섬을 경영하는 자가 있어서 사람이 상주하게 되면, 그 뱃길을 오가는 배들이 들러서, 만에 하나 땔감과 물, 식량과 같은 것이 떨어졌을 경우 이것들을 보충하는 등의 여러 가지 편의를 봐줄 수 있을 것입니다. 지금 한창 진전되고 있는 우리나라의 강원도와 함경도 지방에 대한 어업과 무역에 적지 않은 도움이 될 것이므로 앞으로 이 섬을 경영하는 것이 매우 필요한 일이라고 생각합니다.

[**] 예영준, 『독도실록 1905』, 책밭, 2012, 118~122쪽.

이 섬은 이와 같은 먼 바다에 무리지어 솟아있는 바위섬에 불과하고 종래에는 사람이 원하는 것이 있지 않았기 때문에 완전히 방임되어 있었던 곳입니다. 그러던 차에 나는 울릉도를 오가는 길에 우연히 이 섬에 들러 셀 수도 없이 많은 강치가 서식하고 있음을 보고 그냥 이 섬을 방임하고 있는 것이 유감스러워 견딜 수가 없었습니다. 그 이후 애를 써서 계획을 세워 두었다가 1903년(메이지 36년)이 되자 마음을 정하고 자본을 투입하여 漁舍를 짓고 인부를 데려와 어구를 마련하여 일단 강치잡이에 착수하였습니다. 당시 사람들은 무모한 짓이라고 하며 매우 조롱했습니다. 원래 오가기 험한 먼 바다의 무인도에서 새롭게 착수한 사업이므로 계획대로 되지 않고, 설비도 맞지 않을 뿐만 아니라 강치잡이에도 익숙하지 않았으며, 어디에 쓸 것인지 어디에다 팔 것인지 잘 몰라서 허무하게 수없이 많은 돈만 낭비하게 되었으나, 아무 말 없이 그 많은 고생을 견디었더니 올해에는 강치 잡는 법을 새로 고안하게 되었고 판로도 개척할 수 있었습니다. 그리고 가죽을 소금물에 절여두면 소가죽 대신으로 쓸 수 있어서 수요가 많아졌고 신선한 지방에서 채취되는 기름은 품질과 가격 모두 고래 기름에 뒤떨어지지 않고, 그 찌꺼기를 잘 짜면 접착제 원료도 될 수 있으며, 고기는 갈아서 뼈와 함께 귀중한 비료로 쓸 수 있다는 것도 확인하였습니다. 즉 이 섬에 서식하는 강치의 어업에는 가능성이 있다고 봅니다. 그리고 강치 외에 이 섬에서 할 수 있는 사업으로 말하자면, 육상에서는 가망성이 전혀 없으며, 해산물은 어류 조사가 전혀 되지 않았으므로 현시점에서는 확인할 수 없으나, 일본해 중의 요충지에 해당하여 이 섬 부근에 여러 종류의 물고기가 모여들어 서식하지 않는다고 할 수 없으니, 이 섬에서 강치어업을 계속해 나갈 수 있으면 이를 통해 시험탐사의 편의도 얻을 수 있고 장래에는 더욱더 유리하고 유망한 사업을 발견할 수 있을 것으로 기대하고 있습니다. 다시 말하면, 이 섬을 경영함에 있어 자본을 갖추고 설비를 완비하여 강치를 포획한다면 매우 전도가 유망합니다.

그런데 이 섬은 영토가 어디에 소속되어 있는지 정해져 있지 않습니다. 훗날 외국과의 마찰이 일어나는 등의 예측불가능한 일이 일어날지도 모르는데, 확고한 보호를 받을 수 있는 근거가 없으므로 이 섬을 경영하기 위해 자본을 쏟아 붓는 것은 매우 위험한 일입니다. 또 이 섬의 강치는 늘 있는 것이 아닙니다. 매번 생식을 위해 4, 5월(때에 따라서 계속 있음)에 모여들고, 생식이 끝나는 7, 8월경이면 흩어집니다. 따라서 그 어획기간에 한해서만 어획을 할 수 있습니다. 이로 인해 어획량을 적당히 제한하고 번식할 수 있도록 적절한 보호를 하지 않으면 곧 멸절되어 없어질 수밖에 없습니다. 그리고 제한, 보호 등의 일은 경쟁자 간에서는 도저히 실행할 수 없는 일이며, 사람이 이익을 추구하는 것은 개미가 단 것에 달라붙는 것과 같으므로 세상 사람이 만약 이 섬의 강치에게 이익을 볼 수 있다는 것을 알게 되면, 당초에 나를 조소하기도 하였지만 연달아 일어나 심한 경쟁을 벌여 남획을 할 것이고, 즉시 이익의 근원을 멸절시켜 결국에는 같이 망하게 될 것이 뻔합니다. 다시 말하면 전도유망하고 또 중요한 이 섬의 경영도 애석하게 영토의 소속이 정해지지 않으면 강치잡이 업자 사이에서 반드시 경쟁이 일어나 위험한 지경에 빠지게 되고 일을 제대로 완수하지 못할 것입니다.

나는 앞서 말한 바와 같이 종래에 이모저모로 애를 쓴 결과 이 섬의 강치 어업이 가능성이 있음을 보고, 지금은 앞장서서 자본을 더 늘리고 한편으로는 포획할 수 있는 숫자 등을 제한하는 일, 임신 중인 것과 새끼를 특히 잘 보호하는 일, 천적인 돌고래와 상어 등을 잡아 없애는 등의 여러 가지 일을 하여 적절히 보호하고, 한편으로는 어획 및 가공을 하기 위한 여러 가지 정교한 기계를 마련하고 설치하여 설비를 갖추며, 다른 한편으로는 어구를 준비하여 다른 물고기의 어획이 가능한지 시험해 보기도 하는 등의 많은 일을 할 수 있을 것이라고 계획하고 있는데, 앞서 말씀드린 바와 같은 위험이 있으므로 의욕을 잃고 있습니다. 이와 같으니 단지 나 하나에 화가 될 뿐만 아니라 역시 국가에 있어 불이익이라 생각합니다. 이에 따라 사업의 안전과 이익의 근원을 영구히 확보하고 이에 의해 이 섬의 경영을 다 이루기 위해 부디 이 섬을 우리나라 영토로 편입하시고 이와 동시에 앞으로 10년간 나에게 빌려주시길 바라며 별지로 지도를 첨부하여 청원하는 바입니다.

1904년 9월 29일

시마네현 슈기치군 사이고쵸 나카이 요자부로

내무대신 자작 요시가와 아키마사[芳川顯正] 귀하.

외무대신 남작 코무라 쥬타로[小村壽太郎] 귀하

농상무대신 남작 키요우라 케이고[淸浦奎吾] 귀하

(원사료 출처: 『リャンコ島領土編入並ニ貸下ケ方島根縣民中井善三郎ヨリ願出ノ件』, 明治三十七年(國立 公文書館 アジア歷史資料センター, 外務省 外交史料館, B03041153100).

[부록 3] 事業經營槪要(1910)

다케시마[竹島] 경영

    다케시마[竹島]에 강치가 많이 군집하는 것은 종래 울릉도 방면 어부가 주지하는 바이지만 하루아침에 그 포획을 개시하면 홀연히 흩어져 버리거나 포획한다고 해도 그 용도나 판로의 문제가 있으므로 이익이 전혀 불명확해진다. 이 때문에 이의 포획을 기도하는 바 없이 헛되어 버려두고 있었다. 그러나 이렇게 버려두지 않고 어떻게든 이익의 가능성이 있는 원천이라도 개발을 해야 할 것이므로 이에 손해를 도외시하고 단연 그 포획을 시도하게 되었다. 그리하여 그것이 이익의 희망이 있다는 사실에 근거하여 확실하게 알 수 있었다. 그러나 이와 동시에 또한 갑자기 사방으로부터 다수의 사냥꾼들이 모여들어 결정적으로 남획하고 있고, 용도나 판로는 아직 충분히 강구되지 않고 있는 중에 그 재료는 장차 절멸해 가려고 함에 이르렀다. 이에 어떻게 하면 그 피해를 방지하고 이익의 근원을 영구히 지속함으로써 본도의 경영을 온전히 할 수 있을까를 참담한 마음으로 고민하지 않을 수 없었다.

    본도가 "울릉도에 부속되어 한국의 영토로 생각"하여 장차 통감부에 이를 요청하고자 상경하여 여러 가지로 획책하던 중 수산국장인 미키 나오마사 씨의 주의에 연유하여 반드시 조선령에 속하는 것이 아닐지도 모르겠다는 의심이 생겨 그 조사 때문에 여러 가지로 분주하게 다니던 끝에 당시 수로부장 키모츠키 카네유키 장군의 단정에 힘입어 본도가 무소속이라는 것을 확신하게 되었다. 이에 따라 경영상의 필요한 이유를 달아 본도를 일본의 영토로 편입한 후 임대하여 줄 것을 내무, 외무, 농상무성 3대신 앞으로 출원하여 청원서를 내무성에 제출하자 내무성 당국자는 이 시기를 맞아 조선의 땅이라고 의심이 되는 황망한 일개의 불모지나 다름없는 암초를 거둠으로써 우리를 주목하고 있는 여러 외국으로부터 우리나라가 조선 병탄의 야심을 가지고 있으리라는 의심을 크게 사는 것은 이익은 매우 적은 것인데 반해 일이 크게 용이하지 않으므로 어떠한 변명과 진술을 하여 출원을 하더라도 각하될 것이라고 하였다. 이리하여 좌절될 수밖에 없다는 마음을 안고 바로 외무성으로 달려가서 정무국장 야마자 엔지로에게 크게 역설하였다. 그러자 야마자 씨는 "시국이야말로 그 영토편입이 시급히 요구되며, 망루를 건축해서 무선 또는 해저전선을 설치하면 적함 감시 상 지극히 유리하지 않겠는가. 특히 외교상으로는 내무성과 같은 고려를 할 필요가 없다. 마땅히 원서를 본성(외무성)에 回附시켜야 한다고 하며 意氣揚揚해 했다. 이와 같이 하여 본도가 마침내 일본 영토로 편입되었던 것이다.

찾아보기

야마자 엔지로와 일본의 독도침탈

2020년 3월 23일 초판 인쇄
2020년 3월 30일 초판 발행

지 은 이   황용섭
발 행 인   한정희
발 행 처   경인문화사
편 집 부   한명진 김지선 유지혜 박지현 한주연
마 케 팅   전병관 하재일 유인순
출 판 신 고   제406-1973-000003호
주   소   (10881) 파주시 회동길 445-1 경인빌딩 B동 4층
대 표 전 화   031-955-9300   팩 스   031-955-9310
홈 페 이 지   http://www.kyunginp.co.kr
이 메 일   kyungin@kyunginp.co.kr

ISBN 978-89-499-4879-9   93910
값 24,000원